해탈장엄론

고귀한 가르침의 여의주

해탈장엄론

감뽀빠 지음 | **켄뽀 꼰촉 걜쩬** 영역, **진우기** 옮김

THE JEWEL ORNAMENT OF LIBERATION
The Wish-Fulfilling Gem of the Noble Teachings

운주사

The Jewel Ornament of Liberation
written by Gampopa and translated by Khenpo Konchog Gyaltsen Rinpoche
Original copyright ©1998 Khenpo Konchog Gyaltsen
This original edition was published in English by Snow Lion Publications
Korean translation copyright ©2012 UNJUSA Publishing Company
This Korean edition was arranged with Snow Lion Publications USA
through Best Literary & Rights Agency, Korea
All rights reserved.

달라이 라마 추천사

디꿍 까규 티벳명상센터에서 감뽀빠의 『해탈장엄론』 영문판을 출간한다는 말을 듣고 무척 기뻤습니다. 감뽀빠는 닥뽀 라제, 즉 '닥뽀 출신 의사'라고도 불립니다. 밀라래빠의 모든 제자들 중에서 가장 수승한 두 사람을 '해와 달'이라 불렀는데 감뽀빠는 그중 '해'의 제자입니다. 그는 훌륭하고 자비로운 스승이었으며 방대한 교학과 계율의 수행자였습니다. 이 책은 까담빠 전통과 마하무드라 전통을 잘 혼합한 훌륭한 가르침입니다. 감뽀빠는 아띠쌰의 람림 전통과 나로빠의 마하무드라 전통을 완전히 전수받았습니다. 그러므로 이 책은 람림 서적이며 중관철학의 관점을 포함하고 있지만 동시에 아눗따라요가 딴뜨라와 마하무드라도 함축적으로 반영하고 있습니다. 물론 마하무드라가 명시적으로 설명되진 않았습니다. 이 책은 현교 문헌이고 마하무드라는 딴뜨라의 밀교 가르침을 다루는 것이기 때문입니다.

   많은 서양인들이 부처님 가르침에 높은 관심을 보이고 있는 이때, 이 책의 출간은 뜻이 깊으며 따라서 많은 영어권 독자들에게 큰 도움이 되리라 확신합니다. 독자들에게 마지막으로 한 말씀 드리자면, 다르마의 의미를 단지 아는 것만으로는 충분하지 않다는 것입니다. 우리는 언제나 법을 나날의 삶에 실천하고 밀라래빠와 감뽀빠가 우리에게 보여준 길을 진실하게 따르려고 노력해야 합니다.

1996년 6월 10일
제14대 달라이 라마 땐진 갸초

달라이 라마 추천사 • 5
영역자 서문 • 17

귀의 • 57
들어가는 말 • 58

제1부 근본원인(인因)

제1장 불성 • 63
    1. 단절가족 • 65
    2. 불명확가족 • 67
    3. 성문가족 • 67
    4. 연각가족 • 67
    5. 대승가족 • 70
        1) 두 유형의 대승가족 • 70
        2) 가능성 • 70
        3) 동의어 • 71
        4) 우월성 • 71
        5) 인과적 특성 • 71
        6) 표상 • 72

제2부 수행기반

제2장 귀중한 인간의 삶 • 77
    1. 기회 • 77
    2. 여건 • 79
        1) 얻기가 어렵다 • 80
        2) 커다란 혜택 • 83
    3. 깊이 믿는 믿음 • 87
    4. 경외하는 믿음 • 88
    5. 맑은 믿음 • 88

제3부 기여원인(연緣)

제3장 스승 · 93
1. 스승을 섬기는 이유 · 93
   1) 경전적 근거 · 94
   2) 논리적 근거 · 94
   3) 비유적 근거 · 95
2. 스승의 분류 · 97
3. 각 분류의 특성 · 98
   1) 화신 스승과 보신 스승 · 98
   2) 보살 스승 · 98
   3) 평범한 스승 · 100
4. 스승을 섬기는 방법 · 101
   1) 존경과 봉사로 섬김 · 101
   2) 헌신과 숭배로 섬김 · 102
   3) 가르침의 실천과 정진으로 섬김 · 103
5. 스승을 섬기는 혜택 · 104

제4부 방법

제4부의 서론 · 107

이생에 대한 집착의 해독제 · 109

제4장 무상無常에 대한 명상 수행 · 111
1. 무상의 분류 · 112
2. 무상의 명상 수행 방법 · 112
   1) 외부 세계의 무상에 대한 명상 수행 방법 · 112
   2) 내부 중생의 무상에 대한 명상 수행 방법 · 115
3. 무상에 대한 명상 수행의 혜택 · 126

윤회의 즐거움에 애착하는 것에 관한 해독제 · 127

제5장 윤회의 고통에 대한 명상 수행 · 129
1. 모든 곳에 만연한 고통 · 130
2. 변화의 고통 · 131
3. 고통의 고통 · 132
   1) 지옥계의 분류 · 133
   2) 아귀계의 분류 · 140
   3) 축생계의 분류 · 141
   4) 인간계의 고통 · 143
   5) 반신(아수라)계의 고통 · 150
   6) 천신계의 고통 · 151

제6장 업과 그 과보에 대한 명상 수행 · 153
1. 업과 그 과보의 분류 · 155
2. 각 분류의 근본 특성 · 155
   1) 불선업과 그 과보 · 155
   2) 선업과 그 과보 · 165
   3) 흔들림 없는 선정(無動禪定)의 업과 과보 · 166
3. 업의 귀속 · 169
4. 업의 엄중한 과보 · 169
5. 작은 업에서 큰 과보가 숙성 · 170
6. 업의 과보의 필연성 · 172

(소승)열반의 즐거움에 애착하는 것에 관한 해독제 · 175

제7장 자애심과 자비심에 대한 명상 수행 · 177
1. 자애심 · 178
   1) 자애심의 분류 · 178
   2) 자애심 수행의 대상 · 179
   3) 자애심 수행의 특징 · 179

4) 자애심 수행의 방법 • 179

   5) 자애심 수행의 척도 • 183

   6) 자애심 수행의 공덕 • 184

  2. 자비심 수행 • 185

   1) 자비심의 분류 • 185

   2) 자비심 수행의 대상 • 186

   3) 자비심 수행의 특징 • 186

   4) 자비심 수행의 방법 • 187

   5) 자비심 수행의 척도 • 188

   6) 자비심 수행의 공덕 • 188

성불을 위한 수행방법을 모르는 것에 대한 해독제 • 191

제8장 귀의와 수계 • 195

  1. 보리심 수행의 기반 • 195

   1) 대승가족에 속한 사람 • 196

   2) 삼보에 귀의한 사람 • 196

   3) 7개 바라제목차 계율 중 하나라도 지키는 사람 • 207

제9장 보리심 수행 • 211

  2. 보리심 수행의 핵심 • 211

  3. 보리심 수행의 분류 • 211

   1) 보리심의 비유 • 212

   2) 보리심의 구분 • 214

   3) 보리심의 특성 • 215

  4. 보리심 수행의 목표 • 218

  5. 보리심 수행의 원인 • 219

  6. 보리심은 누구에게 받는가 • 221

  7. 보리심을 받는 방법(보살계 수계의식) • 222

   1) 샨띠데바 전통의 보살계 수계의식 • 223

   2) 법칭의 보살계 수계 전통 • 243

8. 보리심 수행의 유익한 결과 • 249
  1) 보리심 수행의 셀 수 있는 이득 • 249
  2) 보리심 수행의 셀 수 없는 이득 • 254
9. 보리심을 잃는 것의 단점 • 254
10. 보리심을 잃는 원인 • 255
11. 보리심을 회복하는 방법 • 256

제10장 원보리심 수행 • 257
12. 닦기 • 257
  1) 원보리심 수행 • 257

제11장 행보리심 수행 • 265
  2) 행보리심 수행 • 265

제12장 보시바라밀 • 271
1. 허물과 공덕에 대한 사유 • 271
2. 보시의 정의 • 274
3. 보시의 분류 • 275
4. 각 분류의 특성 • 275
  1) 재보시 • 275
  2) 무외시 • 281
  3) 법보시 • 282

제13장 지계바라밀 • 291
1. 허물과 공덕에 대한 사유 • 291
2. 지계바라밀의 정의 • 294
3. 지계바라밀의 분류 • 295
4. 각 분류의 특성 • 295
  1) 절제의 지계바라밀 • 295
  2) 공덕을 축적하는 지계바라밀 • 299

3) 중생을 위하는 지계바라밀 • 300
　5. 지계바라밀의 증대 • 305
　6. 지계바라밀의 완성 • 305
　7. 지계바라밀의 과보 • 306

제14장 인욕바라밀 • 309
　1. 허물과 공덕에 대한 사유 • 309
　2. 인욕바라밀의 정의 • 312
　3. 인욕바라밀의 분류 • 313
　4. 각 분류의 특성 • 313
　　　1) 첫 번째 분류: 유해한 사람을 편안한 마음으로 대하는
　　　　인욕바라밀 • 313
　　　2) 두 번째 분류: 고통을 수용하는 인욕바라밀 • 319
　　　3) 세 번째 분류: 법을 이해하는 인욕바라밀 • 320
　5. 인욕바라밀의 증대 • 321
　6. 인욕바라밀의 완성 • 321
　7. 인욕바라밀의 과보 • 321

제15장 정진바라밀 • 323
　1. 허물과 공덕에 대한 사유 • 323
　2. 정진바라밀의 정의 • 325
　　　1) 무기력한 게으름 • 325
　　　2) 자신을 경시하는 게으름 • 327
　　　3) 거친 게으름 • 328
　3. 정진바라밀의 분류 • 328
　4. 각 분류의 특성 • 329
　　　1) 갑옷의 정진바라밀 • 329
　　　2) 적용의 정진바라밀 • 330
　　　3) 한없는 정진바라밀 • 332
　5. 정진바라밀의 증대 • 333

6. 정진바라밀의 완성 • 333
　　7. 정진바라밀의 과보 • 333

제16장 선정바라밀 • 335
　　1. 허물과 공덕에 대한 사유 • 335
　　2. 선정바라밀의 정의 • 337
　　　　1) 정신이 흐트러지는 일을 피해야 한다 • 338
　　　　2) 마음을 잡념에서 단리한다 • 343
　　　　3) 몸과 마음이 단리되면 마음은 흐트러지지 않을 것이다 • 344
　　3. 선정바라밀의 분류 • 353
　　4. 각 분류의 특성 • 353
　　　　1) 현재 기쁨 속에 머무는 선정바라밀 • 353
　　　　2) 공덕을 축적하는 선정바라밀 • 354
　　　　3) 중생을 유익하게 하는 선정바라밀 • 355
　　5. 선정바라밀의 증대 • 356
　　6. 선정바라밀의 완성 • 356
　　7. 선정바라밀의 과보 • 356

제17장 지혜바라밀 • 357
　　1. 허물과 공덕에 대한 사유 • 357
　　2. 지혜바라밀의 정의 • 361
　　3. 지혜바라밀의 분류 • 361
　　4. 각 분류의 특성 • 361
　　　　1) 세간의 지혜바라밀 • 361
　　　　2) 낮은 출세간의 지혜바라밀 • 362
　　　　3) 높은 출세간의 지혜바라밀 • 362
　　5. 지혜바라밀에서 알아야 할 것 • 363
　　　　1) 사물이 존재한다는 집착에 대한 반박 • 363
　　　　2) 사물이 존재하지 않는다는 집착에 대한 반박 • 374
　　　　3) 비존재에 대한 집착의 오류 • 375
　　　　4) 양자를 집착하는 오류 • 377

5) 해탈에 이르는 길 • 378
6) 열반, 해탈의 성품 • 380
6. 지혜바라밀에서 수행해야 할 것 • 383
7. 지혜바라밀의 과보 • 399

제18장 보살의 수행5위 • 401
1. 축적의 길(자량도) • 402
   1) 네 가지 억념(사념처) • 403
   2) 네 가지 완전한 끊기(사정근) • 403
   3) 네 가지 몰입(사여의족) • 403
2. 적용의 길(가행도) • 404
   1) 오근五根 • 404
   2) 오력五力 • 404
3. 통찰지의 길(견도) • 405
4. 명상 수행의 길(수도) • 406
   1) 세간 명상 수행의 길 • 406
   2) 출세간 명상 수행의 길 • 406
5. 완성의 길(구경도) • 407

제19장 보살십지 • 409
1. 보살지의 정의 • 410
2. 보살지의 의의 • 411
3. 10개로 분류된 이유 • 411
   1) 보살1지 • 412
   2) 보살2지 • 415
   3) 보살3지 • 418
   4) 보살4지 • 420
   5) 보살5지 • 422
   6) 보살6지 • 424
   7) 보살7지 • 426
   8) 보살8지 • 428

  9) 보살9지 • 430
  10) 보살10지 • 433
  11) 부처의 경지 • 435

제5부 결과

제20장 완전한 붓다의 경지 • 439

 1. 붓다의 성품 • 440
  1) 완전한 정화 • 440
  2) 완전한 근본지 • 440
 2. '붓다'라는 이름의 의의 • 449
 3. 붓다의 분류 • 449
 4. 붓다의 정의 • 450
  1) 법신의 장엄한 가피 • 450
  2) 수행자가 본 환영 • 451
  3) 이전의 진실한 발원 • 451
 5. 삼신이 분명히 있는 이유 • 451
 6. 삼신의 특성 • 452
  1) 법신 • 452
  2) 보신 • 454
  3) 화신 • 455
 7. 불위佛位의 덕성 • 457
  1) 동등성의 덕 • 458
  2) 영원성의 덕 • 458
  3) 현현성의 덕 • 458

제6부 회향

제21장 붓다의 활동 • 461

 1. 몸의 활동 • 462
 2. 말의 활동 • 463
 3. 마음의 활동 • 464

부록 1 법왕 감뽀빠
    제1부 법왕 감뽀빠의 삶에 대한 짧은 얘기 • 471
    제2부 기적적인 현신 • 501
    제3부 감뽀빠의 교육 방법 • 505

부록 2 본문에 나온 사람들의 이야기
    선재동자 이야기 • 519
    싸다쁘라루디따 이야기 • 526
    아날라 왕 이야기 • 536
    목련 이야기 • 540
    쌍가락씨따 이야기 • 548
    나와 체와리 이야기 • 554
    늙어 태어난 사람 이야기 • 560
    끄리까 왕의 딸들 이야기 • 563
    마하닷따 이야기 • 567
    발라 미륵 왕 이야기 • 577
    앙굴리말라 이야기 • 580
    우다야나 이야기 • 586
    난다 이야기 • 590
    아쟈따샤뜨루 이야기 • 597

참고 경전명의 한글, 영어, 중국어, 범어, 티벳어 표기 대조 • 603
역자 후기 해탈의 길에 이르다 • 613
추천사 • 617
찾아보기 • 621

영역자 서문

모든 근원 스승님들과 전승법계傳乘法系의 스승님들께 귀의합니다.
원컨대 스승님들의 축복을
저와 모든 중생들에게 내려 주옵소서!

『해탈장엄론』을 저술한 법왕 감뽀빠(1074~1153)는 석가모니 부처님께서 기원전 560년경에 설하셨던 철학인 불교의 가르침과 수행을 완전히 완성하였다. 감뽀빠는 까담빠 법맥 안에서 경장을 공부하였고, 위대한 성자 밀라래빠로부터 딴뜨라 수련을 받았다. 불교의 완전한 형태를 스스로의 삶으로 구현한 감뽀빠는 티벳에 완전한 불교를 성공적으로 확립하였다. 그의 법맥에 속한 제자들은 세상에 두루 퍼져나가 불교의 최정예가 되었다. 이를테면 왕관의 보석과 같은 존재가 된 것이다.

　감뽀빠는 혼란의 어둠을 완전히 걷어내었고 교학과 딴뜨라 사이의 모든 오해를 풀어나가는 데 앞장섰다. 이러한 이유로 감뽀빠는 밀라래빠의 제자들 가운데서도 '태양과 같은 존재'로 공언되는 것이다. 실제로 그는 마치 붓다가 인간의 몸으로 다시 현신한 것과도 같았다. 그렇기 때문에 감뽀빠의 가르침은 완전히 순수하고 귀중한 것으로 인정받고 있다.

　그가 남긴 많은 저술 중에서도 아마『해탈장엄론』이 가장 중요한 저서일 것이다. 감뽀빠는 말했다. "나를 보기를 원한다면『해탈장엄론解

脫莊嚴論』과 『승도보만론勝道寶鬘論』을 공부하면 된다." 그러므로 『해탈장엄론』은 이 시대에 감뽀빠를 대신해 세상을 다스리는 섭정과도 같다고 할 수 있다. 이 책을 통해 독자는 불도佛道의 최초 입문에서부터 시작하여 깨달음을 이루고 무수한 중생들을 위해 일하게 되는 순간까지 안내를 받게 될 것이다. 그만큼 이 책에는 완전한 형태의 불교가 담겨 있다.

감뽀빠의 저서가 최초로 영문으로 번역된 것은 1959년 헤르베르트 귀엔터Herbert Guenther 교수에 의해서였다. 그는 성심으로 선도력을 발휘하여 이 저서를 서양에 널리 알렸다. 많은 사람들이 그런 그의 자비행으로 인해 큰 은덕을 입었기에, 나 역시 여기서 그의 훌륭한 번역작업을 함께 기뻐하고 존경을 표하는 바이다. 그의 번역서를 접한 많은 학생들이 내게 『해탈장엄론』 강의를 해달라고 부탁을 했다. 그래서 티벳어 원서로 수업을 진행하는 동안 어려운 문장은 귀엔터 교수의 번역서를 참고하면서 티벳어를 내 나름의 쉬운 영어로 직접 번역하였다. 이런 방식으로 학생들과 함께 이 저서를 끝내는 데 약 2년 6개월이 걸렸다. 많은 학생들은 내가 했던 단순한 설명이 대단히 유익했었다고 밝혔다. 그 말을 듣고 다른 사람들에게도 그 자료가 이로우리라는 생각이 들어 이 번역서를 출판하기로 결정하게 되었다.

독자들은 다른 많은 책들이나 법왕 감뽀빠의 전기, 또는 저서에서 인용된 일화들을 따로 찾아보지 않아도 된다. 그런 자료들은 학창시절 나의 절친한 친구였던 켄뽀 로드로 돈외Khenpo lodro donyö가 편집한 『Bendurya Tratsom』에서 보충하였다. 그의 저서는 『해탈장엄론』을 공부할 때 만나게 되는 많은 간극들을 요긴하게 메꾸어 줄 것이다.

7~8세기, 그리고 10~12세기의 티벳에서는 개화된 다수의 번역가들

이 산스크리트어로 된 불교문헌을 티벳어로 번역하고 있었다. 현존하는 티벳어로 된 불교문서들은 본래의 의미를 전혀 훼손시키지 않고 산스크리트어로 거의 정확하게 되돌려 놓을 수 있다. 이 일이 가능했던 것은 티벳어가 매우 풍요롭고 또한 산스크리트어와 아주 유사하기 때문이다. 또한 역자들은 동일 경전을 여러 번에 걸쳐 재번역하며 번역 수준을 높일 수 있었다.

그 당시에는 번역에 있어서 3가지 기본 방식이 있었는데 직역, 의역, 그리고 두 가지가 결합된 방식이었다. 대부분의 위대한 번역가들은 원문의 어구와 의미에 모두 충실하려고 노력하였다. 우리들은 이런 방식으로의 번역을 위해 각고의 노력을 기울였으나, 영어에 한계가 있고 법의 의미가 지극히 심오하기 때문에 본 번역서도 차후 개선될 여지가 있으리라고 생각한다.

『해탈장엄론』은 내가 대단히 아끼는 저서 중 하나이다. 나는 위대한 스승 쿠누 라마 린뽀체Khunu Lama Rinpoche와 땐진 걜첸Tenzin Gyaltshen에게 가르침을 받는 큰 행운을 누렸다. 또한 저명한 안거 지도 스승인 꾼가 린뽀체Khyunga Rinpoche로부터 "마하무드라의 다섯 가지 길"을 포함하여 금강승의 가르침을 3년의 안거 기간 동안에 받았다. 깨달음을 얻은 빠충 린뽀체Pachung Rinpoche로부터는 나로파의 육법과 마하무드라의 가르침을 받았고 그 밖의 많은 가르침을 계승하였다.

인도 북부에서 태어난 쿠누 라마 린뽀체는 유능한 산스크리트어 학자였다. 그는 티벳으로 가서 여러 다른 학파의 뛰어난 스승들과 공부하였고 상대적 차원과 절대적 차원 모두에서 지혜를 얻었다. 이후로 그는 배운 가르침들을 실현하기 위해서 속세와의 인연을 모두 끊고 완전한 안거에 들었다. 그와 함께 공부를 시작한 이후로 나는 이 저서를 이해하기 위한 노력과 정진을 계속하였다. 그리고 그런 내용을 7회에 걸쳐 여러 사원의 승려들에게 강의하였고, 또한 불교를 공부하는 서양의 학도들에게도 가르쳤다.

수백 년간 생활방식과 문화는 변했지만 순수한 불교 - 고통과 고통의 원인, 행복, 평화와 그들의 원인에 대한 가르침 - 는 변하지 않는다. 그렇기 때문에 이 저서가 11세기에 티벳어로 저술되었지만, 고도로 발전된 물질문명과 과학기술을 가진 21세기 서양사회에 여전히 의미를 가지고 있는 것이다. 나는 감뽀빠의 지혜가 현대과학 이론과 잘 부합된다고 생각한다.

감뽀빠는 본 저서를 아띠쌰(Atiśa, 982~1054)의 『보리도등론』을 기초로 하여 저술하였다. 쿠누 라마 린뽀체는 이것이 티벳어로 쓰여진 최초의 람림 서적이며, 그 이후에 나타난 위대한 람림 서적들은 모두 『해탈장엄론』을 근거로 하였다고 말했다. 그런 이유로 티벳의 모든 불교학파들은 『해탈장엄론』을 연구한다. 이 저서는 티벳의 유서 깊은 3년 안거 기간에 기본교과목으로 사용되는 매우 중요한 문헌이다.

총 21장으로 구성된 본 저서는 성불에 이르기 위해 통과해야만 하는 단계(길)를 더함도 덜함도 없이 체계적으로 제시하고 있다. 만일 한 단계라도 빠뜨린다면 목적을 달성할 수 없을 것이다. 더 이상은 필요치 않으니, 제시된 길이 완전하기 때문이다. 이 저서는 가르침의 정수로서 해설이 광범위하지 않고, 숨겨진 의미도 없으며, 단지 정확하고 일관성 있는 가르침을 담고 있다. 불교에 관심이 있는 누구라도 숙독할 수 있고 수행에 적용시킬 수 있다. 따라서 이 저서를 완전히 공부한다면 불교의 각 단계에 대해 완전한 이해를 얻게 될 것이다. 하지만 단지 한두 번 읽음으로써 모든 것을 이해하리라는 기대는 버리는 것이 좋다.

달라이 라마 성하가 강조했듯이, 이 위대한 저서의 완전한 깊이를 이해하기 위해서는 진정한 스승에게 의지하는 것과 수행하는 것이 최선일 것이다.

『해탈장엄론』의 개관

제1부 근본원인
제1장 불성

이 책은 '불성'에서부터 시작된다. 불성은 불교에서 깨달음을 얻으려는 사람에게 필요한 근본원인 또는 '씨앗'이라고 할 수 있다. 이런 원인이 없다면 아무리 노력을 하더라도 어떤 진전도 이룰 수 없을 것이다. 예를 들어 농장에 씨앗이 없다면 아무리 경작을 열심히 하고 비료를 준다고 해도 땅에서는 아무것도 자라지 않을 것이다. 그러나 근본원인인 씨앗이 있고 도움이 되는 올바른 조건들을 만난다면 그 씨앗은 싹이 트고 마침내 열매를 맺을 것이다. 이와 반대로 비록 씨앗이 있다 해도 모든 필요한 조건들을 만나지 못한다면 싹이 나지도 자라지도 않을 것이다. 마찬가지로 모든 중생들에게 깨달음의 씨앗인 불성이 있다 해도 그 결과는 개인에게 달려 있다. 필요한 원인들을 활용하고 실천하지 않는다면 원하는 결과가 나타나는 데 상당한 시간이 걸릴 것이기 때문이다.

다른 방식으로 설명하자면, 겨자씨에는 기름이 들어 있다. 씨 안의 기름과 병 안의 기름에는 차이가 없다. 어느 것도 더 낫지 않다. 그러나 실제로 겨자씨에서 기름을 짜낼 때까지 그것은 '기름'이라고 부를 수 없다. 기름을 생산하기 위해서는 여러 원인들과 조건들이 필요하다. 먼저 겨자씨 안에 기름이 있다는 사실을 알아야만 하고, 그 다음은 기름 추출법을 알아야 한다. 그리고 최종적으로 노력을 적절하게 사용하는 법을 알아야 한다. 이렇게 해서 기름을 얻게 된다. 이와 같이 모든 중생들이 설사 불성을 지니고 있더라도 깨달음의 경지에 이르기 전까지는 '붓다'라고 부를 수 없는 것이다. 그러므로 깨달음을 얻으려면 먼저 자신이 석가모니불의 성품과 같은 완전한 불성을 지니고 있음을 알아야 한다.

이렇게 하면 절망과 낙담을 버리고 자신감을 찾을 수 있다. 이 자신감을 바탕으로 완전한 깨달음(원각)의 성품을 온전히 구현하는 도구로써 이러한 점진적 단계들을 실천해야 한다. 개인적 관심과 용기가 다르기 때문에 어떤 사람들은 남보다 빠르게 깨달음을 얻기도 한다. 그래서 법왕 감뽀빠는 서로 다른 다섯 가족들을 보여주었다. 직뗀 쑴괸Jigten Sumgön[1]은 말했다. "불성은 본질적으로 순수하고 붓다의 뛰어난 자질을 모두 갖추고 있다." 이 금강의 법문은 그의 저서 『일심금강게송一心金剛偈頌(공찍Gong Chik)』에 더 자세히 설명되어 있다.

그렇다면 모든 중생들이 불성을 지니고 있다는 사실은 어떤 의의를 가지고 있는가? 그것은 아무리 무자비한 사람이라도 최소한 자신의 가족에 대한 자애심과 자비심은 가지고 있다는 뜻이다. 하늘에 태양이 떠 있는 동안에는 아무리 두꺼운 구름이 덮여 있어도 한 가닥 희미한 빛이 그 구름을 뚫고 나와 비추는 것처럼 불성은 완전히 감추어질 수 없다. 따라서 우리는 모두 붓다의 경지를 향해서 나아가고 붓다의

---

[1] 직뗀 쑴괸(Jigten Sumgon, 1143~1217)은 까규 법맥의 하나인 디꿍 까규Drikung Kagyu 전승의 개조이다.

경지를 충분히 구현할 수 있는 가능성을 틀림없이 가지고 있다. 불성을 자세히 이해하려면 미륵불이 저술한 논서인 『구경일승보성론究竟一乘寶性論』을 공부하면 된다. 이 주제에 관하여서도 다양한 경전과 논서가 나와 있다.

제2부 수행 기반
제2장 귀중한 인간의 삶

앞서 언급한 바와 같이 불성이 모든 중생에게 깃들어 있다 해도 그런 가능성을 온전히 구현하기 위해서는 특정의 원인들이 필요하다. 여기서 인간의 삶은 가장 중요한 원인들 가운데 하나이며 깨달음을 증득하기 위한 수행 기반인 것이다. '귀중한' 인간의 삶은 '기회'와 '여건'이 겸비된 것을 말한다.

'기회'란 한 개인이 수도修道에 관심이 있고, 가르침을 배우고, 수행할 만한 시간이 충분히 있다는 의미이다. 세상에는 많은 사람들이 있지만 모두가 법에 관심이 있는 것도 아니며, 있다 해도 수행할 시간이 없는 사람들도 있다. 그런 사람들은 발전이 가능할 정도로 삶의 일정 시간을 헌신하는 것이 불가능해 보인다. 그런 까닭에 모든 사람들이 다 '귀중한' 인간의 삶을 얻는 것이 아니라 소수만이 얻는 것이다.

'여건'이란 서로 다른 모든 원인들과 조건들의 집대성을 의미한다. 만일 열 가지 여건 중에 한 가지(단 한 가지의 원인이나 조건)라도 결여된다면 비록 사람으로 태어났어도 귀중한 법을 수행할 기회는 없다. 따라서 기회와 여건이 있을 때, 모든 고통의 원인들을 근절하여 고통을 극복하고 완전한 깨달음을 실현할 기회를 가지게 된다.

그러므로 이러한 여건들을 가졌다면 지체 없이 그 여건들이 가진 풍부한 장점을 활용할 필요가 있다. 시간은 매순간 지나가고 삶을 연장할 수 있는 시간은 추가로 주어지지 않는다. 배움은 무한하므로 모든 것을 다 공부할 만한 시간은 없다. 결국 최선의 방법으로 사람들에게 주어진 짧은 시간을 이용해서 가르침의 정수를 받아들이고 가능한 한 빨리 그것을 수행에 적용시켜야 할 것이다.

　기회와 여건은 원인 없이 생기지 않는다. 오히려 여러 번의 생을 통하여 축적된 훌륭한 선업, 공덕과 지혜의 과보인 것이다. 그러나 이러한 선업, 공덕과 지혜를 다시 쌓지 않고 이생의 향락과 행복을 위해 그것들을 그저 '소비'해 버린다면 귀중한 사람의 몸으로 다시는 되돌아가지 못할지도 모른다. 그렇게 된다면 자신과 타인을 이롭게 할 모든 기회를 잃게 될 것이다. 순간에 지나지 않는 윤회의 행복을 버리고 확실한 깨달음의 행복을 취하는 것은 얼마나 좋은 일인가! 인간의 삶으로 얻은 기회의 의미를 분명히 알아차려야 하는 이유가 바로 이것이다. 기회는 손에 쥔 귀한 보석과도 같다. 만일 그 보석을 진흙 속으로 던져 버리거나 평범한 돌과 바꾼다면 대단히 불행한 일이 될 것이다.

　이렇게 귀중한 인생을 가장 잘 활용하려면 믿음과 확신이 필요하다. 먼저 확신은 원인과 결과의 역할을 이해하는 데서 나온다. 윤회의 모든 고통은 악업이 원인이 되고, 순간적이면서도 유한한 모든 복덕과 행복은 선업이 원인이 된다. 따라서 냉혹한 인과법을 믿고 스스로 인과법을 실천해야 한다. 그 다음에 윤회의 굴레에서 완전히 벗어나기 위해서는 원각 상태인 붓다의 경지에 도달하겠다는 원을 세워야 한다. 부처의 경지가 궁극적인 복덕과 행복의 상태임을 깨닫고 불변의 행복을 불러올 다른 방법은 없음을 깨달아야 할 것이다.

이 확신을 강화하기 위해서는 불·법·승의 뛰어난 성품을 이해해야만 한다. 붓다는 지혜와 자비의 화신이며, 법은 모든 혼란을 제거하고 불성을 계발할 기회를 주는 수단이다. 이것이야말로 부정적인 모든 것을 변형시키는 궁극의 연금술인 것이다. 승 또는 승가는 성공적인 수행자들의 본보기이다. 윤회와 번뇌 같은 적들을 모두 물리친 윤회의 전장에 선 전사들로서, 이들은 모든 중생들을 보호하고 그들을 깨달음으로 이끌고 있다. 따라서 기회와 귀중한 인생의 여건이 뒷받침해주는 믿음이 있을 때, 윤회의 바다를 건너 무수한 중생들에게 복덕을 주는 일을 하기까지 그리 오랜 시간이 걸리지는 않을 것이다.

제3부 기여원인

제3장 스승

비록 귀중한 인간의 삶을 얻었다 해도 우리는 윤회로부터 자유롭지 못하고 혼란에 압도당하고 있다. 그렇기 때문에 깨달음의 길을 안내할 지도자가 필요하다. 이는 매우 중요한 요인이다. 심지어 일반적인 윤회의 교육을 받는다 해도 오랫동안 공부하고 많은 경험과 좋은 인성을 가진 스승에게 의지해야 한다. 이러한 필수적인 조건들이 없다면 적합한 교육을 받지 못할 것이다.

이 장에서의 문제는 '윤회로부터의 해탈'로서 어려운 주제이다. 만일 어떤 스승이 윤회와 깨달음을 모르고, 특히나 이 단계에서 필요한 수행에 대한 경험이 없다면 그것은 장님이 장님을 인도하는 격이다. 그런 수행자라면 혼란이 사라지기는커녕 더 많은 혼란을 겪게 될 것이다. 그러므로 스승이 되기 위한 자격들이 명시되어 있다. 스승을 위한 명확한 자격들은 수많은 경전과 딴뜨라 문헌에서 설명하고 있다.

먼저 개개인의 스승들을 주의 깊게 점검하여 선택해야 하고, 일단 선택하여 제자가 된 후에는 가르침을 받기 위해 그들을 섬겨야 한다. 단지 좋은 첫인상에 의존하지 말라. 여러 가지 자격들 중에서 가장 중요한 한 가지는 보리심이다. 만일 스승이 보살계를 받고 일정기간의 수행을 거쳐 그 계율을 자신의 생명처럼 소중히 한다면, 그가 설사 학자가 아니고 지극히 논리정연하지 않더라도 신뢰할 수 있을 것이다. 하지만 번뇌에 제압당하는 스승이라면, 그런 스승과의 관계는 혼란을 가중시키고 조금이나마 축적된 선업마저 파괴시킬지 모른다. 따라서 붓다의 말씀과 자기 자신의 경험에 비추어 스승의 자격을 신중히 점검해야 한다.

자신의 수준에 알맞은 스승을 찾았을 때는 그를 예의 바르게 섬기고 자신의 오만과 자아가 개입되지 않도록 하라. 성실한 섬김과 일용품의 공양으로 스승을 섬기되, 특히 가르침을 실천하는 것으로 스승을 섬기라. 그러나 오만과 이기적인 목적에 휘둘린다면 아무리 위대한 스승을 만나거나 아무리 강력하고 심오한 가르침을 받더라도 축복받지 못할 것이다.

가르침을 잘못 활용한다면, 실제로 고통에서의 해방이 아니라 오히려 고통의 원인을 주게 된다. 법왕 감뽀빠는 말했다. "법을 법답게 수행하지 않으면 낮은 존재 영역으로 떨어질 것이다." 그런 이유로 순수한 동기를 가지고 가르침을 받아라. 그 가르침을 모든 혼란과 번뇌를 정화시키는 방법으로, 그리고 윤회라는 만성병을 치료하고 완전한 깨달음에 이르게 해줄 약으로 간주하라. 윤회적 삶의 즐거움을 더 풍성하게 하기 위해 법을 이용하는 것을 '법의 희석' 혹은 '법의 오용'이라고 한다. 귀한 법의 가르침을 온전히 활용하고자 한다면 순수하게 발원하는 마음을 닦고, 윤회적 삶에서의 성취를 중시하지 않는 한편, 가르침을 성실하게 실천 적용해야 할 것이다.

제4부 방법

스승은 우리가 깨달음을 얻는 데 방해가 되는 네 가지 장애를 없애주는 가르침들을 전해줄 수 있다. 그중에서도 가장 중요한 가르침은 모든 현상의 무상함과 육도를 윤회하는 중생들의 고통이다. 이 가르침은 집착을 내려놓는 특별한 방법을 알려주고, 업보와 과보의 가르침은 고통의 원인을 끊을 수 있는 특별한 방법을 제안할 것이다. 또한 자신의 이기심에 대한 해독제로는 자애와 자비의 수행으로부터 얻는 기쁨과 행복을 들 수 있다. 깨달음으로 향하는 문을 열고 해탈의 도시로 들어가기 위해서는 귀의 의식이 필요하고, 깨달음에 도달하기 위한 방법으로는 보리심의 수행과 연마를 꼽는다. 지금까지 열거한 방법들을 통해 우리는 보살의 수행5위(五大菩薩道)와 보살십지+地를 점진적으로 통과하여 최종적으로 삼신을 가진 붓다의 경지에 이르게 될 것이다. 그 상태에서는 윤회가 끝나는 그날까지 중생들의 복덕을 위한 행동을 자연스럽게 구현하게 될 것이다.

제4장 무상

소위 삼독이라 불리는 세 가지 번뇌로는 집착(탐), 증오(진), 무지(치)가 있다. 무지는 윤회가 존재하는 근본원인이다. 무지는 마음의 명료한 의식을 차폐하여 인과의 역할과 모든 현상의 궁극적 성품을 보지 못하게 한다. 이로 인해 조잡하고 미세한 원인과 결과인 현상계의 상호의존적 연기법을 이해하고 실현하지 못한다. 그 결과, 모든 현상 중에서도 특히 자기 자신을 영구적이고 독특하며 실재하는 존재로 인식하게 된다. 이는 다시 자신과 자신이 좋아하는 것들에 대한 집착을 키우게 하고, 그것들에 반하는 것은 무엇이든 혐오를 느끼고, 매우 자기 방어적이 되도록 만든다. 우리는 이런 현상이 끊이지 않는 세계에서 항상 고군분투하고 있는 것이다.

이런 차원에서는 아무리 애를 써도 완전한 행복을 얻거나 경험할 방법이 없다. 이 번뇌가 아주 오랫동안 습관화되어 고질적 성향의 씨앗은 너무도 크게 자라났고, 그래서 우리는 그런 감정들을 당연하다고 느끼는 것이다. 적절한 조건을 만나면 이런 감정들은 쉽게 일어난다. 무엇을 생각하든 그것은 바로 우리의 행동이 된다. 우리는 이런 감정 표현이 끊임없이 일어나도록 자신을 부추긴다.

마음의 자질에 따라 우리는 다른 영역을 만들어내고, 그곳에다 갖가지 번뇌를 다 드러낸다. 그러나 실은 이러한 감정 표현은 물거품이나 꿈처럼 일시적인 것이다. 따라서 삼독을 정화하고 놓아 보내기 위해서는 집착에 대한 해독제로서 모든 현상의 무상한 성품이 실재임을 알고, 증오에 대한 해독제로서 모든 중생들이 겪고 있는 고통을 알아야 한다. 또한 업과 과보는 무지를 놓아버리게 하는 해독제가 된다.

집착은 매우 버리기 힘든 번뇌이다. 마음속 깊이 뿌리박혀 있는 집착을 통해 갈망과 탐욕이 일어난다. 따라서 무상에 대한 사유는 일시적인 집착을 없애는 데 가장 효과적인 한 방법이 될 수 있다. 모든 현상이 무상하고 일시적임을 사유해보면, 우리가 집착하는 특정한 형태나 대상도 변화한다는 것을 알 수 있다. 게다가 우리가 이전에 대상과 관계하던 방식 역시 더 이상 존재하지 않기 때문에, 계속 집착해야 할 의미도 없고 그로 인한 이익도 없다. 풀잎 끝에 맺힌 이슬처럼 그것은 허깨비 같이 사라진다. 그런 사실에 대해 화내고 걱정하기보다는 그것을 단지 모든 현상의 참 성품으로 보는 것이 낫다. 변화를 수용하고 허락하라. 집착을 놓아버려라.

자기 마음속의 마하무드라를 깨닫기에 앞서, 무상의 수행은 집착과 증오를 없애는 효과적인 방법으로 반드시 필요한 것이다. 수행의 발전은 쉽게 올 수 있다. 모든 현상이 무상하므로, 단지 명상을 통해 이런 성품을 잊지 않고 계속 자각하기만 하면 되기 때문이다. 매순간을 살아라. 무상을 완전히 자각하게 된다면 마하무드라의 깨달음은 그리 어려운 것이 아니다. 왜냐하면 무상성의 가장 미세한 성품을 이해하는 것이 마하무드라의 깨달음과 같기 때문이다.

제5장 윤회의 고통

윤회의 육도에서 모든 중생들은 고통 속에 살고 있다. 실제로 고통을 경험하고 있는 사람들도 있고, 고통으로 가는 도중에 있는 사람들도 있다. 심지어 사업, 정치, 또는 과학 등의 분야에서 성공한 사람들조차도 여전히 고통에서 자유롭지 못하다. 누군가는 고통에서 벗어나려는 시도를 하면서 더 큰 고통의 원인을 만들어내기도 한다. 이를 깨닫는다면 적이나 싫어하는 사람들을 향한 반감과 증오를 버릴 수 있는 기회를 얻게 될 것이다. 증오를 버리고 배려와 자비를 키울 기회를 얻기 바란다.

인간으로 태어나서 우리는 늙음, 병, 죽음을 경험한다. 원하는 것을 축적하려고 분투하고, 그 다음에는 가진 것을 지키려고 분투한다. 인간계에서 이런 고통들을 경험하듯이 만약 다른 영역에서 태어난다면 이 장에서 묘사하는 조건들을 그 영역에서 경험하게 될 것이다. 그러나 인간계에서도 육도의 고통을 경험할 수 있으니 육체적 고통이 아니라 정신적 고통으로 체험한다.

물이 없는 사막에 있는 자신을 상상해 보라. 열기가 너무도 강해서 몸은 마치 타는 듯, 화덕 안에서 구워지는 듯하다. 비록 순간적인 생각에 불과하지만 느낌은 무한히 지속되는 듯하다. 이것이 뜨거운 지옥계이다.

때로 눈보라치는 설산에 있노라면 어디에도 바람을 피할 곳이 없다. 옷은 너무도 얇고 손발은 꽁꽁 얼어붙었다. 비록 순간의 생각이지만 영원처럼 느껴진다. 이것은 빙한 지옥계의 추위와 같다.

때로 긴 여행을 떠나 음식과 물이 떨어져 완전히 지쳤다고 상상해 보라. 주위에 식당 하나 없고 우리는 굶주림과 갈증으로 죽어가고 있다. 몸은 변해서 뼈와 가죽만이 앙상하게 남은 듯 느껴진다. 이것은 굶주린 아귀계의 고통과도 같다.

때로 노예가 되어 소원이나 감정을 표현할 자유도 없이 고통받고 있다고 상상해 보라. 우리는 자신이 어리석어 아무것도 할 수 없다고 느낀다. 무엇을 해야 할지, 어떻게 행동할지도 모른다. 이것은 축생계의 고통과 같다.

때로 남들의 명성, 부, 또는 성공 때문에 우리는 질투심에 사로잡힌다. 질투심에 압도되어 남을 해하기도 하지만 종국에는 더 큰 고통만을 초래할 뿐이다. 이것은 아수라(반신半神)계의 고통과 같다.

때로 우리는 평안과 행복을 느낀다. 모든 것이 순조롭고 이 상황이 자랑스럽다. 자신이 최고라는 생각이 지배적이다. 이런 경험을 오래도록 했다 해도 그것은 마치 순간처럼 느껴진다. 후에, 특히 임종 시에는 이렇게 좋은 조건들을 두고 떠나야 한다는 생각에 많은 고통을 받는다. 이것은 천계의 고통과 같다.

이 책은 특히 지옥계의 고통에 대해 자세히 설명하고 있다. 이는 사람들을 암울하게 만들려는 것이 아니라 그보다는 고통에 대해 신중하게 알아보려는 것이다. 만일 우리가 벗어나기 위해 온갖 노력을 기울이고 있는 그 고통의 성품을 잘 알지 못한다면 법을 올바르게 수행하는 방법도 알지 못할 것이다. 그러므로 독자들이여, 이 장을 읽을 때는 우울감이나 부정적 감정을 느끼지 말고 그런 감정에서 빠져나오거나 무시해 버려라. 이 장에 주어진 논제를 충분히 읽고 깊이 생각하라. 깨어나라! 마음은 오랫동안 윤회의 굴레 속에서 잠자고 있다. 자신이 지금 있는 자리를 인지하고 마음에 법을 적용시켜라. 그 다음에 윤회로부터 벗어나기 위해 최선을 다하라.

법왕 감뽀빠는 고통을 또한 세 가지 방식으로 설명하였다. '고통의 고통(苦苦)'은 육체적이고 정신적인 고통을 경험하는 것을 가리킨다. '변화의 고통(壞苦)'은 인생에서 젊음이나 성공처럼 일시적인 행복은 변화하기 마련이기 때문에 그런 행복에 집착할 때 고통에 이르게 된다는 의미이다. '우주에 편재하는 고통(行苦)'은 윤회하는 모든 존재는 고통으로 가득하다는 것을 의미한다. 비록 성공적인 인생이라 할지라도 여전히 불만족은 있다. 고통은 반드시 찾아올 것이다. 우리는 분명 고통에서 자유롭지 못하다.

제6장 업과 그 과보

이러한 고통들은 홀로 존재하는 것도 원인이 없는 것도 아니다. 고통의 원인과 결과를 알 수 있다면 무지를 내려놓게 될 것이다. 긍정적 사고의 첫 순간은 다음 순간에 행복을 부르는 반면, 부정적 사고의 첫 순간은 다음 순간에 고통을 부른다. 모든 현상은 원인과 결과의 순간적인 흐름 속에 존재한다. 그러므로 열 가지 불선업은 중생계에서 고통의 총체적 원인이 되고, 특히 삼악도에서 겪는 고통의 원인이기도 하다. 윤회계의 높은 영역(삼선도)에서의 기쁨과 행복, 그리고 깨달음은 십선업에 근거한다. 이 인과의 법이야말로 모든 현상의 본질인 것이다.

이 인과법을 모르는 것을 '무지'라고 부른다. 커다란 노력과 정진을 한다 해도, 심지어 목숨을 바친다 해도 이 고통에서 벗어날 방법은 없다. 이 인과법을 알 때 '무지에서 해방되었다'고 말한다. 그렇다면 매순간의 모든 노력은 고통에서 벗어나는 원인이 된다. 무지할 때는, 아무리 자신에 대한 집착이 작다 해도 자신이나 다른 사람들을 진심으로 이롭게 하는 방법을 모른다. 그러나 인과법의 지혜를 얻게 되면 자신에게 진실할 수 있는 능력을 갖게 된다.

모든 것은 상호의존적(연기적)이다. 특정의 상황은 원인 없이 발생하지도 않고, 잘못된 원인이나 불완전한 원인에서 발생하지도 않는다. 그렇기 때문에 무언가가 출현하기 위해서는 완벽한 원인과 조건이 있어야 한다. 자동차를 예로 들어보자. 차를 만들고 작동시키려면 필수적인 원인과 조건들이 있다. 한 가지라도 빠뜨린다면 차는 움직이지 않을 것이다. 이와 유사하게 내적인 평화와 균형 역시 여러 가지 원인들에 좌우된다. 아무리 노력하고 그 결과를 기대한다고 해도 상응하는 원인들과 조건들이 갖추어지지 않으면 노력은 허사로 돌아간다.

윤회와 열반을 가져오는 원인과 조건의 법칙을 아는 것은 대단히 중요하다. 그러한 지혜 없이는 긍정적 상황을 만들 수 없기 때문이다. "비록 행복을 원할지라도, 우리의 무지로 인해 행복을 마치 원수인 것처럼 파괴한다. 고통에서 자유롭기를 바라면서도 우리는 고통을 뒤좇아 다니고 있다." 업의 미세한 출현과 업에 대한 상세한 사항은 공성보다도 더 연구나 관찰이 어렵다. 그래서 업을 다룬 이 부분을 신중하게 공부하는 것이 중요하다. 단지 하나의 불교전통이라 생각하며 공부하지 말고, 고통의 원인과 행복의 원인을 가름하는 곳이라는 생각으로 공부해야 한다.

제7장 자애심과 자비심

일반적으로 모든 중생들은 고통에서 벗어나기를 원하고 조화와 평화와 행복을 원한다. 심지어 무자비하고 죄를 자각하지 못하는 사람들조차도 평화와 행복을 바란다. 많은 원인과 조건들 중에서도 자신의 마음속에 자애심과 자비심을 일으키는 것은 이 목표를 달성해주는 중요한 원인이 된다.

어떤 사람들은 자애심과 자비심을 채택하는 순간, 모든 것을 희생하고 자신에게는 아무것도 남기지 말아야 한다고 반사적으로 생각하며 반문한다. "그럼 나는 어떡하고요?" 반면, 진심으로 자애심과 자비심을 느낀다면 바로 그 순간 마음속에 평화와 조화를 경험하게 된다. 이런 종류의 평화와 조화는 다른 어떠한 것도 요하지 않는다. 단지 그 순간의 진실한 감정이 있을 뿐이다. 우리가 할 일은 다만 마음속에 그 귀한 보석을 담을 수 있도록 조금만 자리를 비워주면 된다. 그 밖에는 다른 어떤 것도 희생할 필요가 없다.

반면, 다른 사람에 대한 집착에서 생긴 사랑과 자비심은 제한적이고 진실하지 않다. 그러므로 이성理性에 근거한 자애심과 자비심을 닦는 것이 진정한 조화와 평화의 원인이 된다. 절친한 친구에서 원한이 깊은 원수에 이르기까지 모든 중생들은 행복과 고통에서 벗어나기를 원하기 때문에 자애심과 자비심을 향상시키기 위해서는 이 토대 위에서 우리의 마음을 한결같이 유지하려고 노력해야 한다.

여기서 감뽀빠는 이생의 어머니를 향해 자애심과 자비심을 닦는 법을 설명한다. 이렇게 한 것은 보통 사람의 경우 어머니가 가장 가까운 후원자이고 일생 동안, 아니면 적어도 인생의 사분의 일 동안 정성과 애정 어린 어머니의 보살핌을 받기 때문이다. 이것은 매우 강한 유대감을 형성한다. 어머니는 자녀가 어떻게 하면 가장 잘 교육받을 수 있을지, 성공할 수 있는지, 그리고 자녀를 자신의 눈과 심장처럼 소중하게 지킬 수 있는지를 항상 염두에 두고 있다. 그러나 부모와 갈등이 있거나 마음에 부모의 자리가 없는 사람들은 그들의 인생에서 가까운 사람들 – 아마도 친구, 형제, 자매 또는 자녀 – 을 바라봄으로써 다른 본보기로 삼을 수 있다. 이 방법을 사용해서 자애심과 자비심을 향상시키고 모든 중생들에게 자애심과 자비심이 충만해지도록 하라.

확실한 것은 이기적인 오만, 질투와 분노는 어떤 평화와 조화도 초래할 수 없다는 것이며 오히려 개인은 물론 사회의 폭력과 부조화에 근본적인 원인이 된다는 것이다. 또한 자기를 소중히 여기는 마음은 윤회계에서 만나는 바람직하지 않은 모든 조건들과 갈등의 원인이다. 반면, 다른 사람들을 소중히 하고 존중하는 것은 모든 복덕, 행복과 평화의 원인이 된다. 따라서 불자이든 아니든 자애심과 자비심을 이해하고 수행해야 하는 것에는 선택의 여지가 없다.

자애심과 자비심을 수행하는 데는 또 다른 이유가 있다. 태어나는 날부터 죽는 날까지 우리의 인생은 세속적인 일이든 정신적 발전을 위한 일이든 다른 사람들의 도움에 의존할 수밖에 없다. 다른 사람들의 호의와 나눔이 없었다면 우리는 생존할 수 없었을 것이다. 그렇기 때문에 진정한 평화와 행복을 원한다면 이 원인을 주의 깊게 관하고 자애심과 자비심을 향상시켜야 한다는 것을 자각하라.

게다가 이 귀한 성품을 수양할 수 있는 기회는 다른 사람들이 주는 것이다. 다른 중생들이 없다면 마음속에 자애심과 자비심을 실현하는 의미가 없을 것이다. 즉 우주에 편재하는 평화와 행복의 상대적 성취 또는 궁극적 성취는 이런 이타적 사고에 좌우되는 것이다.

그래서 우리는 이런 소원을 들어주는 보석 같은 이러한 자질을 소중히 여기고 모든 방법을 동원하여 자애심과 자비심을 향상시키고 실현해야 한다. 그것이 보리심의 나무를 심고 키우는 땅이기 때문이다.

제8장 귀의와 수계

귀의는 윤회에서 벗어나고 깨달음을 얻는 특별한 방법이자 즐거운 길이다. 앞에서 언급했듯이 모든 중생에게는 불성이 있지만 그 점을 인지하지 못한 채, 윤회계에서 인과의 수레바퀴에 휩쓸려 혼란스러워하고 있다. 개인적 경험에서 오는 고통은 끝없는 파도가 차례로 밀려오는 것과 같다. 중생계에 남아 있는 한 완전한 평화와 행복은 기대하지 말라. 귀의는 이 굴레에서 벗어나는 길이다.

귀의는 붓다의 완전한 가르침을 담고 있다. 소위 예비수행과 상급수행 같은 모든 수행들은 귀의에서 나온다. 귀의는 기반이고 길이며 결실이다.

'근본 귀의'는 원초적으로 꾸밈없는 성품이고, 머무는 방식이며, 모든 실재가 혼란 없이 존재하는 방식이다. 우리가 귀의를 깨닫든 아니든, 귀의는 항상 관념에서 자유롭고 자연스러웠다. 이 연기적 성품은 윤회의 모든 현상과 불이의 열반에 편재하는 절대지絕對智이다. 붓다는 이 실재를 완전히 구현하였고, 그런 이유로 이 우주에 편재하는 지혜와 붓다를 구분할 수는 없다.

이것이 붓다가 무지의 잠에서 완전히 깨어나서 수승한 모든 자질을 실현했다고 말하는 이유이다. 이러한 지혜의 상태에서는 숨겨진 것이 전혀 없다. 삼라만상이 명료하기 때문에 사유할 것도 관찰할 것도 없다. 모든 것이 현존하므로 붓다는 조건 없이 편재하는 자비와 근본지를 구현하는 무분별의 사고를 실현했다고 말하는 것이다. 이 상태에서 붓다는 중생들을 이롭게 하기 위해서 다양한 모습으로 현신했다. 이 현신들의 근본은 법신이다. 법신은 허공처럼 모든 설명을 벗어나 있으며 모든 자질과 현신의 근거가 된다. 이로부터 붓다는 수승한 보살들을 이롭게 하려고 보신으로 현신하였다. 그러고 나서 보통 수행자들을 위해서 붓다는 화신의 모습으로 현신하셨다. 이렇게 서로 다른 현신을 통하여 윤회와 깨달음을 완벽하게 설명하는 가르침을 주셨다. 이런 이유로 우리는 붓다에게 귀의하는 것이다.

우리 스스로가 붓다의 경지에 이르기 위해서는 붓다의 가르침을 공부하고 수행해야 하는데, 이는 혼란을 없애고 고통에서 벗어나기 위함이기도 하다. 그래서 우리는 법에 귀의한다.

붓다의 가르침을 공부하고 수행하려면 안내자가 필요하다. 탁월하고 분명한 안내자의 예로는 성문, 연각과 더불어 위대한 보살들(의 모임)인 승가가 있다. 그들은 가르침에 대한 공부와 이해에 앞서 있고 붓다와 법에 대한 불가분의 신뢰를 가지고 있다. 그래서 우리는 승가에 귀의한다.

불·법·승에 귀의함으로써 다양한 장애를 정화하고 공덕과 지혜를 축적하는 길을 따르기 시작한다. 이것을 '길의 귀의'라고 부른다.

완전한 신뢰와 헌신으로 이 길을 끈기 있게, 끊임없이 따름으로써 법신으로 불리는 최고의 완전한 깨달음의 결과를 실현하게 된다. 법신은 법의 가르침을 완벽하게 실현한 붓다의 명칭이고 승가의 완벽한 상태이다. 이것을 '결실 귀의'라고 부른다.

결과적으로 귀의는 모든 가르침을 실현하는 것이다. 귀의를 본수행이 아닌 예비수행으로 생각하지 마라. 이것은 깨달음의 문으로 들어가는 첫걸음으로서 매우 중요하고, 중도에도 그리고 끝에도 중요하다. 이 귀의의 길은 고통의 원인에 대한 혼란을 없애는 방법이고 불·법·승의 훌륭한 자질들을 실현하는 방법이기 때문에 기쁨과 평화와 행복을 이루는 길이 될 것이다. 이것이 '즐거운 귀의의 길'이라고 불리는 이유이다. 항상 기쁘고 상서로운 감정으로 귀의를 수행하라. 모든 고통에서 벗어나기 위해 작은 고통을 인내하면서 희생하라.

계율은 서원誓願이나 도덕윤리라고도 부르는 규율과 같은 것이다. 일반적으로 붓다의 경지를 이루기 위해서는 모든 장애를 정화하고 악업을 삼가야 한다. 역사적으로 이러한 장애를 없애지 않고도 일체지를 완성했던 붓다는 한 사람도 없었다. 그런 이유로 많은 서원과 함께 그렇게 많은 단계의 계율이 있는 것이다. 이 계율들은 악업을 삼가기 위한 특별한 수단으로서 몸과 말과 마음을 조화로운 상태와 덕행에 머물도록 하기 위한 것이다. 이처럼 계율은 선정을 향상시키고 통찰력을 실현시키는 데 중요한 토대가 된다. 뿐만 아니라 모든 영적 성장의 토대이기도 하고, 다음 생에 귀한 인간존재로 다시 태어나게 해주는 진정한 원인이기도 하다.

무상요가딴뜨라와 공성을 수행하면 도덕윤리와 계율이 필요 없다는 사람들이 있다. 그들은 계율이 높은 수준에 이르지 못한 부족한 수행자들을 위한 것이라고 생각하지만 이것은 지나친 비약일 것이다. 오히려 법의 미세한 의미를 더 많이 깨우친 사람들은 따르는 사람들을 위해 더 훌륭한 본보기를 보이며 스스로 더 민감하고 성실하게 행동한다.

계율을 받고 지키는 것은 24시간의 수행이다. 그것은 법 수행자들에게 있어 여생 동안 매순간 계율을 계속 지키기 위한 실제 시험이라고 할 수 있다. 이렇게 덕행의 길로 모든 힘을 쏟는 것은 몸과 말과 마음을 닦는 데 매우 중요한 방법이다. 그러므로 모든 법 수행자들이 적어도 5계를 따르고 잘 익히고 비구나 비구니가 되는 것에 대해서 진지하게 생각하는 것은 좋은 일이다. 계율 때문에 제약이 심하다고 생각하지 말고 계율을 귀히 여겨야 한다. 계율을 충실히 지키는 사람들에게 계율은 평화와 기쁨의 원인이고 심신을 맑혀주는 특별한 수단이다. 심신이 더 청정해질수록 번뇌는 줄어들고 마음의 본래성품인 마하무드라를 실현할 기회는 더 많아질 것이다.

제9장 보리심 수행

'자애심, 자비심, 귀의'의 수행기반을 사용하여 깨달음의 마음인 보리심을 닦아라. 보리심은 중생들의 행복을 염려할 뿐 아니라 그들이 혼란과 고통에서 벗어나 일시적인 평화와 행복을 맛보고 나아가 절대적인 평화와 행복도 성취할 수 있도록 하기 위해서 행동을 한다. 보리심은 일체를 끌어안는 마음이고 허공 끝까지도 미치는 무한하고도 귀한 마음이다.

보리심은 불교의 근간을 이룬다. 이 마음이 없이는 이런저런 영적 방법과 길을 통해 아무리 노력한다고 하더라도 붓다의 경지에 이르는 것은 불가능하다. 그런 사람들은 어떤 열매도 기대할 수 없는 썩은 씨앗과도 같다. 보리심은 빛이다. 여느 빛과 다른 방식으로 무지의 어둠과 혼란을 없앨 수 있는 위대한 빛이다. 보리심은 도끼이다. 보통 도끼는 할 수 없는 일을 하는 이 위대한 도끼는 윤회의 뿌리를 잘라낼 수 있다. 보리심은 빗자루이다. 보통 빗자루는 할 수 없는 일을 하는 이 위대한 빗자루는 윤회의 원인과 고통의 먼지를 쓸어버릴 수 있다. 보리심은 불이다. 보통 불은 할 수 없는 일을 하는 이 위대한 불은 혼란의 숲 전체를 태워버릴 수 있다. 보리심은 약이다. 보통 약은 할 수 없는 일을 하는 이 위대한 약은 번뇌라는 고질병을 치료할 수 있다. 보리심은 검이다. 보통 검은 할 수 없는 일을 하는 이 위대한 검은 이원적 사고의 그물망을 잘라버릴 수 있다.

스스로 고통에서 벗어나고 싶고 다른 중생들을 이롭게 하고 싶은 사람들에게 보리심은 꼭 지키고 아끼고 실현해야 할 덕목이다. 붓다의 경지는 보리심이 완벽하게 정신적으로 형성된 상태이다. 그런 까닭에 법왕 감뽀빠는 보리심을 실현하는 방법과 닦는 방법에 대해서 아주 상세히 설명하였다. 보리심을 정성들여 배우고 이 귀한 마음을 자신의 마음속에서 일으켜라.

보리심을 얻게 되면 불요불굴의 용기가 생긴다. 이 용기로 인해 중생들을 이롭게 하기 위해서 죽는 날까지 윤회계에 머무는 것에 대해 어떤 두려움도 의심도 사라진다. 보리심을 얻게 되면 자기 자신을 소중히 하는 생각은 떠오르지 않고 자기 자신의 평화에도 관심이 없어진다. 우리가 다른 중생들을 위해서 차별 없이 최대한의 봉사를 하는 것은, 마치 지구가 의식이 있는 중생들(유정)과 의식이 없는 중생들(무정) 모두에게 생명을 유지하고 생활하고 성장할 땅을 공평하게 제공하는 것과도 같다. 마찬가지로 물, 불과 공기도 보편적 혜택을 제공한다. 마찬가지로 보리심의 동기는 공정하다. 이렇게 훌륭하고 유익한 효과가 알려진다면 어느 누가 자신을 성장시키고 중생들을 이롭게 할 이 기회를 놓칠 수 있겠는가?

이런 마음을 가진 사람을 보살이라고 부른다. 사람들은 보살들을 높이 존경하면서 그들이 문제를 해결하고 평화와 행복을 가져다주고 모든 갈등을 화해시켜주기를 기대한다. 보살들이 그렇게 귀하게 여겨지는 것은 바로 보리심의 가치 때문이기도 하다. 이러한 보리심을 가진 보살은 어떤 유형의 고통, 장애와 바람직하지 않은 상황들이 발생하더라도 흔들리지 않는다. 오히려 그들은 자신들이 가진 강력한 방법을 사용하여 계속해서 마음을 닦고 정화시키고 수행에 정진할 것이다. 그와 같이 보살은 어떤 일이 일어나든 그것을 무상성과 윤회의 고통을 깨닫고 보리심의 향상을 실현하는 특별한 수행의 기회로 받아들인다. 때문에 그들은 평화와 행복을 얻기 위해 특별히 노력할 필요가 없다.

제10장 원보리심 수행

원願보리심은 큰 자비와 지혜를 바탕으로 한다. 큰 자비는 윤회하는 모든 중생들을 보호하고 그들의 고통을 인지하는 데서 나온다. 이런 고통의 굴레에서 벗어나기 위해서는 큰 지혜가 계발되어야만 한다. 붓다가 되어야만 비로소 중생들을 이롭게 하는 무한한 능력을 갖게 되는 것이니, 무량한 행동으로 중생을 거뜬히 이롭게 하기 위해서는 붓다의 경지에 도달해야 한다. 그러므로 원보리심을 닦아야 한다. 원보리심을 기르는 세 가지 방법은 왕처럼, 배의 선장처럼, 그리고 양치기처럼 닦는 것이다.

왕의 자질은 먼저 한 나라의 지도자에게 꼭 필요한 자질들을 축적함으로써 구축된다. 왕위에 오르면 온 나라를 통치하고 국민들을 이롭게 한다. 마찬가지로 원보리심은 '왕처럼' 장애를 정화하고 붓다의 자질을 쌓기 위해 노력함으로써 기를 수 있다. 그런 다음에 모든 중생들을 도울 것이다.

　배의 선장은 승객들을 태우고 배를 조종하여 바다를 건너 다른 해안에 승객들과 함께 도착할 것이다. 이와 마찬가지로 보살은 유사한 방법으로 원보리심을 기르면서 이렇게 말할 것이다. "나와 모든 중생들이 함께 붓다의 경지에 이르게 하소서!"

　양치기는 양떼와 동물들을 좋은 풀과 물이 있는 목초지로 데려가고 모든 포식자에게서 그들을 보호한다. 저녁이 되면 그들을 농장으로 데려오고 우리에 안전하게 넣어 보호한다. 그때야 비로소 양치기는 집으로 가서 휴식을 취한다. 마찬가지로 그와 같은 보살은 원보리심을 기르면서 이렇게 말할 것이다. "나는 모든 중생들이 윤회에서 벗어나고 깨달음을 얻을 때까지 물러나지도 열반에 들지도 않을 것이다." 이 마음을 지키고 향상시키고 발전시키기 위한 방법들을 이 장에서 자세히 설명하였다.

제11장 행보리심 수행

일단 보살이 원보리심을 닦고 나면 귀중한 이타적 생각을 실현하고, 중생들의 복지를 위해 그것을 사용하기 위해서 그 마음을 완성하도록 노력해야 한다. 한 순간의 좌선, 한 번의 절하기, 또는 만뜨라를 염송하는 것을 포함하여 모든 공부와 수행이 다 행行보리심을 발전시키는 방법이 된다.

　모든 번뇌들은 삼독─욕망, 혐오, 그리고 무지─에 포함된다. 이 삼독은 모든 유형의 번뇌가 출현하여 수없이 많은 부정적 업을 만들어내는 핵심이고, 이것을 통해 끝없는 고통과 장애를 만나게 되는 것이다. 삼독을 정화시키고 최후에는 근절시키기 위해 붓다는 각각에 대해 각기 다른 해독제를 알려주었다. 그래서 모든 법의 가르침은 세 가지—율, 경, 논—로 분류될 수 있다.

율(Vinaya)은 덕성, 규범과 계율에 관련되어 있다. 경(Sutra)은 평정심으로 머무는 법(사마타)과 그 밖의 정신 집중에 관련되어 있다. 논(Abhidharma)은 연기, 지혜 또는 통찰력(위빠사나)을 더욱 강조하고 있다.

위의 구분이 사실이긴 하지만 이러한 법의 가르침들은 밀접하게 서로 연결되어 있다. 예를 들어 율장은 도덕윤리뿐만 아니라 명상과 통찰력, 지혜에 대한 교육도 포함하고 있다. 경장은 명상 기법에 더하여 도덕윤리와 통찰력, 지혜에 대해서도 가르쳐준다. 논장은 통찰력, 지혜에 더하여 도덕윤리, 계율과 선정에 대한 가르침도 있다. 이렇게 삼장을 배우고 도덕윤리, 선정과 지혜를 훈련함으로써 그들의 상호의존성이 완전히 명확해지는 것이다.

이 삼장 중에서 다른 두 장의 도움 없이, 한 가지 가르침만 단독으로 수련해서는 붓다의 경지를 실현할 수 없다. 선행을 하면 악업에서 벗어나 마음을 깨끗하게 하고 좀 더 잘 길들이는 데 도움이 된다. 계율이 받쳐줄 때 마음은 훨씬 수월하게 정신적 안정을 이루고 고요히 현재에 머무는 수행을 완성한다. 계율 없이 안정된 선정 상태를 유지하는 것은 불가능하다. 마음이 십선업에 일념으로 집중하면 아주 고요하고 평화로우며 맑은 마음이 될 것이다. 이를 기반으로 하면 특별한 통찰력의 빛을 밝히는 일이 훨씬 쉬워진다. 지혜의 불꽃은 잡념이라는 바람을 잘 막는다면 지켜낼 수 있으며, 그것은 결국 혼란과 번뇌의 어둠을 몰아내고 윤회로부터 자유를 얻는 강력한 방법이 될 것이다.

이 모든 것들이 우리가 마음속에서 계발하고 보살의 수행오위를 완성하기 위한 길에서 사용하는 행위들이다. 법왕 감뽀빠는 삼학을 육바라밀로 나누었는데, 이에 대해서는 뒤 6개의 장에서 상세하게 설명하였다.

제12장 보시바라밀

보시 수행은 자신의 이익에 대한 집착을 잘라내는 특별한 방법이다. 이 수행은 특히 가슴과 마음을 여는 법과, 빈곤하고 보호받지 못하는 사람들에게 우리의 기술 및 지혜 등의 필요한 것들을 나누어주는 법을 알려주기 위해서 제시되었다.

우리가 즐기는 물질적이고 정신적인 모든 것들을 만들어내기 위해 누군가는 지대한 노력을 기울였다. 예를 들어 밀라래빠의 전기를 읽는다면, 그가 일생을 통해 깨달음을 얻고 후손들이 이 위대한 가르침들을 이용할 수 있게 하기 위해서 어떻게 목숨을 바치고 큰 고난을 견뎌냈는지 알 수 있을 것이다. 그러므로 우리는 이를 깨닫고 물자를 소중히 관리하여 최상의 방법으로 이용하고 다른 중생들과 공유할 수 있게 해야 한다. 이는 아주 중요한 우리의 책임이다.

보시의 마음은 또한 편협, 질투, 교만을 없애고 조화를 실현하고 인색과 애착에서 벗어나는 특별한 방법이기도 하다. 만일 열린 마음과 보리심을 가지고 있다면 이미 다른 사람에게 자기 자신을 보시하고 있는 것이기 때문에 다른 사람에게 주기 위해 어떤 것도 소유할 필요가 없다. 인색함을 벗어난 마음은 이미 보시를 수행하고 있는 것이다. 그 밖의 보시 수행도 본문에서 상세히 설명하였다. 그 내용을 잘 이해하고 실천하라.

제13장 지계 바라밀

지계는 모든 수행자들에게 가장 중요한 훈련 가운데 하나로서 자신을 신체적, 언어적, 정신적 측면에서 훈련하는 기법이다. 이는 윤회의 뿌리 깊은 습성을 피하여 마음을 깨달음으로 돌리기 위함이다. 지계는 마하무드라를 깨달을 수 있는 기회를 더 많이 만들어낸다. 마하무드라는 정화가 완성된 결과이기 때문에 지계가 순수할수록 마음의 명료성도 더 커질 것이다. 바로 그 명료성과 마음의 본성이 마하무드라의 의미이다.

더욱이 명료성과 조화가 마음속에 있을 때 순수한 도덕성도 존재한다. 따라서 자라나는 아이를 보호하듯 마음도 해악과 위험한 환경으로부터 우선적으로 보호해야 한다. 그런 다음에 교육을 받아 모든 학문적 자격을 갖춘 후에 사회에 쓸모 있는 유능한 인재가 되는 것이다. 마찬가지로 훈련되지 않은 허약한 마음 상태에서는 부덕한 생각과 행위로부터 마음을 보호하는 데 신중해야 한다. 다양한 계율로 울타리를 만들어 마음을 보호하라. 그리고 성문승과 보살승의 가르침을 받은 후에 마음을 잘 훈련하고, 지혜와 자비로 강하게 만들어라. 최종적으로 중생들을 실제로 이익 되게 하여 고통에서 벗어나고 깨달음에 자리 잡게 하라.

단계에 상관없이 수행자들은 항상 정념과 지계를 염두에 두어야 한다. 계율을 잘 지킨 사람은 다른 사람들을 고무시켜 깨달음의 길로 가게 하는 훌륭한 본보기가 될 것이다. 사실상, 좋은 수행자가 되느냐 마느냐는 다양한 차원의 계를 어떻게 잘 지키는지에 달려 있다. 수행자의 계율, 보살계, 비밀 만뜨라의 계율은 모두 본질적으로 동일한 목적을 가지고 있다. 즉 윤회의 원인을 피하고, 자신의 마음을 훈련하여 깨달음을 얻고, 중생들을 이롭게 하는 것이다.

제14장 인욕바라밀

인욕은 모든 번뇌-특히 혐오와 분노와 증오-에 대하여 종합적인 해독제로 작용하는 특별한 수행이다. 인욕은 지혜와 자비를 바탕으로 하여 두려움에서 벗어난 사람의 특징이다. 인욕은 시간과 힘의 낭비를 의미하지 않으며 오히려 상대적 상태와 절대적 상태 모두에서 평화와 화목을 깨뜨리는 장애에 대처하고 극복하는 특별한 방법이다.

이와 대조적으로 번뇌, 그중에서도 특히 분노와 증오는 마음의 세계인 내적 우주에서 모든 평화와 명료성, 그리고 조화를 파괴한다. 그리고 그로부터 외부세계의 파괴와 폭력이 출현하는 것이다.

비록 물질계가 물질의 이해와 기술 발전에 힘입어 아무리 발전한다고 해도, 삶은 내부세계의 평화와 명료성이 없이는 비참해질 것이다. 따라서 우리가 스피디한 현대 생활방식에서 오는 압박감과 마감 시한을 견디면서 필연적으로 외적 능력과 체제를 개발하는 데 많은 시간과 힘을 사용하고 있지만, 동시에 지혜와 자비라는 내적인 '부' 역시 발전시키는 것이 합당하고 실질적인 것이다. 풍요한 평화감, 자비심과 조화로움은 다른 사람들이 줄 수 있는 것이 아니다. 자기 자신이 마음을 수련시킬 수 있도록 정진해야 한다.

누구도 추하고 파괴적인 사람이 되기를 원치 않지만 마음속에서 분노와 증오가 일어나는 순간 모든 추악함이 드러나고 우리는 파괴적인 사람으로 돌변하는 것이다. 그때 주변 사람들은 점점 우리를 두려워하고, 그 결과 우리는 고립된다. 반면 자애와 자비에 머무는 마음은 평화와 명료성을 지닐 여유가 있어 모든 사람들이 그 사람을 존중하고 의지할 것이다. 이것은 그 사람을 선한 사람으로 만들고 귀한 인간의 삶을 가진 것을 보람 있게 느끼도록 해줄 것이다.

따라서 통상적 삶이든 영적인 삶이든 기쁨과 행복의 샘물을 내면에서 길어 올리기 위해 매일 열심히 노력해야 한다. 깨달음의 길에서 발전하려는 사람에게 인욕은 가장 중요한 수행 중 하나이다. 인욕은 미혹과 증오를 없애주기 때문이다.

제15장 정진바라밀

정진은 수많은 덕성, 지혜와 자비를 끌어 모으는 특별한 '손'과도 같다. 정진은 특히 나태의 해독제가 된다. 나태는 중생계에도 열반계에도 아무런 복덕을 가져오지 않고 단지 미혹과 몽상에 시간과 힘을 낭비하게 한다. 이승의 향락에 대한 집착은 꿈과 같을 뿐 아니라 종종 고통과 곤란한 상황을 초래한다. 허약함에서 비롯한 나태는 정신적 힘을 약화시켜 깨달음은 고사하고 이생의 행복을 방해하는 장애조차도 극복할 수 없게 한다.

윤회적 삶에 대한 나태한 집착은 팔세간법의 행위를 하느라 분주하지만, 이는 형형색색의 무지개를 좇는 것과도 같다. 그 힘의 지배를 받음으로써 훌륭한 기회가 많이 주어진 귀한 인생이 허비되고 마는 것이다. 만일 온당하게 사용되었다면 궁극적인 깨달음을 성취하는 데 사용될 수도 있었을 것이다. 이생은 단지 꿈이나 마술쇼와 같아서 종국에는 아무것도 가져갈 수 없다. 그러므로 지성과 지혜의 힘을 길러 이 귀한 인생에서 최선의 방법으로 이를 사용하는 것이 중요하다.

만일 귀한 법의 가르침을 받지 못한다면 우리의 인생은 동물과 별반 다르지 않을 것이다. 어떤 동물들은 필요한 것을 모으고 편안한 보금자리를 만들기 위해서 열심히 일하지만, 윤회와 열반을 알 수 있는 특별한 지혜의 마음이 없기 때문에 그들의 고통은 끝이 없다. 귀한 인간의 생명을 받은 우리는 미혹의 잠에서 깨어나고 모든 정신적 갈등을 정화하는 수행의 갑옷을 입고 근본지를 실현해야만 한다. 이러한 결심을 갖추고 윤회에서 벗어날 때까지 팔정도의 법 수행에 매순간 기쁜 마음으로 정진해야 한다. 정진은 단지 명목상으로 3년이나 6년, 또는 9년의 안거를 마치는 것이 아니다. 그보다는 부덕한 모든 생각과 행위들을 정화해주는 꾸준한 정념(깨어 있음) 수행을 통해 지혜와 자비 같은 좋은 성품을 향상시키는 것이다.

제16장 선정바라밀

이 장에서는 분석명상(위빠사나)과 선정명상(사마타)을 자세히 설명하여 선정을 정확히 이해시킨다. 분석명상은 세상과 자신의 인생의 탐구를 통해서 마음을 훈련하는 방법이다. 모든 현상은 그 원인과 조건들 안에서 기능한다. 이것을 이해하는 것은 모든 것을 실질적이고 영구적인 것으로 보는 혼란을 없애주기 때문에 집착을 놓게 되는 것이다.

집착은 윤회계에서 끝없이 방황하도록 만드는 가장 실질적인 원인 중 하나에 해당된다. 집착의 힘으로, 우리는 대상이 실재하는 것처럼 매달린다. 그를 원인으로 하여 증오와 두려움이 일어나고 마음은 안정되지 못한다. 그런 까닭에 마음을 가라앉히려는 노력에 앞서 현상이 일시적인 것인지, 그리고 순간적인 성품만을 지녔는지를 살펴보라. 윤회의 세상에는 실체가 전혀 없다는 것을 알게 될 것이다. 각고의 노력을 기울여도 그것은 신기루를 좇는 것과 같다. 이런 이성적 관찰에 근거하여 십선업의 토대 위에 마음을 안정시켜라. 안정된 마음이 없이는 맑고 깨어 있는 마음을 얻는 것은 불가능할 것이다. 안정된 마음은 흐트러졌던 강물이 다리 아래의 수로로 모여진 것과 같다. 따라서 힘과 집중력이 생긴다. 이와는 달리, 흐트러진 마음은 설사 수백 년 동안 명상에 전념한다 해도 좋은 성품에 이를 수 없다.

그러므로 훌륭한 스승들의 전기를 읽어서 그들이 윤회의 행위들을 어떻게 끊고 한적한 곳에서 그들의 삶을 어떻게 헌신했는지, 그리고 어떤 훌륭한 성품을 이루었는지, 또한 그들이 어떻게 바른 길을 삶으로 보여주었으며 수많은 중생들을 이롭게 했는지를 아는 것이 중요하다. 우리가 여러 단계의 명상을 섭렵하여 마음과 힘을 모으고 정리하는 데 우리의 삶과 힘을 바치지 않는다면 변명의 여지가 없다. 그래야만 모든 혼란에서 벗어나 자유의 문을 열 수 있을 것이다.

제17장 지혜바라밀

지혜바라밀은 모든 현상의 꾸밈없는 성품을 간파하는 마음의 특별한 자질이다. 이와 같은 지혜의 수행 없이는 윤회로부터 벗어날 수 없고, 나머지 다섯 바라밀을 아무리 열심히 공부한다고 해도 깨달음을 얻을 수 없다. 다섯 바라밀을 통하여 지대한 복덕과 위안을 얻을 수는 있지만 지혜바라밀 없이는 특별한 통찰력을 얻을 수 없다. 모든 미혹을 끊는 것이 지혜바라밀이다.

그렇지만 나머지 다섯 바라밀의 완성 없이 단지 지혜바라밀만으로 깨달음을 얻기에는 충분치 않다. 앞선 다섯 바라밀의 완성은 집합적으로 '방편(방법)'이라고 부르고 지혜바라밀은 '지혜'라고 부른다. 따라서 육바라밀의 수행은 두 가지의 위대한 자량을 쌓기 위해서 동등하게 필요하다. 방편과 지혜의 두 날개는 비행기처럼 윤회의 바다를 건너 다른 기슭의 땅, 즉 깨달음에 이를 수 있게 한다.

『반야심경』에서 말했듯이 "형상은 공이다. 공은 그 자체로 형상이다.

형상은 다름 아닌 공이다. 공은 그 자체로 다름 아닌 형상이다." 위대한 정신적 힘이 이러한 의미를 꿰뚫기 위해 필요하다. 사유를 통하여 현실을 부정하는 것이 아니라 모든 것이 어떻게 상호의존적인 원인과 결과로 구성되는지에 대한 특별한 지혜를 얻는 것이다. 그들의 본질적 성품은 꾸밈없이 우주에 편재하는 공성空性이다. 동시에 현상은 이 공성에서 끊임없이 출현한다. 현상의 분명한 존재와 우주에 편재하는 공성은 두 개의 다른 실체가 아니라 오히려 불가분의 것이다.

　명상 수행의 체험을 통해 이것을 깨닫는다면 마음이 크게 열릴 것이다. 마음은 경계가 없어 대자비와 대지혜의 뛰어난 자질이 나타날 수 있는 것이다. 모든 것은 명료하고 숨겨진 것은 아무것도 없다. 추측도 관찰도 필요가 없다. 이 장에서는 명상 수행을 하는 동안 실행할 관觀에 대해서 확실하게 서술하고 있다.

　지혜바라밀은 문화와 믿음과 종교의 모든 차이를 초월한다. 그것은 만물의 보편적이고 꾸밈없는 성품을 경험하게 해준다. 그러므로 모든 한계와 혼란에서 벗어나고 싶다면 무조건 이 길을 따라야만 할 것이다.

제18장 보살의 수행5위(오대보살도)

앞서 17개의 장들에서 설명한 지혜와 자비의 계발은 여러 단계의 장애를 정화하는 것으로서, 이는 오대보살도五大菩薩道를 통해 완전하게 닦이게 된다.

　첫째, 축적의 길(자량도資糧道)이다. 네 단계의 공부와 수행이 있으니 바로 귀한 인간의 삶과 그것이 주는 기회들, 귀한 인간의 삶을 포함한 모든 조합된 현상의 무상성, 윤회의 편재하는 고통, 그리고 가혹한 업의 인과관계이다. 이런 공부와 수행을 통해서 윤회에서 벗어나 깨달음을 얻어야 하는 필요성을 뚜렷하게 이해하게 될 것이다. 이와 같은 토대 위에 수행 길에서 집중적 정진을 하게 된다. 스승들의 인도로 마음을 명료성과 일심一心 안에 확립할 다양한 가르침과 방법들을 모으기 시작한다. 이를 기초로 대자비심, 자애심, 보리심이 계발된다. 이것이 축적의 길이다.

둘째, 적용의 길(가행도加行道)에서는 번뇌에 대비하여 마음을 잘 닦고 지혜의 힘을 더욱 강화시킨다. 만물은 상호의존적이며 허상이라는 수행을 통해 자신을 배우고 익힘으로써 번뇌의 모든 힘을 제압하고 정복할 수 있는 능력을 얻게 된다. 이것이 적용의 길이다.

셋째, 일심으로 전념하는 선정의 토대와 특별한 통찰력의 힘으로 마음 그 자체의 성품을 간파하고 혼란과 번뇌와의 전투에서 완벽하게 승리한다. 명상상태에서 우주에 편재하는 공성을 깨닫는 과정을 통찰의 길(견도見道)이라고 부른다.

넷째, 모든 습관적 성향을 정화하고 깨달음의 길 위에서의 장애를 제거하기 위해서는 부단한 일깨우기와 알아차림이 필요하다. 모든 현상들의 무상성을 되새기는 것은 이생의 집착을 쫓아버리고, 윤회의 고통스러운 성품을 환기하는 것은 윤회의 즐거움에 대한 집착을 쫓아버린다. 자애(慈)와 자비(悲)를 상기하는 것은 자신의 평화와 해탈을 방해하는 장애를 제거한다. 보리심의 수행을 향상시키는 것은 깨달음을 얻는 방법에 대한 무지를 제거한다. 그리고 모든 것을 무아의 환영으로 이해하는 수행은 현상을 실제처럼 보려는 경향을 없애준다. 이 방법을 명상 수행의 길(수도修道)이라고 부른다.

다섯째, 이 모든 훈련을 완성했을 때 더 이상 배울 필요가 없다. 금강의 집중을 통해 모든 미세한 장애를 정화하고 완전히 절멸시킬 때 우주에 편재하는 근본지가 꽃피운다. 이것이 우주에 편재하는 지혜의 길이다. 이 단계를 깨닫는다면 없애야 할 것도 덧붙일 것도 더 이상 없다. 그것은 이원성의 모든 개념들을 초월하여 근본지를 여여하게 실현한다. 이것이 완성의 길(구경도究竟道)이며 붓다의 경지이다.

제19장 보살십지

법왕 감뽀빠는 십지에 대해서 체계적이고 간단하면서도 아주 정확한 방식으로 설명한다. 세 번째 길(견도)인, 통찰력을 완성하고 경계 없고 꾸밈없는 마음의 성품을 완전하게 실현하는 순간이 보살수행의 첫 단계인 초지初地이다. 그러나 단지 공성만을 깨닫는 것은 궁극적인 이해가 아니다. 만일 모든 현상에 단지 본래의 실체가 없기만 하다면, 공성을 성취하고 나면 더 이상 나아갈 데가 없을 것이다. 하지만 현상들이 단지 비어 있는 것이 아니기 때문에 더 많은 훈련과, 더 나아가 자질의 계발이 필요한 것이다. 이 모든 수련들이 이지에서부터 십지까지 이루어진다. 그런 까닭에 보살들은 보시바라밀, 지계바라밀, 인욕바라밀, 정진바라밀, 선정바라밀, 반야바라밀, 방편바라밀, 원바라밀, 역力바라밀, 지智바라밀의 십바라밀을 수행하는 것이다.

안정된 명상상태에서 초지가 완성되면 우주의 성품과 같은 편재하는 공성을 경험하게 된다. 하지만 후득지 상태에서 여전히 이원성을 자각하기도 하는데, 이는 습관적 경향의 응집력 때문이다. 이지부터 십지까지는 이런 습관의 힘이 정화되고 동시에 번뇌와 관련된 장애와 미세한 장애도 정화된다. 공덕과 지혜의 축적은 붓다의 경지에 버금가는 단계이며 보살수행의 최종단계인 십지의 증득 전까지는 완성될 수 없다. 십지보살은 무수한 중생들을 이롭게 하는 행위들을 절로 보여줄 수 있는 대단한 능력을 갖게 된다. 그러한 보살의 마음에는 조건 없고 대상이 없는 자비와 대지혜만이 가득하다. 따라서 모든 두려움과 의심에서 벗어나 윤회가 끝나는 날까지 중생들을 이롭게 하는 불요불굴의 용기와 방편을 갖게 된다.

제20장 완전한 붓다의 경지

십지의 마지막 단계를 완성하고 나면 성불을 한다. 즉 법신이라 불리는 우주에 편재하는 지혜의 완전한 성품을 지니게 된다. 이것은 자신을 위한 복덕의 완성이며 법 수행의 뛰어난 모든 자질을 실현한 상태이고 승가의 완성을 이룬 상태이다. 이제 사유도 필요 없고 관찰할 것도 전혀 없다. 모든 분별적 사고와 이원성에서 자유롭기 때문에 이 상태를 '근본지와 함께 출현하는 무분별의 사고'라고 부른다. 이는 분별적 사고와 표현을 넘어서 완전한 평화와 더없는 행복이 총체적으로 완성되는 것이다. 게다가 붓다의 경지는 모든 제한에서 벗어난 무한한 우주의 성품처럼 방대하고, 유위와 무위를 떠나 온전히 꾸밈없는 성품이다. 그것은 상대적 진리와 절대적 진리의 비이원적 상태이다.

이는 또한 붓다의 모든 다양한 모습을 현신하는 근간이다. 112개의 속성을 가진 보신은 영적 수행에서 성취가 높은 대보살에게 나타난다. 각각의 모든 신체적 표식은 모든 장애를 정화한 상징이고, 모든 뛰어난 자질들을 계발한 상징이다. 화신은 평범한 사람들을 위해 세상에 나타나서 그들의 정신적 능력과 성향에 적합하게 다양한 단계의 법문을 가르쳐 준다.

수행자들은 자신들의 관점에서 이들을 각기 다른 수준이라고 지각하지만 붓다의 경지에서 보면 차이가 전혀 없다. 붓다의 모든 현신들은 지혜의 모습이다. 우주에 편재하는, 꾸밈없는, 무생無生의 지혜가 바로 법신이다. 끊임없는 것은 보신이고 보신의 비이원적 성품은 화신이다. 삼신의 불가분의 성품을 자성신自性身이라고 부른다. 법왕 감뽀빠는 붓다의 성품과 중생들을 이롭게 하기 위해서 현신한 이 세 가지 몸의 상호연관성을 매우 신중하게 설명하고 있다.

제21장 붓다의 활동

오대보살도와 십지를 수행하면서 보살들은 뛰어난 모든 자질의 성취와 정화를 위해 지대한 노력을 기울인다. 마치 도공이 중생들의 복덕을 위해 물레를 돌리듯 보살들은 그렇게 노력을 한다. 도공이 물레를 잘 만들었다면 물레가 잘 돌아가, 그로부터 수백 개의 항아리를 만들어 내게 될 것이다. 마찬가지로 이러한 모든 자질들을 완성한 붓다는 무한한 활동을 절로 보여준다.

그러나 심지어 붓다의 활동(불사佛事)도 또한 원인과 조건에 의존한다. 비록 붓다의 활동이 끊임없이 세상에 나타난다 해도, 중생이 그런 활동을 만나기 위해서는 그런 축복을 받을 만한 선업과 복덕이 충분히 있어야만 한다. 만일 지금 물이라는 조건이 없다면 달의 활동은 비춰질 수 없을 것이다. 그러므로 이렇게 귀한 활동을 만나기 위해 항상 분투하라. 법왕 감뽀빠는 붓다의 마지막 가르침에 대한 미륵보살의 논서인 『구경일승보성론』에서 이 장의 모든 비유법을 채택하고 있다.

간단히 말하자면, 깨달은 존재인 법왕 감뽀빠가 쓴 이 훌륭한 저서를 배우고 수행할 관심과 기회를 가진 사람은 엄청난 행운아인 것이다. 이 저서는 대승불교의 삼장 가운데서도 정수라고 할 수 있다. 모든 문장과 단어 하나하나가 너무나 소중하다. 그것은 모든 무지와 혼란을 없애주는 금강의 말씀이다. 게다가 삼세 붓다의 엄청난 축복을 모두 담고 있다. 따라서 독자들은 그 의미를 주의 깊게 살피고 마음속에 소중히 여기면서 수행에 적용해야 할 것이다.

이 번역 작업에서 얻는 공덕을 회향함은 물론이고 모든 붓다, 보살, 아라한, 그리고 중생들의 공덕까지도 다음과 같이 회향할 것이다.

거룩하고 성스럽고 덕망 높으시며 소중하고 자비로우신
근원 스승님들과 전승법계傳乘法系의 스승님들이시여
성스러운 호법존과 시방세계의 불보살, 재가 수행자들(요기, 요기니)
그리고 요정(다끼니)들이시여
저의 기도를 들어 주소서!

덕의 광대한 근원의 힘으로
저의 몸, 말, 그리고 마음을 통해 중생들을 이롭게 하소서.
욕망, 증오, 무지, 오만, 그리고 질투의 고뇌가
마음속에 일어나지 않게 하소서.
이생을 위한 명예, 명성, 부, 영광, 그리고 걱정의 생각이
단 한 순간이라도 일어나지 않게 하소서.
제 마음의 강이 자애심, 자비심, 그리고 보리심으로 흐르게 하소서.
그리하여 제가 무한한 우주와 대등한 좋은 자질을 지닌
스승이 되게 하소서.
바로 이생에서 마하무드라의 수승한 깨달음을 얻게 하소서.
저의 임종의 순간에도 고통이 일어나지 않게 하소서.
부정적 사고를 지닌 채 죽지 않게 하소서.

그릇된 견해로 혼란에 싸여 죽지 않게 하소서.
때 아닌 죽음을 경험하지 않게 하소서.
그러한 마음과 선명하고 우주에 편재하는 법성의 광명 안에서
기쁘고 행복하게 죽게 하소서.
임종이나 환생의 순간에
어느 경우라도 마하무드라의 수승한 깨달음을 얻게 하소서.

윤회계와 열반계의 모든 중생들과 제가
삼세에 축적한 선업에 힘입어
그리고 본래의 선근에 힘입어
저와 모든 중생들이 신속히
무상정등각을 얻게 하소서.

            켄뽀 꾼촉 걜쩬 린뽀체
            메릴랜드의 프레데릭

일러두기

1. 본문의 티벳어 한글발음은 기본적으로 동국대학교 티벳장경연구소가 제정한 한글표기원칙을 적용하되, 티벳 출신 스님이자 티벳장경연구소 위원인 쐬남 걜챈 스님에게 의뢰하여 본래 발음에 더 가깝게 표기하고자 하였다.
2. 범어의 한글발음은 정승석 교수의 빨리어·산스크리트어 한글표기법(『불교철학의 정수』, 대원정사, 1989, 260쪽)을 참고하여 표기하였다.
3. 본문에 나오는 경전명의 표기는 우리말 번역대본인 *THE JEWEL ORNAMENT OF LIBERATION* (Snow Lion Publications, 1998)와 중국어 번역본인 張澄基의 『解脫庄嚴宝-大乘菩提道次第論』(〈岡波巴大師全集選譯〉, 1999, 법보시판)과 希惹群培의 『妙法如意宝解脫庄嚴論-大乘道次第』(宗敎文化出版社, 2009)를 대조하여 가장 적당하다고 판단되는 것을 채택하였다.
4. 각주는 원문에 의거하되, 독자의 이해를 위해 옮긴이가 첨가할 것은 더 첨가하고 필요없다고 판단되는 부분은 뺐다.

귀의

젊으신 모습의 고귀한 문수보살님 앞에 엎드려 절을 올립니다.
부처님들, 불제자들, 거룩한 법, 그리고 삼보의 기반인 스승님들께
귀의합니다.
소원을 이루어주는 여의주와도 같은 이 고귀한 가르침을
밀라래빠 존자와 아띠쌰 존자의 자비에 힘입어
저와 모든 사람들을 위해 책으로 만드나이다.

들어가는 말

일반적으로 현상계의 만물은 '윤회계'와 '열반계'라는 두 개의 범주에 속한다. 윤회는 그 성품은 공하나 혼란된 마음이 만들어낸 환영과 같다. 윤회의 특성은 고통으로 모습을 드러낸다는 것이다. 열반 역시 성품은 공하나 혼란된 마음이 만들어낸 환영이 다 소멸하고 사라진 상태이다. 열반의 특성은 모든 고통으로부터의 해방이다.

윤회 속에서 혼란스러워하는 자는 누구인가? 삼계(욕계, 색계, 무색계)의 모든 중생이 다 혼란스러워하고 있다.

어떤 기반 위에서 혼란이 일어나는가? 혼란이 일어나는 기반은 공성이다.

혼란은 어떤 원인으로 일어나는가? 혼란의 원인은 커다란 무지이다.

이 혼란은 어떻게 작동하는가? 그것은 육도[지옥, 아귀, 축생, 아수라(반신半神), 인간, 천]를 윤회하는 중생들의 활동과 경험을 통해 작동한다.

이 혼란의 예로는 무엇이 있는가? 이 혼란은 잠과 같고 꿈과[2] 같다.

이 혼란은 언제 시작되었는가? 이 혼란은 시작도 없고 끝도 없는 윤회로부터 시작되었다.

이 혼란의 잘못은 무엇인가? 모든 체험이 다 고통이라는 것이다.

---

2 꿈꾸는 동안 우리는 혼란되고, 꿈이 현실이라고 믿는다. 깨어난 후엔 그런 잘못을 분명히 본다. 마찬가지로 진실의 성품(法性)에 대한 우리의 혼란은 무지에서 깨어날 때 명료해진다.

이 혼란은 언제 근본지로 전환될 수 있는가? 위없는 깨달음을 얻을 때 가능하다.

이 혼란이 절로 사라지지 않을까 하고 생각한다면, 윤회는 끝이 없다는 것을 유념하라. 윤회는 혼란임을 이해하라. 그곳에 고통이 얼마나 많이 있는지 이해하라. 그 고통이 얼마나 지속되는지 이해하라. 그곳에서 저절로 이루어지는 해탈은 없음을 이해하라.

따라서 오늘부터 계속해서 위없는 깨달음을 이루기 위하여 힘써 정진해야 한다. 이런 정진을 하려면 어떤 것들이 필요한가? 다음에 요약을 해놓았다.

근본원인(因), 수행기반, 기여원인(緣),
방법, 결과, 활동(회향) —
모든 분별력이 있는 중생들은 이 여섯 요소가
위없는 깨달음을 설명해준다는 것을 알아야 한다.

위없는 깨달음의 근본원인, 깨달음의 증득에 있어 수행기반이 되는 사람, 수행을 하도록 독려해 주는 기여원인, 수행의 방법, 성취 결과, 그리고 깨달음의 증득 후 이루어지는 활동, 이것들이 바로 수행자가 알아야 할 원리들이다. 순서대로 설명해 보자.

근본원인은 붓다의 본래성품이다.
수행기반으로는 귀중한 인간의 삶이 탁월하다.
기여원인은 스승이다.
방법은 스승의 가르침이다.

결과는 완벽한 붓다의 몸이다.

활동(회향)은 분별을 떠나 중생을 유익케 하는 것이다.

제1부
근본원인(인因)

근본원인은 붓다의 본래성품이다.

제1장
불성

우리는 윤회의 혼란된 상태에서 빠져나옴으로써 위없는 깨달음을 증득해야 한다. 하지만 우리처럼 열등한 사람들도 노력하면 깨달음을 얻을 수 있을까? 노력을 한다면 왜 안 되겠는가? 우리를 포함하여 모든 중생은 이미 깨달음의 근본원인인 여래의 본래 성품(佛性)을 가지고 있다. 『삼매왕경三昧王經』(*King of Meditative Absorption Sutra*)에 이런 말이 있다.

불성은 육도를 윤회하는 모든 중생에게 다 있다.

『소반열반경小般涅槃經』(*Small Parinirvana Sutra*)에서 설한다.

모든 중생은 불성을 가지고 있다.

또한 『대반열반경大般涅槃經』에서도 설한다.

예를 들어 버터가 우유 속에 들어 있듯, 불성은 모든 중생 속에 다 들어 있다.

『대승장엄경론大乘莊嚴經論』(Ornament of Mahayana Sutra)에 이런 말이 있다.

비록 진여가 중생마다 같긴 하나
훈습에 의한 오염이 완전히 정화되었을 때 '여래'라 불린다.
그러므로 모든 중생들은 여래의 본래성품을 가지고 있다.

어떤 논리로 중생이 불성을 가졌음을 증명할 수 있나? 모든 중생은 법신의 공성을 가지고 있으니까, 불성에는 차별이 없으니까, 그리고 모든 중생들이 '가족'이 있으니까. 이런 세 가지 이유로 모든 중생은 불성을 가지고 있다. 『구경일승보성론究竟一乘寶性論』(Unsurpassed Tantra)에 이런 말이 있다.

붓다의 법신이 빛을 발하기 때문에
불성 안에서는 차별이 없기 때문에
모두가 한 '가족' 안에 있기 때문에
모든 중생은 언제나 깨달음의 본성을 지닌다.

첫째 이유에 대한 설명은 이렇다. "모든 중생은 법신의 공성을 가지고 있다"는 것은 궁극적인 붓다의 지위는 법신이고, 법신은 모든 것에 편재하는 공성이며, 공성은 모든 중생에게 있다는 의미이다. 그러므로 모든 중생은 불성을 가지고 있다.

"불성에는 차별이 없다"고 말하는 것은 붓다의 불성이 중생의 불성과 동일함을 의미한다. 둘 중 어떤 것도 더 우수하거나 열등하지 않고, 더 크거나 작지 않고, 더 높거나 낮지 않다. 그러므로 모든 중생은 불성을 가지고 있는 것이다.

"모든 중생들이 '가족'을 가진다"는 것은 모든 중생들을 붓다의 다섯 가족으로 분류할 수 있음을 의미한다. 그것은 무엇인가?

> 단절가족, 불명확가족,
> 성문가족, 연각가족,
> 대승가족—
> 이들이 붓다의 다섯 가족이다.

1. 단절가족

먼저 단절가족(斷滅種姓)의 의미는 무엇인가? 다음의 여섯 가지 특성을 가진 중생을 단절가족이라 부른다. 남들이 어떻게 생각하든 상관 않고, 겸손하지 않고, 자비심이 없고 등등. 아상가 존자는 그것을 이렇게 표현했다.

> 고질적 습관이 된 윤회의 고통과 허물을 본다 해도
> 단절가족은 끄떡도 하지 않는다.
> 붓다의 모든 위대한 품성을 듣는다 해도
> 그들은 믿지 않는다.
> 겸손하지 않고, 남들이 어찌 생각하든 관심이 없으며

전혀 자비심이 없다.
되풀이하여 악업을 저지르면서도
한 점 후회를 모른다.
이런 여섯 가지 속성을 가진 사람들은
깨달음을 향하여 수행할 기회가 없다.

이 점은 『대승장엄경론』에도 설해져 있다.

오직 악업만을 행하는 사람들이 있다.
좋은 성품을 시종일관 파괴하는 사람들이 있다.
해탈에 이르는 공덕이 결여된 사람들이 있다.
따라서 선덕이 없는 사람에겐 깨달음의 원인이 없다.

일반적으로 이런 속성들을 가진 사람들이 단절가족을 이룬다. 이들은 오랫동안 윤회하며 중생계를 떠돌겠지만, 그렇다고 해서 이들이 절대 깨달음을 이루지 못한다는 것은 아니다. 정진을 하면 종국에는 이들조차도 깨달음에 이른다. 붓다는 『비화경悲華經』에서 설했다.

아난아! 다른 방법으로는 깨달음을 얻을 가능성이 없는 중생이 허공중에 붓다를 관상하고 그 상에 꽃을 공양하면, 그 결과 그는 열반으로 가리라. 종국에 그는 깨달음을 얻으리니, 열반을 증득할 수 있는 것이다.

2. 불명확가족

불명확가족(不定種姓)의 소속은 어떤 기여원인을 만나느냐에 따라 달라진다. 만약 성문 스승에게 배우거나, 성문 도반과 사귀거나, 다른 성문 문헌을 공부한다면 성문가족 안에서 깨칠 것이다. 그들은 그 길을 공부하고 따라서 성문가족의 일원이 될 것이다. 마찬가지로 그들이 연각이나 대승의 스승을 만나면 그들은 각각 연각가족과 대승가족의 일원이 될 것이다.

3. 성문가족

성문가족(聲聞種姓)은 윤회를 두려워하고 열반을 열망하지만 자비심이 별로 없는 사람들이다. 다음은 성문가족에 대한 묘사이다.

> 윤회의 고통을 목격하고 두려워하는 사람,
> 그리고 열반을 이루기를 열망하는 사람,
> 하지만 중생을 위하는 일에는 관심이 없는 사람,
> 이 세 가지가 성문가족의 특징이라네.

4. 연각가족

연각가족(緣覺種姓)은 위 성문가족의 세 가지 특성에 더하여 거만하고, 스승의 존재를 비밀에 부치며, 홀로 거하는 것을 선호하는 사람이다. 다음은 연각가족에 대한 묘사이다.

> 윤회를 두려워하고, 열반을 열망하며,
> 자비심이 없고, 거만하며,

스승을 비밀에 부치고, 독거를 즐기는 사람,
현자는 이것이 연각가족의 특성임을 안다네.

성문가족과 연각가족은 각자의 길에서 수행의 결과를 성취하긴 하지만 궁극의 열반은 얻지 못한다. 이들은 도과를 성취한 후 번뇌가 없는 선정 상태를 유지하기는 하지만, 그 상태는 무지의 습기에 기반을 두고 있다. 그럼에도 불구하고 자신들의 선정에 번뇌가 없기 때문에 이들은 열반을 증득했다고 믿고 그 상태에 머물게 된다.

이들의 상태가 궁극의 열반이 아니라면 붓다는 이 두 개의 길, 즉 성문승과 연각승을 가르치지 말았어야 한다고 반박할 수도 있다. 그렇다면 붓다가 그런 길을, 즉 이 두 길을 가르칠 이유가 정말 있는가? 있다. 예를 들어 염부제(인간세계)의 대상인이 보석을 찾아 대양을 여행한다 하자. 수개월을 바다에서 떠돌던 이들은 어느 외진 바다에서 지쳐 나가떨어지고 만다. 이제 보석을 얻을 길은 전혀 없다며 낙심하고 되돌아가려 할 때, 대장은 신통력을 발휘하여 앞에 거대한 섬이 나타나게 한다. 모든 사람들이 거기서 며칠을 푹 쉬고 나서 기력이 회복되었을 때 대장은 말한다. "우리는 아직 목적을 이루지 못했다. 이제 보석을 찾기 위해 더 멀리 가야만 한다."

이 비유와 마찬가지로 용기가 없는 중생들은 붓다의 지혜를 들으면 겁부터 낸다. 그들은 붓다가 되는 것이 매우 어렵다고 생각한다. '나에겐 그럴 능력이 없어.' 또 어떤 사람들은 수행 길에 들어서는 데 관심이 없거나 들어섰다가도 되돌아간다. 이런 문제를 방지하기 위해 붓다는 성문과 연각이라는 두 개의 길을 제시하고 사람들이 거기서 쉬도록 한 것이다. 『묘법연화경妙法蓮華經』에 이런 말이 있다.

그렇게 모든 성문들은
열반을 증득했다 생각하지만
이들은 붓다가 보여주신 구경열반을
얻지 못하고 다만 쉬고 있을 뿐이네.

성문과 연각이 이 상태에서 잘 쉬고 나면 붓다는 이들에게 성불을 독려한다. 붓다는 어떤 방법을 사용하는가? 붓다의 몸과 말과 지혜로운 마음을 통해 이들을 깨우는 것이다.

"지혜로운 마음을 통해"는 붓다의 지혜에서 빛이 방사되어 성문과 연각의 정신적 몸에 닿는다는 의미이다. 그렇게 빛이 닿는 순간 성문과 연각은 번뇌가 없는 선정에서 깨어난다. 그때 붓다는 이들 앞에 육신으로 현신하여 말한다.

비구들이여! 그대들은 아직 할 일을 다 하지 못했다. 그대들이 체험한 열반은 구경열반이 아니다. 그대들은 이제부터 깨달음을 이루기 위해 수행해야 한다. 붓다의 깨달음을 얻어야 한다.

『묘법연화경』에 이런 게송이 있다.

그대들 비구에게 내 오늘 선언하노라.
그대들은 구경열반을 증득하지 못했다.
일체지자(붓다)의 근본지를 얻으려면
정진바라밀을 크게 닦아야 한다.
그를 통해 일체지자의 지혜를 증득하리라.

이렇게 붓다의 독려를 받아 이들 성문과 연각은 보리심을 닦는다. 이들은 무량겁을 통해 보살도를 닦고 종국에는 깨달음을 얻는다. 『입능가경入楞伽經』에 이에 대한 말이 있고, 또한 『묘법연화경』에 이런 말이 있다.

> 성문은 열반을 증득하지 못했으니
> 보살도를 철저히 닦음으로써
> 성불할 수 있으리라.

5. 대승가족

대승가족(大乘種姓)은 아래처럼 다섯 범주로 나누어 설명할 수 있다.

> 두 유형의 대승가족, 가능성, 동의어,
> 다른 가족보다 탁월한 이성,
> 인과적 특성 및 표상—
> 이 여섯 가지가 대승가족을 구성한다.

1) 두 유형의 대승가족

이 가족은 두 개의 유형으로 나뉘니, '자연스럽게 머무는 가족'과 '충분히 성취할 수 있는 가족'이다.

2) 가능성

대승가족을 구성하는 개인의 본성에 대한 설명이다. '자연스럽게 머무는 가족'은 시작도 없는 때부터 불성을 통해 붓다의 모든 성품을 개발할 가능성을 가지고 있었다. '충분히 성취할 수 있는 가족'은 선근을 익히는 힘을 통해 붓다의 성품을 증득할 가능성을 가지고 있다. 따라서 두 가족 모두 깨달음을 얻을 기회가 있다.

3) 동의어
가족의 동의어는 가능성, 씨앗, 영역요소, 그리고 자연스럽게 머무는 방식이다.

4) 우월성
성문과 연각가족은 번뇌의 장애(煩惱障)만 소멸하여 가족을 정화하기 때문에 열등하다. 대승가족은 두 개의 장애, 즉 번뇌의 장애와 지혜의 장애(所知障)를 일소함으로써 가족을 완전히 정화할 수 있다는 면에서 우월하다. 따라서 대승가족이 우월하고 무상無上이다.

5) 인과적 특성
대승가족의 인과적 특성은 "깨달은 자"와 "깨닫지 못한 자"로 구분된다. 깨달은 가족은 도과를 완전히 이루었고 그 표상이 아주 분명하다. 깨닫지 못한 가족은 아직 도과를 완전히 이루지 못했고 그 표상이 불분명하다. 이 가족을 깨닫도록 하는 인연은 무엇인가? 이 가족은 불리한 기여원인이 없고 유리한 조건들이 받쳐줄 때 깨달을 수 있다. 그렇지 않으면 깨달을 수 없다.

　불리한 조건에는 네 가지가 있으니, 불리한 환경에 태어나는 것, 깨달음을 향하는 습관이 없는 것, 잘못된 조건으로 들어가는 것, 장애로 두껍게 둘러싸이는 것이다. 유리한 조건에는 두 가지가 있으니 외적 조건으로는 스승, 내적 조건으로는 귀중한 법을 향한 열망이 있다.

6) 표상
대승가족의 표상은 보살가족을 나타내는 표시들이다. 『십지경十地經』(Ten Noble Bhumis Sutra)에 이런 말이 있다.

> 지혜로운 보살의 가족은
> 그 표상으로 알아볼 수 있다.
> 연기를 보면 불이 난 것을 알 수 있듯
> 물새를 보면 물이 있는 것을 알 수 있듯.

대승가족에겐 어떤 표상이 있는가? 이들은 몸과 말이 어떤 치유 방식에 의존하지 않아도 본래 조화롭다. 대승가족의 마음은 기만이 적고, 중생을 대함에도 맑고 자애롭다. 그래서 『십지경』에 이런 말이 있다.

> 거칠지도 교만하지도 않고
> 기만과 교활한 언행을 삼가며
> 모든 중생을 맑고 자애롭게 대하는 이 ―
> 그가 바로 보살이다.

다시 말해서 보살은 어떤 예비수행을 하든 늘 중생에 대한 자비심을 닦고, 대승의 가르침으로 지성으로 향하며, 어려움을 견디기를 주저하지 않고, 바라밀의 선근을 완전히 닦는다. 그래서 『대승장엄경론』에 이런 말이 있다.

> 예비수행 단계에서 자비심을 닦고
> 법에 대한 성심과 인욕바라밀을 닦고
> 선업을 완벽하게 닦는 것,
> 이것이 바로 대승가족의 표상이라네.

따라서 이들 다섯 가족 중에서 대승가족이 깨달음의 인연에 가장 가까이 있다. 성문과 연각가족은 종국에는 성불로 가지만, 그 인연이 대승가족보다 멀어 더 오랜 시간이 걸린다. 불명확가족의 경우, 일부는 가깝고 일부는 오랜 시간이 걸린다. 단절가족은 붓다에 의하면 육도를 오랜 기간 윤회하지만, 그렇다 해서 이들이 절대 성불할 수 없는 것은 아니다. 이들도 성불할 수는 있지만 아주 오랜 시간이 걸린다. 따라서 모든 중생이 이 다섯 가족 중 하나에 속하기 때문에 모든 중생은 불성을 가진 것이다.

그러므로 위에 기술한 세 가지 이유로 모든 중생은 불성을 가진 것으로 증명되었다. 더욱이 다음 예를 생각해 보라. 은은 광석 속에 있고, 기름은 겨자씨 속에 있고, 버터는 우유 속에 있다. 은 광석에서 은을 생산할 수 있다. 겨자씨에서 기름을 짤 수 있다. 우유에서 버터를 만들 수 있다. 이와 마찬가지로 중생은 붓다가 될 수 있다.

제2부
수행기반

수행기반으로서는
귀중한 인간의 삶이 탁월하다.

제2장
귀중한 인간의 삶

모든 중생은 불성을 가지고 있다. 그렇다면 육도 중 인간을 제외한 존재들, 즉 지옥중생, 아귀중생 등도 깨달음을 향해 갈 수 있는 근기가 있을까? 그렇지 않다. 오직 몸에 '기회, 여건'이라는 두 가지 조건을 부여받고, 마음에 '믿음, 열망, 명료성'이라는 세 가지 조건을 갖춘 '귀중한 인간의 삶'만이 깨달음을 향해 나아갈 수 있는 좋은 기반이 된다. 요약하면 이렇다.

기회(有暇)와 여건(圓滿),
믿음과 열망, 그리고 명료성,
몸에 두 가지, 마음에 세 가지 —
이 다섯 가지가 탁월한 수행기반을 이루네.

1. 기회

'기회'는 여덟 가지 불리한 조건이 없음을 의미한다. 여덟 가지 불리한 조건은 『정법염처경正法念處經』에서 다음과 같이 설한다.

> 지옥계, 아귀계, 축생계,
> 야만인, 장수하는 천신,
> 사견邪見을 지닌 자, 붓다가 없는 곳,
> 벙어리―
> 이것이 여덟 가지 불리한 조건이네.

어떤 면에서 이런 조건들이 불리한가? 지옥계의 중생들은 끊임없는 고통을 받는다. 아귀들은 극단적인 정신적 고통을 받는다. 축생은 어리석음으로 압도된다. 이 세 영역 모두 겸손을 모르고 남들이 어떻게 생각하는지에 대해서 관심이 없다. 이들의 마음의 상속(흐름)은 법을 담기에 적합한 그릇이 되지 못한다. 따라서 법을 수행할 기회가 없다.

장수하는 천신은 모든 정신활동이 멈춘 비非개념적 상태에서 머문다. 그러므로 법을 수행할 기회가 없다. 인간보다 수명이 길기 때문에 천신의 영역은 모두 불리한 조건에 해당한다. 모든 천신은 일시적 행복에 집착하고, 법에 정진할 시간이 없기 때문에 불리한 조건에 있는 것이다.

그러므로 인간이 체험하는 작은 고통이 법을 수행하기에 우수한 조건이 된다. 고통을 통해 윤회를 슬프게 생각할 수 있기 때문이다. 고통이 자만심을 진압하고 모든 중생에 대한 자비심을 닦게 한다. 고통은 선업을 좋아하게 하고 악업을 멀리하게 해준다. 『입보리행론入菩提行論』(*Engaging in the Conduct of Bodhisattvas*)에 이런 말이 있다.

더욱이 고통은 좋은 성품을 가지고 있다.
고통으로 인해 마음에서 자만심이 사라진다.
윤회하는 중생에 대한 자비심이 일어난다.
악업을 멀리하고 선업에서 기쁨을 찾게 된다.

이로써 지옥, 아귀, 축생, 아수라(반신半神)계가 어찌하여 기회가 없는지 알 수 있다.

야만인들 역시 비록 인간이라 할지라도 수행자들을 만나기가 어렵다. 사견邪見을 가진 사람들은 선업이 삼선도의 탄생이나 해탈의 원인임을 이해하지 못한다. 붓다가 없는 세상에 태어난다면 무엇을 해야 하고 무엇을 그만두어야 하는지 알려줄 스승이 없다. 벙어리이거나 어리석은 사람은 선업과 불선업에 대한 가르침을 이해할 수 없다. 이 여덟 가지 조건이 없을 때를 '수승한 기회'라고 일컫는다.

2. 여건

인간에게 주어진 열 가지 여건은 두 집단으로 분류된다. 개인적으로 성취해야 할 다섯 가지와 외부 환경에서 오는 다섯 가지 여건이다. 개인적으로 이루어야 할 다섯 가지는 다음과 같다.

인간이고, 중앙에 있는 나라에 태어나며,
모든 감각을 다 갖추고 있으며,
악업으로 향하지 않고, 가르침에 대한 헌신이 있는 것.

'인간임'의 의미는 무엇인가? 모든 인간과 똑같으려면 남성 또는 여성의 장기가 있어야 한다. '중앙에 있는 나라'는 성취자를 섬길 기회가 있는 곳을 말한다. '모든 감각을 갖추고'는 벙어리가 아니고 우둔하지 않으며 불법을 수행할 기회가 있는 것을 말한다. '가르침에 대한 헌신이 있는 것'은 붓다가 가르친 계율이 모든 수행의 기반이라고 믿는 것이다. '악업으로 향하지 않는 것'은 이번 생에서 어떤 극악한 범죄도 저지르지 않는 것이다.

외적 환경에서 오는 다섯 가지 여건은 이 세상에 붓다가 출현했다는 것, 붓다가 귀중한 법을 가르쳤다는 것, 가르친 법이 계속된다는 것, 법을 따르는 사람이 계속 있다는 것, 그리고 사람들의 사랑과 따스한 후원이 있다는 것이다.

따라서 개인이 모든 열 가지 여건, 자신으로부터의 다섯 가지와 외부로부터의 다섯 가지를 다 가지고 있을 때 '수승한 여건'을 가졌다고 한다.

이렇게 기회와 여건이 존재할 때 그것을 '귀중한 인간의 삶'이라고 부른다. 왜 '귀중하다'고 하는가? 그것은 소원을 들어주는 여의주와 동일하기 때문이다.

1) 그것은 얻기가 어려우니 귀한 것이다.
2) 그것은 커다란 혜택이 있으니 귀한 것이다.

1) 얻기가 어렵다

『보살장경菩薩藏經』(*Bodhisattva Basket*)에 이런 말이 있다.

인간이 되기는 희유하다.

인간으로 삶을 유지하는 것은 희유하다.
거룩한 가르침을 발견하는 것은 희유하다.
붓다가 출현하는 것도 역시 희유하다.

『비화경』에 이런 말이 있다.

> 인간으로 태어나는 것은 희유하다. 수승한 기회를 성취하는 것은 희유하다.
> 붓다가 이 지상에 출현하는 것 역시 희유하다.
> 법에 대한 지극한 관심을 갖는 것도 역시 희유하다.
> 바른 계율을 지니는 것도 역시 희유하다.

『보수장엄경寶樹莊嚴經』(Planting the Noble Stalk Sutra)에 이런 말이 있다.

> 여덟 가지 불리한 조건에서 벗어나기가 어렵다.
> 인간으로 태어나기가 어렵다.
> 완전한 기회를 찾기도 어렵다.
> 붓다의 출현을 찾기도 어렵다.
> 모든 감각을 갖춘 사람을 찾기도 어렵다.
> 붓다의 가르침을 듣기도 어렵다.
> 귀한 성인을 섬기기도 어렵다.
> 진정한 스승을 만나기도 어렵다.
> 완벽한 가르침을 제대로 수행하기도 어렵다.

바른 직업을 가지고 살기도 어렵다.
인간계에서 법에 따라 정진하는 사람을 찾기도 어렵다.

『입보리행론』에 이런 말이 있다. "기회와 여건은 찾기가 매우 어렵다."
귀중한 인간의 삶을 만나기가 얼마나 어려운지 보여주는 예가 어떤 것이 있을까? 어떤 존재가 인간의 삶을 찾기가 어려운가? 왜 찾기가 어려운가?
『입보리행론』에 예가 하나 있다.

이러한 이유로 붓다는 말했다.
거북이가 망망대해를 떠다니다가
멍에를 만나 그 구멍에 목을 끼워 넣기가 어렵듯이
인간이라는 조건을 얻기는 지극히 어렵다.

이 점을 붓다는 여러 경전에서 설명하였다.
예를 들어 이 지구 전체가 바다이고, 한 사람이 그 바다에 구멍이 하나밖에 없는 멍에를 던진다 하자. 그 멍에는 사방으로 밀리며 떠다닐 것이다. 그 바다 밑에 수천 년을 사는 눈먼 거북이가 있는데 수백 년에 한 번씩 수면 위로 올라온다. 그 거북이의 머리가 멍에의 구멍을 만나기는 매우 어렵긴 하겠지만 그래도 가능하긴 하다. 하지만 귀한 인간으로 태어나는 것은 그보다도 더 어렵다.
어떤 중생이 인간의 삶을 받기가 어려운가? 삼악도에 태어난 중생들은 인간으로 태어나기가 어렵다.
왜 귀한 인간의 삶을 받기가 어려운가? 기회와 여건을 갖춘 이 몸은 선업이 쌓여야 얻을 수 있는데, 삼악도에 태어난 중생들은 선업을 쌓는 법을 모른다. 오히려 이들은 끝없이 악업을 저지른다. 그러므로 삼악도에 태어난 중생들 중에서 매우 소량의 악업만을 가지며, 그 업이 다른 생에서 익어갈 수 있는 중생들만 인간의 몸을 받을 기회를 가진다.

2) 커다란 혜택

『입보리행론』에 이런 말이 있다. "그리고 그들은 인간에게 의미 있는 것을 성취하므로……."

산스크리트어로 '인간'은 '뿌루샤purusha'이며, 이는 '근기'나 '능력'을 뜻한다. 그러므로 기회와 여건이 있는 인간의 삶은 일시적으로 삼선도에 태어나거나 분명한 선업을 증득할 근기나 능력을 주는 것이다. 더욱이 근기에는 3가지가 있으니 하근기, 중근기, 상근기이다. 『보리도등론菩提道燈論』(Lamp for the Path to Enlightenment)에 이런 말이 있다.

> 인간에는 세 종류가 있음을 알아야 한다.
> 상근기, 중근기, 하근기가 그것이다.

하근기는 삼악도로 떨어지지 않고 인간계나 천계에 태어날 능력을 가지고 있다. 이런 말이 있다.

> 자신만의 이익을 위해
> 윤회의 즐거움을 성취하기 위해
> 온갖 노력을 하는 사람 ―

그를 하근기라 부른다.

중근기는 윤회에서 벗어남으로써 해탈과 행복의 상태를 이룰 능력이 있다. 이런 말이 있다.

윤회의 즐거움에 등을 돌리고
불선업을 삼가지만
자신의 해탈에만 관심이 있는 사람—
그를 중근기라 부른다.

상근기는 모든 중생을 위해 성불할 능력이 있다. 이런 말이 있다.

자기 마음의 상속(흐름) 안에 고통을 봄으로써
남들의 고통을 모두 없애기를 원하는 사람—
그를 상근기라 부른다.

더욱이 짠드라고민(月官) 존자는 말했다.

그 혜택은 얼마나 큰가!
이 귀중한 인간의 삶을 얻음으로써
생사의 고해를 벗어나 위없는 깨달음의 씨앗을 심을 수 있다.
이런 인간의 삶은 소원을 이루어주는 여의주보다 더 위대하다.
그렇다면 어떻게 하면 결실을 얻을 수 있나?
인간이 마음의 위대한 힘을 얻을 수 있는 길을

천신이나 용은 얻을 수 없다.

반신이나 가루다, 건달바, 긴나라 또는 마후라가도 얻을 수 없다.

기회와 여건이 있는 인간의 삶은 모든 악업을 삼가고 모든 선업을 성취할 힘이 있다. 윤회의 바다를 건너갈 근기가 있다. 깨달음의 길로 나아갈 능력이 있다. 완전한 깨달음을 증득할 근기가 있다. 그러므로 천신, 용 등보다 훨씬 더 우월하다. 소원을 이루어주는 여의주보다 더 수승하다. 그러므로 기회와 여건을 갖춘 이 인간의 삶이 얻기가 어렵고 커다란 혜택이 있으므로 '귀하다'고 하는 것이다.

* * *

비록 얻기가 어렵고 커다란 혜택이 있다 하여도 잃기 또한 쉽다. 삶을 연장시킬 수 있는 사람은 없으며, 죽음의 원인은 많고, 매순간은 순식간에 지나간다. 『입보리행론』에 이런 말이 있다.

> 나만은 죽지 않으리라고 생각하며
> 오늘 쾌락에 몰두하는 일은 옳지 않네.
> 왜냐하면 내가 사라지는
> 때가 반드시 올 것이니.

그러므로 이 귀한 인간의 삶을 얻기가 얼마나 어려운지, 그를 잃기는 또 얼마나 쉬운지, 그것이 가져다주는 혜택은 얼마나 큰지를 사유하라. 이 몸을 '배'라고 생각하여 그 배로 윤회의 바다를 건너갈 수 있도록 힘쓰라. 그래서 『입보리행론』에 이런 말이 있다.

인간의 몸이라는 배에 의지하여
고통의 강물로부터 자신을 구하라.
이 배는 다시 또 만나기 어려우니
어리석은 이여! 지금은 잠잘 때가 아니로다.

또는 이 몸을 '말'이라고 생각하여 낭떠러지를 뛰어넘듯 그렇게 윤회의 고통을 뛰어넘어라. 『입보리행론』에 이런 말이 있다.

청정한 인간의 몸이라는 말을 타고
윤회의 고통이라는 위험한 벼랑에서 벗어나라.

또는 몸을 하인이라고 생각하여 덕을 쌓도록 하라. 이런 말이 있다.

인간의 몸은 덕의 하인이 되어야 한다.

선업의 길을 가려면 믿음이 필요하다. 믿음이 없이는 덕성이 자기 자신 안에 자라날 수 없다. 따라서 『십법경十法經』(*Ten Dharmas Sutra*)에 이런 말이 있다.

덕성은 믿음 없는 사람 안에서는
자라지 않네.
푸른 싹이
불에 탄 씨앗에서 돋아날 수 없듯이.

또한 『화엄경華嚴經』에 이런 말이 있다.

   믿음이 적은 세간 사람은
   붓다의 깨달음을 이해할 수 없다.

그러므로 믿음을 키워야 한다. 『방광대장엄경方廣大莊嚴經』에 이런 말이 있다.

   아난아! 너의 마음을 믿음과 하나로 하라. 그것이 여래가 바라는 것이다.

그렇다면 '믿음'은 무엇을 의미하는가? 세 가지 믿음이 있다. 깊이 믿는 믿음, 경외하는 믿음, 맑은 믿음이 그것이다.

3. 깊이 믿는 믿음

이 믿음은 '인과'라는 것에 의존하고 있음을 이해하라. 인과는 '고苦의 원인이 있다'는 진리에서 나오는 고의 진리를 말한다. 더욱이 이 믿음은 욕계의 행복은 선업을 쌓은 과보라고 믿는 데서 나온다. 욕계의 고통이 불선업의 결과임을 믿어라. 두 개의 높은 영역에 태어나서 누리는 행복은 확실한 원인을 쌓은 데서 나온 결과임을 믿어라. 몸과 말과 마음의 불선업(이것을 고의 원인의 진리라 부른다)을 행함으로써 우리는 오염된 오온(몸)을 얻는데, 이것을 고의 진리라 부른다는 것을 믿어라.

4. 경외하는 믿음

위없는 깨달음의 수승한 성품을 이해한 사람은 그를 얻기 위해 도道를 존경심과 외경심으로 따른다.

5. 맑은 믿음

맑은 믿음은 삼보에 의지하는 마음에서 일어난다. 길을 가르쳐주는 스승으로서의 붓다, 길이 되는 법(다르마), 그리고 길을 성취하기 위해 우리를 이끌어주는 승가에 대한 헌신과 관심을 키우라. 『아비달마阿毘達磨』에 이런 말이 있다.

> 믿음이란 무엇인가? 그것은 인과와 진리, 삼보에 대한 믿음, 열망 및 명료성이다.

더욱이 『보만론寶鬘論』(*Precious Jewel Garland*)에 이런 말이 있다.

> 욕망, 증오, 두려움 또는 무지에 휘둘려
> 법을 저버리지 않는 사람을
> 법에 큰 확신을 가진 사람이라 부른다.
> 그는 궁극적 깨달음을 증득할 수 있는 수승한 그릇이다.

'욕망에 휘둘려' 법을 저버리지 않는다는 것은 탐착으로 인해 법을 버리지 않는다는 것이다. 예를 들어 누군가가 "법을 저버린다면 많은 재물, 남자나 여자, 인세 등을 많이 주겠다"고 해도 법을 저버리지 않는 것이다.

둘째 '증오에 휘둘려' 법을 저버리지 않는 것은 미워하는 마음 때문에 법을 저버리지 않는 것이다. 예를 들어 누군가가 과거에 나를 해쳤다 하자. 현재에도 여전히 그가 나를 해한다 해도 나는 법을 저버리지 않는 것이다.

셋째 '두려움에 휘둘려' 법을 저버리지 말아야 한다. 예를 들어 누군가 다가와서 "네가 법을 저버리지 않으면 나는 매일 300명의 병사를 동원하여 너의 몸에서 150그램의 고기를 떼어낼 것이다"라고 해도 여전히 법을 저버리지 않는 것이다.

넷째 '무지에 휘둘려' 법을 저버리지 않는 것은 어리석음으로 인해 법을 버리지 않는 것이다. 예를 들어 누군가가 업業의 진리나, 과보의 진리 같은 것이 없다고 하고, 삼보는 옳지 않다고 말하며 "무엇 때문에 법을 수행하나요? 제발 그만두세요."라고 말한다 해도 여전히 법을 저버리지 않는 것이다.

이러한 네 가지 확신을 가진 사람은 참된 믿음을 가진 사람으로서 선과善果를 성취할 최상의 법기라고 할 수 있다. 그런 믿음을 지닌 사람은 헤아릴 수 없이 많은 선과를 얻으리니, 성인의 기품을 닦고, 모든 바람직하지 않은 조건을 피하며, 매우 명민하고 맑은 지혜를 가지며, 퇴보하지 않는 계율을 지니게 된다. 그 사람은 모든 번뇌를 다 부수고, 마구니의 장애에 지배되는 경지를 넘어가며, 해탈의 길을 찾을 것이다. 그 사람은 커다란 선업을 쌓으며 수많은 붓다를 만나 커다란 축복을 받을 것이다. 『대방광총지보광명경大方廣總持寶光明經』(*Dharani Called Triple Jewel*)에 이런 말이 있다.

여래의 법과 여래에 대해 지극한 마음을 지닌 사람

보살도에 확신을 지닌 사람
그런 사람이 위없는 깨달음에 대한 확신을 갖는다면
성인의 마음을 닦으리라.

수승한 붓다들은 그런 믿음을 지닌 사람 앞에 현신하여 법을 가르칠 것이다. 『보살장경』에 이런 말이 있다.

따라서 보살이 믿음을 지닐 때 수승한 붓다들은 그를 합당한 법기로 보고, 그 앞에 현신하여 수승한 보살도를 보여줄 것이다.

따라서 기회와 여건이 있고 세 가지 믿음이 있는 인간의 몸을 최상의 깨달음을 위한 수행기반이라 부른다.

제3부
기여원인(연緣)

기여원인은 스승이다.

제3장

스승

비록 귀중한 인생이라는 수승한 수행기반을 가지고 있다 해도 스승(선지식)의 격려를 받지 못하면 깨달음의 길을 가기가 어렵다. 이전 생의 뿌리 깊은 불선업의 힘과 습관적 성향 때문이다. 그러므로 스승을 섬겨야 한다. 요약해 보자.

> 스승을 섬기는 이유와, 스승의 분류,
> 각 분류의 특성,
> 스승을 섬기는 방법과, 혜택 —
> 이 다섯 가지가 스승 섬김의 구성 요소다.

1. 스승을 섬기는 이유

스승을 섬기는 이유는 세 가지로 나누어 볼 수 있다.

1) 경전적 근거

2) 논리적 근거
3) 비유적 근거

1) 경전적 근거
먼저 『소반야바라밀다경小般若波羅蜜多經』(Condensed Perfection of Wisdom Sutra)에 이런 말이 있다.

스승을 존경하는 훌륭한 제자라면
늘 지혜로운 스승을 섬겨야 하리.
좋은 성품은 스승에게 얻는 것이니.

그리고 『팔천송반야바라밀八千頌般若波羅蜜』(8,000 Stanza Perfection of Wisdom)에 이런 말이 있다.

위없는 깨달음을 이루고자 하는 보살마하살은
처음부터 스승을 만나 존경하며 섬겨야 한다.

2) 논리적 근거
일체지를 이루고 싶어도 수행자는 공덕을 쌓는 방법을 모르고 장애를 정화하는 방법도 모르기 때문에 스승을 섬겨야만 한다. 이 점을 긍정적으로 예증해 주는 것이 삼세의 붓다들이다. 연각들은 그 반대편에 있다.

설명을 해보자. 위없는 완전한 깨달음을 얻기 위해선 공덕자량과 지혜자량을 포함한 모든 것들이 쌓이고 모여야 하는데 그 방법은 스승만

이 알고 있다. 번뇌의 장애(煩惱障)와 깨달음에 대한 미세한 장애인 지혜의 장애(所知障)가 정화돼야 하는데, 이러한 장애를 극복하는 방법 역시 스승에게 의지하여 배우는 것이다.

3) 비유적 근거

스승은 첫째 미지의 장소를 여행할 때의 안내자와 같고, 둘째 위험한 곳에 갈 때의 호위사와 같으며, 셋째 큰 강을 건널 때의 사공과도 같다.

첫 번째 비유에 대한 설명이다. 안내자가 없이 미지의 장소에 여행을 한다면 길을 잘못 들거나 잃어버리거나 또는 길에서 벗어날 위험이 있다. 좋은 안내자가 함께 한다면 길을 잘못 들 위험도, 길을 잃을 위험도 길에서 벗어날 위험도 없으니 헤매지 않고 목적지에 도달할 수 있을 것이다. 마찬가지로 위없는 깨달음의 길에 들어서서 가르침을 따를 때 대승의 스승이 안내자로 함께 하지 않는다면 불도가 아닌 길로 빠지기도 하고, 자신이 가는 길을 성문의 길로 착각할 수도 있고, 연각의 길로 이탈할 수도 있다.

반면 스승의 안내를 따르면 길을 착각하지도 잃어버리지도 벗어나지도 않고 일체지의 도시에 도달할 수가 있는 것이다.『유덕有德의 전기』에 이런 구절이 있다.

> 스승은 완성의 길로 이끌어주는 안내자와 같다.

두 번째 비유에 대한 설명이다. 만약 우리가 강도, 도둑, 들짐승 등의 위협이 숨어 있는 위험한 장소에 호위 없이 간다면 몸이나 목숨,

재물에 위험이 따를 수 있다. 하지만 알맞은 호위사를 대동할 경우 어떤 위험도 없이 목적지에 도달할 수 있다. 마찬가지로 수행자가 깨달음의 길에 들어서서 일체지一切智의 도시로 가고자 할 때, 공덕자량과 지혜자량을 많이 길렀다 해도 스승의 호위가 없다면 유리한 조건들을 부여받은 이 생명을 잃을 위험이 있고, 공덕의 재물을 도적이나 강도에게 빼앗길 수 있다. 여기서 도적이나 강도란 내적으로는 이원적인 생각과 번뇌, 외적으로는 마구니, 악령 등을 말한다. 그래서 경전에 이런 말이 있다.

> 감정은 강도떼와 같아, 기회를 잡으면 그대의 모든 공덕을 앗아가고 심지어 유리한 조건을 갖춘 목숨까지도 앗아가리라.

하지만 호위사와 같은 스승과 늘 함께 한다면 공덕의 재물을 잃지 않고, 유리한 조건들을 갖춘 생명을 잃지 않고도 일체지의 도시에 도달할 수 있을 것이다. 따라서 『유덕의 전기』에서는 말한다.

> 보살의 모든 공덕은 스승이 보호해주리라.

『우바이 아칼라의 삶 이야기』(The life story of Upasika Acala)에는 이런 말이 나온다.

> 스승은 우리를 일체지의 경지로 데려가는 호위사와 같다.

세 번째 비유에 대한 설명이다. 큰 강을 건널 때 사공이 없다면 배는 건너편에 도달하지 못하고 가라앉거나 물살에 휩쓸려 떠내려갈 것이다. 하지만 사공이 있다면 그의 노력에 의해 건너편으로 갈 수 있다. 마찬가지로 우리가 윤회의 바다를 건널 때 사공의 역할을 하는 스승이 없다면 거룩한 법의 배에 탔다 해도 윤회의 격류에 떠내려가거나 익사하고 말 것이다. 그래서 이런 말이 있다.

> 사공 없는 배로는 강을 건널 수 없듯이, 모든 자질을 다 갖추었다 해도 스승이 없이는 윤회의 중생계를 벗어나지 못하리라.

그러므로 사공 같은 스승을 섬긴다면 윤회의 바다 저편에 있는 열반의 마른땅에 도달할 수 있을 것이다. 『보수장엄경』에 이런 말이 있다.

> 스승은 윤회의 바다를 건너 주는 사공과 같다.

따라서 안내자나 호위사, 사공과 같은 스승을 섬겨야 한다.

2. 스승의 분류

스승은 네 종류로 분류할 수 있다.

평범한 스승
특정의 보살지를 증득한 보살 스승
화신 스승
보신 스승

이 네 가지 유형은 스승의 정신적 깨달음과 관련되어 있다. 평범한 수행자나 초보수행자라면 높은 차원을 증득한 붓다와 보살들을 스승으로 섬길 수 없다. 그래서 그들은 평범한 스승을 섬긴다. 업장이 더 많이 정화된 사람은 더 높은 차원을 증득한 보살 스승을 섬길 수 있다. 자량위를 성취한 후에는 화신 스승을 섬길 수 있다. 보살의 지위를 증득하면 보신 스승을 섬길 수 있다.

이 네 가지 유형 중 누가 가장 큰 은인인가? 번뇌의 업장이 두텁게 가리고 있을 때 우리는 수승한 스승의 얼굴을 볼 기회조차 없는데 어떻게 그런 스승을 섬긴단 말인가. 평범한 스승을 만나서 그들의 가르침의 빛을 받아 도의 길에 비추면 수승한 스승을 만날 기회를 얻을 수 있다. 그러므로 우리에게 가장 큰 은인은 평범한 스승이다.

3. 각 분류의 특성

1) 화신 스승과 보신 스승

두 가지 장애(번뇌의 장애와 지혜의 장애)를 정화하여 붓다는 정화의 완성을 구현한다. 두 가지 일체지를 소유하여 그는 근본지의 완성을 구현한다.

2) 보살 스승

보살 1지에서 10지까지 증득한 보살 스승은 다양한 등급의 지혜와 정화를 소유한다. 특히 8지 이상을 증득한 보살은 남을 도울 수 있는 열 가지 힘(보살십력菩薩十力)이 있다. 그것은 생명, 마음, 일용품의 공급, 원인 또는 행동, 출생, 의도, 발원, 기적, 지혜바라밀, 그리고 법에 대한 힘이다.

'생명에 대한 힘'은 보살이 원하는 만큼 삶을 오래 살 수 있다는 의미이다.

'마음에 대한 힘'은 보살이 원하는 만큼 오래 선정을 유지할 수 있다는 의미다.

'일용품의 공급에 대한 힘'은 보살이 중생에게 한없는 일용품을 소나기처럼 내려줄 수 있다는 의미다.

'원인에 대한 힘'은 보살이 업의 과보를 한 생에서 다른 영역, 세계, 또는 다른 생으로 이동할 수 있다는 의미다.

'출생에 대한 힘'은 보살이 선정을 유지할 수 있고, 만약 욕계에 태어난다 해도 그 세계의 허물에 영향을 받지 않는다는 의미다.

'의도에 대한 힘'은 보살이 원하는 것이 무엇이든 그것을 지, 수, 화, 풍 등으로 변화시킬 수 있다는 의미다.

'발원에 대한 힘'은 보살이 자신과 남에게 좋은 혜택을 주고자 발원한다면 그것이 이루어지리라는 의미다.

'기적에 대한 힘'은 중생이 구도의 길에 관심을 갖도록 하기 위해 보살이 무수한 형태로 현신할 수 있음을 의미한다.

'지혜바라밀에 대한 힘'은 보살이 현상계를 완벽하게 이해하고 그 의미를 꿰뚫어 알며, 보살이 사용하는 말들의 정의를 잘 알고 신뢰한다는 의미다.

'법에 대한 힘'은 보살이 중생의 성향에 맞는 법을 판단하여 다양한 경전 등에 근거한 다양한 언어로 전달하여 그들을 금방 만족시킬 수 있다는 의미다.

3) 평범한 스승

평범한 스승에는 세 가지 유형이 있다. 여덟 가지 덕목을 가진 스승, 네 가지 덕목을 가진 스승, 그리고 두 가지 덕목을 가진 스승이다. 여덟 가지 덕목을 가진 스승에 대해서 『보살지지경菩薩地持經』(Bodhisattva Bhumi)[3]은 다음과 같이 말한다.

> 여덟 가지 덕목을 가진 보살이 완벽한 스승임을 알아야 한다. 무엇이 여덟 가지인가? 보살의 계율을 지니고, 보살의 가르침에 정통하고, 가르침을 실현하고, 자비심과 자애심을 가지고, 두려움을 모르고, 인내심을 가지고, 지칠 줄 모르는 마음을 가지고, 언어적 표현에 숙달한 것이다.

『대승장엄경론』에도 이렇게 나와 있다.

> 대단한 학식을 지니고, 의심을 풀어주며
> 번뇌와 청정의 두 가지 현실을 구분해주며
> 스승의 말이라면 다 받아들일 수 있게 하는 사람,
> 이것이 바로 완벽한 보살 스승이다.

"대단한 학식을 지니고"는 방대한 지혜를 지녀 해박한 가르침을 줄 수 있다는 의미이다. 또한 스승은 심오한 분별지가 있기 때문에 제자의 의심을 풀어줄 수 있다. 그의 말을 받아들일 수 있는 것은 그의 행동이 청정행이기 때문이다. 그는 번뇌의 특성을 알려주고 그 번뇌의 정화방법

---

[3] 한역대장경 『유가사지론瑜伽師地論』 「보살지菩薩地」에 해당한다.

도 설명해줄 수 있다.

'완벽한 보살 스승'에 대해서는 『입보리행론』에 이렇게 묘사되어 있다.

> 스승은 언제나
> 대승의 가르침의 전문가이다.
> 설령 생명의 위협이 있다 해도
> 스승은 보살계를 저버리지 않는다.

다시 말해서 스승은 대승에 학식이 깊고 보살계를 지니고 있다.

4. 스승을 섬기는 방법

이런 진정한 스승을 찾으면 다음 세 가지 방법으로 스승을 섬긴다.

1) 존경과 봉사로 섬김
2) 헌신과 숭배로 섬김
3) 가르침의 실천과 정진으로 섬김

1) 존경과 봉사로 섬김

첫째, '존경으로' 스승을 섬기는 것은 절을 하고, 재빨리 일어서고, 허리를 숙이고, 스승의 주변을 원을 그리며 돌고, 적시에 스승에게 친밀감을 표현하고, 스승을 바라봄에 질림이 없이 때때로 스승을 바라보는 것이다. 좋은 예로 상인의 아들로서 스승들을 섬긴 선재동자(Sudhana)[4]가 있다. 『보수장엄경』에 이런 말이 있다.

제자는 스승을 아무리 보아도 더 보고 싶어야 한다. 스승을 보기가 어렵고, 스승이 지상에 현신하기가 어렵고, 스승을 만나기도 어렵기 때문이다.

둘째, '봉사로' 스승을 섬기는 것은 스승에게 법의 양식을 올리고, 의복, 침구, 좌복, 약품 및 그 밖에 필요한 것들을 자신의 몸과 생명에 위협이 있다 해도 올리는 것이다. 좋은 예로 싸다쁘라루디따(Sadaprarudita, 상제보살常啼菩薩)[5]가 스승을 섬긴 방법이 있다. 이것은 『유덕의 전기』에 다음과 같이 나와 있다.

붓다의 깨달음은 스승에 대한 봉사를 통해 이룩된다.

2) 헌신과 숭배로 섬김

'헌신과 숭배로' 스승을 섬긴다는 것은 스승을 붓다로 여겨야 한다는 뜻이다. 스승의 가르침을 어겨서는 안 된다. 헌신, 존경, 맑은 마음을 닦아야 한다. 좋은 예로 나로빠가 스승을 섬긴 방식이 있다. 『불모반야경佛母般若經』(Mother of the Victorious One Perfection of Wisdom)은 말한다.

변함없이 되풀이하여 항상 스승을 공경하라. 스승에게 후덕하게 하고 스승을 귀히 여겨라.

---

4 수다나 이야기는 이 책의 부록 2. 「본문에 나온 사람들의 이야기」에 소개되어 있다.
5 싸다쁘라루디따 이야기 역시 이 책의 부록 2. 「본문에 나온 사람들의 이야기」에 소개되어 있다.

더욱이 스승이 방편으로 하는 행동에 대해 잘못된 견해를 품는 일을 삼가야 한다. 제자는 스승을 높이 존경해야 한다. 예를 들면 『아날라 왕의 전기』[6]가 이 점을 잘 설명하고 있다.

3) 가르침의 실천과 정진으로 섬김

가르침에 대해 '실천과 정진'으로 스승을 섬긴다 함은 스승의 가르침을 듣고 사유하고 수행하고, 정진을 통해 진정 가르침을 자신의 것으로 함을 의미한다. 이렇게 하면 스승은 매우 기뻐할 것이다. 『대승장엄경론』에 이런 말이 있다.

> 스승을 섬긴다 함은 무엇이든 배운 것을 실천하는 것.
> 스승은 이에 크게 기뻐하리라.

스승이 기뻐하면 성불할 것이다. 이는 『유덕의 전기』에 나오는 바와 같다.

> 스승을 흡족하게 하면 모든 붓다의 깨달음을 이루리라.

스승의 가르침을 받는 데는 세 단계가 있으니 예비 단계, 실제 가르침 단계, 결과 단계이다.

먼저 '예비 단계'는 보리심을 가지고 가르침을 받는 것을 의미한다. 가르침을 실제로 받는 동안은 자신을 환자로, 법을 약으로, 스승은

---

6 아날라 왕(Anala, 無厭足王) 이야기 역시 이 책의 부록 2. 「본문에 나온 사람들의 이야기」에 소개되어 있다.

의사로 여겨야 한다. 법을 듣고 단단히 실천함으로써 병이 회복되는 것이다. 그렇게 하면 '뒤집어진 항아리', '새는 항아리', '독으로 가득한 항아리' 등의 세 가지 허물을 피하게 될 것이다.

5. 스승을 섬기는 혜택

스승을 섬기는 혜택은 『유덕의 전기』에 나온다.

> 고귀한 가족이여! 스승들이 잘 지켜주는 보살은 삼악도로 떨어지지 않을 것이다. 스승들의 호위를 잘 받는 보살은 악인의 손에 떨어지지 않을 것이다. 스승의 안내를 잘 받는 보살은 대승의 길에서 벗어나지 않을 것이다. 스승의 안내를 잘 받는 보살은 평범한 사람의 차원을 넘어갈 것이다.

『불모반야경』은 말한다.

> 스승의 인도를 잘 받는 보살마하살은 위없는 깨달음을 신속하게 이룰 것이다.

제4부
방법

방법은 스승의 가르침이다.

제4부의 서론

근본원인인 불성이 있기 때문에 우리는 시작도 없는 윤회 이래 계속하여 흘러왔다. 때로 우리는 귀중한 인간의 삶을 얻고 또한 스승도 만났을 것이다. 그렇다면 과거 어떤 허물이 있어 성불을 하지 못했을까? 그동안 우리는 네 가지 장애에 압도되어 왔다.

그렇다면 성불을 막는 네 가지 장애는 무엇인가? 이생의 활동에 집착하는 것, 윤회의 즐거움에 집착하는 것, 열반에 집착하는 것, 깨달음을 얻는 방법을 이해하지 못하는 것이다.

이 네 가지 장애를 어떻게 일소하는가? 스승에게 받은 가르침을 실천하여 일소한다.

스승의 가르침에는 몇 가지가 있는가?

　첫째, 무상無常에 대한 명상 수행,
　둘째, 윤회의 허물 및 인과에 대한 명상 수행,
　셋째, 자애와 자비에 대한 명상 수행,
　넷째, 보리심 수행의 다양한 요소들,
　이 네 가지가 바로
　스승의 가르침을 구성한다.

다시 말해서 이 네 가지는 무상에 관한 명상 수행의 가르침, 윤회의 허물과 인과의 사유에 관한 명상 수행의 가르침, 자애와 자비에 대한 명상 수행의 가르침, 그리고 보리심 수행법에 대한 가르침이다.

무상을 사유하면 금생의 활동에 대한 집착을 치유한다. 윤회의 허물 및 업인과 업보를 사유하면 윤회의 즐거움에 대한 집착을 치유한다. 자애와 자비에 대한 명상 수행은 평화로운 즐거움에 대한 집착을 치유한다. 위없는 보리심을 닦으면 깨달음을 얻는 방법에 대한 무지를 치유한다.

이들이 바로 마음을 닦고 보리심을 키우는 데 사용되는 요소들이다. 귀의를 하는 순간부터 참다운 무아의 의미를 명상 수행할 때까지, 또는 보살의 수행5위(五大菩薩道)에서 십지十地에 이를 때까지 모든 법의 가르침이 보리심 수행에 포함되어 있다. 일부 수행은 후에 보리심을 수행하는 기반이 되고, 일부는 보리심 수행의 대상이며, 일부는 보리심 수행의 결과이므로, 모든 대승의 가르침이 보리심 수행에 포함되어 있다. 이 모든 가르침을 다 스승이 주는 것이다. 그러므로 스승에게 의지하라. 『보수장엄경』에 이런 말이 있다.

스승은 모든 덕스러운 가르침을 주는 원천이다.
일체지의 증득은 스승의 가르침에 달려 있다.

이생에 대한 집착의 해독제

제4장
무상無常에 대한 명상 수행

첫 번째 가르침은 이생에 대한 집착의 해독제로써 무상無常에 대한 명상 수행이다. 일반적으로 조건들이 모여 이루어진 모든 현상은 무상하다. 붓다는 말했다.

비구들이여! 현상계의 모든 것은 다 무상하다.

왜 무상하다는 것인가? 모인 것은 다 흩어진다. 지은 것은 다 무너진다. 만나면 다 헤어지게 되어 있다. 태어난 것은 죽게 되어 있다. 『법집요송경法集要頌經』(Verses Spoken Intentionally)에 이런 말이 있다.

모인 것은 결국 흩어진다. 건축된 것은 결국 무너진다. 모인 사람들은 결국 헤어진다. 삶의 종말은 죽음이다.

이것에 대해 어떻게 명상 수행해야 하는가? 다음의 구조로 할 수 있다.

> 무상의 분류, 무상의 명상 수행 방법, 그리고
> 무상에 대한 명상 수행의 혜택 —
> 이 세 가지가
> 무상에 대한 명상 수행을 구성한다.

1. 무상의 분류
두 가지 유형의 무상이 있다.

> a) 외부 세계의 무상
> b) 내부 중생의 무상[7]

외부세계의 무상 역시 두 가지 유형으로 분류되니, 거친 무상과 미세한 무상이다. 내부세계의 무상 역시 두 가지 유형으로 분류되니, 남들의 무상과 자신의 무상이다.[8]

2. 무상의 명상 수행 방법
1) 외부 세계의 무상에 대한 명상 수행 방법
(1) 외부세계의 거친 무상
아래로는 이 우주의 바람에서부터 위로는 저 사선정에 이르기까지 영원하거나 고정된 성품을 가진 것은 하나도 없다. 변하지 않는 것은

---

7 예를 들어 지구라는 외부세계는 내부에 중생을 담은 그릇으로 볼 수 있다.
8 *앞으로 전개될 수행방법에 대한 설명의 구조(옮긴이 정리)

아무것도 없다. 때로는 초선정 이하의 모든 것들이 불로 소실되기도 한다. 때로는 2선정 이하의 모든 것들이 물로 파괴되기도 한다. 때로는 3선정 이하의 모든 것들이 바람에 파괴되기도 한다.

세상이 불로 파괴되고 나면, 기름이 불에 타버리듯 재조차 남지 않는다. 세상이 물로 파괴되고 나면, 물에 소금이 녹아버리듯 침전물조차 남지 않는다. 세상이 바람으로 파괴되고 나면, 쌓인 먼지가 강한 바람에 흩어지듯 작은 먼지조차 남지 않는다. 이 점은 『구사론俱舍論』에서 설명하고 있다.

이 세상은 불로 일곱 번 파괴되고, 그런 다음 물로 한 번 파괴될 것이다. 세상이 물로 일곱 번 파괴되고 나면, 불로 일곱 번 파괴될 것이다. 종국에는 세상은 바람으로 파괴될 것이다.

사선정은 불이나 물, 바람으로 파괴되지 않을 것이다. 그 안에 사는

무상	외부세계의 무상	거친 무상		
		미세한 무상		
	내부중생 (세계)의 무상	남들의 무상		
		자신의 무상	자신 안에서 무상을 관하기	죽음에 대해 수행
				죽음의 특성에 대해 수행
				삶의 소멸에 대해 수행
				이별에 대해 수행
			남들의 무상을 자신에게 적용	남들의 죽음을 관찰한다
				남들의 죽음에 대한 이야기를 듣는다
				남들의 죽음을 마음속에서 회상한다
			3×3의 원리	

중생이 죽으면 불이나 물, 바람은 절로 소멸될 것이다. 『구사론』에 이런 말이 있다.

이런 궁전들의 무상은 중생들과 함께 일어나고 사라진다.

더욱이 이 세상은 불로 파괴될 것으로 보인다. 『시덕장자청문경施德長者請問經』(*Householder Palgyin-Requested Sutra*)에 이런 말이 있다.

일 겁 후에 허공의 성품을 가진 이 세상은 허공이 될 것이다.
수미산조차도 불에 타서 허물어질 것이다.

(2) 외부세계의 미세한 무상
미세한 무상은 사계절의 변화, 해와 달이 뜨고 지는 것, 찰나의 사라짐 등에서 볼 수 있다.

먼저 외부세계에 봄이 오면 땅은 부드러워지고 세상은 붉어지며, 초목이 싹튼다. 이것은 무상無常으로 인한 변화의 표상일 뿐이다. 여름이 오면 땅은 젖어버리고 세상은 초록이 되며 초목의 잎이 벌어진다. 이 역시 무상이 야기한 변화다. 가을이 오면 땅은 단단해지고 세상은 노랗게 되며, 열매가 익는다. 이 역시 시간의 변화인 무상을 상징한다. 겨울이 오면 땅은 다 얼어버리고 세상은 회색으로 변하며, 초목은 말라버린다. 이 역시 계절의 변화, 무상을 보여준다.

'해와 달이 뜨고 지는 무상'은 날이 새는 힘으로 이 외부세계가 맑고 밝아지고, 밤이 되면 어두워지는 것을 의미한다. 이 역시 무상의 표시이다.
셋째로 매순간마다 '찰나의 사라짐에서 보이는 무상'을 볼 수 있다.

이 세상의 최초 찰나는 두 번째 찰나에는 존재하지 않는다. 매순간이 유사한데, 이 유사성 때문에 우리는 속아서 그것이 마치 흘러가는 강물처럼 동일하다고 인식하는 것이다.

2) 내부 중생의 무상에 대한 명상 수행 방법
(1) 남들의 무상
내부 중생과 관련된 두 가지 무상 중에서 첫 번째는 남들의 무상이다. 삼계의 모든 중생들은 무상하다. 『방광대장엄경』에 이런 말이 있다.

　　삼계는 가을하늘의 구름처럼 무상하다.

(2) 자신의 무상
우리 역시 선택의 여지없이 다음 생으로 가야 한다. 이는 다음 사실로 이해할 수 있다.

　　① 자신 안에서 무상을 관觀하고, 다음
　　② 남들의 무상을 (자신에게) 적용한다.

① 자신 안에서 무상을 관觀하기
이는 다음과 같이 명상 수행을 하면 된다. 죽음에 대해 명상하고, 죽음의 특성에 대해 명상하고, 삶의 소멸에 대해 명상하고, 그리고 이별에 대해 명상하라.
　죽음에 대해 명상하려면 이렇게 생각해야 한다. '나는 이 세상에 오래 머물 수 없으니 다음 생으로 가야 할 것이다.' 이렇게 사유하라.

죽음의 특성에 대한 명상 수행은 이렇게 하라. '내 삶은 끝난다, 이 숨은 멈춘다, 이 몸은 시체가 된다, 이 마음은 이곳저곳을 돌아다녀야 한다.'

삶의 소멸에 대한 명상 수행은 이렇게 하라. '작년부터 지금까지 한 해가 지났고, 나의 삶은 그만큼 줄어들었다. 지난달부터 이달까지 한 달이 지났고, 내 삶은 그만큼 짧아졌다. 어제부터 오늘까지 하루가 지났고 내 삶은 그만큼 짧아졌다. 방금 지나간 찰나가 한 찰나의 흐름이었다. 그만큼 내 삶이 짧아졌다.' 『입보리행론』에 이런 말이 있다.

> 낮도 밤도 확실하게 머물지는 않고
> 삶은 언제나 미끄러지듯 가버리며
> 더 길어지지 않네.
> 나 같은 사람에게 어찌 죽음이 오지 않으랴?

이별에 대한 명상 수행은 이렇게 하라. '지금 내가 가진 것이 무엇이든, 친척이든, 재물이든, 내가 귀히 여기는 이 몸이든, 나와 영원히 함께 하는 것은 없다. 머지않은 어느 날, 나는 이들과 이별해야 한다.' 『입보리행론』에 이런 말이 있다.

> 모든 것을 다 남겨두고 가야 한다는 것을
> 나는 지금까지 알지 못했네.

자신의 무상에 대한 명상 수행을 하는 또 다른 방법은 '3×3의 원리'[9]를 사유하는 것이다. 죽음의 무상에 대한 명상은 이렇게 하라.

a) 나는 분명 죽을 것이다.
b) 죽음이 언제 올 지는 확실하지 않다.
c) 죽음이 오면 나는 아무런 도움도 받지 못할 것이다.

❶ 죽음이 확실히 오리라고 생각하는 데는 세 가지 근거가 있다.

(a) 과거의 인간들 중 지금 살아 있는 사람은 아무도 없다.
(b) 이 몸은 구성요소들로 이루어진 것이고,
(c) 삶은 순간마다 소멸되므로 죽음은 분명 올 것이다.

(a) 과거에 살았던 그 누구도 지금 살아 있지 않으므로 나의 죽음은 확실하다. 마명보살은 말했다.

---

9 *3×3의 원리(옮긴이 정리)

나는 분명 죽을 것이다	과거 인간들 중 지금 살아있는 사람은 없다	
	이 몸은 구성요소들로 이루어졌다	
	삶은 매순간 소멸된다	솜씨 좋은 궁수가 쏜 화살처럼
		가파른 언덕에서 떨어지는 물처럼
		사형대로 끌려가는 사형수처럼
죽음이 언제 올 지는 확실치 않다	수명이 정해져 있지 않다	
	몸은 실체가 없다	
	죽음의 원인이 많다	
죽음이 오면 나는 아무런 도움도 받지 못한다	재물의 도움을 받을 수 없다	
	친지의 도움을 받을 수 없다	
	몸의 도움을 받을 수 없다	

지상이든 하늘이든 태어난 사람들 중 죽지 않은 자를 보았거나, 그런 사람이 있다는 소리를 들었는가? 그럼에도 불구하고 그대는 여전히 의심하고 있구나.

무한한 신통력을 지닌 위대한 존재들조차 죽음이 없는 곳으로 도피할 수 없었다. 그러니 우리 같은 사람은 말해 무엇하랴! 이런 말이 있다.

다섯 가지 신통력을 가진 위대한 성인聖人들은 하늘 높은 곳으로도 날아갈 수 있었지만, 그 누구도 죽지 않는 곳을 찾을 수는 없었네.

뿐만 아니라 연각들이나 위대한 아라한, 성문들 같은 고귀한 분들도 종국에는 자신의 몸을 떠나야만 했다. 그러니 우리 같은 사람은 말해 무엇하랴! 『법집요송경』에 이런 말이 있다.

모든 연각들과 성문들은 자신의 몸을 떠난다. 그렇다면 우리 같은 평범한 사람들이 어찌 그러지 않겠는가?

뿐만 아니라 완전한 원각을 이룬 붓다, 모든 상호를 다 갖추고 파괴할 수 없는 금강의 성품을 갖춘 붓다의 화신도 몸을 떠났다. 그러니 우리 같은 사람은 말해 무엇하랴! 마명보살은 말한다.

모든 상호로 장엄된 붓다의 형상도, 심지어 금강 같은 몸도 무상하다. 그러니 속이 텅 빈 나무처럼 실체가 없는 다른 중생들의 몸은 말할 것도 없다.

(b) 나의 죽음은 확실하다. 왜냐하면 이 몸은 구성요소로 이루어져 있고, 구성요소로 이루어진 모든 현상은 무상하기 때문이다. 조합된 모든 것은 소멸하는 성품을 가지고 있다. 『법집요송경』에 이런 말이 있다.

아! 조합된 모든 것은 무상하나니, 생사를 맞이하게 되네.

이 몸은 조합되지 않은 몸이 아니다. 그러므로 이 몸은 무상하고 죽음은 확실하다.

(c) 삶이 매순간 소멸되고 있으므로 나의 죽음은 확실하다. 매순간 삶은 조금 더 죽음에 가까워진다. 우리는 이 사실을 지각하거나 알아차리지 못하겠지만, 예를 들어 살펴볼 수 있다. 첫째, 솜씨 좋은 궁수가 쏜 화살처럼, 둘째, 가파른 산에서 떨어지는 물처럼, 셋째, 사형대로 끌려가는 사람처럼, 삶은 빠르게 지나간다.

첫째 비유에서, 궁수가 목표를 향해 활을 쏘면 화살은 허공에 잠시도 지체하지 않고 목표에 도달한다. 마찬가지로 우리의 삶 역시 한 순간도 머물지 않고 빠른 속도로 죽음에 접근한다. 이런 말이 있다.

솜씨 좋은 궁수가 쏜 화살처럼 활줄을 놓는 순간 화살은 잠시도 머물지 않고 신속하게 목표에 닿네. 모든 인간의 삶도 그와 같다네.

둘째 비유를 보면, 가파른 산에서 떨어지는 물이 한 순간도 멈추지 않듯이 인간의 삶도 멈추지 않는 것이 분명하다. 『보정경寶頂經』(Precious

Pinnacle Collection)에 이런 말이 있다.

> 친구들이여! 가파른 산의 절벽에서 떨어지는 물처럼 삶은 빠르게 지나가버리네. 어린아이 같은 사람은 이 사실을 모르고 어리석은 재물에 오만하게 도취하네.

또한 『법집요송경』에 이런 말이 있다.

> 흘러가며 되돌아오지 않는 큰 강의 흐름처럼.

셋째 비유에서, 사형대로 끌려가는 죄수는 한 걸음 한 걸음이 죽음에 더 가까이 가는 것이다. 마찬가지로 우리 삶도 매순간 죽음에 더 가까워진다. 그래서 『집보정경集寶頂經』(Noble Tree Sutra)에 이런 말이 있다.

> 죄수가 사형대로 끌려감에 따라, 그가 딛는 모든 걸음은 그를 죽음에 더 가까워지게 하네.

또한 『법집요송경』에 이런 말이 있다.

> 분명, 사형을 받을 사람에게 한 걸음 한 걸음은 더욱 죽음으로 가까이 가게 하네. 모든 인간의 생명도 그와 같다네.

❷ 죽음의 시간에 대한 불확실성은 다음 세 가지가 설명해준다.

(a) 수명이 정해져 있지 않다.
(b) 몸은 실체가 없다.
(c) 죽음의 원인이 많다.

그러므로 죽음의 시간은 분명하지 않다.

(a) 다른 영역이나 다른 세계에서는 수명이 분명하다. 하지만 우리가 사는 이 세계에서는 정해진 길이가 없다. 『구사론』에 이런 말이 있다.

> 여기에서는 수명이 정해져 있지 않다. 겁말劫末에는 10년이고 겁초에는 무한하다.

어째서 수명이 정해지지 않은 것인가? 『법집요송경』에 이런 말이 있다.

> 일부는 자궁에서 죽고, 일부는 태어나는 순간 죽는다. 마찬가지로 일부는 기어 다니다가 죽고, 일부는 뛰어다니다가 죽는다. 일부는 늙어서 죽고 일부는 어릴 때 죽는다. 일부는 젊음이 한창일 때 죽는다. 종국에는 모두가 죽는다.

(b) 몸이 실체가 없다는 것은 그 안에 단 하나의 고정된 실체가 없고 다만 36개의 부정한 구성요소만이 있을 뿐임을 의미한다. 『입보리행론』에 이런 말이 있다.

우선 마음속에서
몸의 피부껍질을 벗겨내라.
그리고 분별의 칼로
뼈에서 살을 분리하라.
이제 뼈까지 잘라 속을 열고
골수를 꿰뚫어보라.
이렇게 살펴보면서 자문하라.
"어디에 실체가 있는가?"

(c) '죽음의 원인이 많다'는 것은 우리와 남들의 죽음에 기여하지 않는 것은 하나도 없음을 의미한다. 『친우서親友書』(*Letter to a Friend*)[10]에 이런 말이 있다.

이 삶에는 많은 위험이 있어
바람 앞에 물거품보다도 더 부서지기 쉽네.
숨을 들이쉬고 내쉬고, 잠에서 깨어날 수
있다는 것은 놀라운 일이네

❸ 죽음이 올 때 왜 아무런 도움도 받을 수 없는지에 대해서도 세 가지 이유가 있다.

(a) 재물의 도움을 받을 수 없다.
(b) 친지의 도움을 받을 수 없다.

---

10 『용수보살권계왕송龍樹菩薩勸誡王頌』이라고도 한다.

(c) 몸의 도움을 받을 수 없다.

(a) 우리는 재물의 도움을 받을 수 없다. 『입보리행론』에 이런 말이 있다.

> 비록 많은 재물을 확보하여
> 오랫동안 행복하게 살 수 있어도
> 도둑에게 다 털려버린 것처럼
> 빈손으로 가진 것 없이 떠난다네.

재물은 우리에게 유익하지 않을 뿐더러 이생과 내생에서 우리를 해한다. 이생에서의 유해성은 재물로 인한 다툼과 싸움, 재물의 노예가 되는 고통, 재물을 도둑에게서 지키는 일이다. 이후로 이런 행동의 과보가 익어 우리는 삼악도에 떨어지게 된다.

(b) 우리는 가족이나 친구의 도움을 받을 수 없다. 이런 말이 있다.

> 죽음의 시간이 오면 자식들은 우리에게 의지처가 되지 못하고, 아버지, 어머니, 친구들도 마찬가지다. 우리가 의지할 수 있는 사람은 아무도 없다.

가족은 우리에게 유익하지 않을 뿐더러 이생과 내생에서 우리를 해한다. 이생에서의 유해성으로는 그들이 죽거나 병들거나 남들에게 패할지도 모른다는 두려움이 우리에게 주는 큰 고통이다. 이후로 이런 업보의 숙성을 통해 우리는 삼악도로 떨어진다.

(c) 우리는 우리 자신의 몸의 도움을 받을 수 없다. 몸이 가진 성품에서도, 몸 자체에서도 도움을 받을 수 없다. 첫째, 몸이 아무리 강하고 튼튼하다 해도 죽음을 되돌릴 수는 없다. 아무리 유연하고 빠르다 해도 그것은 죽음을 피할 수 없다. 아무리 학식 있고 달변이라 해도 말 잘한다고 죽음을 면할 순 없다. 예를 들어 산 너머로 해가 질 때 아무도 그 해를 붙들거나 지는 것을 늦출 수 없다.

몸 자체는 어쩔 수가 없다. 이런 말이 있다.

> 숱한 고생을 하며 축적한 음식과 옷의 도움을 받아 몸을 잘 유지해도 그 몸은 우리를 따라가지 못하고, 새나 개에게 먹히거나, 화장되거나, 물속에서 썩어가거나, 땅속에 매장될 것이다.

죽을 때 도움을 주지 않을 뿐 아니라 오히려 몸은 이생과 내생에서 해를 가져온다. 이생에서의 유해성은 이 몸이 질병, 더위, 추위, 기아, 갈증을 견딜 수 없고, 누군가가 때리리라는 두려움, 누군가가 죽이리라는 두려움, 누군가가 가죽을 벗기리라는 두려움을 견딜 수 없다는 것이다. 이후로 이 몸의 허물로 인한 과보의 숙성을 통해 우리는 삼악도로 떨어진다.

② 남들의 무상을 자신에게 적용하기

'남들의 무상을 자신에게 적용하여' 죽음의 무상을 명상한다는 것은 다른 사람의 죽음을 관찰하고, 남의 죽음에 대한 얘기를 듣고, 그것을 마음속에서 회상하는 것이다.

　먼저, 죽어가는 다른 사람을 관찰하여 죽음의 무상에 대해 명상하라. 예를 들어 가까운 친척이 있다고 가정해 보자. 그는 몸이 튼튼하고 안색이 매우 밝으며 긍정적인 감정을 갖고, 마음속에 어떤 면으로 보아도 죽음에 대한 느낌은 찾아볼 수 없다. 그가 갑자기 치명적인 병에 걸렸다고 가정하자. 그의 몸에서 모든 힘이 빠져나가고 그는 일어나 앉을 수조차 없다. 빛나는 얼굴과 좋은 안색은 사라지고, 그의 얼굴은 창백해진다. 그의 마음은 고통스럽다. 그는 질병을 견딜 수가 없고, 고통을 참을 수가 없으며, 약과 치료도 효과가 없고, 종교의식도 더 이상 도움이 되지 않는다. 그는 자신이 죽으리라는 것을 알고 있지만 어쩔 도리가 없다. 그는 마지막으로 친구와 친척들을 모아 놓고, 마지막 음식을 먹고, 마지막 유언을 한다. 이 순간 이렇게 사유해 보라. '나 역시 본질적으로 그와 같은 성품이며, 같은 상태이며, 같은 성격을 가지고 있다. 나는 이 현실에서 초연한 사람이 아니다.'

　그의 숨이 멎는 순간, 그동안 그 집에서 아무리 사랑스럽고 중요한 존재였다 해도, 그는 하루도 더 그 집에서 지낼 수 없다. 시체를 운반하는 사람들이 이리저리 묶인 그의 시신을 들것에 실어 집 밖으로 옮겨간다. 일부 가족들은 그의 시신을 다정하게 포옹하고 매달리며 놓아주지 않으려는 듯 보인다. 어떤 사람들은 울며 낙심한 척하고, 또 어떤 사람들은 기절하여 쓰러지는 척하며, 또 어떤 친구들은 몸은 흙이고 돌이라며 이런 행동들이 다 어리석고 무의미하다고 말한다. 하지만 일단 시체가 집 밖으로 운반되고 나면, 다시는 집으로 돌아오지 못한다. 이 모든 것을 회상하며 이렇게 사유하라. '나 역시 본질적으로 그와 같은 성품이며, 같은 상태이며, 같은 성격을 가지고 있다. 나는 이 현실에서 초연한

사람이 아니다.'

시체가 묘지에 운반되어 버려질 때, 구더기, 개, 자칼이나 들짐승 등에 의해 먹힐 때, 뼈가 여기저기 흩어질 때, 그대가 이런 것들을 볼 때, 이것을 회상하며 전과 같이 사유하라. '나 역시 같은 성품이다' 등을.

죽은 남들을 회상하며 죽음의 무상을 명상하라. 누군가가 죽었거나 시체가 있다는 말을 들으면 죽음의 무상을 회상하며 전과 같이 사유하라. '나 역시 같은 성품이다' 등을.

죽은 남들을 회상하여 죽음의 무상을 명상하라. 늙었든 젊었든 그대의 나라나 마을 또는 집에서 그대와 함께 했던 죽은 사람들을 회상하라. 이것을 회상하며 전과 같이 사유하라. '오래지 않아 나 역시 같은 상태가 되리라' 등을. 경전에 이런 말이 있다.

내일이 먼저 올지 저 세상이 먼저 올지는 불확실하다. 그러므로 우리는 내일을 위한 노력을 하지 말고 저세상을 위해 준비해야 한다.

3. 무상에 대한 명상 수행의 혜택

모든 조합된 현상의 무상에 대한 지혜는 이생에 대한 집착을 놓게 한다. 더욱이 그것은 믿음을 키우고 정진을 뒷받침하며, 수행자를 집착과 증오에서 빨리 벗어나게 한다. 그것은 만법이 한결같음(만법일여萬法一如)을 깨닫는 원인이 된다.

윤회의 즐거움에
애착하는 것에 관한 해독제

제5장
윤회의 고통에 대한 명상 수행

우리가 다시 태어날 것이기 때문에, 그리고 다시 태어나면 천신과 인간의 모든 화려한 즐거움을 누릴 기회가 있을 것이기 때문에, 그러면 나에겐 충분하다고 여기며 죽어도 괜찮다고 생각할지도 모른다. 이는 윤회의 즐거움에 집착하는 사람들이 전형적으로 하는 생각이다. 이런 태도에 대한 해독제로써 윤회의 허물에 대해 명상 수행해야 한다. 요약하면 이렇다.

> 모든 곳에 만연한 고통(行苦),
> 마찬가지로 변화의 고통(壞苦)과
> 고통의 고통(苦苦) —
> 이 세 가지가 윤회의 허물이네.

이런 고통을 비유로 설명한다면, 만연한 고통은 익지 않은 과일과 같고, 변화의 고통은 독이 든 밥을 먹는 것과 같으며, 고통의 고통은 과일에 생긴 곰팡이와 같을 것이다. (여기서 과일과 밥은 몸을 상징한다.) 이 세 가지 고통을 그 정의로 설명하자면, 만연한 고통은 중성적 느낌이고, 변화의 고통은 즐거운 느낌이고, 고통의 고통은 고통스런 느낌이 될 것이다. 이 세 가지 고통의 근본특성을 설명한다면, 오염된 오온이 존재하는 순간 우리는 사방에 고통이 편재함을 보게 될 것이다.

1. 모든 곳에 만연한 고통

보통 사람들은 모든 곳에 만연하는 고통(行苦)을 느끼지 못할 것이다. 이는 심각한 역병에 걸렸을 때는 귀에 작은 통증이 있어도 느끼지 못하는 것과 같은 이치다. 하지만 성인聖人들, 예류과처럼 윤회를 벗어난 고귀한 분들은 우주에 편재하는 고통을 고통으로 볼 것이다, 예를 들어 역병에서 거의 회복된 사람은 귀의 염증으로 인한 작은 통증을 고통으로 체험할 것이다.

또 다른 예가 있다. 머리카락이 손바닥 안에 있을 때에는 고통이나 불편함이 없다. 하지만 그 머리카락이 눈 안에 들어가면 고통과 불편함이 생긴다. 마찬가지로 우주에 편재하는 고통은 평범한 사람에게는 고통으로 느껴지지 않겠지만 성인聖人들에게는 고통으로 보일 것이다. 『구사론석俱舍論釋』에 이런 말이 있다.

> 손바닥에 있는 머리카락 한 올이
> 눈 안으로 들어가면
> 불편함과 고통이 있으리라.
> 어리석은 사람들은 이 손바닥이 그러하듯
> 우주에 편재하는 고통이라는 머리카락을 감지하지 못하리라.

하지만 성인들은 눈과 같아서
우주에 편재하는 고통을 느끼리라.

2. 변화의 고통

두 번째 유형인 변화의 고통(壞苦)이 그렇게 불리는 것은 윤회의 모든 즐거움과 행복이 종국에는 고통으로 변할 것이기 때문이다. 『비화경』에 이런 말이 있다.

> 천신들의 왕국은 고통의 원인이다. 모든 인간들의 왕국 역시 고통의 원인이다.

따라서 어떤 사람이 인간을 다스리는 전륜성왕이 되었다 해도 종국에는 고통으로 변할 것이다. 『친우서』(용수보살권계왕송)에 이런 말이 있다.

> 비록 전륜성왕이 된다 하여도
> 그는 윤회 속에서 노예로 전락하리라.

뿐만 아니라 천신들의 왕인 제석천의 몸과 즐거움을 성취한 사람조차도 종국에는 죽고 무너진다. 다시 한 번 『친우서』에 이런 말이 있다.

> 비록 칭송받을 만한 제석천이 된다 해도
> 그는 업력에 의해 지상으로 떨어질 것이다.

뿐만 아니라 욕계를 초월하고 선정의 즐거움을 체험한 천신들의 왕인 범천의 상태를 성취한 사람이라도 종국에는 무너진다. 『친우서』에 이런 말이 있다.

> 욕계를 벗어나
> 범천의 즐거움과 행복을 성취한 사람도
> 다시 무간지옥의 땔감이 되어
> 끊임없이 고통받는다.

3. 고통의 고통

이제 세 번째인 고통의 고통(苦苦)은 우리가 오염된 오온을 가진 순간 우주에 편재하는 고통에 더하여 나타나는 더 큰 고통들이다. 이 범주 안에서 우리는 두 가지 유형의 고통을 이해해야 한다. 삼악도의 고통과 삼선도의 고통이다. 첫째 유형을 설명하자면, 삼악도는 다음 세 가지로 구성되어 있다.

1) 지옥계
2) 아귀계
3) 축생계

위의 각 영역은 4가지 범주로 이해해야 한다. 분류, 위치, 고통의 유형, 수명이다.

1) 지옥계의 분류

첫째는 지옥계의 분류다. 팔열지옥八熱地獄과 팔한지옥八寒地獄을 합하여 16개 지옥에 고독지옥, 유증지옥까지 하여 총 18개가 있다.

① 팔열지옥

뜨거운 지옥은 다 어디 있는 것일까? 이 염부제(인간세상) 아래쪽에 있다. 많은 중생들이 그곳으로 급히 간다. 가장 낮은 곳은 무간無間 혹은 끊임없는 고통지옥이다. 그 위로 대초열지옥, 초열지옥, 대규환지옥, 규환지옥, 중합지옥, 흑승지옥이 있으며 맨 위에 등활지옥이 있다. 『구사론』에 이런 말이 있다.

　　이만 길 아래에 무간지옥이 있고
　　그 위로 7개의 다른 지옥이 있네.

　이들은 어떤 고통을 만드는가? 고통은 그들의 이름에 설명되어 있다. 처음의 등활지옥에서 중생들은 서로를 베고 죽인다. 그런 다음 찬바람이 불어와 그들의 몸에 닿으면 그들은 다시 살아난다. 이 과정이 그들의 수명이 다할 때까지 되풀이된다.
　흑승지옥에서는 그곳에 태어난 중생들의 몸은 어디든지 까만 실로 표시가 되어 있어 불타는 칼이나 도끼에 베인다. 그래서 이런 말이 있다.

　　어떤 이는 칼에 베이고
　　어떤 이는 날카로운 도끼에 잘리네.

중합지옥에서는 태어난 중생들의 몸이 두 개의 큰 산이나 철판 사이에서 눌려 부서진다. 먼저 두 개의 큰 산이 마치 양의 머리처럼 양쪽에서 달려들어서는 이 중생들을 박살낸다. 그 후 두 개의 산은 분리되고 다시 서늘한 바람이 이 몸들을 이전처럼 살려낸다. 그리고 다시 한 번 이들은 박살이 난다. 『제자서弟子書』(Letter of Training)에 이런 말이 있다.

> 두 개의 무서운 큰 산이 양의 뿔처럼 와서
> 몸을 사이에 끼우고 가루로 만드네.

다른 중생들은 철판 사이에 압착되어 피가 네 개의 강처럼 흘러나온다. 이런 말이 있다.

> 어떤 사람들은 참깨처럼 압착되고
> 어떤 사람들은 고운 가루로 빻아지네.

규환지옥에서는 불에 타는 중생들이 공포의 비명을 질러댄다.
대규환지옥에서는 고통이 더 극심하여 비명조차도 더욱 두려움에 떨린다.
초열지옥에서는 중생들이 불 등으로 고문을 받는다. 시뻘겋게 녹은 청동이 그들의 몸에 쏟아지고 내장을 태운다. 그런 다음 끝이 뾰족하고 사방에 가시가 달린 무기가 그들의 항문으로 들어와 정수리까지 찌른다.
대초열지옥에서 중생들은 더욱더 고문을 받는다. 뜨거운 청동물이 그들 몸의 내부를 다 태우고 가죽만 남기며, 몸의 아홉 구멍에서 불꽃이

나온다. 다시 한 번 이들은 항문과 두 발바닥에서 정수리와 두 어깨까지 가시 달린 삼지창으로 찔린다. 이런 말이 있다.

> 마찬가지로 어떤 자들은
> 끓는 쇳물 속에 끓여지고
> 또 어떤 자들은 뜨겁고 가시 달린
> 무기로 뚫리네.

무간지옥에서는 높이와 길이가 이만 길이나 되는 불타는 금속 집이 있는데, 그 안에는 지름이 수 길이 되는 청동 솥이 걸려 있다. 그 솥 안에서 중생들은 끓는 청동과 구릿물 속에서 삶아진다. 사방에서 불길이 그들을 둘러싸고 있다. 그래서 이렇게 말한다.

> 어떤 자들은 거대한 쇠솥 안에서
> 탕처럼 끓여진다.

고통이 잠시도 멈추지 않기 때문에 무간지옥이라 부른다. 이 중생들의 수명은 얼마일까? 『구사론』에 이런 말이 있다.

> 등활지옥을 비롯한 여섯 지옥에서의
> 하루는 욕계 천신들의 수명에서의
> 하루와 동일하다.
> 따라서 그들의 수명은
> 욕계 천신들의 수명과 비슷하다.

사천왕의 수명은 등활지옥의 하루 낮 그리고 하루 밤과 동일하다. 그러므로 30일은 한 달이고, 12달이면 1년이 된다. 그들의 용어로 등활지옥의 수명은 500년이다. 인간 용어로 이것은 1,620,000,000,000년이다.

마찬가지로 흑승지옥의 수명은 1000년이고, 이는 33신이 사는 천계의 수명과 비슷하다. 인간 용어로 이는 12,960,000,000,000년이다.

중합지옥의 수명은 2,000년이고, 이는 무쟁無爭 신의 수명과 유사하다. 인간 용어로 이는 103,680,000,000,000년이다.

규환지옥의 수명은 4,000년이고, 이는 환희영역 신의 수명과 유사하다. 인간 용어로 이는 829,440,000,000,000년이다.

대규환지옥의 수명은 8,000년이고, 이는 현신을 즐기는 신의 수명과 유사하다. 인간 용어로 이는 6,635,520,000,000,000년이다.

초열지옥의 수명은 16,000년이고, 이는 남들의 현신을 지배하는 신의 수명과 유사하다. 인간 용어로 이는 53,084,160,000,000,000년이다.

대초열지옥의 수명은 1겁의 1/8이다. 무간지옥의 수명은 1겁의 1/4이다. 이런 말이 있다.

> 대초열지옥에서는 1/8겁
> 무간지옥에서는 1/4겁.

② 유증지옥遊增地獄

이 지옥들은 팔열지옥 주변 사방에 놓여 있다.

첫째 지옥에는 중생들의 무릎까지 차오르는 불타는 재가 있다. 팔열지옥에서 도망갈 길을 찾다가 중생들은 이 길로 들어서는데 살가죽과

속살, 피가 다 타버린다. 걸음을 걸으려고 발을 올리면 이들은 다시 소생한다.

그 옆으로 있는 둘째 지옥은 더럽고 썩은 시체들이 모인 늪으로서 몸은 하얗고 머리는 까마며 날카로운 부리가 있는 곤충에게 몸이 뼈까지 관통된다.

그 옆으로 셋째 지옥에는 칼날로 가득한 길이 있는데 여기는 모든 나무와 숲의 잎들이 다 칼날이다. 이곳에는 사납고 광포한 얼룩개가 산다. 잎이 창날 같은 숲이 있는데 이곳에는 쇠 부리를 가진 까마귀가 산다. 이곳에 들어간 중생은 큰 상처를 입는다.

그 옆으로 넷째 지옥에는 재가 끓는 강이 있는데 출구가 없다. 염라대왕의 사자들이 그 옆에 서서 중생들의 탈출을 막고 있어 이들은 그 강안에서 구워진다.

『구사론』에 이런 말이 있다.

> 팔열지옥 주변 사방으로 16개의 유증지옥이 둘러싸고 있다. 불타는 재 지옥, 썩은 시체의 늪 지옥, 칼날이 가득한 칼 지옥, 끓는 강 지옥.

지옥계를 지키는 인간의 형태를 한 염라대왕과 쇠 부리를 가진 까마귀 등은 중생인가 아닌가? 설일체유부에서는 이들이 중생이라 하고, 경량부에서는 중생이 아니라고 한다. 유식학파와 마르빠와 밀라래빠의 법맥에서는 이들이 중생들의 마음속에 나타나는 것은 그들의 악업의 힘에 의해서라고 한다. 이에 관하여 『입보리행론』에 이런 말이 있다.

지옥중생에게 사용하는 무기는
누가 일부러 만들었나?
불타는 쇠 바닥은 누가 만들었나?
지옥의 모든 여성들은 어디서 오는가?
그 모든 것들이 악한 마음의 작용이라고
붓다는 설하셨네.

③ 팔한지옥八寒地獄

차가운 지옥에는 8가지가 있으니 알부타지옥, 이라부타지옥, 알찰타지옥, 확확파지옥, 호호파지옥, 중생들의 피부가 청련화 꽃잎처럼 갈라지는 올발라지옥, 중생들의 피부가 연꽃잎처럼 갈라지는 발특마지옥, 중생들의 피부가 커다란 연꽃잎처럼 갈라지는 마하발특마지옥이 그것이다. 『구사론』에 이런 말이 있다.

차가운 지옥에는 알부타지옥을 비롯하여 여덟 개가 있다.

이 지옥들은 어디 있는가? 염부제 아래로 팔열지옥 옆에 있다. 이들은 어떤 고통을 겪는가? 이들의 고통은 그들의 이름에서 알 수 있다. 처음 두 개의 지옥에서 중생들은 참을 수 없는 추위를 겪어 온몸이 물집으로 덮여 있다. 둘째 지옥에서는 너무도 추워 물집이 터진다. 이 이름들은 몸의 상태가 바뀌는 것을 가리킨다. 다음 세 개의 지옥은 참을 수 없는 추위에 노출된 중생들이 내는 소리에 따라 명명되었다. 여섯째 지옥에서 피부는 파랗게 변하고 청련화처럼 5~6개 조각으로 갈라진다. 일곱째 지옥에서 푸른색은 붉은색으로 변하고 몸은 연꽃처럼

10개 이상의 조각으로 갈라진다. 여덟째 지옥에서 색깔은 더 검붉게 변하고 몸은 커다란 연꽃처럼 100개 이상의 조각으로 갈라진다. 이 마지막 세 개 지옥은 몸 상태의 변화를 가리킨다.

이들의 수명은 얼마인가? 붓다는 오로지 다음 예를 통해 설명하셨다.

> 비구들이여! 예를 들어 이 마가다국에 곡식 160말이 들어가는 창고가 있어 그 안에 겨자씨가 가득한데 누군가가 거기서 100년마다 씨앗 1개를 빼낸다고 하자. 비구들이여! 이렇게 창고에서 씨앗을 하나씩 빼어내어 창고를 다 비우는 것이 알부타지옥에 태어난 중생들의 수명이 끝나는 것보다 빠르다. 비구들이여! 이라부타지옥의 수명은 알부타지옥보다 20배 길다. 또한 마하발특마지옥은 발특마지옥보다 20배 더 길다.

세친보살은 이를 『구사론』에서 이렇게 요약했다.

> 100년마다
> 창고에서 겨자씨 하나를 꺼낸다.
> 그리고 마침내 알부타지옥의 한 수명이 끝날 것이다.
> 다른 지옥들의 수명은 20배 더 늘어난다.

따라서 알부타지옥의 수명은 겨자씨 창고 하나를 비우는 시간이다. 이라부타지옥의 경우는 20개의 창고를 비우는 시간이다. 이런 식으로 알찰타지옥은 400개, 확확파지옥은 8,000개, 호호파지옥은 160,000개, 올발라지옥은 3,200,000개, 발특마지옥은 64,000,000개, 마하발특마지옥은 1,280,000,000개의 겨자씨 창고를 비우는 시간이 수명이 된다.

④ 고독지옥孤獨地獄
개인의 업에 따라 많은 중생들이 모여 있을 수도 있고 2명이나 1명만 있을 수도 있다. 이 지옥에는 많은 다양한 유형들이 있고 그 위치도 정해져 있지 않다. 이들은 강이나 산, 사막에 있기도 하고, 땅 밑에나 인간계 안에 있기도 하다. 목갈라나 존자는 이를 목격했다. 쌍가락씨따 존자[11]도 마르고 고통받는 땅에서 이를 목격했다. 이들의 수명 역시 정해져 있지 않다.

지금까지 지옥계에서 중생들이 겪는 고통을 설명했다.

2) 아귀계의 분류

이 계의 분류는 아귀들의 왕인 염마왕, 그리고 흩어진 아귀들이다. 이들은 어디 있는가? 아귀들의 왕인 염마왕은 염부제 아래로 500길 떨어진 거리에 살고 있다. 흩어진 아귀들은 마른 곳 등과 같은 정해지지 않은 곳에 산다.

흩어진 아귀들에는 세 가지 유형이 있다. 식음食飮에 대해 외적 장애를 가진 아귀, 내적 장애를 가진 아귀, 일반적 장애를 가진 아귀이다.

이들은 어떤 고통을 체험하는가? 신통력을 가진 아귀들은 천신들이 즐기는 것과 유사한 경험을 한다. 식음에 대해 외적 장애를 가진 아귀들의 눈에는 음식과 음료가 고름과 피로 보인다. 그들은 남들이 음식을 지키며 자신들이 먹고 마시지 못하게 막는다고 인식한다. 내적 장애를

---

11 목갈라나 존자와 쌍가락씨따 존자 이야기는 이 책의 부록 2. 「본문에 나온 사람들의 이야기」에 소개되어 있다.

가진 아귀들은 남들이 막지 않는데도 먹고 마실 능력이 없다. 이런 말이 있다.

> 일부는 배고픔에 고통받는다.
> 이들의 배는 산과 같다.
> 이들의 입은 바늘귀처럼 작다.
> 아주 소량의 깨끗지 못한 음식이라도
> 이들은 찾을 능력이 없다.

식음에 대해 일반적 장애가 있는 아귀들에는 두 유형이 있다. 불 화환 아귀와 오물 먹는 아귀이다. 불 화환 아귀들의 위장은 먹고 마시기만 해도 불탄다. 오물 먹는 아귀들은 똥을 먹거나 오줌을 마시거나 자신들의 살을 먹는다. 나와 체와리는 이것을 사막에서 목격했다.

아귀의 수명은 얼마인가? 인간계의 1달이 아귀에게는 1일이다. 이들의 용어로 그들은 500년을 산다. 그래서 『구사론』에 이런 말이 있다.

> 모든 아귀들은 500년을 사네,
> 자기들의 달과 날의 연수年數로.

3) 축생계의 분류

이들은 네 가지로 분류된다. 많은 다리를 가진 동물, 네 다리를 가진 동물, 두 다리를 가진 동물, 그리고 다리가 없는 동물이다.

이들은 어디 있는가? 바다나 평원 또는 숲이다. 대부분은 바다에서 산다.

이들은 어떤 고통을 받나? 이용당하는 고통, 죽임을 당하는 고통, 서로에게 먹히는 고통이다. 첫째 고통은 인간에게 사육되는 가축에게 해당된다. 이런 말이 있다.

무력하게 이들은 극심한 고통을 당한다.
사람의 손발, 채찍과 쇠갈고리에 사로잡힌다.

둘째 고통은 들짐승에게 해당된다. 이런 말이 있다.

어떤 동물은 진주나 양모, 뼈,
피, 고기, 가죽 때문에 죽는다.

셋째 고통은 큰 바다에 사는 대부분의 축생에 해당된다. 이런 말이 있다.

이들은 입에 들어오는 것은 무엇이든 먹는다.

이 동물들의 수명은 얼마인가? 정해진 것이 없다. 가장 긴 것은 1/4겁이다. 이런 말이 있다.

가장 긴 동물의 수명은 기껏해야 1/4겁이다.

지금까지 삼악도의 고통을 설명했다.
삼선도의 고통은 다음 세 가지로 분류된다.

4) 인간의 고통
   5) 반신半神의 고통
   6) 천신의 고통

4) 인간계의 고통
인간계에는 8가지 고통이 있다.『입태경入胎經』(Entering the Womb Sutra)에 이런 말이 있다.

> 출생도 고통이요, 늙음도 고통이며, 질병도 고통이고, 죽음도 고통이며, 사랑하는 사람과 헤어지는 것도 고통이고, 좋아하지 않는 사람을 만나는 것도 고통이며, 원하는 것을 만나지 못하는 것도 고통이고, 이미 소유한 것을 지키는 것도 고통이네.

 출생은 다른 모든 고통의 근원이다. 출생에는 4가지 형태가 있다(자궁에서 태어나는 태생, 알에서 태어나는 난생, 열과 습기에서 태어나는 습생, 기적적 출생인 화생). 가장 흔한 것은 어머니의 자궁에서 태어나는 것이고, 그 설명은 다음과 같다.
 다음의 고통은 수태 이전인 중음 상태에서 일어난다. 중음의 중생들은 기적 같은 힘을 소유한다. 그들은 하늘을 걷고 천신의 눈으로 멀리서도 자신이 태어난 곳을 볼 수 있다. 업력으로 네 가지 혼란이 일어난다. 폭풍이 일고, 큰비가 내리고, 어둠이 내려앉으며, 수많은 사람이 내는 듯이 무서운 소리가 생긴다. 이런 일이 일어나면 자기가 지은 선업 또는 악업에 따라 10가지 잘못된 인식이 일어난다.

자신이 궁전에 들어간다고 생각한다.
어떤 집의 더 높은 층에 오른다고 생각한다.
옥좌에 올라간다고 생각한다.
초막에 들어간다고 생각한다.
나뭇잎 집으로 들어간다고 생각한다.
풀더미에 들어간다고 생각한다.
숲으로 들어간다고 생각한다.
벽의 구멍으로 들어간다고 생각한다.
짚더미에 들어간다고 생각한다.

이런 방식으로 자신의 업에 따라 인식할 때 멀리서 미래의 아버지와 어머니가 사랑을 나누는 모습이 보이면 그곳으로 간다.

많은 공덕을 쌓아 더 높은 영역(삼선도)에 태어날 사람들에겐 궁전이나 여러 층이 있는 집이 보여 그리로 간다. 중간 정도의 공덕을 쌓아 평범하게 태어날 사람들에겐 초막 등이 보여 그리로 간다. 공덕을 쌓지 못하여 삼악도에 태어날 사람들에겐 벽의 구멍 등이 보인다.

이렇게 도착하여 남자로 태어나는 경우에는 어머니에 대한 애착과 아버지에 대한 증오를 일으킨다. 여자로 태어나는 경우에는 아버지에 대한 애착과 어머니에 대한 증오를 일으킨다. 이런 애착 및 증오와 함께 자신의 의식이 부모의 분비물과 합쳐지고, 아이가 수태된다. 이때부터 아이는 자궁 안에서 38주를 머문다. 일부 아이는 8달, 9달, 10달을 머물기도 한다. 어떤 아이들은 기간이 일정하지 않으며, 60년 동안 머문 자도 있다.

아이가 수태된 후 첫째 주에 신체 기관과 의식의 혼합물인 태아는 뜨거운 솥 안에서 요리되고 튀겨지는 것 같은 상상할 수 없는 고통을 겪는다. 이때 태아는 '타원형'이라 불리는데, 엉긴 우유처럼 보이기 때문이다.

둘째 주에 어머니의 자궁 안에서 모든 것에 접하는 바람이 일어난다. 이것이 태아에게 닿을 때 사대四大가 나타난다. 이때 태아는 '장타원형'이라 불리는데 굳은 요구르트나 버터처럼 보이기 때문이다.

셋째 주에 자궁 안에서 활성화의 바람이 일어난다. 이 바람이 태아에게 닿으면 사대가 좀 더 강하게 나타난다. 이때 태아는 '덩어리'라 불리는데 쇠숟가락이나 개미 알처럼 보이기 때문이다.

마찬가지로 일곱째 주에는 자궁에서 꽉 잡는 바람이 일어난다. 이 바람이 태아에 닿으면 두 팔과 두 다리가 나타난다. 이때 장사가 사지를 잡아당기고 또 한 사람이 그 사지를 매로 때리는 것 같은 큰 고통이 일어난다.

마찬가지로 11째 주에는 자궁 안에서 구멍을 출현시키는 바람이 일어난다. 이 바람이 태아에게 닿으면 9개의 구멍이 나타난다. 이때 태아는 방금 생긴 피가 흐르는 상처를 손가락으로 쑤시는 것 같은 큰 고통을 겪게 된다.

아직도 더 많은 고통이 있다. 어머니가 찬 음식을 먹는 등의 불균형한 식사를 할 때 아기는 얼음물에 던져진 것 같은 고통을 겪는다. 마찬가지로 어머니가 매운 음식이나 신 음식 등을 먹으면 아기는 고통을 받는다. 어머니가 음식을 많이 먹으면 아기는 바위 사이에 끼어 몸이 부서지는 것 같은 고통을 겪는다. 어머니가 음식을 너무 적게 먹으면 아기는 허공에 매달려 있는 것 같은 고통을 겪는다. 어머니가 거칠게 걷거나, 펄쩍 뛰거나, 매를 맞으면 아기는 산에서 굴러 떨어지는 것 같은 고통을 겪는다. 어머니가 성교를 자주하면 아기는 가시로 맞는 것 같은 고통을 겪는다.

37째 주에 아기는 자궁의 오물과 악취, 어둠을 의식하고 자신이 갇혀 있다는 사실을 의식하게 된다. 아기는 너무나 슬퍼져서 도망치고 싶어진다.

38째 주에 꽃을 따는 바람이 자궁 안에서 일어난다. 이 바람이 아기에게 닿으면 아기는 자세를 변화시켜 자궁의 입구를 향하게 된다. 이때 쇠로 된 기계에 잡힌 것처럼 큰 고통을 겪는다.

이렇게 자궁 안에서의 오랜 수태기간 동안 아기는 뜨거운 솥에서 요리되는 것 같은 열을 느끼고, 28가지의 다른 바람을 맞는다. 타원형에서 몸 전체가 완성될 때까지 아기는 어머니의 피 등의 정수精髓에 의해 자라게 된다. 그래서 『입태경』에 이런 말이 있다.

> 먼저 타원형이
> 바로 장타원형으로 변하고
> 장타원형에서 덩어리형이 나오고
> 이윽고 덩어리가 굳어지네.
> 이 단단해진 형태를 변화시켜
> 머리와 사지가 나타나네.
> 이어 뼈가 자라고 몸이 완성되네.
> 이것이 모두 업에 의해 일어나네.

그 후 아래로 향하는 바람(하행풍)이 일어난다. 이 바람이 아기에게 닿으면 아기는 태어나기 시작한다. 아기는 두 팔을 뻗는다. 이때 철사로 만든 망 안으로 끌어 잡아당겨지는 것 같은 고통을 겪는다.

일부 아기는 자궁 안에서 죽는다. 때로는 어머니와 아기가 함께 죽는다. 아기가 태어나 바닥에 떨어지면 아기는 가시더미 위에 던져진 것 같은 고통을 느낀다. 아기를 목욕시킬 때는 피부가 떨어져나가고 벽에 몸이 긁히는 것 같은 고통을 느낀다.

이 긴 시간과, 갖은 고통과 자궁 안의 옥죄임, 어둠, 오물을 생각해 보라. 아무리 탐욕스런 사람이라 해도, 금 24돈을 줄 테니 밀폐되고 더러운 구덩이에서 3일을 보내라 하면 동의하지 않을 것이다. 하지만 자궁 안에서의 고통은 그보다 더 심하다. 『제자서』에 이런 말이 있다.

생각조차 못할 악취와 오물
옥죄임과 어둠 ―
어머니의 자궁에 들어가는 것은 지옥과도 같네.
상상조차 못할 고통을 받아야 하네.

따라서 이를 깨닫는다면 어머니의 자궁 안으로 한 번이라도 들어갈 생각을 할 수 있겠는가?

간단히 말해 노화에 수반되는 10가지 상상할 수 없는 고통이 있다. 몸이 변하고, 머리칼이 변하고, 피부가 변하고, 안색이 변하고, 능력이 변하고, 위엄이 변하고, 공덕자량이 변하고, 질병에 대한 저항력이 변하고, 마음이 변하고, 그리고 시간의 흐름으로 죽음에 더 가까이 간다.

먼저 '몸의 변화'는 한때 안정되고 똑바르고 단단했던 몸이 구부러지고 지팡이에 의존하게 된다는 것을 의미한다.

'머리칼의 변화'는 한때 윤기 있고 까맣던 것이 흰머리나 대머리 등으로 변하는 것을 의미한다.

'피부의 변화'는 한때 비단처럼 부드럽고 매끄럽던 피부가 낡은 팔찌처럼 두껍고 거칠고 주름이 많아졌다는 것이다.

'안색의 변화'는 한때 갓 피어난 연꽃처럼 환하던 안색이 시든 꽃처럼 창백하고 푸르딩딩하다는 것이다.

'능력의 변화'는 한때 능력 있고 무엇이든 하려 했던 사람이 이젠 기력을 잃고 어떤 일도 할 수 없게 되는 것이다. 마음의 힘을 잃어 이제 어떤 활동에도 관심이 없다. 감각의 힘을 잃어 이제 대상을 잘 파악하지 못하고, 그래서 실수를 한다.

'위엄의 변화'는 한때 남들의 칭찬과 존경을 받았지만 이젠 자기보다 더 낮은 사람들도 자기를 무시하는 것이다. 이유 없이 사람들이 자기를 싫어하고 아이들에게도 위협을 당하며, 자신의 자녀와 손자 손녀들을 부끄럽게 한다.

'공덕자량의 변화'는 자기가 쌓은 모두 재물이 감소하는 것이다. 체열을 유지할 수가 없고 음식 맛도 알 수가 없다. 특히 자기가 가지지 않은 것을 먹고 싶어 할 때 그것을 제공해줄 사람을 찾기가 어렵다.

'질병에 대한 저항력의 변화'는 세상 최악의 병인 늙음이라는 질병에 걸렸다는 것이다. 최악의 질병인 이유는 그것이 다른 모든 질병을 야기하여 고통받게 하기 때문이다.

'마음의 변화'는 자기가 말하고 행동한 것을 금방 잊어버리고, 혼란에 빠져 있다는 것이다.

'시간의 흐름으로 죽음에 더 가까워짐'은 숨이 더 짧아지고 힘들어지며, 자기를 구성하고 있는 모든 요소가 쇠락함에 따라 죽음에 더 가까워 진다는 것을 의미한다. 그래서 『방광대장엄경』에 이런 말이 있다.

> 늙음은 아름다움을 추함으로 바꾸고
> 위엄과 능력을 앗아가네.
> 늙음은 행복을 빼앗고 고통을 가져오며
> 죽음을 초래하고 안색을 앗아가네.

질병의 고통에는 한이 없지만 간단히 말해서 7가지가 있으니, 큰 통증의 고통, 거친 수술의 고통, 맵거나 쓴 약의 고통, 좋아하는 것을 먹고 마시지 못하는 고통, 의사의 말을 들어야 하는 고통, 재물이 주는 고통, 죽음의 두려움에 대한 고통이다. 『방광대장엄경』에 이런 말이 있다.

> 백 가지 병에 걸리고 그로 인해 고통을 받는 것은
> 인간의 삶을 살며 아귀로 사는 것과 같다.

또한 죽음에도 한없는 고통이 있다. 『왕법경王法經』(King's Instructions Sutra)에 이런 말이 있다.

> 위대한 왕이여! 마찬가지로, 그대가 죽음의 왕의 쇠꼬챙이에 찔릴 때 오만은 그대를 떠나리라. 어떤 기댈 곳도 보호자도 도움도 없이 질병으로 고통을 받으리라. 입은 마르고, 얼굴은 변하고, 사지를 움직여도 일을 할 수가 없으리라. 침과 점액, 소변과 토사물

이 그대의 몸에 달라붙을 것이다. 숨은 가빠지고 의사들은 그대를 보려 하지 않을 것이며 최후의 잠을 자게 될 것이다. 이 윤회의 삶이 멈출 것이며 염라대왕의 사자 앞에서 두려워 떨 것이다. 숨이 멈추고 그대의 입과 코는 벌어질 것이다. 이 세상을 뒤로 하고 그대는 다음 세상으로 가서 곳곳을 전전할 것이다. 큰 어둠 속으로 들어가서 큰 낭떠러지로 떨어지고, 대양의 파도에 떠밀려 가고 업의 바람에 실려 미지의 방향으로 가게 되리라. 그대는 그대의 재물을 나눌 수가 없다. "아, 어머니! 아, 아버지! 아, 아들아!" 하고 외쳐도 위대한 왕인 법 이외에는 기댈 곳도 보호해줄 것도 도와줄 것도 없다.

'사랑하는 이들과 헤어지는 고통'은 우리가 애착하는 사람들인 부모, 자녀, 친척 등이 죽을 때 탄식하고 애도하며 울고 부르짖으며, 그 밖의 슬픔을 나타낼 때의 한없는 고통을 의미한다.

'좋아하지 않는 이들과 만나는 고통'은 증오하는 적을 만나 싸우고 다투며 때리는 등의 고통이 한없는 것을 말한다.

마지막 두 가지 고통은 이해하기가 쉽다.

5) 반신(아수라)계의 고통

반신, 즉 아수라의 고통은 천신의 고통과 유사하며, 거기에 더하여 오만과 질투, 싸움의 고통이 있다. 이런 말이 있다.

반신들은 천신의 영광을 질투하여
정신적 고통을 겪는다.

6) 천신계의 고통

욕계의 천신들은 여러 가지 고통을 겪는다. 반신들과 싸우고, 자신들의 즐거움에 만족하지 못하며, 모욕당하고, 베이며, 살육당하고, 사지가 잘리며, 추방당하고, 죽음을 이전시키며, 낮은 영역으로 떨어지는 고통들을 겪는다. 이런 말이 있다.

> 천신들이 죽음에 가까이 이르렀을 때 죽음의 다섯 가지 징후가 나타난다. 그들의 의복은 오물로 더러워지고, 그들의 화관은 시들며, 두 겨드랑이에서 땀이 나고, 몸에서 더러운 냄새가 나며, 자신들이 앉은 자리를 싫어한다.

색계와 무색계의 천신들에겐 이런 고통이 없지만 죽음으로의 전이를 겪고, 독립된 지역이 없다. 그래서 더 낮은 영역의 고통을 겪게 된다. 더 높은 위상의 즐거움을 누리는 존재들이 자신의 업業을 소진하면 더 낮은 영역으로 떨어진다.

그러므로 이런 윤회 상태는 불타는 집처럼 커다란 고통의 성품을 가진다. 『입태경』에 이런 말이 있다.

> 아, 윤회의 바다가 불타고 있다. 불타고, 극히 불타고, 지극히 불타고, 매우 지극히 불타고 있도다. 그러므로 그것으로 고통받지 않는 중생이 하나도 없구나. 이렇게 크게 불타는 이 불은 어떤 불인가? 그것은 욕심과 증오, 무지의 불이다. 생로병사의 불이다. 이것들은 고통과 탄식, 비탄과 갈등의 불로 인해 끊임없이 불탄다. 그러므로 이로부터 자유로운 이는 아무도 없다.

따라서 윤회의 허물을 알면 그 즐거움에서 물러날 것이다. 『부자상견경父子相見經』(Meeting of Father and Son Sutra)에 이런 말이 있다.

> 윤회의 허물을 보면
> 커다란 슬픔을 맛보게 되리라.
> 삼계의 감옥을 두려워하게 되면
> 그것들을 피하려는 노력을 하리라.

용수보살은 이렇게 말했다.

> 윤회는 이와 같다.
> 천계, 인간계, 지옥계, 아귀계,
> 축생계에 좋은 환생은 없다.
> 탄생은 많은 고통이 담긴 그릇임을 알라.

제6장
업과 그 과보에 대한 명상 수행

앞서 설명한 고통들을 일으키는 원인이 무엇인지 궁금할 것이다. 그것들은 무지에 물든 행동(선업, 불선업을 모두 포함)에서 온다는 것을 알아야 한다. 『백업경百業經』(Sutra of a Hundred Karmas)에 이런 말이 있다.

> 다양하고 무수한 업의 원인으로부터
> 다양한 윤회중생이 나왔다.

『비화경』에 이런 말이 있다.

> 이 세상은 업에서 탄생된다. 이 세상은 업을 통하여 나타난다. 모든 중생은 업에 의해 생긴다. 그들은 업이라는 인연을 통해 나타난다. 그들은 업에 의해 분류된다.

또한 『구사론』에 이런 말이 있다.

다양한 세상들은 업에 의해 생성된다.

업이란 무엇인가? 마음의 업과 생각의 업이다. 『대승아비달마집론大乘阿毘達磨集論』에 이런 말이 있다.

업이 무엇인가? 마음의 업과 생각의 업이다.

또한 『구사론』에 이런 말이 있다.

업은 마음과 마음이 일으키는 힘에 의해 만들어진다.

또한 『중관론中觀論』(*Fundamental Treatise of the Middle Way*)에 이런 말이 있다.

최고의 성인(붓다)이 말했다. "모든 업은 마음과 생각에서 나온다……."

이 둘은 무엇인가? 마음의 업은 의식의 업이다. 마음에 의해 생성되는 것은 마음의 생각이다. 이것이 몸과 말의 업으로 이해되어야 한다. 『구사론』에 이런 말이 있다.

마음은 의식의 업이다.
그 힘으로 몸과 말의 업이 나타난다.

이런 업과 그 힘으로 나타나는 과보를 이렇게 요약하여 설명한다.

업과 그 과보의 분류와 근본 특성,
업의 귀속과 업의 엄중한 과보,
작은 업에서 큰 과보의 숙성, 과보의 필연성 ―
이 여섯 가지가 업과 그 과보를 구성한다.

1. 업과 그 과보의 분류

업과 그 과보에는 세 가지가 있다.

1) 불선업과 그 과보
2) 선업과 그 과보
3) 업과 흔들림 없는 선정의 과보

2. 각 분류의 근본 특성

1) 불선업과 그 과보

일반적으로 불선업은 많지만 간단히 10가지로 요약된다. 이 중 3가지는 몸에 관련된 것으로 살생 등이 있고, 네 가지는 말에 관련된 것으로 거짓말 등이 있으며, 세 가지는 마음에 관련된 것으로 탐욕 등이 있다. 이 10가지에는 각각 3가지 하위범주인 분류, 과보, 악업이 두터운 행위(무간업)가 있다.

① 살생

a) 살생殺生의 분류: 세 가지가 있다. 욕망의 문을 통한 살생, 증오의

문을 통한 살생, 그리고 무지의 문을 통한 살생이다. 우선 욕망의 문을 통한 살생은 고기나 가죽을 얻기 위한 살생, 재미나 재물을 위한 살생, 자신과 사랑하는 사람들의 생명을 유지하기 위한 살생이다. 증오의 문을 통한 살생은 미움이나 원한, 경쟁심에서 죽이는 것을 의미한다. 무지의 문을 통한 살생은 희생제물을 위한 살생이다.

b) 살생의 세 가지 과보: 여기에는 이 행위의 숙성에 의한 과보[이숙과異熟果], 원인과 유사한 과보[등류과等流果], 이 힘(살생)의 일반적(지배적) 과보[증상과增上果]가 있다. '이 행위의 숙성에 따른 과보'는 행위자가 지옥계에 태어나는 것을 의미한다. '원인과 유사한 과보'를 체험하는 것은 행위자가 인간계에 태어난다 해도 그의 수명이 짧거나 또는 많은 질병을 앓는 것이다. '이 힘의 일반적 과보'는 행위자가 위엄이 거의 없는 상서롭지 못한 곳에 태어나리라는 것을 의미한다.

c) 악업이 두터운 살생: 살생 중에서도 자신의 아버지이자 아라한인 분을 죽이는 것은 매우 무거운 악업(무간업)이다.

② 도둑질

a) 도둑질(투도偸盜)의 분류: 힘을 이용한 탈취, 은밀한 탈취, 기만을 통한 탈취의 세 가지가 있다. 힘을 이용한 탈취는 아무런 이유 없이 힘으로 강탈하는 것이다. 은밀한 탈취는 아무도 모르게 남의 집에 침입하는 등에 의한 도둑질을 말한다. 기만을 통한 탈취는 물건의 길이 또는 무게 등을 속이는 것을 말한다.

b) 도둑질의 세 가지 과보: '이 행위의 숙성에 의한 과보'는 행위자가 아귀로 태어나리라는 것을 의미한다. '원인과 유사한 과보'는 행위자가 비록 인간계에 태어나더라도 불충분한 재물로 고통받는 것을 의미한다.

'이 힘(도둑질)의 일반적 과보'는 행위자가 유달리 서리와 우박이 많은 곳에 태어나리라는 것을 의미한다.

c) 악업이 두터운 도둑질: 도둑질 중에서도 스승이나 삼보의 재물을 빼앗는 것은 매우 무거운 악업(무간업)이다.

③ 성적인 부정행위

a) 성적 부정행위(사음邪淫)의 분류: 세 가지가 있으니 가족에 의해 보호되는 것, 소유자에 의해 보호되는 것, 그리고 다르마에 의해 보호되는 것이다. 가족에 의해 보호되는 것은 자신의 어머니, 누이나 여동생 등과의 부정행위이다. 소유자에 의해 보호되는 것은 남편이나 왕 등이 소유한 사람과의 부정행위다. 다르마에 의해 보호되는 것에는 다섯 가지 유형이 있으니, 비록 아내와 관계를 한다 해도 아내 몸의 부적절한 부위, 부적절한 장소, 부적절한 시간, 부적절한 횟수, 부적절한 행위가 관여되면 부정행위에 해당된다. 몸의 부적절한 부위는 입과 항문이다. 부적절한 장소는 스승, 사원, 탑에 가까운 곳이나 사람들이 모인 장소이다. 부적절한 시간은 특별 안거기간 중, 임신 중, 아기에게 수유하는 중, 또는 햇빛이 있는 동안이다. 부적절한 횟수는 다섯 번 이상을 말한다. 부적절한 행위는 때리는 것, 남성 또는 남녀추니와 입이나 항문에 성교하는 것이다.

b) 성적 부정행위의 세 가지 과보: '이 행위의 숙성에 의한 과보'는 행위자가 아귀계에 태어나는 것을 의미한다. '원인과 유사한 과보'는 행위자가 인간계에 태어난다 해도 적의 아내로 태어나게 됨을 의미한다. '이 힘(사음)의 일반적 과보'는 행위자가 먼지가 유달리 많은 곳에서 태어남을 의미한다.

c) 악업이 두터운 성적 부정행위: 성적 부정행위 중에서도 자신의 어머니이자 아라한인 분과 성교하는 것은 매우 무거운 업이다.

④ 거짓말
a) 거짓말(망어妄語)의 분류: 세 가지가 있다. 수행적인 거짓말, 큰 거짓말, 작은 거짓말이다. 수행적인 거짓말은 자기가 수승한 법의 성품을 가졌다고 거짓말하는 것이다. 큰 거짓말은 자기 자신과 남에게 유익하거나 유해한 거짓말을 하는 것이다. 작은 거짓말은 무익하거나 무해한 거짓말을 말한다.
b) 거짓말의 세 가지 과보: '이 행위의 숙성에 의한 과보'는 행위자가 축생계에 태어나는 것을 의미한다. '원인과 유사한 과보'는 행위자가 인간계에 태어나도 비방을 받는 것을 의미한다. '이 힘(거짓말)의 일반적 과보'는 행위자가 구취가 나는 사람으로 태어나는 것을 의미한다.
c) 악업이 두터운 거짓말: 거짓말 중에서도 여래를 비방하거나 스승에게 거짓말하는 것은 매우 무거운 악업이다.

⑤ 이간질하는 말
a) 이간질하는 말(양설兩舌)의 분류: 세 가지가 있다. 격심한 이간질, 간접적 이간질, 은밀한 이간질이다. 격심한 이간질은 친구들을 당사자들 앞에서 이간질을 하는 것이다. 간접적 이간질은 간접적 언어로 두 사람의 친구를 이간질하는 것이다. 은밀한 이간질은 남몰래 이간질하는 것이다.
b) 이간질의 세 가지 과보: '이 행위의 숙성에 의한 과보'는 행위자가 지옥계에 태어나리라는 것을 의미한다. '원인과 유사한 과보'는 행위자

가 인간계에 태어난다 해도 사랑하는 사람들과 멀어진다는 것을 의미한다. '이 힘(양설)의 일반적 과보'는 행위자가 평평하지 않은 땅에 태어나는 것을 의미한다.

c) 악업이 두터운 이간질: 이간질하는 말 중에서도, 고귀한 승가에 불쾌한 말을 사용하는 것은 매우 무거운 악업이다.

⑥ 거친 말

a) 거친 말(악구惡口)의 분류: 직접적, 우회적, 간접적 거친 말의 세 가지가 있다. 직접적인 거친 말은 누군가의 여러 가지 허물을 격하고 직접적인 방식으로 캐내는 것이다. 우회적인 거친 말은 단지 감정을 상하게 하기 위해 비꼬거나 농담을 하는 것이다. 간접적인 거친 말은 어떤 사람의 친구나 친척들에게 나쁜 점들을 말함으로써 그의 여러 가지 허물을 캐내는 것이다.

b) 거친 말의 세 가지 과보: '이 행위의 숙성에 의한 과보'는 행위자가 지옥계에 태어나는 것이다. '원인과 유사한 과보'는 행위자가 인간계에 태어난다 해도 많은 불쾌한 소식을 듣는 것을 의미한다. '이 힘(거친 말)의 일반적 과보'는 행위자가 유달리 악업자가 많은 건조하고 더운 곳에 태어나는 것을 의미한다.

c) 악업이 두터운 거친 말: 거친 말 중에서도 자신의 부모나 성인聖人들을 해하기 위해 거친 말을 사용하는 것은 매우 무거운 악업이다.

⑦ 한담

a) 한담(기어綺語)의 분류: 거짓된 한담, 세속적 한담, 진실된 한담의 세 가지가 있다. 거짓된 한담은 이교도 등의 진언을 염송하고 경전을

읽는 것이다. 세속적 한담은 무용한 잡담이다. 진실된 한담은 존경심이 없고 부적절한 그릇인 사람에게 법의 가르침을 주는 것이다.

b) 한담의 세 가지 과보: '이 행위의 숙성에 의한 과보'는 행위자가 축생계에 태어나는 것이다. '원인과 유사한 과보'는 비록 행위자가 인간계에 태어난다 해도 그의 말은 존중되지 않는다는 것이다. '이 힘(한담)의 일반적 과보'는 행위자가 날씨가 좋지 않은 곳에 태어나는 것을 의미한다.

c) 악업이 두터운 한담: 한담 중에서도, 법을 수행하는 사람의 마음을 흩어놓는 것은 매우 무거운 악업이다.

⑧ 탐욕

a) 탐욕貪慾의 분류: 자기 것에 대한 탐욕, 남의 것에 대한 탐욕, 자기 것도 남의 것도 아닌 것에 대한 탐욕의 세 가지가 있다. 자기 것에 대한 탐욕은 자신이 속한 인종, 이익집단, 자신의 몸, 성품과 재물에 애착하면서 '나 같은 사람은 없어'라고 생각하는 것이다. 남의 것에 대한 탐욕은 남의 재물에 애착하면서 '내가 이것을 가졌으면 좋겠어'라고 생각하는 것이다. 자기 것도 남의 것도 아닌 것에 대한 탐욕은 누구의 것도 아닌 지하광산 같은 것에 애착하며 '내가 이것을 가졌으면 좋겠어'라고 생각하는 것이다.

b) 탐욕의 세 가지 과보: '이 행위의 숙성에 의한 과보'는 행위자가 아귀계에 태어나는 것이다. '원인과 유사한 과보'는 행위자가 인간계에 태어난다 해도 더 심한 탐욕을 가지는 것을 의미한다. '이 힘(탐욕)의 일반적 과보'는 수확이 좋지 않은 곳에 태어나는 것이다.

c) 악업이 두터운 탐욕: 탐욕 중에서도 출가자의 재물을 빼앗고 싶어

하는 것은 매우 무거운 악업이다.

⑨ 유해한 생각
a) 유해한 생각(진에瞋恚)의 분류: 증오에서 오는 것, 질투에서 오는 것, 원한에서 오는 것의 세 가지가 있다. 증오에서 나온 유해한 생각은 전쟁에서처럼 증오심으로 남들을 죽이려는 욕망을 의미한다. 질투에서 오는 유해한 생각은 경쟁자가 자기를 이기리라는 두려움 때문에 죽이려는 등의 마음이다. 원한에서 오는 유해한 생각은 과거에 당한 해를 마음속에 간직하며 죽이려는 등의 마음을 품는 것이다.

b) 유해한 생각의 세 가지 과보: '이 행위의 숙성에 의한 과보'는 행위자가 지옥계에 태어나는 것이다. '원인과 유사한 과보'는 행위자가 인간계에 태어난다 해도 더 강한 증오감을 체험하는 것을 의미한다. '이 힘(진에)의 일반적 과보'는 행위자가 음식이 쓰고 거친 곳에 태어나는 것을 의미한다.

c) 악업이 두터운 유해한 생각: 유해한 생각 중에서도, 극악한 죄(無間罪)를 저지르는 것은 매우 무거운 악업이다.

⑩ 잘못된 견해
a) 잘못된 견해(사견邪見)의 분류: 인과에 대한 것, 진리에 대한 것, 삼보에 대한 것의 세 가지가 있다. 인과에 대한 잘못된 견해는 고통과 행복이 불선업과 선업에 의해 각각 야기된다는 것을 믿지 않는 것을 의미한다. 진리에 대한 잘못된 견해는 도의 진리를 수행한다 해도 멸의 진리를 증득할 수 있다고 믿지 않는 것이다. 삼보에 대한 잘못된 견해는 삼보를 믿지 않고 비방하는 것이다.

b) 잘못된 견해의 세 가지 과보: '이 행위의 숙성에 의한 과보'는 행위자가 축생계에 태어나는 것이다. '원인과 유사한 과보'는 행위자가 인간계에 태어난다 해도 무지가 더 깊어지는 것을 의미한다. '이 힘(사건)의 일반적 과보'는 행위자가 작물이 없는 곳에 태어나는 것이다.
c) 악업이 두터운 잘못된 견해: 사견 중에서도 문자로 쓰여있고 합리적이며 관찰 가능한 진리만을 믿는 것은 매우 무거운 악업이다.

위에서 든 모든 '숙성'의 과보는 일반적 용어로 기술되었다. 또한 세 가지 특정한 분류가 있으니, 번뇌의 유형, 빈도수, 대상에 의한 것이다.

번뇌의 유형과 관련하여, 첫째 증오심으로 인해 행동하는 경우 지옥계에 태어나게 된다. 욕심으로 행동하면 아귀계에 태어난다. 무지로 행동하면 축생계에 태어난다. 『보만론』에 이런 말이 있다.

> 애착으로 인해 인간은 아귀가 된다.
> 증오로 인해 인간은 지옥계에 떨어진다.
> 무지로 인해 인간은 축생계에 태어난다.

빈도수와 관련해서, 무수한 불선업을 행하는 사람은 지옥계에 태어난다. 많은 불선업을 한 사람은 아귀로 태어난다. 불선업을 약간 저지른 사람은 동물로 태어난다.

대상과 관련해서, 더 높은 위상의 분들에게 불선업을 행하면 지옥계에 태어날 것이다. 더 낮은 위상의 분들에게 불선업을 행하면 아귀로 태어나고, 보통 사람들에게 불선업을 행하면 동물로 태어날 것이다.

이것이 불선업의 인과에 대한 설명이다. 『보만론』에 이런 말이 있다.

욕망, 증오, 무지,
그로 인해 생성되는 업은 불선업이다.
모든 고통은 불선업에서 나온다.
삼악도에 태어나는 것 역시 그러하다.

*불선업과 그 과보에 대한 정리(옮긴이)

1. 살생	분류	욕망의 문을 통한 살생	
		증오의 문을 통한 살생	
		무지의 문을 통한 살생	
	과보	이숙과 異熟果	지옥계에 탄생
		등류과 等流果	인간계에 태어나도 단명과 병치레
		증상과 增上果	상서롭지 못한 곳에 탄생
	무간업	자신의 아버지이자 아라한인 분을 죽이는 것	
2. 도둑질	분류	힘을 이용한 탈취	
		은밀한 탈취	
		기만을 통한 탈취	
	과보	이숙과	아귀로 탄생
		등류과	인간계에 태어나도 재물이 부족
		증상과	서리와 우박이 많은 곳에 탄생
	무간업	스승과 삼보의 재물을 빼앗는 것	
3. 사음	분류	가족에 의해 보호되는 사음	
		소유자에 의해 보호되는 사음	
		다르마에 의해 보호되는 사음	
	과보	이숙과	아귀계에 탄생
		등류과	인간계에 태어나도 적의 아내로 탄생
		증상과	먼지가 많은 곳에 탄생

4. 거짓말 (망어)	무간업	어머니이자 아라한인 분과 사음하는 것	
	분류	수행적인 거짓말	
		큰 거짓말	
		작은 거짓말	
	과보	이숙과	축생계에 탄생
		등류과	인간계에 태어나도 비방을 받음
		증상과	구취가 나는 사람으로 탄생
5. 이간질 (양설)	무간업	여래를 비방하거나 스승에게 거짓말하는 것	
	분류	격심한 이간질	
		간접적 이간질	
		은밀한 이간질	
	과보	이숙과	지옥계에 탄생
		등류과	인간계에 태어나도 사랑하는 사람들과 멀어짐
		증상과	평평하지 않은 땅에 태어남
6. 거친말 (악구)	무간업	고귀한 승가에 불쾌한 말을 사용하는 것	
	분류	직접적 거친 말	
		우회적 거친 말	
		간접적 거친 말	
	과보	이숙과	지옥계에 탄생
		등류과	인간계에 태어나도 나쁜 소식을 많이 들음
		증상과	악업을 지은 사람이 많은 메마른 땅에 탄생
7. 한담 (기어)	무간업	부모나 성인聖人들을 해하기 위해 거친 말을 사용하는 것	
	분류	거짓된 한담	
		세속적 한담	
		진실된 한담	
	과보	이숙과	축생계에 탄생
		등류과	인간계에 태어나도 그의 말이 존중되지 않음
		증상과	날씨가 좋지 않은 곳에 태어남
8. 탐욕	무간업	법을 수행하는 사람의 마음을 흩어놓는 것	
	분류	자기 것에 대한 탐욕	
		남의 것에 대한 탐욕	
		자기 것도 남의 것도 아닌 것에 대한 탐욕	
	과보	이숙과	아귀계에 태어남

		등류과	인간계에 태어나도 심한 탐욕을 가짐
		증상과	수확이 좋지 않은 곳에 탄생
	무간업	출가자의 재물을 빼앗고 싶어 하는 것	
9. 유해한 생각 (진에)	분류	증오에서 오는 진에	
		질투에서 오는 진에	
		원한에서 오는 진에	
	과보	이숙과	지옥계에 탄생
		등류과	인간계에 태어나도 강한 증오를 체험
		증상과	음식이 쓰고 거친 곳에 탄생
	무간업	무간죄를 저지르는 것	
10. 잘못된 견해 (사견)	분류	인과에 대한 사견	
		진리에 대한 사견	
		삼보에 대한 사견	
	과보	이숙과	축생계에 탄생
		등류과	인간계에 태어나도 무지가 깊어짐
		증상과	작물이 없는 곳에 태어남
	무간업	문자로 쓰여 있고 합리적이며 관찰 가능한 진리만을 믿는 것	

2) 선업과 그 과보

① 업

10가지 불선업을 피하는 것이 10가지 선업이다. 선업에 맞게 산다는 것은 다음을 의미한다. 남들의 생명을 보호하는 것, 큰 보시행을 하는 것, 계율을 지키는 것, 진실을 말하는 것, 적대적인 사람들을 조화롭게 하는 것, 평화롭고 예의바르게 말하는 것, 의미 있는 말을 하는 것, 욕심을 줄이고 만족을 늘이는 것, 자애심 등을 닦는 것, 그리고 바른 견해를 실천하는 것이다.

② 과보

선업 역시 세 가지 결과를 가지고 있다. '이 행위의 숙성의 과보'는 욕계의 인간계나 천계에 태어나는 것이다. '원인과 유사한 과보'는 살생 등을 삼가는 것으로 인해 장수를 누리는 것이다. '이 힘(선업)의 일반적 과보'는 살생을 삼감으로 인해 많은 재산이 있고 특별한 환경 등이 갖추어진 좋은 곳에 태어나게 되는 것이다.

이와 같이 선업의 원인과 과보를 설명했다. 『보만론』에 이런 말이 있다.

> 탐욕과 미움, 무명이 없는 마음,
> 그로 인해 생긴 업은 선업이다.
> 선업에서 삼선도의 탄생을 얻고
> 모든 생에서 적정(해탈)과 기쁨을 얻네.

3) 흔들림 없는 선정(無動禪定)의 업과 과보

① 업

평정심의 선정이라는 원인을 수행함으로써 선정에서 비롯한 과보를 얻게 된다. 평정심의 선정은 8개 예비 단계와 8개 실제 선정단계, 그리고 1개의 특별선정 단계로 구성된다.

② 선정에서 비롯한 과보

선정에서 나온 과보는 색계천色界天 17천과[12] 무색계천 4천에 태어나는

---

[12] 색계천色界天은 4선禪으로 나뉘어 총 17천天이 있다. 초선천初禪天에 범중천梵衆天, 범보천梵輔天, 대범천大梵天의 3천이 있으며, 제이선천第二禪天에 소광천少光天, 무량

것이다.[13] 여기서 인과는 직접적으로 서로 연관되어 있다. 일반적으로 모든 것이 10가지 선업에 기반을 두고 있다.

초선정初禪定이 시작되는 것은 수행하여 더 높은 단계로 올라가고 선정의 납득할 만한 예비 단계를 장애 없이 수행해서인데, 이것의 완성이 실제 초선정의 기반이다. 초선정의 실제 성취로 거친 모습과 마음의 요소(心素)가 사라지고, 남는 것은 아주 미세한 분별, 사유, 기쁨, 안락이다. 이 선정을 수행하면 초선천初禪天, 범천에 태어나게 된다. 특별선정을 수행하면 대범천에 태어나게 된다.

제이선정第二禪定은 윗단계로의 발전과 납득할 만한 예비 단계를 장애 없이 수행하여 시작된다. 제이선정을 실제 증득하면 초선정의 두 가지 마음의 요소인 미세한 분별과 사유는 이제 가라앉고 기쁨과 안락만을 체험한다. 기쁨과 안락의 선정을 수행함으로써 소광천少光天 등으로 불리는 제이선천第二禪天에 태어나게 된다.

이와 같이 윗단계로의 발전과 예비 단계가 나머지 모든 천에 대해서 이해되어야 한다.

제삼선정第三禪定의 실제 증득으로 기쁨은 피하고, 안락의 선정을 수행하여 소정천少淨天 등으로 불리는 제삼선천에 태어나게 된다.

제사선정第四禪定은 미세한 분별, 사유, 기쁨, 안락을 피하는 수행이

광천無量光天, 극광정천極光淨天의 3천이 있다. 제삼선천第三禪天에는 소정천少淨天, 무량정천無量淨天, 변정천遍淨天의 3천이 있다. 제사선천第四禪天에는 무운천無雲天, 복생천福生天, 광과천廣果天, 무번천無煩天, 무열천無熱天, 선현천善現天, 선견천善見天, 색구경천色究竟天의 8천이 있다.

[13] 무색계천 무색계천에는 공무변처空無邊處, 식무변처識無邊處, 무소유처無所有處, 비상비비상처非想非非想處의 4처處가 있다.

다. 제사선정을 마치면 무운천無雲天 등으로 불리는 제사선천에 태어나게 된다.

사선정을 버린 뒤에 다음 단계는 공무변이다. 이를 수행하여 공무변처空無邊處의 천계에 태어나게 된다. 그것을 버리면 무한의식 상태가 온다. 이를 수행하여 식무변처識無邊處의 천계에 태어난다. 이를 버리면 무의 상태가 온다. 이를 수행하면 무소유처無所有處에 태어난다. 이를 버리면 인식認識도 아니고 비인식도 아닌 상태에 태어난다. 이를 수행하여 비상비비상처非想非非想處에 태어난다.

'버림에서 태어났다'고 일컬어지는 도는 무엇인가? 이는 낮은 단계를 버리고 그래서 애착에서 자유로워지는 것을 의미한다.

공무변처 등의 단계들이 그런 이름으로 불리는 것은 이들의 집중(수행) 대상이 허공이기 때문인가? 그렇지 않다. 처음 세 개의 선정은 삼매에 들었을 때 마음속에 무한한 허공 등이 투사되어 그렇게 불린다. 나중에 선정이 완전히 실현되면 그것들을 마음에 끌어들이지 않는다. 마지막의 제사선정이 그렇게 (비상비비상처로) 불리는 것은 인식이 거의 없기 때문이다. 비록 분명한 인식은 없지만 또한 전혀 없는 것도 아니다.

일반적으로 이 실제 선정의 8단계 모두가 하나로 집중된 선한 마음에 기반을 둔다.

이것이 흔들림 없는 선정의 업인과 과보에 대한 설명이다. 『보만론』에 이런 말이 있다.

> 무한한 (색계) 선정과 무색계 선정에 의해
> 범천 등의 안락을 체험하게 되네.

그러므로 윤회를 만드는 것은 번뇌(무지)에 물든 삼업三業이다.

3. 업의 귀속

셋째 범주인 업의 귀속은 자신이 만든 업의 과보를 자신이 체험한다는 뜻이다. 과보가 익어가는 곳은 남들이 아니라 행위를 한 사람의 오온 안에서이다. 『대승아비달마집론』에 이런 말이 있다.

> 업의 귀속(업과業果)이란 무엇인가? 우리는 우리가 만든 업의 숙성(이숙과異熟果)을 체험한다. 과보가 남에게 일어나는 일은 없기 때문에 귀속이라 일컫는다.

만약 그렇지 않다면 생성된 업이 쓰이지 않거나 자기가 만들지 않은 업을 자기가 감당해야 하는 위험이 있을 수 있다. 그래서 경전에서는 말한다.

> 데바닷타가 만든 업은 땅이나 물 등에서 숙성하지 않는다. 그 업은 그 특정의 사람에게 속한 오온과 12처에서 숙성한다. 그 밖에 누구에게 이 업이 과보로 오겠는가?

4. 업의 엄중한 과보

넷째 범주인 업의 엄중한 과보는 자기가 쌓은 선업과 불선업에 따라 어김없이 행복과 불행을 체험한다는 의미(동류상응同類相應)이다. 선업이 쌓이면 행복을 체험한다. 불선업이 쌓이면 고통이라는 과보를 겪는다. 또한 『대승아비달마집론』에 이런 말이 있다.

업의 엄격한 과보란 무엇을 의미하는가? 자기가 만든 업이 숙성하여 나오는 과보를 자기가 겪는다는 것이다. 자기가 만든 선업과 불선업을 엄격하게 체험한다는 것이다.

『억념경소품憶念經小品』(Smaller [Type of] Close Contemplation)에 이런 말이 있다.

> 선업을 통해 행복을 얻을 것이며
> 불선업을 통해 고통을 겪을 것이다.
> 더욱이 선업과 불선업은
> 분명히 업과 과보를 설명해준다.

『불설수뢰경佛說須賴經』(Surata-Requested Sutra)[14]에 이런 말이 있다.

> 매운 씨앗에서 매운 열매가 나고
> 달콤한 씨앗에서 달콤한 열매가 나올 것이다.
> 이런 비유법을 통해 지혜로운 이는 이해한다.
> 불선업의 숙성은 맵고
> 선업의 숙성은 달콤하다는 것을.

5. 작은 업에서 큰 과보가 숙성

이 다섯째 범주는 작은 업에서 큰 과보가 숙성한다는 것을 말한다.

---

14 『대보적경大寶積經』「선순보살회제27善順菩薩會第二十七」의 이역으로 위魏나라 때 백연白延이 번역하였다.

예를 들어 불선업의 경우 한 번 악한 생각을 할 때마다 지옥계에서 한 겁씩을 보낸다고 한다. 『입보리행론』에 이런 말이 있다.

> 보살 같은 은인에게 악심을 품는 사람은
> 누구든지 악심을 품은 횟수만큼
> 무수한 겁 동안 지옥에 머무르리라고
> 붓다는 말씀하셨네.

악한 말을 한두 번 하는 것으로도 500생 등의 기간 동안 고통을 겪게 된다. 『법집요송경』에 이런 말이 있다.

> 작은 불선업으로도
> 내생에 큰 두려움과
> 모든 고통이 있으리라.
> 위장에 들어간 독이 그러하듯.

작은 선행으로도 커다란 과보가 숙성한다. 『법집요송경』에 이런 말이 있다.

> 작은 공덕을 지을지라도
> 내생에 큰 행복으로 이어지리라.
> 풍년에 수확을 거두는 농부처럼
> 큰 이익을 얻으리라.

6. 업의 과보의 필연성

여섯째 범주인 업의 과보의 필연성은 업의 해독제가 나타나지 않는 한 비록 무한한 겁이 지난다 해도 과보는 낭비도 상실도 없이 온다는 것이다. 아무리 오랫동안 잠재하고 있던 업이라도 적절한 조건을 만나면 그 과보는 나타나게 된다. 그래서 우리는 윤회의 고통을 두려워하고 업과 과보에 대한 확신을 갖게 된다. 이런 말이 있다.

윤회의 즐거움에 등을 돌리고
불선업을 삼가지만
자신의 해탈에만 관심을 쏟는 사람을
평범한 사람이라 부른다.

사람들이 말하듯이, 우리는 평범한 사람의 마음을 계발할 수 있다. 예를 들어 끄리까 왕의 일곱 딸들[15]을 보라. 『백업경』에 이런 말이 있다.

모든 중생들의 모든 업은
백겁이 지나도 상실되지 않는다.
원인과 조건이 만날 때
그 과보가 익는다.

『억념경소품』에 이런 말이 있다.

---

[15] 끄리까 왕의 일곱 딸들 이야기는 이 책의 부록 2. 「본문에 나온 사람들의 이야기」에 소개되어 있다.

불이 차가워지는 것조차 가능하다.
바람을 끈으로 묶는 것조차 가능하다.
해와 달이 땅에 떨어지는 것조차 가능하다.
하지만 업의 숙성은 어김이 없다.

(소승)열반의 즐거움에
애착하는 것에 관한 해독제

제7장
자애심과 자비심에 대한 명상 수행

자애심과 자비심의 수행에 대한 가르침은 열반의 즐거움에 애착하는 성향에 대한 치유방법이다. '열반의 즐거움에 애착한다'는 것은 무슨 의미인가? 그것은 중생에 대한 자비심이 없이 자신만을 위한 열반을 이루려는 욕망이며, 그 때문에 남을 돕지 않는 것이다. 이것을 '소승'이라 부른다. 이런 말이 있다.

    우리는 자신의 이익을 위해
    다수의 남들의 이익을 희생시킨다.
    이렇게 자기 이익을 더 챙길수록
    그것은 자기 자신에게 지극히 이익이 된다.

그러나 우리가 자애심과 자비심을 닦으면 중생에 대한 애착이 생겨 자신만의 해탈을 얻으려 하지 않는다. 그러므로 우리는 자애심과 자비심을 닦아야 한다. 만주슈리끼르띠(妙吉祥稱, 文殊德稱上師)가 말했다.

대승의 길을 걷는 사람들은 한순간이라도 마음을 자애심과 자비심에서 떼어놓아서는 안 된다.

그리고 또 말했다.

이타利他행은 미움이 아닌 자애심과 자비심에서 나온다.

1. 자애심
먼저 자애심의 명상 수행은 이렇게 요약된다.

자애심의 분류, 자애심 수행의 대상, 특징,
자애심 수행의 방법, 수행의 척도, 수행의 공덕—
이 여섯 가지가
무량한 자애심의 공부와 수행을 구성한다.

1) 자애심의 분류
세 개의 범주가 있다. 중생을 대상으로 하는 자애심, 현상(法)을 대상으로 하는 자애심, 그리고 대상이 없는 자애심이 있다. 『무진혜청문경無盡慧請問經』(Akṣayamati-Requested Sutra)에 이런 말이 있다.

중생을 대상으로 하는(중생연衆生緣) 자애심을 수행하는 것은 방금 보리심을 일으킨 보살들이다. 현상을 대상으로 하는(법연法緣) 자애심을 수행하는 것은 보살도를 닦는 보살들이다. 대상이 없는 (무연無緣) 자애심을 수행하는 것은 태어나지 않은 법(무생법無生

法)에 대한 확신을 성취한 보살들이다.[16]

다음은 첫째 유형의, 중생을 대상으로 하는 자애심에 대한 설명이다.

2) 자애심 수행의 대상
모든 중생이 대상이다.

3) 자애심 수행의 특징
모든 중생이 행복하기를 바라는 마음이 자애심 수행의 특징이다.

4) 자애심 수행의 방법
이 수행은 모든 중생의 은혜에 대한 기억에 의존하므로 중생의 은혜를 기억하라. 이생에서는 그대의 어머니가 가장 은혜로웠다. 어머니는 얼마나 많은 은혜를 베푸는가. 네 가지가 있으니, 그대에게 몸을 준 은혜, 그대를 위해 고생한 은혜, 그대에게 생명을 준 은혜, 그대에게 세상을 보여준 은혜이다.

『팔천송반야』에 이런 말이 있다.

> 왜 그러한가? 어머니는 우리에게 이 몸을 주었고, 어머니는 많은 고생을 했으며, 어머니가 우리에게 생명을 주었고, 어머니가 이

---

[16] 무생법에 대한 확신이 일어나는 것은 견도見道, 특히 '보살 8지'에서이다. 〔역자주: 중생연에서는 중생들의 무상이나 공성에 대한 고려가 없고, 법연에서는 중생의 오온이라는 법의 무상에 대한 깨달음이 있으며, 무연에서는 중생들의 공성에 대한 깨달음이 있다.〕

세상 전부를 우리에게 보여주었다.

'그대에게 몸을 준 은혜'를 말하자면, 처음에 우리 몸은 완전히 성숙하지 않았고, 보기 좋은 안색도 없었다. 우리는 타원형 점과 장타원형 덩어리로 어머니 자궁 안에서 시작되었고, 그로부터 어머니의 피와 살의 정기를 받으며 자라났다. 어머니가 창피함, 고통, 아픔을 겪는 동안 우리는 어머니가 드신 음식의 정기로 자라났다. 태어난 후에도 미물 같은 모습에서 성숙한 인간이 될 때까지 어머니는 우리 몸을 키워주었다.

'그대를 위해 고생한 은혜'는, 우리가 처음에 이 세상에 올 때 온갖 장식이 달린 옷도 입지 않았고, 아무런 재물이나 식량도 가져오지 않았다. 그저 맨입과 위장만 가지고, 빈손으로 우리는 왔다.

아무도 아는 사람이 없는 이곳에 온 우리에게 어머니는 배고플 때 먹을 것을 주었고, 목마를 때 마실 것을 주었으며, 추울 때 옷을 주었고, 필요한 재물을 주었다. 또한 어머니는 당신이 필요 없는 것만을 우리에게 준 것이 아니다. 오히려 어머니는 당신이 당신 자신을 위해서는 감히 사용하지 못하는 것, 당신 자신은 먹거나 마시거나 입을 생각조차 못하는 것, 당신이 이생의 즐거움을 위해 감히 사용하지 못하는 것, 내생의 부를 위해서도 감히 사용하지 못하는 것을 우리에게 주었다. 간단히 말해서 이생이나 내생의 행복을 추구함이 없이 어머니는 자신의 아기를 길렀던 것이다.

어머니는 이런 것들을 쉽게 또는 즐겁게 얻은 것이 아니었다. 어머니는 여러 가지 악업을 지어가며, 고통과 고생을 불사하며 얻은 것들을 모두 아이에게 주었다. 악업을 지은 예로 어머니는 낚시, 도축 등의 여러 불선업을 통해 아이를 먹였다. 고통을 겪은 예로 아이에게 주기 위해 어머니는 업소나 농장 등에서 일을 하여 재물을 모았다. 서리를 신발삼아 신고, 별을 모자 삼아 쓰며 일을 한 어머니가 자신의 두 다리를 말 삼아 이용하며 걸을 때 치맛단은 채찍과도 같았다.

더욱이 어머니는 생면부지의 우리를 어머니에게 큰 은혜를 베풀었던 부모와 스승들보다도 더 사랑했다. 어머니는 사랑의 눈길로 자식을 지켜보고 부드러운 천으로 감싸서 아기를 따뜻하게 했다. 어머니는 두 손으로 자식을 얼렀으며 하늘 높이 아기를 올리기도 했다. 어머니는 사랑스럽고 듣기 좋은 목소리로 아기를 이렇게 불렀다. "기쁨을 주는 아가야, 엄마를 즐겁게 해주는 귀염둥이. 랄랄라, 행복한 아가야" 등등.

'그대에게 생명을 준 은혜'의 경우, 처음에 우리는 우리의 입과 손을 사용해 음식을 먹을 수 없었고 여러 가지 어려운 일들을 견딜 수도 없었다. 우리는 힘없는 여린 벌레와 같았다. 우리는 어리석어 아무 생각도 할 수 없었다. 어머니는 우리를 거부하지 않고 우리를 위해 일했고, 우리를 무릎에 올려놓고 불과 물에서 보호했으며, 벼랑에서 멀리 했고, 모든 해로운 것들을 우리로부터 쫓았으며, 우리를 위해 의식儀式을 행했다. 우리의 죽음과 건강을 두려워하여 어머니는 신탁을 받았고 점성술사를 찾았다. 많은 불교의식과 많은 다른 방법을 동원해 상상조차 할 수 없는 방식으로 어머니는 아이의 목숨을 보호했다.

'우리에게 세상을 보여준 은혜'는, 처음에 우리가 이 세상에 올 때는 많은 것을 알지 못하고, 널리 보지 않으며, 재주도 없었다는 의미다. 우리는 단지 울거나 팔다리를 움직일 수 있었을 뿐이다. 그 밖에는 아무것도 할 줄 몰랐다. 어머니는 먹는 법을 모르는 우리에게 먹는 법을 가르쳐주었다. 어머니는 옷 입는 법을 모르는 우리에게 옷 입는 법을 가르쳐주었다. 어머니는 걷는 법을 모르는 우리에게 걷기를 가르쳐주었다. '엄마', '안녕' 등을 말하는 법을 모르는 우리에게 말하기를 가르쳐주었다. 어머니는 다양한 기술, 창의적 예술 등을 우리에게 가르쳤다. 어머니는 평등하지 못한 우리를 평등하게 만들어주려 했고, 평탄하지 못한 것을 평탄하게 해주려 하였다.

그 분은 이생에서만 우리의 어머니가 된 게 아니라 시작도 없는 그때부터 중생세계를 윤회하는 우리에게 수없이 어머니가 되어주었다. 『무시윤회경無始輪廻經』(Beginningless Samsara Sutra)에 이런 말이 있다.

> 이 세상 전부를 노간주나무 열매만 한 크기의 조각들로 한 사람이 나누고, 다른 사람이 그 조각들을 센다면 세상 전부를 다 셀 수는 있다. 그러나 한 사람의 중생이 우리의 어머니가 된 횟수는 다 셀 수가 없다.

또한 『친우서』에 이런 말이 있다.

> 노간주나무 열매만 한 조각들을 다 사용한다 해도
> 자신의 어머니들의 계보를 다 셀 수는 없다.

매 생마다 어머니는 이전과 동일한 은혜를 베풀어주었다. 그러므로 어머니의 은혜는 한이 없으니, 가능한 한 성실하게 마음속으로 어머니에 대한 사랑을 키우고, 어머니의 이익과 행복에 대한 기원을 수행해야 한다.

뿐만 아니라 모든 중생이 우리의 어머니였던 적이 있고, 모든 어머니들이 이와 같은 은혜를 베풀어주었다. 중생의 한계는 무엇인가? 허공에 끝이 없듯 중생 역시 끝없이 많다. 「보현보살행원찬普賢菩薩行願讚」 (Aspiration Prayer for Proper Conduct Sutra)[17]에 이런 말이 있다.

끝도 없는 허공이 무한하듯이
중생 또한 그렇게 무한하다.

그러므로 허공처럼 무한한 모든 중생이 행복과 이익을 얻기를 바라는 청정한 열망을 닦아야 한다. 이런 마음을 일으킬 때 진정한 자애심이라 일컫는다. 『대승장엄경론』에 이런 말이 있다.

골수에 사무치도록
보살은 모든 중생을
자식처럼 여긴다.
이렇게 보살은 늘 남들을 유익케 하려고 열망한다.

자애심의 힘을 통해 눈물이 흐르고 온몸의 털이 곤두서도록 사무치면 이를 대자애심이라 부른다. 이런 마음을 모든 중생에게 동등하게 기울이면 그것을 무량한 자애심이라 부른다.

5) 자애심 수행의 척도

자신을 위한 행복을 바라지 않고 다른 중생의 행복만을 바란다면 자애심

---

17 40권본 『화엄경』의 마지막 품인 「입부사의해탈경계보현행원품入不思議解脫境界普賢行願品」(보현행원품)에 해당한다.

수행이 완성된 것이다.

6) 자애심 수행의 공덕

자애심을 닦음으로써 무한한 공덕을 얻는다. 『월등경月燈經』(*Moon Lamp Sutra*)에 이런 말이 있다.

> 여러 가지 공양물을 무한히 올려
> 수백만 개의 들판을 다 채워
> 부처님들께 바쳐도
> 자애심 수행에 견줄 수는 없네.

한 순간이라도 자애심을 닦으면 무한한 공덕이 나온다. 『보만론』에 이런 말이 있다.

> 300개의 솥에 음식을 만들어
> 하루 세 번 사람들에게 보시한다 해도
> 한 순간의 자애 수행에
> 그 공덕이 미치지 못한다.

자애심 수행의 8가지 공덕은 깨달음을 얻을 때까지 계속 받는다. 『보만론』에 이런 말이 있다.

> 천신과 인간의 사랑과 보호를 받을 것이며
> 마음의 평화와 행복을 이룰 것이며

독이나 무기의 해침을 당하지 않을 것이며
소원을 절로 이룰 것이며
범천에 태어날 것이다.
윤회에서 벗어나지 못한 사람이라도
위와 같은 자애심의 8가지 공덕을 얻을 것이다.

마하닷따 브라만의 이야기가 증명하듯 자기 자신을 보호하려면 자애심 수행이 최고다. 남들을 보호하기 위해서도 자애심 수행은 좋다. 이는 발라 미륵 왕[18]의 이야기에서 실례를 볼 수 있다.

2. 자비심 수행

이렇게 자애심을 완성하고 나면 자비심 수행은 어렵지 않다. 다음과 같은 체계로 자비심 수행을 설명하겠다.

자비심의 분류, 자비심 수행의 대상, 특징,
자비심 수행의 방법, 수행의 척도, 수행의 공덕 ―
이 여섯 가지가
무량한 자비심의 공부와 수행을 이룬다.

1) 자비심의 분류

자비심에는 세 가지가 있으니, 중생을 대상으로 하는(중생연의) 자비심, 법을 대상으로 하는(법연의) 자비심, 아무것도 대상으로 하지 않는(무연

---

18 마하닷따 브라만과 발라 미륵 왕의 이야기는 이 책의 부록 2. 「본문에 나온 사람들의 이야기」에 소개되어 있다.

의) 자비심이다. 이 중 첫째 경우는 삼악도 등에 있는 중생의 고통을 보고 자비심을 키우는 것이다. 둘째 경우는 사성제를 잘 수행하고, 인과를 이해하고, 현상이 영원하고 확실하다는 생각을 버리면 중생에 대한 자비심이 일어난다. 중생은 혼란(무지)에 빠져 있고 인과를 이해하지 못하여 영원성과 확실성을 믿기 때문이다. 셋째의 경우는 평정심이 확립되고 모든 현상을 공성으로 깨달으면 자비심이 일어난다. 특히 모든 것이 실재한다고 생각하는 중생에 대해 자비심이 생긴다. 이런 말이 있다.

> 평정심을 유지하고
> 공성을 깨닫는 보살은
> 만물을 실재로 간주하는 마구니에 사로잡힌
> 중생에게 특히 자비심을 일으키네.

이 세 가지 자비심 중에서, 우리는 첫 번째 경우인, 중생을 대상으로 하는 자비심에 대해 수행할 것이다.

2) 자비심 수행의 대상
모든 중생이 이 자비심의 대상이다.

3) 자비심 수행의 특징
모든 중생이 고통과 고통의 원인에서 벗어나기를 바라는 마음이다.

4) 자비심 수행의 방법

우리는 이생의 어머니에 대한 감정을 통해 이 수행에 들어선다. 만약 나의 어머니를 누군가가 때리고, 칼로 조각내고, 불속에 굽거나 태우거나, 또는 어머니가 영하의 추위에 노출되어 온몸이 트고 물집이 생겼다 하자. 그런 어머니에게 나는 지극한 자비심이 생길 것이다. 이와 마찬가지로 이전에 분명 나의 어머니였던 지옥계의 중생은 이런 고통으로 고초를 겪고 있다. 어찌 자비심이 일어나지 않겠는가? 그러므로 그런 중생을 고통과 고통의 원인으로부터 벗어나게 하겠다는 자비심에 대해 수행해야 한다.

또한 나의 어머니가 만약 갈증과 기아로 고통받는다면, 질병, 신열, 두려움, 무력감 등으로 고초를 받는다면 나는 지극한 자비심을 일으킬 것이다. 마찬가지로 분명 이전에 나의 어머니였던 아귀계의 중생은 이런 고초를 받고 있다. 어찌 자비심이 일어나지 않겠는가? 그러므로 이런 중생들을 고통에서 구하겠다는 자비로운 소망에 대해 수행하라.

또한 어머니가 노쇠하여 약해지고, 어쩔 수 없이 노예가 되어 맞고 죽임을 당하고 칼로 베이는 고통 등을 겪는다면 내 마음에 지극한 자비심이 일어날 것이다. 마찬가지로 이전에 분명 나의 어머니였던 축생계의 중생은 이렇게 고통을 받고 있다. 어찌 자비심이 일어나지 않겠는가? 그러니 그런 중생을 고통에서 구하려는 자비로운 마음에 대해 수행하라.

또한 나의 어머니가 절벽에 가까이 있어 천 길 낭떠러지로 떨어질지도 모르는데 어머니는 그것을 모르고, 아무도 어머니에게 그 사실을 알려주지 않아 낭떠러지로 떨어진다면, 그래서 심한 고초를 겪고 절벽을 다시 기어 나올 수 없다면, 나에겐 지극한 자비심이 일어날 것이다.

마찬가지로 천신과 인간과 반신들은 삼악도라는 더 낮은 영역으로 떨어지는 위험한 절벽 가까이 있다. 이들은 악업을 삼가야 한다는 것을 모르고, 도를 가르쳐줄 스승을 만나지 못했다. 한 번 떨어지고 나면 이 세 영역에서 빠져나오기가 어려울 것이다. 어찌 자비심이 일어나지 않겠는가? 그러므로 이런 중생들을 고통에서 구하겠다는 자비로운 마음에 대해 수행하라.

5) 자비심 수행의 척도

자기 자신을 귀히 여기는 마음을 다 정화하고, 그런 마음의 사슬을 완전히 끊어버리거나 거기서 벗어나고, 모든 중생이 고통에서 벗어나기를 바라면 자비심 수행을 완성한 것이다.

6) 자비심 수행의 공덕

이 수행으로부터 무한한 공덕이 일어난다. 『설관세음증경경說觀世音證境經』(*Expression of the Realization of Chenrezig〔Avalokiteshvara〕*)에 이런 말이 있다.

> 단 한 가지만 가지고 있어도 마치 모든 붓다의 법을 다 손바닥 안에 가진 것과도 같은 그런 성품이 있다. 그것이 무엇인가? 바로 대자비심이다.

『불설법집경佛說法集經』(*Accomplishment of Dharmadhatu Sutra*)에 이런 말이 있다.

축복받은 이여! 대왕의 수레바퀴가 있는 곳에 당연히 그의 군대도 있으리라. 마찬가지로 보살의 대자비심이 있는 곳에 붓다들의 모든 법이 있으리라.

『여래비밀경如來秘密經』(Showing the Secrets of the Tathagata Sutra)에 이런 말이 있다.

밀적금강보살이여! 일체지를 가지신 분(붓다)의 근본지는 자비심을 뿌리로 하여 자라난다네.

그러므로 자애심을 통해 모든 중생이 행복을 성취하길 바라고, 자비심을 통해 모든 중생이 고통에서 벗어나기를 바라면 더 이상 자신만의 해탈과 행복을 이루기를 바라지 않는다. 그때 모든 중생들의 이익을 위해 성불하는 것을 기쁘게 된다. 이것이 (소승)열반의 즐거움에 대한 집착의 치유방법이 된다.

따라서 마음속에 자애심과 자비심을 닦으면 자신보다 남들을 더 귀히 여기게 된다. 『보리도등론』에 이런 말이 있다.

자기 자신의 고통을 알아차리고 사유함으로써
우리는 모든 중생을 고통에서
완전히 구하고자 하는 마음을 낸다.
그가 바로 수승한 사람(聖人)이다.

그렇게 우리는 성인의 마음을 닦는다. 예를 들어 브라만인 마하닷따의 이야기를[19] 읽어 보라.

---

[19] 마하닷따의 이야기는 이 책의 부록 2. 「본문에 나온 사람들의 이야기」에 소개되어 있다.

성불을 위한 수행방법을 모르는
것에 대한 해독제

수행방법을 모르는 것에 대한 해독제 서문

이제 성불하기 위한 수행방법을 모르는 것에 대한 해독제로써 위없는 깨달음을 향하여 마음을 닦는 법, 즉 보리심 수행을 설명하려 한다. 요약하면 다음과 같다.

　　보리심 수행의 기반, 핵심, 분류,
　　보리심 수행의 목표, 원인, 누구에게 보리심을 받는가,
　　보리심 수계의 방법, 유익한 결과, 보리심을 잃는 단점,
　　보리심을 잃는 원인, 치유 방법, 수행 ―
　　이 12가지가 보리심 수행을 구성한다.

제8장

귀의와 수계

1. 보리심 수행의 기반

다음과 같은 사람이 보리심을 수행할 기반을 가지고 있다.

1) 대승가족에 속한 사람
2) 삼보에 귀의한 사람
3) 7개 바라제목차 중 하나라도 지키는 사람
4) 원願보리심이 있는 사람

이 네 가지가 행行보리심을 닦는 기반을 형성한다. 두 번째 언급한 삼보에의 귀의까지 행할 수 있는 사람은 원보리심을 닦을 기반을 구비한 것이다. 그 이유는, 『보살지지경』에서 언급했듯이 행行보리심을 닦으려면 원보리심이 필요하기 때문이다. 『보리도등론』에서는 원보리심을 닦으려면 귀의를 해야 한다고 말한다. 『구사론』에서는 바라제목차를 받으려면 귀의를 해야 한다고 말한다. 『보살지지경』에서는 대승가족이 아니면 비록 불교의식을 통해 마음을 닦는다 해도 보살계를 받을 수 없다고 한다. 그러므로 모든 필요한 요소들이 다 연결되고 모여야만 한다.

1) 대승가족에 속한 사람

일반적으로 수행자는 대승가족에 속해야 하지만 그중에서도 특히 깨어난 가족에 속해야만 한다. 자세한 것은 제1장의 설명을 참조하라.

2) 삼보에 귀의한 사람

수행자는 어디에 귀의해야 할까? 강력한 천신들인 범천, 비슈누, 마하데바 등인가? 또는 수행자가 살고 있는 지역의 산과 계곡, 호수와 나무 등에 머무는 신들과 용신인가? 이들은 수행자를 보호해줄 수 없으므로 귀의의 대상이 될 수 없다. 경전에 이런 말이 있다.

> 세상 사람들은
> 산신에게 귀의하고
> 숲과 신전
> 바위와 나무의 신에게 귀의한다.
> 하지만 이들은 수승한 귀의처가 될 수 없다.

그렇다면 부모나 친척, 친구 등에게, 즉 우리에게 친절하고 우리를 유익하게 해주는 사람들에게 귀의해야 할까? 이들 역시 귀의처가 될 수 없다. 『문수유희경文殊遊戱經』(*Representation of the Manifestation of Manjushri Sutra*)[20]에 이런 말이 있다.

부모는 그대의 귀의처가 아니네.
친척과 친구도 귀의처가 아니네.
각자 갈 길이 다른 이들은
종국에는 그대를 떠날 것이네.

왜 이들은 귀의처가 될 수 없나? 귀의처가 되려면 모든 두려움과 고통에서 벗어나야 한다. 그런데 이들은 두려움에서 벗어나지 못했고 고통의 상태에 머물고 있다. 그러므로 고통에서 완전히 벗어난 것은 오직 붓다들뿐이고, 성불의 유일한 길은 다르마뿐이며, 다르마 수행의 유일한 안내자는 승가뿐이다. 그래서 불·법·승 삼보에 귀의하는 것이다. 경전에 이런 말이 있다.

오늘부터
보호받지 못하는 자를 보호해주고
두려움에 떠는 자의 두려움을 없애주는
불·법·승에 귀의하라.

비록 삼보가 귀의처가 될 힘을 가지고 있다고는 하나, 내가 가면 삼보는 진정 나를 보호해줄 것인가? 이를 의심할 이유는 없다.『대반열반경』에 이런 말이 있다.

삼보에 귀의함으로써

---

20 한역대장경의『대장엄법문경大莊嚴法門經』(또는『문수사리신통력경文殊師利神通力經』,『승금색광명덕녀경勝金色光明德女經』)과 상응한다.

두려움 없는 마음을 이룰 것이다.

그러므로 삼보에 귀의하는 방법을 요약 설명하면 다음과 같다.

　　삼보귀의의 분류, 수행기반, 대상, 시간,
　　삼보귀의의 동기, 의식, 활동,
　　삼보귀의의 수행, 이득 —
　　이 9가지가 귀의에 대한 설명을 구성한다.

① 삼보귀의의 분류
귀의에는 두 가지의 범주가 있으니, 공통귀의와 특별귀의다.

② 삼보귀의의 수행기반
수행기반에는 두 가지가 있으니, 공통수행기반은 윤회의 고통을 두려워하고 삼보를 본존(수행대상)으로 여기는 사람이다. 특별수행기반은 대승가족이면서 천신이나 인간의 청정한 몸을 가진 사람이다.

③ 삼보귀의의 대상
귀의대상에는 두 가지가 있다.
a) 공통 귀의대상: 불보, 법보, 승보가 여기 속한다. 불보佛寶는 청정을 완성하고 근본지를 가지며 수승한 성품을 가지신 축복받은, 드높은 분(붓다)을 말한다. 법보法寶는 법의 12가지 측면을[21] 담은 문헌과 깨달

---

21 법의 12가지 측면(12분교十二分敎, 十二部經): 경전 모음, 음악적인 설법, 예언적 설법, 게송 모음들, 구체적으로 말씀한 설법, 입문 설법, 깨달음에 대한 설법, 전설

음의 법의 두 부분으로 나뉜다. 깨달음의 법은 도道의 진리와 멸滅의 진리로 구성된다. 승보僧寶 역시 둘로 나뉜다. 보통 승가는 구족계를 받은 승려 4명 이상이 모인 집단을 말한다. 존자들의 승가는 '4쌍四雙'[22] 또는 '8명의 개인(8배八輩)'[23]이라 불린다.

b) 특별 귀의대상: 특별 귀의대상은 우리 곁에 머무는 귀의대상과 완전한 깨달음을 갖춘 귀의대상과 진여眞如다. 첫째 범주인 '우리 곁에 머무는 귀의대상'에서, 삼보 중 '불'은 여래의 상像이고, '법'은 대승의 경전이며 '승'은 보살들의 공동체다. 둘째 범주인 '완전한 깨달음을 갖춘 귀의대상'으로는 삼신의 화현으로서의 '불', 존귀한 법과 열반의 적정으로서의 '법', 훌륭한 보살지를 갖춘 보살들로 구성된 '승'이 있다. 셋째 범주인 진여의 대상으로는 붓다만이 귀의의 대상이다.『구경일승보성론』에 이런 말이 있다.

궁극적으로는 오직 붓다만이 모든 중생들의 귀의처가 된다.

그렇다면 붓다는 어떻게 궁극적 귀의처가 되는가? 같은 문헌에 이런 말이 있다.

위대한 승리자(붓다)가 법의 구현이며
승가가 궁극적으로 증득하는 것도 붓다이기 때문이다.

모음들, 붓다의 전생담, 길고 자세한 가르침, 신기한 설법들, 완성 설법.
22 4쌍四雙: 예류, 일환, 불환, 아라한.
23 8명의 개인(8배八輩): 예류, 도과를 얻은 예류, 일환, 도과를 얻은 일환, 불환, 도과를 얻은 불환, 아라한, 도과를 얻은 아라한.

궁극적 귀의처이기 때문에 붓다는 생사를 여의고, 완전히 청정하며, 욕망에서 벗어났고, 법신의 성품을 갖추고 있다. 삼승三乘의 모임인 승가는 법신의 궁극적 청정을 증득할 때 완성된다. 그러므로 붓다는 궁극적 귀의처이다.

그렇다면 '법'과 '승'은 궁극적 귀의처가 될 수 없는 것인가? 『구경일승보성론』에 이런 말이 있다.

법의 두 가지 측면도
성인들의 모임인 승가도
수승한 귀의처가 되지 못하네.

법과 승가는 왜 궁극적 귀의처가 되지 못하는가? 법의 첫째 유형인 경전 모음은 단지 명칭과 글을 많이 모아 놓은 것에 지나지 않는다. 일단 강을 건너고 버려야 하는 배처럼 경전 역시 때가 되면 버려야 한다. 그러므로 경전은 궁극적 귀의처가 될 수 없다. '깨달음의 법'의 두 가지 측면(도道의 진리와 멸滅의 진리) 중에서 '도의 진리'는 조합된 것이다. 따라서 그것은 무상하고, 그러므로 속임이 있을 수 있어 궁극적 귀의처가 되지 못한다. 성문가족에 의하면 멸의 진리는 등불을 끄듯 자신의 연속성을 멸한다. 그러므로 그것은 존재하지 않고, 따라서 궁극적 귀의처가 되지 못한다. 승가는 그 자체가 윤회를 두려워하여 붓다에 귀의한다. 그러므로 승가에는 두려움이 있고, 그래서 궁극적 귀의처가 되지 못한다. 그러므로 『구경일승보성론』에 이런 말이 있다.

버릴 수 있고, 속을 수 있기 때문에

존재하지 않고, 두려워하기 때문에
법과 승가는
궁극적 귀의처가 되지 못한다.

그러므로 아상가(無着) 존자는 말했다.

다함이 없는 귀의처, 영원한 귀의처, 변함없는 귀의처,
궁극적 귀의처는 오직 하나뿐—그렇게 가신 분(善逝),
악을 파괴하시는 분, 완전하신 붓다라네.

그렇다면 이것은 불·법·승의 삼귀의처가 있다는 설명과 모순되는 것이 아닌가? 삼귀의처는 중생을 이끌기 위한 방편으로서 나온 것이다. 『대해탈경大解脫經』(Great Liberation Sutra)에 이런 말이 있다.

간단히 말해서, 하나의 귀의처와 세 가지 방법이 있다.

세 가지 방법은 어떻게 구성되어 있나? 『구경일승보성론』에 이런 말이 있다.

스승, 가르침, 제자들에 의하여
세 개의 수레와 세 명의 행위자—
열성에 따라 각기
이 세 귀의처가 설정되었네.

세 가지 방법이 설정된 것은 세 가지 성품, 세 가지 수레, 세 가지 행위자, 세 가지 발원에 따른 것이다.

　더욱이 스승이 무엇인지 보여주기 위해, 붓다는 보살승菩薩乘의 사람들과 붓다의 수승한 활동에 관심이 있는 사람들에게 귀의처가 된다. 그들은 인간 중에서 최고의 존재인 붓다에게 귀의한다.

　가르침이 무엇인지 보여주기 위해, 법은 연각승緣覺乘의 사람들과 법사法事에 관심 있는 사람들에게 귀의처가 된다. 이들은 모든 집착으로부터 가장 수승한 해탈을 주는 법에 귀의한다.

　수행자(제자)가 무엇인지 보여주기 위해, 승가는 성문승聲聞乘의 사람들과 승가의 일(事業)에 관심이 있는 사람들에게 귀의처가 된다. 이들은 모든 공동체 중 가장 수승한 승가에 귀의한다.

　그러므로 삼귀의처는 세 가지 의미와 여섯 종류의 사람에 따라서 구성되어 있다. 세존께서는 이것을 상대적 진리로 설하셨는데, 모든 중생을 점진적으로 각 수레의 다양한 단계로 입문하게 하시기 위해서였다.

④ 삼보귀의의 시간

삼보에 귀의하는 시간 역시 두 개의 하위 범주가 있다. 공통 방식으로는 지금부터 죽을 때까지 귀의를 한다. 특별 방식으로는 지금부터 궁극적 깨달음을 얻을 때까지 귀의한다.

⑤ 삼보귀의의 동기

동기에도 두 가지가 있다. 공통 동기는 자신의 견딜 수 없는 고통을 생각하고 귀의하는 것이다. 특별 동기는 남들의 견딜 수 없는 고통을 생각하고 귀의하는 것이다.

⑥ 삼보귀의의 의식

귀의 의식에는 두 가지가 있다.

a) 공통 귀의 의식: 먼저 제자는 스승에게 의식을 집전해 주십사 간곡히 부탁하고, 이후 스승은 삼보 앞에 공양을 올린다. 이렇게 할 수 없는 경우에, 제자는 허공에 삼보를 관상하고 마음속으로 절을 올리고 공양을 올린다. 그 다음 제자는 스승을 따라 다음을 제창한다. "모든 불보살님이시여! 제 말씀을 들어주소서! 스승님들이시여! 제 말을 들어주소서! 제 이름은 ○○○입니다. 지금부터 제가 깨달음을 이룰 때까지 저는 인간들 중 가장 수승한 존자인 모든 부처님들께 귀의합니다. 모든 애착으로부터 수승한 해탈을 주는 법에 귀의합니다. 모든 공동체들 중 가장 수승한 승가에 귀의합니다." 이 귀의를 진심으로 세 번 반복한다.

b) 수승한(특별) 귀의 의식: 다음 세 가지로 구성된다.

    (1) 특별 귀의 의식의 준비
    (2) 특별 귀의 실제 의식
    (3) 특별 귀의 의식의 마감

(1) 특별 귀의 의식의 준비: 먼저 섬김을 받을 만한 자격 있는 스승에게 꽃과 함께 만달라를 공양하고 의식을 집전해줄 것을 부탁한다. 제자가 대승가족에 속하고 합당한 그릇이면 스승은 이를 받아들인다. 첫째 날 스승은 귀의대상을 준비하고 공양을 올리며, 귀의를 할 경우 얻는 유익한 결과와 귀의를 하지 않을 경우 받을 허물을 설명한다.

(2) 특별 귀의 실제 의식: 둘째 날 스승은 실제 의식을 행한다. 먼저

제자는 자기 앞에 있는 귀의대상이 실제 귀의처라고 생각하고, 절을 하고 공양을 올린다. 그런 다음 제자는 스승을 따라 이렇게 제창한다. "시방에 계신 불보살님이시여! 제 말씀을 들어주소서! 스승님들이시여! 제 말을 들어주소서! 제 이름은 ○○○입니다. 지금부터 제가 깨달음을 이룰 때까지 저는 인간 중에서도 가장 수승한 존자인 모든 부처님들께 귀의합니다. 모든 애착으로부터의 수승한 해탈인 적정(소승열반)과 (대승)열반의 법에 귀의합니다. 불환과를 이룬 보살들의 수승한 모임인 승가에 귀의합니다." 이 말을 세 번 반복한다.

그 다음에는 완전한 깨달음의 귀의대상들을 초대하여 모시고, 제자는 이들이 실제로 출현하신 것으로 관상하면서 절을 하고 공양을 올린다. 완전히 전념하여 제자는 귀의 의식을 이전처럼 세 번 반복한다.

그 후에 제자는 주체, 객체, 행위자라는 세 가지 관념으로부터 벗어나서(삼륜청정의 마음으로) 궁극적 귀의대상인 진여에 절하고 공양을 올린다. 모든 현상은 근본적으로 무아이고, 존재한다 해도 자성自性이 없다. 불·법·승 역시 이렇게 보아야 한다. 그것이 다함이 없고, 영원하며, 변함없는 궁극의 귀의처이다. 『아나바달다용왕청문경阿那婆達多龍王請問經』(Naga King Anavatapta Requested Sutra)에 이런 말이 있다.

> 세간의 활동을 떠난 마음으로 귀의하는 것은 무엇인가? 모든 현상이 존재하지 않고 형상과 지각, 특성이 없음을 깨닫는 사람들은 붓다를 완전히 본다. 그것이 붓다에 귀의하는 것이다. 모든 현상이 법계의 성품임을 깨닫는 사람은 법에 귀의한다. 조합된 것과 조합되지 않은 것이 다르지 않다는 비이원성을 깨닫는 사람은 승가에 귀의한다.

(3) 특별 귀의 의식의 마감: 셋째 날은 마감 의식을 하는 날로서 삼보에 감사하는 마음으로 공양을 올린다.

⑦ 삼보귀의의 활동
『대승장엄경론』에 이런 말이 있다.

> 모든 해악으로부터의 보호
> 삼악도와 무지로부터의 해방
> 사람이 있다는 견해로부터의 해방
> 낮은 수레들로부터 보호―
> 그래서 이것이 고귀한 귀의처라네.

따라서 공통 귀의처는 모든 유해성, 삼악도, 지혜롭지 못한 방편, 그리고 사람이 있다는 믿음으로부터 수행자를 보호해준다. 특별귀의처는 낮은 수레들 등으로부터 수행자를 보호해준다.

⑧ 삼보귀의의 수행
일반수행 세 가지, 특별수행 세 가지, 공통수행 세 가지가 있다.
a) 삼보귀의의 일반수행 세 가지는 삼보에 공양을 올리려 끊임없이 노력하는 것, 심지어 본인이 먹고 마시는 것도 공양하며, 자신의 생명을 빼앗길지라도 또는 큰 보상을 준다 해도 삼보를 저버리지 않는 것, 삼보의 덕성을 기억하며 반복해서 귀의하는 것이다.
b) 삼보귀의의 특별수행 세 가지는 다음과 같다. 붓다에 귀의한 후에는 다른 신에게 귀의해선 안 된다. 『대반열반경』에 이런 말이 있다.

붓다에 귀의하는 사람은
청정한 우바새이다.
절대 다른 신들에게
귀의하지 말라.

법에 귀의한 사람은 다른 중생을 해쳐선 안 된다. 경전에서 말한다.

귀중한 법에 귀의한 사람은
남들을 해치지 말아야 한다.

승가에 귀의한 사람은 이교도에게 귀의하면 안 된다. 경전에서 말한다.

승가에 귀의한 사람은
이교도에게 귀의해선 안 된다.

c) 삼보귀의의 공통수행 세 가지는 모든 형태의 불보를 존중하는 것이고 (심지어 부처님 명호가 새겨진 한 조각 명판까지도), 법보의 근본인 귀중한 법을 담은 서적과 경전을 존중하는 것이며(심지어 한 구절까지도), 고귀한 승보, 붓다의 의복을 존중하는 것이다(법복의 천 한 조각까지도).

⑨ 삼보귀의의 이득

귀의를 하면 8가지 이득이 있다. 귀의를 통해 불도佛道에 들어가고, 귀의가 다른 모든 계율의 근간이 되며, 귀의가 이전에 쌓은 모든 악업을 정화할 수 있는 원인이 되고, 귀의자는 다양한 인간 및 비인간의 장애에 방해받지 않으며, 원하는 모든 것을 이루고, 대공덕의 인연을 성취하며, 삼악도에 떨어지지 않고, 완전한 깨달음을 빠르게 성취한다.

3) 7개 바라제목차 계율 중 하나라도 지키는 사람

바라제목차 계율은 4개 그룹 또는 8개 수행기반으로 나뉜다. 이 8개 중에서 포살을 제외한 나머지 7개 바라제목차가 모두 보리심의 수행기반이 된다. 7개 바라제목차는 다음과 같다.

비구
비구니
식차마나
사미
사미니
우바새
우바이

『보살지지경』에 이런 말이 있다.

바라제목차 계율 안에는 수계를 완벽하게 받을 수 있는 7가지 방법이 있다. 이들은 비구, 비구니, 식차마나, 사미, 사미니, 우바새, 우바이다. 이들은 재가자와 출가자로 나뉜다.

행보리심을 닦으려면 왜 바라제목차 계율이 필요한가? 계율이 기반으로서 필요한 데는 세 가지 이유가 있다.

① 계율 기반에 대한 비유
② 계율 기반에 관한 경전의 권위
③ 계율 기반의 논리

① 계율 기반에 대한 비유
위대한 왕을 초대해놓고 오물과 먼지가 가득한 지저분한 곳에서 지내라고 하는 것은 합당치 않다. 그런 곳은 당연히 청소를 잘하고 장엄물로 아름답게 장식을 해야 마땅하다. 마찬가지 이유로 보리심의 왕을 초대해놓고 우리의 몸·말·마음을 불선업에 물들지 않도록 단단히 묶지도 않은 채 악업으로 오염된 곳에서 지내라고 할 수는 없다.

② 계율 기반에 관한 경전의 권위
『대승장엄경론』의 수심修心에 관한 장에 이런 말이 있다.

　　수심의 기반은 광대한 계율이다.

따라서 단지 24시간만 지속되는 포살계는 '광대'하다고 할 수 없다. 하지만 다른 7가지 계율은 그렇지 않아 광대한 계율이 된다. 따라서 이 7가지 계율이 수심의 기반이라고 하는 것이다. 『보리도등론』에 이런 말이 있다.

　　일곱 가지 바라제목차 계율 중 하나를
　　지키는 사람은
　　보살계를 받을 복이 있다.

그렇지 않은 사람에겐 없다.

그러므로 7가지 바라제목차 계율 중 어떤 것이라도 다 보리심의 수행 기반이 된다고 하는 것이다.

③ 계율 기반의 논리

바라제목차 계율을 받음으로써 수행자는 남들을 해하는 일을 여의고, 유해한 의도도 버리게 된다. 보살계는 남들을 유익케 하는 것이다. 해악을 피하지 않고는 남들을 유익케 할 방법이 없다.

내시, 자웅동체, 천신 등은 바라제목차 수계를 받을 수 없기 때문에 바라제목차 수계가 보살계 수계의 기반이 될 수 없다고 주장하는 사람들도 있다. 하지만 이들도 보살계는 받을 수 있다. 또한 죽음은 바라제목차 계율의 중단을 야기하기 때문에 바라제목차는 보살계를 유지하는 기반이 될 수 없다고 주장하지만, 죽음은 보살계를 중단시키지 않는다.

응답: 바라제목차 계율에는 받는 사람의 마음상태에 따라 세 가지 측면이 있다.

a) 이 7가지 유형의 계율을 단지 삼계의 행복을 누리려는 욕망 때문에 받는다면 이것은 이해관계를 가진 계戒에 불과하다.

b) 이 계율을 단지 자신이 모든 고통에서 완전히 벗어나기 위해 받는다면 그것은 성문가족의 출리심과 관련된 계이다.

c) 이 계율을 큰 깨달음을 얻고자 받는다면 그것은 보살계의 계이다. 처음 두 개(a, b)는 내시, 자웅동체, 천신 등이 받을 수 없고, 죽음과 함께 중단된다. 이 계율들이 쇠락하면 갱신될 수 없다. 따라서 이 두

개의 경우는 보살계의 기반이 될 수 없다. 보살계의 계는 성불능자, 자웅동체, 천신 등에게도 존재하며, 죽음으로도 중단되지 않는다. 또한 쇠락하면 갱신할 수 있다. 따라서 그것은 보살계의 수계와 유지의 기반이 된다. 『대승장엄경론석大乘莊嚴經論釋』에 이런 말이 있다.

이 마음의 기반은 무엇인가?
그 기반은 지계의 보살계라네.

이 계율은 보리심을 닦는 데는 필요하지만 보리심의 유지에는 선택적이다. 예를 들어 흔들림 없는 계율의 기반을 조성하기 위해서는 선정이 필요하지만, 계율을 유지하는 데는 선정이 선택적이다.

보살계를 받기 위해 따로 불교의식을 치를 필요는 없다. 이미 이전에 성문 수행에 입문할 때 계를 받았기 때문이다. 만약 후에 특별한 마음자세를 닦는다면 이것이 보살계로 전환된다. 비록 수행자가 열등한 자세(성문의 자세)를 버린다 해도 아직 버린 마음(수행)까지 포기한 것은 아니다.

그러므로 대승가족에 속하고, 삼보에 귀의하며, 7가지 바라제목차 중 하나를 가진 사람은 보리심을 닦을 수행기반을 가진 사람이다.

제9장
보리심 수행

2. 보리심 수행의 핵심

보리심 수행의 핵심은 남들을 위해 완전한 깨달음을 얻겠다는 마음이다. 『현관장엄론現觀莊嚴論』(*Ornament of Clear Realization*)에 이런 말이 있다.

> 보리심 수행은 남들을 위해 완전한 깨달음을 얻겠다는 마음이다.

3. 보리심 수행의 분류

보리심 수행은 세 가지로 분류하여 설명할 수 있다.

1) 보리심의 비유
2) 보리심의 구분
3) 보리심의 특성

1) 보리심의 비유

먼저 미륵보살이 저술한 『현관장엄론』에서는 범부에서 붓다까지의 예를 들어 보리심을 점진적으로 비유 분류했다.

> 흙, 금, 달, 불,
> 보물, 보석광산, 바다,
> 금강저, 수미산, 약, 스승,
> 여의주, 태양, 법음法音,
> 대왕, 보고寶庫, 대로大路,
> 탈것, 우물,
> 우아한 소리, 강물, 그리고 구름—
> 이것이 보리심 수행의 22가지 비유라네.

이 22가지 보리심 수행의 비유는 간절한 서원에서 시작하여 법신의 실현에까지 이른다. 더욱이 이들은 보살의 수행5위(五大菩薩道)와 연관되어 있다.

(1) 깨달음을 얻기 위한 간절한 마음은 흙과 같으니, 그것이 모든 덕성의 기반이기 때문이다.

(2) 깨달음을 이루려는 뜻은 금과 같으니, 깨달음을 이룰 때까지 변하지 않는다.

(3) 중생을 이롭게 하겠다는 마음은 차오르는 달과 같으니, 모든 덕을 증장시킨다. 여기까지 수록한 세 가지가 일반인의 수준으로서 소小, 중中, 대大의 자량도資糧道를 이룬다.

(4) 성실한 노력을 기울이는 것은 불과 같으니, 세 가지 일체지에

대한 장애를 태워 없앤다. 이것이 적용의 길(가행도加行道)이다.

(5) 보시바라밀을 지니는 것은 보물과 같으니, 모든 중생을 만족시키기 때문이다.

(6) 지계바라밀을 지니는 것은 보석광산과 같으니, 모든 귀한 성품의 원천이기 때문이다.

(7) 인욕바라밀을 지니는 것은 바다와 같으니, 악조건에 당면해도 동요하지 않기 때문이다.

(8) 정진바라밀을 지니는 것은 금강저와 같으니, 너무도 단단하여 어떤 수단으로도 파괴되지 않기 때문이다.

(9) 선정바라밀을 지니는 것은 산 중의 왕인 수미산과 같으니, 투사된 생각에 의해 흩어지지 않기 때문이다.

(10) 지혜바라밀을 지니는 것은 약과 같으니, 번뇌의 장애와 깨달음에 대한 미세한 장애인 지혜의 장애라는 병을 치유하기 때문이다.

(11) 지혜로운 방편(방편바라밀)을 지니는 것은 스승과 같으니, 언제나 모든 중생을 유익케 하는 일을 저버리지 않기 때문이다.

(12) 발원 기도(원願바라밀)를 지니는 것은 여의주와 같으니, 모든 소망을 이루어주기 때문이다.

(13) 힘(역力바라밀)을 지니는 것은 태양과 같으니, 수행자를 완전히 성숙하게 해주기 때문이다.

(14) 근본지(지智바라밀)를 지니는 것은 아름다운 법음法音과 같으니, 수행자에게 용기를 불러일으키기 위해 가르침을 주기 때문이다. 이 10가지가 환희지에서 시작하여 보살10지를 구성하며, 오대보살도 중 견도見道와 수도修道를 위한 덕목들이다.

(15) 대지혜가 수반된 특별한 천안통을 지니는 것은 대왕과 같으니,

어떤 제한도 없이 다른 중생들을 유익하게 할 수 있기 때문이다.

(16) 공덕과 반야지의 자량을 지니는 것은 보고寶庫와 같으니, 많은 덕이 그 안에 쌓이기 때문이다.

(17) 깨달음의 가지들을 지니는 것은 대로大路와 같으니, 성인聖人들이 이미 간 길이고, 다른 이들도 따를 길이기 때문이다.

(18) 자비심과 특별한 지혜를 지니는 것은 탈것과 같으니, 그것을 타면 윤회로도 열반으로도 이탈하지 않고 순조롭게 나아갈 수 있기 때문이다.

(19) 완전한 기억과 확신의 힘을 지니는 것은 우물과 같으니, 고갈되는 법이 없이 수행자가 들은 법과 듣지 않은 법을 다 담기 때문이다. 이 다섯 가지가 특별한 보살도라는 길(오대보살도)을 구성하니, 즉 제8지, 9지, 10지를 말한다.

(20) '법의 동산'을 지니는 것은 우아한 소리와 같으니, 해탈을 소망하는 수행자에게 아름다운 노래를 들려주기 때문이다.

(21) '일방향의 길'을 지니는 것은 강물의 흐름과 같으니, 길에서 벗어남이 없이 남들을 유익하게 하기 때문이다.

(22) 법신을 지니는 것은 구름과 같으니, 도솔천에 법신이 머물게 하고, 중생을 유익하게 함이 모두 그에 달렸기 때문이다. 이 세 가지가 붓다의 차원을 구성한다.

그리하여 보리심 수행에 관한 이 22개 비유는 범부의 수준에서 붓다에 이르기까지 모든 것을 포함한다.

2) 보리심의 구분

네 가지가 있다. 이해관계가 있는 보리심 수행, 이타利他적 보리심 수행, 완숙한 보리심 수행, 장애가 없는 보리심 수행이 그것이다. 이해관계가 있는 보리심 수행은 이해를 가리는 행동의 수준이다. 이타적 보리심 수행은 보살1지에서 7지까지를 포함한다. 완숙한 보리심 수행은 보살8지에서 10지까지를 아우른다. 그리고 장애가 없는 보리심 수행은 붓다의 수준이다. 그래서 『대승장엄경론』에 이런 말이 있다.

> 보리심을 닦음에 있어
> 각 단계마다 수반되는 것은
> 이해관계, 이타적 생각,
> 완전한 성숙, 장애의 제거이다.

3) 보리심의 특성

두 가지가 있으니, 궁극적 보리심과 상대적 보리심이다. 『해심밀경解深密經』에 이런 말이 있다.

> 보리심에는 두 종류가 있다. 궁극적 보리심과 상대적 보리심이다.

궁극적 보리심(승의勝義보리심)은 무엇인가? 그것은 우주에 편재하는 공성으로서 자비심의 핵심을 갖추고, 맑고 부동하며 관념으로부터 벗어나 있다. 같은 경전에 이런 말이 있다.

> 궁극적 보리심은 이 세상을 초월하고 모든 관념으로부터 벗어나 있으며, 온전히 청정하고, 한 점 오염이 없고, 동하지 않으며, 바람이 불어도 꺼지지 않는 등불처럼 지속적으로 매우 맑다.

상대적 보리심(세속世俗보리심)은 무엇인가? 같은 경전에 이런 말이 있다.

상대적 보리심은 자비심을 통해 모든 중생을 고통에서 해탈시키겠다는 서원이다.

궁극적 보리심은 진여법성의 깨달음을 통해 이루어지는 반면, 상대적 보리심은 불교의식을 통해 얻을 수 있다. 이는 『대승장엄경론』에 나와 있다. 궁극적 보리심은 어떤 단계에서 일어나는가? 환희지라 불리는 제1지와 그 이상의 보살지에서 일어난다. 이는 『대승장엄경론석』에서 언급되고 있다.

궁극적 보리심은 환희지, 즉 제1지에서부터 일어난다.

상대적 보리심에는 두 가지가 있으니, 원願보리심과 행行보리심이다. 『입보리행론』에 이런 말이 있다.

간단히 말해서, 보리심은
두 가지 유형으로 이해해야 한다.
깨닫고자 발원하는 마음과
그를 위해 과감히 행하는 마음.

이 두 가지, 즉 발원하는 보리심과 행동으로 들어가는 보리심의 차이에 대해서는 많은 다른 견해들이 있다.

용수보살의 제자인 샨띠데바(Shantideva, 寂天)의 법맥은 문수보살로부터 시작된 것인데, 이 법맥에서 원보리심이란 가고자 하는 마음, 즉 완전한 붓다를 이루려는 소원에 대한 사유이다. 행보리심은 실제로 가는 것, 그 목적을 이루기 위해 행동을 취하는 것을 말한다.『입보리행론』에 이런 말이 있다.

가고자 하는 마음과 실제로 가는 것의
차이에서 알 수 있듯이
현자는 이 둘의 차이를
알게 되리라.

아상가 존자로부터 내려오는 법칭(法稱, Dharmakirti)의 법맥은 미륵보살이 개설한 것인데, 이 법맥에서 원보리심은 도과(道果)를 이루려는 결심이다. 즉 '나는 모든 중생을 위해 완전한 붓다를 이루리라.' 행보리심은 원인에 대한 결심이다. 즉 '나는 깨달음의 원인인 육바라밀을 수행하겠다.'는 것이다. 동일한 의미가『대승아비달마집론』에도 발견된다.

보리심에는 두 가지가 있으니, 불특정보리심과 특정보리심이다. 먼저 불특정보리심은 '오, 위없는 완전한 깨달음을 얻게 해주소서!'라고 생각하는 것이다. 특정보리심은 '이렇게 하여 제가 보시바라밀을 완성하고, 이어 지혜바라밀까지 모든 바라밀을 완성하게 해주소서!'라고 생각하는 것이다.

이로써 보리심 수행의 세 가지 분류인 보리심의 비유, 구분, 특성에 대한 설명을 마쳤다.

4. 보리심 수행의 목표

보리심의 목적은 깨달음을 이루고 중생을 유익하게 하는 것이다.『보살지지경』에 이런 말이 있다.

> 그러므로 보리심은 깨달음과 중생을 목표로 한다.

'깨달음'이라는 목표가 의미하는 것은 대승의 근본지를 찾는 것이다.『대승장엄경론』에서는 보리심 수행에 대해 이렇게 말한다.

> 마찬가지로, 그 목표는 근본지를 찾는 것이다.

'중생'이라는 목표는 하나나 둘 또는 일부 중생만을 의미하는 것이 아니라 공간이 있는 곳이면 어디에나 편재하는 모든 중생을 의미한다. 업과 번뇌에 물들어 있는 중생은 또한 고통에도 젖어 있다. 그러므로 '나는 모든 고통을 다 없애겠다'는 마음을 닦는 것이다. 「보현보살행원찬」에 이런 말이 있다.

> 허공의 크기는 무한하네.
> 중생의 숫자도 무한하네.
> 존재들의 업과 미혹도 무한하네.
> 나의 발원 역시 끝이 없네.

5. 보리심 수행의 원인

보리심을 수행의 원인은 『십법경』에 나와 있다.

> 마음은 네 가지 원인을 통해 닦는다.
> 보리심이 주는 이득을 아는 것,
> 여래에 대한 귀의심을 닦는 것,
> 모든 중생의 고통을 보는 것,
> 스승에게 감화를 받는 것.

또한 『보살지지경』은 네 가지 원인을 들고 있다.

> 네 가지 원인은 무엇인가?
> 완전하고 고귀한 가족이 보리심 수행의 첫 번째 원인이네.
> 불보살과 스승을 완전히 섬기는 것이 보리심 수행의 두 번째 원인이네.
> 모든 중생에 대한 자비심을 닦는 것이 보리심 수행의 세 번째 원인이네.
> 길고, 다양하고, 가혹하고, 중단이 없는 고통에 대해 두려움을 내지 않는 것이 보리심 수행의 네 번째 원인이네.

『대승장엄경론』에 이런 말이 있다.

> 적절한 불교의식을 통해 일어난 상대적 보리심과
> 궁극적 보리심은 두 개의 다른 원인을 가지네.

남들이 행한 의식을 통해 보리심이 일어날 때
스승의 힘, 원인의 힘, 뿌리의 힘,
듣는 힘, 또는 선업의 힘으로 인해
안정된 보리심 또는 불안정한 보리심으로 나타나네.

'남들이 행한 의식'을 통한 보리심 수행은 남들이 드러내준 것을 통해 닦는 마음을 말하고 이는 적절한 의식을 통해 얻을 수 있다. 이것을 상대적 보리심이라 한다. '스승의 힘에 의해'가 의미하는 것은 스승의 조언을 통해 마음을 닦는 것이다. '원인의 힘에 의해'는 대승가족의 힘을 통해 닦는다는 의미이다. '뿌리의 힘에 의해'는 가족을 강화함으로써 닦는 것을 의미한다. '듣는 힘에 의해'는 다양한 가르침을 들을 때 보리심도 닦인다는 의미이다. '선업의 힘에 의해'는 이생에서 계속하여 법을 듣고 수지하고 수행함으로써 보리심을 닦을 수 있다는 것이다. 스승의 힘에 의해 수행하는 보리심은 불안정하다. 그 밖의 보리심은, 즉 원인의 힘 등으로 인해 일어나는 보리심은 안정된 것이다.
궁극적 보리심이 탄생하는 원인에 대해 이런 말이 있다.

완전한 깨달음을 얻으신 이(붓다)가 흡족해할 때
공덕자량과 지혜자량이 잘 축적되었을 때
비개념적 사고와 법에 대한 완전한 지혜가 있을 때
그것을 궁극적 보리심이라 하네.

다시 말해서 궁극적 보리심은 경전을 읽고, 수행하고, 깨닫는 것을 통해 성취된다.

6. 보리심은 누구에게 받는가

보리심은 어떤 대상에게 받는가? 두 가지 방식이 있으니, 스승에게 받는 것과 스승 없이 받는 것이다.

  수행자의 생명이나 계율에 위험이 없을 때는 보살계(보리심 서원)를 받기 위해 비록 스승이 멀리 있다 해도 스승을 찾아가야 한다. 스승의 자격은 보살계 수계 의식을 행할 수 있는 능력, 자신이 보살계를 받고 그 계를 퇴락시키지 않고 지녀 왔으며, 몸을 움직이고 말할 수 있는 능력이 있으며, 자비심으로 제자들을 교육시켜온 사람으로서, 부에 관심이 없어야 한다. 『보리도등론』에 이런 말이 있다.

> 보살계를 받을 때는
> 합당한 자격을 갖춘 고귀한 스승으로부터 받아야 한다.
> 스승은 의식을 집전할 능력이 있고
> 보살계를 지켰으며
> 의식 집전에 인내심과 자비심을 가져야 하나니,
> 그런 사람을 자격을 갖춘 스승이라 한다.

『보살지지경』에 이런 말이 있다.

> 원보리심을 일으킨 후에 스승은 법과 조화를 이루어 왔고, 보살계를 받았으며, 능숙하며, 말을 통해 의미를 표현할 능력을 지녔으며, 남들이 이해할 수 있도록 말해주는 능력을 지녀야 한다.

비록 이런 스승이 우리 곁에 있다 해도 그 스승에게 가는 일이 수행자의 목숨이나 지계에 위험을 초래한다면, 그런 상황은 '스승이 존재하지 않는 상황'으로 간주된다. 이런 때는 부처님의 상 앞에서 진심으로 원보리심이나 행보리심의 의식문을 세 번 낭송함으로써 보살계를 받을 수 있다. 『보살지지경』에 이런 말이 있다.

> 이런 자격을 갖춘 사람이 없는 경우에 보살은 여래의 상 앞에서 스스로 보살계를 적절한 절차를 통해 받아야 한다.

스승이나 여래의 상도 구할 수 없는 경우에는 허공에 불보살을 명료하게 관상하고 원보리심이나 행보리심 의식문을 세 번 낭송하여 받을 수 있다. 『대승집보살학론大乘集菩薩學論』(*Collection of Transcendent Instructions*)에 이런 말이 있다.

> 이런 스승이 없다면 시방의 불보살을 뚜렷하게 관상하고 자신의 힘으로 계를 받으라.

7. 보리심을 받는 방법(보살계 수계의식)

위대한 학자들의 법맥으로부터 다양한 가르침의 체계가 많이 있지만 여기서는 두 가지만 제시하겠다.

1) 문수보살이 설립한 용수보살 법맥에 속한 샨띠데바(寂天)의 전통
2) 미륵보살이 설립한 아상가 법맥에 속한 법칭의 전통

1) 샨띠데바 전통의 보살계 수계의식

문수보살이 설립한 용수보살 법맥에 속한 샨띠데바의 전통에서 보살계 의식은 세 단계로 이루어진다.

① 준비
② 실제 수계 의식
③ 마감

첫째, 준비에는 6가지가 있으니 공양 올리기(廣修供養), 악업 정화하기(懺除罪業), 선업에 기뻐하기(隨喜善行), 법륜을 굴려주시기를 청하기(請轉法輪), 반열반을 하지 마실 것을 청하기(請佛住世), 그리고 공덕을 회향하기(回向功德)가 그것이다.

① 준비
a) 공양 올리기: 여기에는 두 가지 요소가 있으니, 수행자가 공양을 올리는 대상과 공양 그 자체이다.
i) 공양 대상: 공양을 올리는 방법에는 두 가지가 있다. 삼보가 분명 참석하는 것과 그렇지 않은 것이다. 삼보의 참석 여부에 관계없이 공양은 동일한 공덕을 가져온다. 그러므로 삼보가 참석하든 않든 공양을 올려야 한다. 『대승장엄경론』에 이런 말이 있다.

> 공덕자량과 지혜자량을 완성하기 위해 부처님들의 참석 여부에
> 관계없이 맑은 마음을 갖고 부처님들께 의복을 공양하라.

ii) 공양 자체: 공양에는 두 종류가 있으니, 위없는 공양과 위 있는 공양이다. 위 있는 공양에는 재물 공양과 명상 수행 공양의 두 가지 유형이 있다.

먼저 재물 공양을 할 때의 순서는 절하기, 찬양하기, 그 누구의 소유도 아닌 재물을 합당한 순서로 배열하여 공양하기, 그리고 몸과 마음에 의해 마련된 공양물 올리기이다. 이것들은 하나하나 자세히 이해해야 한다. 명상 수행 공양은 본존(수행대상인 붓다)의 몸에 대한 명상과 보살의 선정력에 의한 공양물의 현현顯現을 말한다.

위없는 공양은 대상이 있는 경우와 없는 경우가 있다. 대상이 있는 위없는 공양은 보리심 수행이다. 이런 말이 있다.

> 선지식이 보리심에 대해 사유하고 실천할 때, 그것이 바로 불보살에게 올리는 귀하고 수승한 공양이다.

대상이 없는 위없는 공양은 무아의 의미에 대한 명상 수행이다. 이것이 바로 최상의 공양이다.『선주의천자소문경善住意天子所問經』(*Son of the Gods, Susthitamati-Requested Sutra*)에 이런 말이 있다.

> 깨달음을 얻고자 하는 보살은
> 인간들 중 가장 수승한 붓다에게
> 수백만 겁 동안—갠지스 강의 모래알처럼 많은 겁 동안
> 꽃과 향을 공양하고, 음식과 음료를 공양해야 하리라.
> 자아(아상), 사람(인상), 수명(수자상)이 존재하지 않는다는
> 청정광명의 법을 듣고 증득한 사람만이

붓다에게 가장 수승한 공양을 올리는 것이라네.

그리고 『사자후경師子吼經』(Lion's Great Sound Sutra)에 이런 말이 있다.

사량분별과 개념적 사고에 물들지 않은 사람은 수용하는 마음도, 거부하는 마음도 없이 여래에게 공양을 올린다. 불이不二의 차원에 들어서는 것이 여래에게 올리는 공양이다. 도반들이여! 여래의 몸은 존재하지 않는 성품을 가진 까닭에 수행자는 여래가 존재한다고 생각하며 공양을 올리지 않는다.

이로써 보살계 수계의식 준비 단계의 공양 올리기에 대한 설명을 마친다.

b) **악업의 정화**: 일반적으로 말해서 선업과 악업의 구분은 전적으로 자기 마음의 의도에 달려 있다. 마음이 주인이고 몸과 말은 하인이다. 『보만론』에 이런 말이 있다.

마음은 모든 법보다 우선한다. 이런 까닭에 마음을 '주인'이라 부르는 것이다.

그러므로 마음이 욕망, 증오 등의 번뇌에 지배되어 5가지 무간업이나,[24] 그와 유사한 5가지 악업,[25] 또는 10가지 악업을 저지를 때 보살계와 딴뜨라계는 깨진다. 혼자서 하던 남을 시켜서 하던 악업이며, 남들의 그런 행동을 기뻐하는 것 역시 악업이다. 뿐만 아니라 비록 수행자가 귀중한 법을 듣고 그를 사유하고 수행하더라도 마음이 욕망과 증오, 번뇌로 지배된다면 여전히 악업이다. 이런 악업의 결과가 고통인 것이다. 『보만론』에 이런 말이 있다.

> 욕망, 증오, 무지,
> 그로 인해 생성된 업은 악업.
> 모든 고통이 악업으로부터 오며
> 삼악도의 환생 역시 악업에서 온다.

『입보리행론』에 이런 말이 있다.

> '어떻게 하면 고통의 원천인
> 악업에서 벗어날 수 있을까?'
> 낮이고 밤이고 계속해서
> 나는 이것만을 생각하리라.

그러므로 수행자는 자신의 모든 악업을 참회하고 정화해야 한다. 그런데 이런 악업이 참회한다고 정화될 수 있는 것일까? 맞다, 정말

---

24 5가지 무간업은 부친 살해, 모친 살해, 아라한 살해, 승가 분열시키기, 그리고 붓다에게 상처를 내는 것이다.
25 5가지 무간업에 가까운 다섯 가지 행동은 출가수계자인 여성 아라한을 파계시키는 것, 보살임을 알면서도 죽이는 것, 수행자를 죽이는 것, 승가의 재물을 도용하는 것, 그리고 스투파(탑)를 파괴하는 것이다.

매우 그러하다. 『대반열반경』에 이런 말이 있다.

> 참회를 통해 악업을 정화하고 행동을 고친다면 악업은 정화된다. 마치 흙탕물에 물(을 맑히는) 보석이 닿으면 맑아지듯이, 또는 구름에서 벗어난 달이 환히 빛나듯이.

그리고 말한다.

> 그러므로 악업을 참회하고 숨김없이 다 고백하면
> 아무리 많은 악업이라도 다 정화되네.

어떻게 정화해야 하나? 4가지 힘의 문을 통해 정화하라. 『대승사법경 大乘四法經』(*Four Dharmas Sutra*)에 이런 말이 있다.

> 미륵보살이여, 보살마하살이 4가지 힘을 가지면 악업과 악업의 축적을 물리칠 수 있다. 그 힘은 무엇인가?
> i) 참회의 힘
> ii) 해독제의 힘
> iii) 결심의 힘
> iv) 귀의의 힘이 그것이다.

i) 참회의 힘: 이전의 악업을 크게 후회하고 악업을 저지른 대상들 앞에서 그것을 낱낱이 밝히고 참회하는 것이다. 참회하는 마음은 어떻게 일으켜야 하나? 세 가지 방법이 있다.

ⓐ 악업의 의미가 없음을 사유한다.

ⓑ 악업의 과보에 대한 두려움을 사유한다.

ⓒ 악업으로부터 빨리 벗어날 필요성을 사유한다.

ⓐ 악업의 의미가 없음: 때로 나는 적을 정복하기 위해 악업을 했고, 때로는 친척을 부양하기 위해, 때로는 이 몸을 보호하기 위해, 또 때로는 재물을 축적하기 위해 악업을 했다. 내가 죽어 다음 생으로 갈 때 이 적들, 친척들, 장소들, 몸과 재물은 나를 따라오지 않을 것이다. 하지만 악업으로 인한 악업과 장애는 어디에 태어나든 나를 따라오기 때문에 피할 수 없다. 『시덕장자청문경』에 이런 말이 있다.

> 부모, 형제자매, 아들, 아내,
> 하인, 재물, 그리고 기타 친척들은
> 죽은 후 나를 따라오지 않으리라.
> 하지만 나의 행동만은 따라오리라.

그리고 또한 말한다.

> 대고통의 시간이 도래하면
> 아들과 아내는 피난처가 되지 못하네.
> 고통은 오직 나 홀로 겪으리니
> 그때 그들은 내 몫의 고통을 가져가지 않으리.

『입보리행론』에 이런 말이 있다.

모두를 뒤로 하고 나는 홀로 떠나야 하네.
하지만 이런 사실을 몰랐었기에
나는 친구와 적들을 위해
갖은 악업을 저질렀네.
나의 적들은 사라지리.
나의 친구들도 사라지리.
나 역시 사라지리.
마찬가지로 모든 것이 사라지리.

그래서 나는 적들과 친척들, 그리고 몸과 재물을 위해 악업을 저질렀지만 이 네 가지는 나의 사후 그리 오래 내 곁에 있진 않을 것이다. 이런 악업은 많은 문제가 수반되며 내게 이득이 거의 없다는 것을 사유하여, 크게 후회하는 마음을 일으켜라.

ⓑ 악업의 과보에 대한 두려움: 악업이 이득은 없겠지만 그대를 해치지는 않으리라고 생각한다면 악업의 무서운 과보를 잘 사유하고 참회하라. 더욱이 우리는 다음과 같은 때 악업을 두려워해야 한다.

(i) 죽음이 임박했을 때
(ii) 죽음이 진행되는 동안
(iii) 사후에

(i) **죽음이 임박했을 때의 두려움**: 죽음이 다가올 때 악업을 행한 자는 찌르는 듯한 통증 등으로 헤아릴 수 없는 고통을 체험한다. 이런 말이

있다.

> 임종의 자리에 누웠을 때
> 친구들과 친척들이 곁에 있다 해도
> 홀로 죽어가는 느낌은
> 나 혼자만의 것이네.

(ii) 죽음이 진행되는 동안의 두려움: 시커멓고 무서운 죽음의 대왕이 손에 끈을 들고 와서는 우리 목을 묶어서 지옥계로 데려간다. 방망이, 무시무시한 칼 등의 각종 무기를 든 수많은 자들이 뒤에서 우리를 고문한다. 이런 식으로 우리는 많은 고통을 겪는다. 그래서 『입보리행론』에 이런 말이 있다.

> 죽음의 사자에게 잡혀갈 때
> 친구와 친척은 내게 어떤 이득을 주는가?
> 그때는 오직 나의 공덕만이 나를 보호하리.
> 하지만 나는 지금껏 그것을 믿지 않았네.

『제자서』에 이런 말이 있다.

> 시간의 올가미가 우리 목에 걸리고 무서운 죽음의 대왕이 막대기와
> 채찍으로 우리를 고문하며 끌고 간다.

아마도 죽음의 대왕이 두렵지 않다고 생각하는 사람도 있으리라.

그런 경우라면 『입보리행론』에 이런 말이 있다.

> 오늘 고문실로 끌려가는 사람은
> 두려움에 얼어붙어
> 입은 마르고, 무서움에 눈은 움푹 들어가
> 온몸의 모습이 다 바뀌었네.
> 무시무시한 죽음의 사자에게 잡혀가며
> 커다란 공포에 사로잡힐 때
> 그 엄청난 절망을 어찌 말로 다 하랴

(iii) 사후의 두려움: 악업의 결과로 인해 우리는 큰 지옥에 떨어져 불태워지고 삶아지는 등의 끝없는 고통을 겪는다. 그러므로 크게 두려움을 느껴야 한다. 용수보살은 『친우서』에서 이렇게 말했다.

> 지옥계의 그림을 보거나
> 듣거나, 회상하거나, 읽거나
> 또는 지옥의 형상을 보면 두려움이 일어난다.
> 견딜 수 없는 과보를 체험할 때 무슨 일이 일어나는지 말해 무엇 하랴.

그러므로 악업의 과보는 두려운 것이므로 참회를 해야 한다.

ⓒ셋째, 악업에서 빨리 벗어날 필요성: 살아가다가 나중에 악업을 정화하면 되리라 생각할 수 있지만 그것만으로는 부족하다. 악업은 빨리

정화해야 한다. 악업을 정화하기도 전에 죽음을 맞이할 위험이 있기 때문이다. 『입보리행론』에 이런 말이 있다.

> 하지만 모든 악을 씻기 전에
> 저는 죽을 수 있습니다.
> 그러니 그런 일이 없도록 저를 보호해주시고
> 빠르고 확실하게 악업에서 벗어나게 하소서.

'설마 악업을 정화하기도 전에 죽기야 하랴?'라고 생각한다면, 죽음의 대왕은 내가 악업을 정화했는지 아닌지에 관심이 없음을 이해하라. 그는 나의 생명을 취할 어떤 기회라도 다 잡으려 할 것이다. 『입보리행론』에 이런 말이 있다.

> 믿지 못할 죽음의 대왕은
> 내가 일을 끝내거나 해결할 때까지 기다리지 않는다.
> 내가 건강하든 병들었든
> 이 화살처럼 지나가는 생명은 불안정하다.

그러므로 나의 생명력은 믿을 수 없는 것이라서 나는 빨리 참회해야 한다. 나의 악업을 정화하기도 전에 내가 죽을 수 있는 위험이 있기 때문이다. 그러므로 나는 지금 참회해야 한다. 이 세 가지 이유로 인해 나는 악업에 대해 참회하는 마음을 일으키고 특별한 대상과 다른 대상들 앞에서 악업을 참회하고 정화한다.

완전한 참회의 힘으로 악업을 정화하는 것은 빚을 갚지 못했을 때

빚을 많이 진 강력한 채권자에게 다가가는 것과 같다. 옛날에 999명을 죽이는 악업을 저지른 앙굴리말라는 완전한 참회의 힘을 통해 그가 저지른 모든 악업을 정화하고 아라한의 과보를 얻었다.[26] 용수보살의 『친우서』에 이런 말이 있다.

> 자기 자신을 다스리는 힘이 부족한 사람이라도
> 이후 깨어 있는 마음을 갖추게 되면
> 환한 달이 구름을 벗어나는 것과 같네.
> 난다, 앙굴리말라, 아쟈따샤뜨루, 우다야나가 그랬네.

ii) 해독제의 힘: 악업에 대한 완전한 해독제는 선업이다. 그리하면 번뇌가 소진된다. 『대승아비달마집론』에 이런 말이 있다.

> 악업으로 인한 업보를 상쇄하려면 해독제를 사용하라. 비록 악업을 지었다 해도 그 과보는 해독제의 힘을 통해 다른 것으로 전환될 수 있다.

『여래장경如來藏經』(*Treasury of the Thus-gone One*)에 이런 말이 있다.

> 공성에 관한 명상 수행을 통해 악업을 정화하라.

『금강경金剛經』에 이런 말이 있다.

---

26 앙굴리말라 이야기는 이 책의 부록 2. 「본문에 나온 사람들의 이야기」에 소개되어 있다.

심오한(공성을 다루는) 경전을 읽으면 악업이 정화된다.

『삼매야왕경三昧耶王經』(Establishing the Three Primary Commitments)과 『선군청문경善軍請問經』(Subahu-Requested Sutra)에 이런 말이 있다.

비밀의 진언을 암송하면 악업이 정화된다.

『화적다라니경花積陀羅尼經』(Flower Heap Sutra)에 이런 말이 있다.

여래의 사리탑에 공양을 올리면 악업이 정화된다.

(『여래장경』의)「여래신상품如來身相品」(Sutra-chapter on the Body of the Thus-gone One)에 이런 말이 있다.

악업은 불상 제작을 통해 정화되고, 더욱이 선업에 대한 수행자의 열의에 따라 가르침을 듣고, 경전을 읽고, 경전을 사경하고 하면 악업이 정화된다고 한다.

『비나야毗奈耶』(Discourse on Discipline) 중에 이런 게송이 있다.

악업을 저지른 사람은
선업으로써 그를 정화하면
해와 달이 구름을 제치고 나오듯이
이 세상에서 빛을 발할 수 있네

수행자는 본인이 지은 악업만큼 선업을 행해야 한다고 생각할 수 있다. 하지만 꼭 그렇지는 않다. 『대반열반경』에 이런 말이 있다.

심지어 한 가지 선행으로도 많은 악업을 소멸한다.

그리고 말한다.

예를 들어 작은 금강저가 커다란 산을 가르듯이,
작은 불이 온 초원을 다 태우듯이, 소량의 독이
중생들을 죽이듯이, 마찬가지로 작은 선행이 큰 악업을
정화한다. 그러므로 선업을 위해 노력하는 것이 중요하다.

『금광명경金光明經』에 이런 말이 있다.

천 겁 동안
지독한 악업을 행한 사람도
한 번 참회함으로써
악업을 완전히 정화하리라.

해독제에 의한 악업의 완전한 정화를 이렇게 설명해 보자. 어떤 사람이 더러운 늪에 빠졌더라도 그곳을 빠져나온 후에 깨끗이 목욕을 하고 몸에 향유를 뿌렸다면 몸이 청정하고 향기로울 것이다. 옛적에 자기 어머니를 죽였던 우다야나는 완전한 해독제의 힘을 수행하여 자신의 악업을 씻고 천계에 다시 태어나 예류과를 얻었다.[27] 그래서 이런 말이 있다.

> 자기 자신을 다스리는 힘이 부족한 사람이라도
> 이후 깨어 있는 마음을 갖추게 되면
> 환한 달이 구름을 벗어나는 것과 같네.
> 난다, 앙굴리말라, 아쟈따샤뜨루, 우다야나가 그랬네.

iii) 결심의 힘: 지금 지은 업이 미래에 숙성하는 것을 두려워하여 우리는 악업을 행하지 않는다. 『입보리행론』에 이런 말이 있다.

> 세상을 선도하시는 모든 부처님들께 탄원하노니
> 저의 악업과 부정을 받아주소서.
> 이것들이 선하지 않은 일이므로
> 앞으로 저는 이런 일을 하지 않겠나이다.

모든 악업은, 마치 위험한 강의 흐름을 돌려놓듯이, 결심의 힘에 의해 정화된다. 옛적에 어떤 여자에게 매우 애착하는 악업을 행한 난다는 결심의 힘을 통해 모든 악업을 정화하고 아라한의 과보를 얻었다.[28] 이런 말이 있다.

> 자기 자신을 다스리는 힘이 부족한 사람이라도

---

27 우다야나 이야기는 이 책의 부록 2. 「본문에 나온 사람들의 이야기」에 소개되어 있다.
28 난다 이야기는 이 책의 부록 2. 「본문에 나온 사람들의 이야기」에 소개되어 있다.

이후 깨어 있는 마음을 갖추게 되면
환한 달이 구름을 벗어나는 것과 같네.
난다, 앙굴리말라, 아쟈따샤뜨루, 우다야나가 그랬네.

iv) 귀의의 힘: 귀의의 힘은 삼보에 귀의하고 보리심을 닦는 것이다. 삼보에 귀의하여 악업을 정화하는 것은 『금강해모해오속金剛亥母解悟續』(Expression of the Realization of Sukari)에 언급되어 있다.

붓다에 귀의하는 자는
삼악도에 태어나지 않을 것이다.
인간의 몸을 버림으로써
천신의 몸을 얻을 것이다.

『대반열반경』에 이런 말이 있다.

삼보에 귀의함으로써
두려움 없는 마음을 이루리라.

보리심을 닦아 악업을 정화하는 것은 『보수장엄경』에 언급되어 있다.

보리심은 악업을 땅속에 묻어버리듯이 다 없애버린다. 겁말劫末의 불처럼 모든 허물을 다 태워버린다.

『입보리행론』에 이런 말이 있다.

비록 내가 극악한 죄를 저질렀다 해도
두려울 때 용맹한 남자에게 의지하는 것처럼
보리심에 나를 맡긴다면 곧 해탈을 얻을 것이다.
그러니 지각 있는 사람이라면 어찌 이에 귀의하지 않으랴?

따라서 귀의의 힘은 힘 있는 사람에 의해 보호받듯이, 또는 진언에 의해 독이 축출되듯이 모든 악업을 정화한다. 옛적에 아버지를 죽인 악업을 저지른 아쟈따샤뜨루는 귀의의 힘을 닦아 악업을 정화하고 보살이 되었다.[29] 그래서 이런 말이 있다.

자기 자신을 다스리는 힘이 부족한 사람이라도
이후 깨어 있는 마음을 갖추게 되면
환한 달이 구름을 벗어나는 것과 같네.
난다, 앙굴리말라, 아쟈따샤뜨루, 우다야나가 그랬네.

한 가지 힘으로도 이렇게 악업이 정화될 수 있는데 하물며 네 가지 힘(참회, 해독제, 결심, 귀의)을 다 합치면 어찌 정화되지 않겠는가? 악업이 정화되었다는 징후는 꿈에 나타난다. 『준제다라니경准提陀羅尼經』(*Invoking Dharani*)에 이런 말이 있다.

만약 다음과 같은 것들을 꿈속에서 본다면 그것은 우리가 악업을
정화했다는 징후이다. 나쁜 음식을 토하거나, 흰 요구르트, 우유

---

[29] 아쟈따샤뜨루 이야기는 이 책의 부록 2, 「본문에 나온 사람들의 이야기」에 소개되어 있다.

등을 마시거나, 해와 달을 보거나, 하늘에서 걷거나, 불을 보거나, 들소와 검은 옷을 입은 사람을 정복하거나, 비구와 비구니가 모인 것을 보거나, 젖이 나오는 나무, 황소, 산, 사자좌, 대저택에 오르거나, 가르침을 듣는 것 등.

이로써 악업에 대한 정화 수행의 설명을 마친다.

c) 선업에 기뻐하기: 공덕 중생이 과거, 현재, 미래에 축적한 모든 선업은 기뻐하기(隨喜) 명상의 대상이다. 더욱이 다음과 같은 것들에 대해 기뻐하는 즐거움에 대해 사유해보라.

과거 시방에서 출현한 수많은 부처님들이 처음 보리심을 닦을 때부터 시작하여 완전한 깨달음을 이룰 때까지 두 가지 자량을 축적하고, 두 가지 장애를 정화하여 이룩한 모든 선근.
이들이 깨달음을 얻은 후 귀한 법륜을 굴려서, 모든 수행자가 열반에 들 때까지 이들을 성숙시켜 이룬 모든 선근.
그들이 반열반에 든 때부터 법의 가르침이 사라질 때까지 이룩한 모든 선근.
모든 보살들의 현신 사이 기간 중에 이룩한 모든 선근.
지금까지 출현한 모든 고귀한 연각들이 이룩한 모든 선근.
지금까지 출현한 모든 고귀한 성문들이 이룩한 모든 선근.
평범한 사람들이 이룩한 모든 선근.

지금까지 축적된 이 모든 공덕들에 대해 기뻐하는 명상 수행을 하라.

마찬가지로 현재와 미래의 공덕에 대해 기뻐하라. 『입보리행론』에 이런 말이 있다.

> 나는 부처님의 깨달음에 대해 기뻐하고
> 또한 보살님들의 성취에 대해 기뻐하네.

이로써 기뻐하기 명상 수행에 대한 설명을 마친다.

d) 법륜을 굴려주시기를 청하기: 시방에는 법보에 대한 존경심을 일구기 위한 가르침을 펴지 않고, 법을 청하는 사람들에게 공덕을 축적하게 해주기 위한 가르침도 펴지 않는 부처님들이 다수 있다. 이들 부처님들에게 우리는 계속 탄원하고 가르침을 청해야 한다. 이런 말이 있다.

> 두 손을 합장하고 간절히 청하오니
> 시방에 계신 부처님들이시여
> 고통의 어둠 속에서 헤매는 이들에게
> 법의 등불을 비추어 주소서.

e) 반열반에 들지 않으시길 청하기: 시방의 많은 부처님들은 중생의 마음에서 영원(무상의 반대)이라는 견해를 버리도록 하고, 게으른 이들에게는 정진하도록 하기 위하여 반열반에 들 준비를 하고 있다. 이런 부처님들에게 우리는 반열반에 드시지 말 것을 청해야 한다. 『입보리행론』에 이런 말이 있다.

두 손 합장하고 청하오니
돌아가시려는 마음을 지니신 부처님들이시여
무수한 겁 동안 남아 계시오소서
이 세상을 어둠 속에 남겨두지 마소서.

이로써 법의 가르침을 청하고 반열반에 들지 마시기를 청하는 것에 대한 설명을 마친다.

f) 공덕을 회향하기: 과거에 쌓은 모든 선근을 중생의 고통을 없애고 그들의 행복을 가져오기 위해 회향하라. 이런 말이 있다.

그리하여 저의 모든 행을 통해
쌓은 공덕에 의해
모든 중생들의 고통이
완전히 소멸되길 기원하옵니다.

이렇게 회향하도록 한다. 이로써 보살계 수계의식에 대한 준비 과정 설명을 마친다.

② 실제 보살계 수계의식

보살계를 받는 방법은 『대승집보살학론』에 설명되어 있다. 문수보살이 허공왕虛空王으로 태어났을 때 뇌음왕불雷音王佛께 가서 원보리심의 계발에 대한 가르침을 받고, 동시에 보살계를 받았다. 마찬가지로 우리도 이 두 가지를 함께 받아야 한다. 이런 말이 있다.

시작도 없고 끝도 없는 윤회에서
처음부터 끝까지
중생을 위해 한없는 보살행을 하기 위하여
세존 앞에서
저는 보리심을 닦습니다. 등등.

이것을 세 번 반복하라.
또는 『입보리행론』에서 짧은 구절을 염송함으로써 보리심의 가르침을 받을 수도 있다.

이전의 부처님들께서
보리심을 일으키셨듯이
그리고 이분들이 계속하여
보살행에 머무셨듯이
모든 중생들을 위해
저도 보리심을 일으키고
마찬가지로 보살행을 계속하오리다.

이를 세 번 반복하라.
보리심을 닦고 보살계를 따로 받고 싶다면 이 구절들을 따로 염송하고 계를 받아라. 이로써 보살계 실제 수계 의식을 마친다.

③ **마감**
삼보에 감사하는 마음으로 공양을 올리고 지금까지 이룬 커다란 성취로

인한 큰 기쁨과 행복에 대해 명상하라. 이런 말이 있다.

> 분별지를 가진 사람은
> 크고 맑은 마음으로 보리심을 수지한다.
> 이를 더욱 성장시키기 위해 이런 식으로
> 그는 기뻐하며 자신의 마음을 고양시켜야 한다.

이렇게 샨띠데바(寂天) 전통의 보살계 수계의식을 준비, 실제 수계 의식, 그리고 마감으로 설명했다.

2) 법칭의 보살계 수계 전통

미륵보살이 설립하고 무착이 속한 법칭(法稱: Dharmakirti)의 전통은 두 단계로 나뉜다.

① 원보리심 수행
② 행보리심 계 수지

원보리심 수행은 세 단계로 나뉜다.

a) 준비
b) 실제 수계 의식
c) 마감

① 원보리심 수행
a) 준비: 원보리심 수행의 준비에는 세 가지 과정이 있다.

    i) 청하기
    ii) 공덕 쌓기
    iii) 특별 귀의

i) 보리심 수행을 청하기: 보리심을 닦고자 하는 제자는 자격 있는 스승에게 다가가서 절을 올린다. 스승은 가르침을 주고, 그 가르침을 통해 제자가 윤회를 여의고 모든 중생에 대한 큰 자비심을 일으키며, 보리심을 내게 하고, 삼보에 대한 확신을 키우며, 스승을 따르는 마음을 발전시키도록 한다. 이후 제자는 스승을 따라 다음을 제창한다. "제 말씀을 들어 주소서, 스승이시여! 높은 차원에 머무시는 이전의 붓다, 아라한, 완전한 부처님들과 보살님들이 먼저 위없는 완전한 보리심을 닦았으니, 마찬가지로 저 ○○○도 스승께 위없는 완전한 보리심을 닦도록 허락해 주실 것을 청하옵니다." 이것을 세 번 반복하라.

ii) 공덕 쌓기: 먼저 스승과 삼보에 절을 올린다. 그리고 삼보께 공양을 하되 자신이 구할 수 있는 것을 실제로 올리든지 또는 마음속에서 관상으로 온갖 공양을 올려라. 사미계는 계사에게서, 비구계는 승가에게서 받는 것이지만 두 가지 보리심은 공덕의 축적으로 얻는 것이다. 그러므로 부를 지닌 경우 약간만 공양하는 것으로는 충분치 않고 큰 공양을 올려야 한다. 이전 시대에 부유한 보살들은 큰 공양을 했다. 그들은 천만 개의 절을 보시한 후 보리심을 닦았다. 『현겁경賢劫經』(*Fortunate Eon Sutra*)에 이런 말이 있다.

잠린 왕 재위 시에 문시여래聞施如來는

일정불日頂佛께 천만 개가 넘는 절을 보시한 후

처음으로 보리심을 닦았다.

가진 재물이 적으면 적은 공양을 올려도 충분하다. 과거에 가진 재물이 거의 없는 보살들은 적은 공양을 올렸다. 풀잎 하나로 만든 등을 공양하여 그들은 보리심을 닦았다. 이런 말이 있다.

광명여래光明如來 재세 시에 무량광불無量光佛은

풀잎 하나로 만든 등을 공양한 뒤에

처음으로 보리심을 일으켰다.

또 만일 가진 재물이 없다면, 그것 때문에 슬퍼할 필요가 없다. 그저 삼배를 올리는 것으로 족하다. 이전 시대에 보살들은 삼배를 올리고 보리심을 닦았다. 이런 말이 있다.

공덕만여래功德鬘如來는

제단불濟旦佛 앞에서 삼배를 올린 뒤에

처음으로 보리심을 닦았다.

iii) 특별 귀의: 이것은 8장에서 설명한 것과 동일하다.

b) 원보리심 수행의 실제 의식: 스승은 제자에게 다음과 같이 지시를 한다. "공간이 있는 곳이면 어디든 중생이 있다. 중생이 있는 곳이면

어디든 번뇌가 있다. 번뇌가 있는 곳이면 어디든 악업이 있다. 악업이 있는 곳이면 어디든 고통이 만연하다. 고통받고 있는 이 중생들은 모두 이전에 나의 부모였고, 이 부모들은 우리에게 매우 친절했다. 이렇게 너에게 은혜를 베푼 부모가 윤회의 바다에서 허우적거리며 무수한 고통에 시달리고 있다. 이들을 보호해줄 사람은 전혀 없다. 고통이 너무도 커서 이들은 지쳐버렸고 미혹에 압도되어 있다. 그러므로 이들이 행복의 얼굴인 해탈을 만난다면 얼마나 좋을지를 생각해 보라. 이들이 고통을 벗어난다면 얼마나 좋을까." 이렇게 자애심과 자비심에 대해 잠시 사유해 보라.

더욱이 이렇게 사유해 보라. '지금 나는 모든 중생들을 유익하게 할 힘이 없다. 그러므로 모든 중생을 유익하게 하기 위해 나는 완전한 붓다라 불리는 사람, 모든 허물을 여의고 모든 성품을 완성했으며 모든 중생을 유익하게 할 수 있는 능력을 갖춘 존재의 경지를 증득해야 한다.' 이것을 유념하라.

그 다음에, 스승을 따라 다음을 제창하라. "시방의 불보살이시여! 들어주소서! 스승님들이시여! 들어주소서. 제 이름은 ○○○입니다. 제가 다른 생에서 보시와 지계, 선정 수행을 통해 쌓은 선근으로, 그것들을 저 자신이 직접 했거나 남들에게 그렇게 하게 했거나, 다른 이들의 선덕에 대해 제가 기뻐한 모든 다른 공덕으로 부처님들, 과거의 붓다, 아라한, 정등각, 세존들, 그리고 높은 경지에 머무시는 보살마하살들이 위없는 보리심을 닦았듯이, 저 ○○○는 지금부터 위없는 깨달음을 이룰 때까지 아직 건너지 못한 중생을 구제하기 위해, 아직 풀려나지 못한 중생을 풀려나게 하기 위해, 아직 숨을 찾지 못한 사람이 숨을 내뱉도록 하고, 아직 완전한 열반을 얻지 못한 사람이 완전한 열반을 얻도록 하기 위해 위없는 보리심을 닦겠습니다." 이렇게 세 번을 반복한다.

'아직 건너지 못한 중생'이란 지옥, 아귀, 축생계에 살며 고통의 바다를 아직 건너지 못한 중생을 말한다. '구제하다'는 것은 삼악도의 고통에서 해방시켜 인간계와 천상계의 높은 영역에 살게 한다는 뜻이다.

'아직 풀려나지 못한 중생'이란 번뇌라는 쇠사슬에서 풀려나지 못한 인간계와 천상계의 중생들을 말한다. '풀려나다'는 이들이 번뇌에서 풀려나 확실히 선 안에 거하게 함으로써 해탈의 상태를 얻게 한다는 의미다.

'숨을 찾지 못한 사람'은 대승의 '숨'을 찾지 못한 성문과 연각가족을 의미한다. '숨을 내뱉도록'은 위없는 보리심을 닦아 보살 십지를 증득함으로써 대승의 견해와 행동에 따라 자신들의 숨을 내뱉은 분들을 의미한다.

'완전한 열반을 얻지 못한 사람'은 무주열반을 얻지 못한 보살을 의미한다. '완전한 열반을 얻다'는 이들 보살이 모든 보살도와 보살지를 다 통과하여 완전한 열반을 얻는다는 것, 성불한다는 뜻이다.

'얻는다'는 모든 필요한 행동을 다 완수하기 위해 깨달음을 얻겠다는 굳은 마음을 먹는 것이다.

c) 원보리심 수행의 마감: 이런 위대한 공덕을 성취하고 나면 수행자는 큰 환희심을 가지고 큰 행복에 대해 명상해야 한다. 또한 모든 수행에 대한 설명을 들어야 한다. 이렇게 마음을 닦은 사람을 보살이라 부른다. 이는 모든 중생을 유익하게 하기 위해 깨달음을 얻겠다는 마음을 가지는 것을 말하며, 깨달음을 이룬 후 모든 중생을 해탈시키겠다는 마음을 갖는 것이며, 마음을 깨달음과 중생에 둠과, 이 목적을 위해 위대한 전사의 마음과 불굴의 용기를 가짐을 의미한다.

이로써 원보리심 수행의 의식을 마친다.

② 행보리심 계 수지
행보리심 계 수지에는 세 단계가 있다.

    a) 준비
    b) 실제 수계 의식
    c) 마감

a) 행보리심 계 수지의 준비: 준비에는 열 단계가 있으니, 간청, 흔한 장애에 대해 묻기, 다양한 파계의 설명, 파계의 허물 설명, 수계의 공덕 설명, 공덕 쌓기, 흔하지 않은 장애에 대해 묻기, 격려, 특별한 이타심 계발하기, 간단한 수행 설명이다.

b) 행보리심 계 수지의 실제 수계 의식: 제자는 계를 받겠다는 마음을 닦아야 한다. 스승은 귀한 제자의 이름을 부르고 다음과 같이 묻는다. "과거의 모든 보살들의 수행기반과 그들의 계율, 미래의 모든 보살들의 수행기반과 그들의 계율, 현재 이런 수행기반에서 수행하고 있는 시방세계에 머무는 모든 보살들의 수행기반과 그들의 계율(모든 계율은 자제의 계율, 공덕 쌓기의 계율, 중생을 유익하게 하는 계율), 이런 계율들을 그대는 ○○○라는 이름을 가진 보살인 나로부터 받겠는가?" 이 질문을 세 번 하고, 제자는 "네, 받겠습니다"를 세 번 한다.

c) 행보리심 계 수지의 마감: 마감에는 6단계가 있다. 고지告知를 하고,

일체지의 단계로 들어가는 것의 이득을 설명하고, 계율을 임의로 발설하지 말 것을 경고하고, 수행을 간단히 설명하여 제자에게 이해시키고, 감사 공양을 올리고, 공덕을 회향하는 것이다.
　이로써 행보리심 계 수지에 대한 설명을 마친다. 이것은 법칭의 전통이다.

8. 보리심 수행의 유익한 결과
보리심 수행에는 두 가지 이득이 있다.

　　1) 셀 수 있는 이득
　　2) 셀 수 없는 이득

1) 보리심 수행의 셀 수 있는 이득
여기에는 두 가지가 있다.

　　① 원보리심 수행의 이득
　　② 행보리심 수행의 이득

① 원보리심 수행의 이득
여기에는 8가지가 있다.

　　a) 대승으로 들어간다.
　　b) 모든 보살 수행의 기반이 된다.
　　c) 모든 악업이 근절된다.

d) 위없는 깨달음이 뿌리내린다.

e) 무한한 공덕을 얻는다.

f) 모든 부처님들이 흡족해한다.

g) 모든 중생에게 유익한 사람이 된다.

h) 완전한 깨달음을 빠른 시간 안에 증득한다.

a) 수행자가 아직 위없는 보리심을 닦지 않았다면 비록 수승한 행동을 한다 해도 대승가족의 일원으로 간주될 수 없다. 대승가족의 일원이 아니면 성불을 할 수 없다. 하지만 위없는 보리심을 닦은 사람은 대승가족으로 들어간다. 『보살지지경』에 이런 말이 있다.

　　보리심을 닦은 직후에 수행자는 위없는 깨달음인 대승으로 들어간다.

b) 수행자에게 '발원'이라 불리는 성불하려는 마음이 없다면 보살 수행을 구성하는 세 가지 계율(자제의 계율, 공덕 쌓기의 계율, 중생을 유익하게 하는 계율)을 닦을 기반이 없다. 성불하려는 마음이 있을 때 이 세 가지 계율은 닦여지고 유지된다. 그러므로 이 마음이 수행의 근간이 된다. 『보살지지경』에 이런 말이 있다.

　　마음을 닦는 것이 보살 수행의 근간이 된다.

c) 악업의 해독제는 선업이고, 보리심은 모든 선업 중에 가장 수승하다. 그러므로 해독제의 성품은 그 반대인 모든 악업을 소멸하는 것이다.

『입보리행론』에 이런 말이 있다.

> 겁말에 일어나는 불처럼
> 그것은 모든 큰 악업을 즉시 소멸한다.

d) 중생의 마음―상속(흐름)은 땅과 같다. 자애와 자비라는 습기로 젖어 있고 보리심의 씨앗이 심어지면, 37개의 깨달음의 가지(37조도품)가 자라고, 완벽한 성불의 열매가 익어, 중생을 위한 모든 해탈과 행복이 일어난다. 그러므로 보리심을 닦으면 성불의 뿌리가 심어진다. 『보살지지경』에 이런 말이 있다.

> 마음을 닦는 일은 위없는 완전한 깨달음의 뿌리다.

e) 무한한 공덕을 쌓는 것은 『시덕장자청문경』에서 이렇게 설명하고 있다.

> 보리심의 공덕,
> 만일 그 공덕에 눈에 보이는 형태가 있다면
> 모든 허공을 완전히 채우고도
> 남으리라.

f) 모든 붓다가 흡족해한다는 것은 『시덕장자청문경』에서 이렇게 설명하고 있다.

갠지스 강의 모래알이 많듯이
모든 부처들의 세계 또한 그러하다.
한 사람이 그 세계를 보석으로 가득 채워
그 많은 보석을 여래들에게 다 공양 올린다 해도
다만 두 손을 합장하고
보리심을 닦는 것이
훨씬 더 수승한 공양이다.
이 공양은 한이 없다.

g) 모든 중생에게 유용하게 되는 것은『보수장엄경』에서 이렇게 말한다.

그것은 온 세상에 대한 유용성의 근간과도 같다.

h) 완전한 깨달음의 빠른 성취는『보살지지경』에 이렇게 설명되어 있다.

보리심을 닦을 때 수행자는 윤회와 열반이라는 양극단에 머물지 않는다. 수행자는 빠르게 완전한 깨달음을 이룰 것이다.

② 행보리심 수행의 이득
행보리심 수행에는 10가지 이득이 있다. 앞서 설명한 8가지에 더하여 다음이 추가된다.

a) 자기 자신의 이득이 연속하여 일어나고

b) 남들의 이득도 다양한 방식으로 일어난다.

a) 행보리심 수행은 선행하는 원보리심 수행과는 다르다. 공덕의 연속적 힘이 수행자가 잠을 자든, 의식이 없든, 자각력이 부족하든 항상 일어나기 때문이다. 『입보리행론』에 이런 말이 있다.

그 시간 이후부터는
잠자는 동안이나 무관심한 동안에도
허공 같은 공덕의 힘이
영원히 일어날 것이다.

b) 남들의 이득이 다양하게 일어난다는 것은 모든 중생의 고통이 소멸되고 그들이 행복 안에서 머문다는 의미이며, 번뇌가 단절된다는 것이다. 『입보리행론』에 이런 말이 있다.

행복을 빼앗기고
많은 슬픔의 짐을 진 사람에게
행보리심은 모든 기쁨으로 만족시키고
모든 고통을 쫓아버리고
혼란을 없애준다네.
어디에 이에 견줄만한 선덕이 있을까?
어디에 그만한 도반이 있을까?
어디에 이에 버금가는 공덕이 있을까?

2) 보리심 수행의 셀 수 없는 이득

둘째, 보리심 수행의 '셀 수 없는 이득'은 이 시간부터 수행자가 붓다가 될 때까지 생기는 모든 좋은 성품을 의미한다. 그러므로 셀 수가 없는 것이다.

9. 보리심을 잃는 것의 단점

약해지는 보리심에는 세 가지 허물이 있다. 첫째, 이 허물로 인해 삼악도로 가게 된다. 둘째, 이 허물로 인해 남들을 유익하게 해주지 못한다. 셋째, 이 허물로 인해 보살지를 증득하는 데 오랜 시간이 걸린다.

첫째, 닦은 마음을 약하게 하여 계를 파기하는 것은 모든 중생을 속이는 것이다. 그 과보가 숙성하면 삼악도에 태어나게 된다. 『입보리행론』에 이런 말이 있다.

> 그런 약속을 해놓고
> 행동에 옮기지 않는다면
> 모든 중생을 속이는 일이 되니
> 어떤 탄생의 과보를 받을까?

둘째, 이런 허물을 가지고는 남을 도울 수 없다. 그래서 이런 말이 있다.

> 그런 일이 만약 일어난다면
> 모든 사람의 행복이 약해지기 때문이다.

셋째, 보살지를 증득하는 데 오랜 시간이 걸릴 것이다. 이런 말이 있다.

> 그러므로 보리심의 힘을 가진 동시에
> 보리심을 잃어버리는 힘을 가진 사람은
> 윤회의 세계를 오랫동안 떠돌며
> 보살지 도달에 장애를 겪는다네.

10. 보리심을 잃는 원인

닦은 보리심을 잃는 데는 두 가지 방식이 있으니 원보리심과 행보리심을 각각 잃어버리는 원인이다.

원보리심을 잃는 원인으로는 중생을 저버리고, 네 가지 악업을 하고, 선과 조화하지 못하는 악한 마음을 일으키는 것이다. 행보리심의 계를 잃는 원인은 『보살지지경』에 설명되어 있다.

> 무거운 번뇌로 인해 보리심을 잃게 만드는 악업을 저지를 경우에는 4가지 유형이 있다. 보통 악업과 작은 악업은 그저 불명예스러운 일에 불과하다.

『보살계이십송菩薩戒二十頌』(*Twenty Precepts*)에 이런 말이 있다.

> 게다가 원보리심을 잃어버리면 행보리심이 파괴된다.

『결택계섭론抉擇戒攝論』(*Collection of Complete Establishment*)[30]에 이

런 말이 있다.

보살계를 파괴하는 4가지 원인이 있다. 그중 두 가지는 수행을 그만두는 것과 잘못된 견해를 갖는 것이다.

산띠데바(寂天)는 말했다.

조화롭지 못한 마음을 일으키는 것도 계를 파괴하는 것이다.

11. 보리심을 회복하는 방법

원보리심을 잃어버리면 그 마음을 다시 잡음으로써 회복될 수 있다. 원보리심을 잃어버림으로써 행보리심 계를 파괴하였다면 원보리심을 회복함으로써 행보리심도 자동적으로 회복된다. 다른 원인으로 계를 파괴하였다면 계를 다시 받아야 한다. 4가지 악업을 하는 경우, 보통 악업과 작은 악업을 저질렀으면 참회를 하는 것으로 충분하다. 『보살계이십송』에 이런 말이 있다.

계를 잃으면 다시 받으면 된다. 보통 번뇌로 계를 잃으면 세 명의 보살 앞에서 참회를 한다. 나머지 경우는 모두 한 분 앞에서 참회한다. 번뇌든 아니든 자신의 마음이 증인이 되어야 한다.

---

30 한역대장경 『유가사지론瑜伽師地論』「결택섭분決擇攝分」에 해당한다.

제10장
원보리심 수행

12. 닦기

보리심을 닦은 후에는 두 가지 수행이 필요하다.

1) 원보리심 수행
2) 행보리심 수행

1) 원보리심 수행

이렇게 요약된다.

첫째, 중생을 마음속에서 저버리지 않고,
둘째, 보리심의 유익한 과보를 기억하며,
셋째, 두 가지 자량을 축적하고,
넷째, 보리심을 되풀이해서 수행하고,
다섯째, 네 가지 선업을 받아들이고 네 가지 악업을 여의는 것—

이 다섯 가지가 원보리심 수행을 구성한다.

첫째는 보리심을 잃지 않는 방법이다. 둘째는 보리심이 약화되지 않는 방법이다. 셋째는 보리심을 강화하는 방법이다. 넷째는 보리심을 심화하는 방법이다. 다섯째는 보리심을 잊지 않는 방법이다.

① 중생을 마음속으로 저버리지 않는 것
첫째, 마음속에서 중생을 저버리지 않는 수행은 보리심을 잃어버리지 않게 하는 방법이다. 『아나바달다용왕청문경』에 이런 말이 있다.

> 보살이 한 가지 성품을 잃지 않을 때 붓다의 모든 수승한 성품을 다 가지고 있는 것과 마찬가지다. 그 한 가지 성품이란 무엇인가? 마음속으로 그 누구도 저버리지 않는 마음이다.

예를 들어 누군가 나에게 불친절하게 대하여, 내가 그에게 거리를 두고 멀어져 그를 염려하는 마음이 없다 하자. 미래에 그 사람을 도울 일이 있다 해도 나는 돕기를 거부할 것이다. 그를 다치지 않게 보호해야 할 시간이 온다 해도 나는 보호를 거부할 것이다. 이를 일러 '중생을 버린다'고 말한다.

'중생을 버린다'는 것은 무슨 의미인가? 그것은 모든 중생인가, 단 한 명의 중생인가? 성문가족이나 연각가족조차도 모든 중생을 버리진 않을 것이며, 매나 늑대도 그리하진 않을 것이다. 그러므로 수행자가 단 한 명의 중생이라도 버리고 난 후 4시간 안에 해독제를 사용하지 않는다면 보리심을 잃어버리게 된다. 보살이라고 불리면서, 다른 수행까지 하면서 중생을 마음속에서 버리는 것은 말이 안 된다. 비유컨대 이것은 외동아들을 죽이고 그를 위해 재물을 축적하는 것과 같다.

물론 자신에게 유익하게 하는 이들에게 이런 마음을 버리진 않겠지만, 자신을 해하는 이들에게는 이런 마음을 포기할 위험이 있다. 특히 그런 사람들을 향해 우리는 자비심을 기르고 그들을 이롭게 하고 행복을 주기 위해 노력해야 한다. 이것이 고귀하신 분(붓다)의 전통이다. 이런 말이 있다.

선행에 대한 보답을 악업으로 받을 때도
수행자는 여전히 대자비심으로 대해야 한다.
이 세상의 수승한 분들은
악업을 선업으로 갚는다.

② 보리심의 유익한 과보를 기억하기

둘째, 보리심의 유익한 과보를 기억하는 수행은 보리심이 약해지지 않게 하는 방법이다. 『보리도등론』에 이런 말이 있다.

원보리심을
닦는 성품에 대해서는
『보수장엄경』에서
미륵보살이 설명했다.

위의 경전에서 보리심의 유익한 과보는 약 230개의 비유를 통해 설명되었다. 이 모든 이득은 4가지 범주로 요약되었다. 그러므로 "오!

고귀한 가문의 사람이여! 보리심은 모든 붓다들의 성품의 씨앗과도 같다. 그리고 보리심은 북방의 다문천왕처럼 모든 가난을 한꺼번에 쫓아버린다" 등은 자기 자신을 위한 좋은 과보를 가리킨다.

"보리심은 모든 윤회중생들을 피난처처럼 보호하고", "모든 중생을 먹여 살리는 땅과 같다" 등은 남들을 위한 이득을 가리킨다.

"보리심은 번뇌라는 모든 적을 물리치므로 창과 같다"와 "보리심은 도끼처럼 고통의 나무를 완전히 자른다" 등은 불리한 조건들을 잘라버리는 이득을 가리킨다.

"보리심은 보병寶甁처럼 모든 발원을 이루어주고", "귀한 여의주처럼 모든 소원을 이루어준다" 등은 모든 유리한 조건들을 만드는 이득을 가리킨다.

이렇게 하여 모든 공덕을 다 회상하면 귀한 보리심을 매우 소중하게 여길 것이다. 이렇게 수행할 때 보리심은 약해지지 않고 꾸준히 지속된다. 그러므로 수행자는 이 모든 공덕들을 계속하여 상기해야 하며, 적어도 4시간마다 한 번은 상기해야 한다.

③ 두 가지 자량 쌓기
셋째, 두 가지 자량을 쌓는 수행은 보리심의 힘을 증대시키는 방법이다. 『보리도등론』에 이런 말이 있다.

　　공덕과 지혜를 쌓는 것이
　　완성(究竟)의 원인이다.

'공덕의 축적(功德資糧)'은 방편과 관련된 10가지 선업, 4가지 축적

방법 등을 말한다. '지혜의 축적(智慧資糧)'은 지혜와 관련된 이런 수행들이 삼륜(행위자, 행위의 대상, 행위)으로부터 완전히 벗어난 것으로 인식하는 것(三輪淸淨)을 가리킨다. 이렇게 해서 두 가지 자량의 축적은 마음속에 보리심의 힘을 정착시킨다. 그러므로 언제나 두 가지 자량을 축적하라. 짧은 진언을 한 번만 염송하는 것으로도 두 가지 자량을 축적할 수 있다. 그러니 이 수행은 적어도 4시간마다 한 번은 해야 한다.『보리자량론菩提資糧論』(*Speech to an Assembly*)에 이런 말이 있다.

> 오늘은 어떤 방법으로
> 공덕과 지혜를 쌓을까?
> 어떻게 중생을 위할까?
> 보살은 늘 이런 생각을 해야 한다.

④ 보리심을 반복 수행하기
넷째, 보리심을 반복 수행하는 것은 보리심을 심화하는 방법이다.『보리도등론』에 이런 말이 있다.

> 원보리심을 일으킨 후에는
> 그것을 심화하기 위해 정진해야 한다.

여기에는 세 가지가 있으니 깨달음의 원인이 되는 마음을 수행하고, 실제 깨달음의 마음을 수행하고, 깨달음의 행동의 마음을 수행하는 것이다. 이 세 가지를 수행하면 보리심이 깊어진다.
첫째를 위해서는, 모든 중생에 대한 자애심과 자비심을 적어도 4시간마다 한 번씩 꾸준히 닦아라.

　실제 깨달음의 수행은 중생을 위해 깨달음을 얻겠다는 마음이다. 이를 낮과 밤에 각각 세 번씩 사유하라. 보리심 수행의 자세한 의식을 행하거나 최소한 다음 구절을 4시간마다 한 번씩 반복하라.

　　깨달음을 이룰 때까지 저는 불·법·승 삼보에 귀의합니다. 보시바라밀 및 여타 선업의 공덕으로 제가 모든 중생을 위해 깨달음을 얻게 하소서!

　깨달음의 행동의 마음에는 두 가지가 있으니, 남들을 위하는 마음을 닦는 것과 자기 자신의 마음을 정화하고자 닦는 것이다. 첫째, 다른 중생의 이익과 행복을 위해 나의 몸과 재물, 과거 현재 미래의 모든 선업을 회향하고 주는 마음을 닦는다. 둘째, 자신의 마음을 깨끗이 하는 수행을 한다. 언제나 자신의 계율 수행을 지켜보고 악업을 삼가고 번뇌에 물들지 말라.

⑤ 4가지 악업의 거부와 4가지 선업의 수용

다섯째, 4가지 악업을 거부하고 4가지 선업을 수용하는 수행은 보리심을 잊지 않게 하는 방법이다. 『보리도등론』에 이런 말이 있다.

　　다른 생에서도 보리심을 기억할 수 있으려면
　　설명을 유념하여 이 수행을 온전히 보호해야 한다.

　이 수행은 어디에 설명되어 있나? 『가섭청문경迦葉請問經』(*Kashyapa*

-Requested Sutra)³¹에 이런 말이 있다.

네 가지 악업을 말하노라. 가섭이여! 다음 4가지 성품을 가진 보살은 보리심을 잊으리라. 그 네 가지는 무엇인가? 간단히 요약하면, 첫째 스승과 공양 받아야 할 분들을 기만하는 것, 둘째 후회가 합당치 않은 상황에서 남들이 후회하도록 만드는 것, 셋째 미움으로 인해 보리심을 닦은 보살에 대해 부적절한 말을 하는 것, 넷째 중생을 기만하는 행동을 하는 것이다.

4가지 선업 또한 이렇게 설명되어 있다.

가섭아! 다음 4가지 성품을 가진 보살은 다른 생에서도 태어나자마자 깨달음의 정수를 얻을 때까지 보리심을 기억할 것이다. 이 네 가지는 무엇인가? 간단히 말해서, 첫째 자신의 생명이 위험하다 할지라도 고의로 거짓말을 하지 않는 것, 둘째 모든 중생에게 선업이, 특히 대승가족의 선업이 자리하게 하는 것, 셋째 보리심을 닦은 보살들을 붓다로 보고 그들의 성품을 시방에 분명히 알리는 것, 넷째 모든 중생에 대한 이타적 태도를 진심으로 유지하는 것이다.

첫 번째 악업의 설명: 수행자가 불순한 마음으로 거짓말을 하여 스승과 주지스님, 공양 받으실 만한 분들을 기만했을 때, 이분들이 거짓말임을 알든 모르든, 이분들이 흡족하든 않든, 거짓말이 크든 작든,

---

31 한역대장경 『대보적경大寶積經』「보명보살회제십삼普明菩薩會第十三」에 해당한다.

이분들이 속았든 속지 않았든, 4시간 내에 해독제를 즉시 사용하지 않는다면 수행자의 보리심은 상실된다. 이 경우 첫 번째 선업이 바로 그 해독제이다. 비록 목숨이 위태롭다 해도 고의로 거짓말을 하지 말라.

두 번째 악업의 설명: 선업을 행한 사람이 그 선업을 후회하도록 만들려는 수행자는 그 선행자가 실제로 후회를 하든 않든 4시간 안에 해독제를 사용하지 않는 경우 보리심을 잃는다. 이 경우 두 번째 선업이 그 해독제이다. 모든 중생들이 선업 안에 머물도록, 특히 대승의 선업 안에 거하도록 하라.(첸가와Chen-ngawa 및 차율와Chayulwa는 대승의 선업을 구체적으로 설명했다. 갸욘닥Gyayondak은 대승행이나 소승행이나 상관없다고 했다. 예를 들어 보시행의 경우, 주는 방식이 선업이라 해도 내일 배가 고파 구걸하러 가는 등을 하면 후회를 야기할 수 있다.)

세 번째 악업의 설명: 미움으로 인해, 보리심을 닦은 사람에게 부적절한 말을 사용하면 보통 허물을 말했든 법의 허물을 말했든, 직접 말했든 간접적으로 말했든, 구체적으로 말했든 대충 말했든, 부드럽게 말했든 거칠게 말했든, 그들이 그 말을 들었든 안 들었든, 그들이 흡족해하든 않든, 4시간 안에 해독제를 사용하지 않으면 보리심을 잃는다. 이 경우 세 번째 선업이 그 해독제이다. 보리심을 닦는 보살들을 붓다로 보고 이들의 선업을 시방에 알리도록 노력하라.

네 번째 악업의 설명: 기만하는 마음으로 중생에게 사기를 쳤을 때, 그가 그 사실을 알았든 몰랐든, 그것이 해를 초래했든 말든, 4시간 안에 해독제를 사용하지 않으면 보리심을 잃어버린다. 이 경우 네 번째 선업이 그 해독제이다. 모든 중생에 대한 이타심을 유지하고 자기 자신의 이익은 생각지 말고 남들을 위하기를 발원하라.

제11장
행보리심 수행

2) 행보리심 수행

행보리심 수행에는 세 가지(삼학三學)가 있으니 수승한 계율(계학戒學), 수승한 생각(정학定學), 수승한 지혜(혜학慧學)가 그것이다. 『보리도등론』에 이런 말이 있다.

> 행보리심의 계를 지키고
> 계학의 세 바라밀을 잘 닦으면
> 세 바라밀에 대한 헌신이 커지리라.

보시바라밀, 지계바라밀, 인욕바라밀은 계학을 닦는 것이다. 선정바라밀은 수승한 생각(정학)을 닦는 것이다. 지혜바라밀은 혜학을 닦는 것이다. 정진바라밀은 이 삼학을 모두 뒷받침한다. 『대승장엄경론』에 이런 말이 있다.

삼학에 관하여
여래는 육바라밀을 설했네.
보시, 지계, 인욕바라밀은 첫 번째 공부에 속하고
선정, 지혜바라밀은 마지막 두 가지 공부에 속하고
정진바라밀은 세 가지 공부에 다 속하네.

그러므로 요약하면 다음과 같다.

보시바라밀, 지계바라밀, 인욕바라밀,
정진바라밀, 선정바라밀, 지혜바라밀 —
이 여섯 가지가 행보리심 수행을 구성한다.

『선군청문경』에 이런 말이 있다.

선비善臂여! 보살마하살이 깨달음을 빨리 이루려면 육바라밀을 완성하는 일에 꾸준히 힘써야 한다. 육바라밀이란 무엇인가? 바로 보시, 지계, 인욕, 정진, 선정 및 지혜바라밀이다.

먼저 육바라밀을 간단히 설명하고 나서 개개의 바라밀에 대한 세세한 설명을 하겠다.
간단한 설명은 다음과 같이 요약된다.

분명한 숫자, 분명한 순서,
네 가지 특성, 육바라밀의 정의,

세분細分, 그리고 대분大分 —
이 여섯 요소가 육바라밀을 구성하네.

① 분명한 숫자

육바라밀은 일시적으로 높은 상태를 얻게 하는 세 가지와 분명한 공덕을 주는 세 가지로 나뉜다. 일시적으로 높은 위상을 얻게 하는 세 가지는 재물에 대해 수행하는 보시바라밀, 몸에 대해 수행하는 지계바라밀, 주변 사람들에 대해 수행하는 인욕바라밀이다. 분명한 공덕을 주는 세 가지는 선업을 키워주는 정진바라밀, 적정(사마타)을 가능케 하는 선정바라밀, 특별한 통찰지(위빠사나)를 얻게 하는 지혜바라밀이다. 『대승장엄경론』에 이런 말이 있다.

수승한 재물과 수승한 몸,
그리고 수승한 주변 환경은
일시적인 높은 위상을 위한 것이다.

② 분명한 순서

육바라밀은 마음속에서 계발되는 순서대로 구성되어 있다. 보시바라밀의 수행을 통해 물질적 이익에 마음 쓰지 않고 청정한 계율을 받아들인다. 이렇게 지계바라밀을 지니고 나면 인욕바라밀을 갖게 된다. 인욕바라밀이 있을 때 정진바라밀에 힘쓸 수 있다. 꾸준히 정진을 하면 선정바라밀을 얻게 된다. 선정에 들어 있을 때 모든 현상의 성품을 완전히 깨달아 지혜바라밀을 얻게 된다.

혹은, 낮은 것에서 높은 것의 순서로 설명한다고 할 수도 있다.

낮은 것을 먼저 설명하고 높은 것을 나중에 설명하는 것이다. 또는 거친 차원에서 미세한 차원으로 나아가는 것이라고 말할 수도 있다. 좀 더 거친 차원이나 따르기 쉬운 것을 먼저 설명하고 미세하거나 따르기 어려운 것을 나중에 설명하는 것이다.『대승장엄경론』에 이런 말이 있다.

> 두 번째 바라밀은 첫 번째 바라밀을 기반으로 하여 일어난다.
> 거하는 곳이 높거나 낮기 때문에
> 성품이 미세하거나 거칠기 때문에
> 그렇게 순서가 각기 있는 것이다.

③ 네 가지 특성

보살의 육바라밀은 각기 네 가지 특성을 가진다. 첫째 육바라밀에 반反하는 성품을 줄여주고, 둘째 개념적 사고를 떠나 근본지가 일어나게 하며, 셋째 원하는 것을 다 이루어주며, 넷째 모든 중생을 세 가지 길(성문, 연각, 보살)로 이끌어 성숙시킨다.『대승장엄경론』에 이런 말이 있다.

> 보시바라밀은 그 반대인 인색한 성품을 파괴하고
> 비개념적 사고라는 근본지를 지니게 하고
> 모든 소원을 이루어주며
> 중생을 세 가지 길로 이끌어 성숙시킨다.

④ 육바라밀의 정의

보시바라밀은 가난을 없애주고, 지계바라밀은 차분한 성품을 이루게 하고, 인욕바라밀은 증오에 물들지 않게 하고, 정진바라밀은 붓다게 가까이 가게 하고, 선정바라밀은 마음을 안으로 향하게 하고, 지혜바라밀은 궁극적 의미를 깨닫게 한다. 육바라밀은 윤회의 바다를 건너 열반을 이루게 하는 원인이다. 그러므로 이들을 '바라밀(피안으로 간다는 의미)'이라 한다. 『대승장엄경론』에 이런 말이 있다.

> 그러므로 이런 말이 있다.
> 가난을 없애주고
> 차분한 성품을 이루게 하고, 증오에 물들지 않게 하고
> 붓다게 가까이 가게 하고, 마음을 안으로 향하게 하고
> 궁극적 의미를 깨닫게 하는 것.

⑤ 세분細分

보시바라밀의 보시바라밀, 보시바라밀의 지계바라밀, 보시바라밀의 인욕바라밀, 보시바라밀의 정진바라밀, 보시바라밀의 선정바라밀, 보시바라밀의 지혜바라밀. 이와 같이 개개의 바라밀은 6개의 바라밀로 다시 세분되어 모두 36개의 바라밀이 있다. 그러므로 『현관장엄론』에 이런 말이 있다.

> 보시바라밀을 비롯한 육바라밀은
> 개개의 집단을 이루어
> 깨달음의 갑옷 기능을 수행하네.

정확히 말하여 6×6이네.

⑥ 대분大分

육바라밀은 공덕자량功德資糧과 지혜자량智慧資糧으로 대분될 수 있다. 보시바라밀과 지계바라밀은 공덕자량을 기르고 지혜바라밀은 지혜자량을 기른다. 인욕바라밀, 정진바라밀, 선정바라밀은 공덕자량과 지혜자량을 모두 길러준다. 그래서 『대승장엄경론』에 이런 말이 있다.

보시바라밀과 지계바라밀은
공덕자량의 축적이네.
지혜바라밀은 지혜자량의 축적이네.
나머지 세 바라밀은 두 가지를 다 축적하네.

제12장
보시바라밀

행보리심을 구성하는 여섯 가지, 즉 육바라밀은 다음처럼 7가지 주제로 나누어 본장과 이어지는 5개 장에서 설명을 할 것이다.

허물과 공덕에 대한 사유,
정의, 분류,
각 분류의 특성,
증대, 완성, 그리고
과보―
이 일곱 가지가 보시바라밀을 구성한다.

1. 허물과 공덕에 대한 사유

보시바라밀을 수행하지 않은 사람은 언제나 가난으로 고통받을 것이며 대체로 아귀로 환생한다. 비록 인간 등으로 다시 태어난다 해도 가난과 일용품의 결핍으로 고통받는다. 『성반야섭송聖般若攝頌』(*Condensed*

Perfection of Wisdom Sutra)에 이런 말이 있다.

> 인색한 사람은 아귀계에 태어날 것이다.
> 인간으로 태어난다 해도 가난으로 고통받게 된다.

『비나야』에 이런 말이 있다.

> 아귀가 나와 체와리에게 대답했다.
> "인색함에 압도되어
> 저희는 보시를 행하지 않았습니다.
> 그래서 지금 이렇게 아귀계에 있는 것입니다."

보시바라밀을 행하지 않고는 남들을 유익하게 할 수 없고, 따라서 깨달음을 이룰 수 없다. 이런 말이 있다.

> 보시행이 없이는 재물이 없으리라.
> 재물이 없이는 깨달음은 말할 것도 없고
> 중생을 모을 수도 없다.

반면 보시를 행하는 사람은 차후 모든 생에 재물을 통한 행복을 얻을 것이다. 『성반야섭송』에 이런 말이 있다.

> 보살의 보시는 아귀계로의 환생을 단절한다.
> 또한 가난과 번뇌 역시 단절된다.

선행을 통해 보살의 삶을 사는 동안 우리는 무한한 재물을 이루리라.

『친우서』에 이런 말이 있다.

보시를 제대로 행해야 한다.
보시보다 더 나은 친척은 없다.

『입중론入中論』에 이런 말이 있다.

사람들은 행복을 바라지만
재물이 없으면 행복도 없다.
재물이 보시에서 오는 것을 아시기에
부처님은 보시행을 첫째로 설하셨다.

다시 말하지만, 보시를 행하는 사람은 남들을 도울 수가 있다. 재물을 통해 수행자들을 모을 수도 있고 그들을 귀중한 법 안에 바로 세울 수가 있다. 이런 말이 있다.

보시행을 통해
고통받는 중생을 성숙시킬 수 있다.

또한 보시를 행한 사람은 위없는 깨달음을 성취하기가 수월하다. 『보살장경』에 이런 말이 있다.

보시를 행하는 사람에게
깨달음의 증득은 어렵지 않다.

『성보운경聖寶雲經』(Cloud of Noble Jewels Sutra)에 이런 말이 있다.

보시는 보살의 깨달음이다.

『선로거사청문경善路居士請問經』(Householder Drakshulchen-Requested Sutra)은 보시의 덕과 무보시의 부덕을 이렇게 설명한다.

남에게 준 것은 내 것이나, 집안에 남아 있는 것은 내 것이 아니다. 남에게 준 것엔 실체가 있으나, 집안에 남아 있는 것엔 실체가 없다. 남에게 준 것은 더 이상 지킬 필요가 없지만, 집안에 남아 있는 것은 지켜야만 한다. 남에게 준 것엔 두려움이 없지만, 집안에 있는 것엔 두려움이 있다. 남에게 준 것은 깨달음에 더 가깝지만, 집안에 남아 있는 것은 마구니에 더 가깝다. 보시행을 하면 커다란 재물로 이어지지만, 집안에 남아 있는 재물은 별로 부를 가져오지 않는다. 남에게 준 것은 다함없는 재물을 가져오지만, 집안에 남아 있는 것에는 다함이 있다. 등등.

2. 보시의 정의

보시의 정의는 아무런 집착 없이 남에게 완전히 주는 것이다. 『보살지지경』에 이런 말이 있다.

집착을 내려놓을 때 일어나는 마음,
그런 마음으로 아낌없이 다 주는 것.

3. 보시의 분류

보시에는 세 가지 범주가 있다.

   1) 재물 주기(재보시)
   2) 두려움 없는 마음 주기(무외시)
   3) 법 주기(법보시)

재물을 주는 보시는 남들의 몸을 안정시키고, 두려움을 없애주는 보시는 남들의 삶을 안정시키고, 법을 주는 보시는 남들의 마음을 안정시킨다. 더욱이 재보시와 무외시는 이생에서의 행복을 얻게 하고, 법보시는 내세의 행복을 얻게 한다.

4. 각 분류의 특성

1) 재보시

재보시財布施에는 두 가지가 있다.

   ① 부정한 보시
   ② 청정한 보시

부정한 보시는 삼가고 청정한 보시는 행해야 한다.

① 부정한 보시

부정한 보시는 또 네 가지로 분류된다.

    a) 부정한 동기
    b) 부정한 물질
    c) 부정한 수자受者
    d) 부정한 방법

a) 부정한 동기: 삿된 동기와 저급한 동기가 있다. 먼저 동기가 삿된 보시에는 남을 해치기 위한 보시, 이생에서의 명성을 얻기 위한 보시, 경쟁심으로 남을 이기기 위한 보시가 있다. 보살은 이 세 가지를 삼가야 한다. 『보살지지경』에 이런 말이 있다.

> 보살은 남을 살해하고 구속하고 징벌하고 수감하고 추방하기 위해 보시해서는 안 된다. 또한 보살은 명성과 칭송을 위해 보시해서도 안 된다. 보살은 남과 경쟁하기 위해 보시해서도 안 된다.

동기가 저급한 보시는 내생에서의 가난을 두려워하거나 천신이나 인간의 몸과 부를 가지고 싶은 욕망에서 하는 보시다. 보살은 이 두 가지를 다 삼가야 한다. 이런 말이 있다.

> 보살은 가난을 두려워하여 보시해선 안 된다.

또한 이런 말이 있다.

보살은 제석천이나, 전륜성왕, 대자재천大自在天의 지위를 얻기 위해 보시를 해서는 안 된다.

b) **부정한 물질**: 『보살지지경』에는 삼가야 할 다른 보시행이 더 설명되어 있다. 부정한 물질이란 간단히 말해서 청정하지 못한 물질로서, 이를테면 누군가가 자신이나 남들을 해치기 위해 독, 불, 무기 등을 달라고 간청해도 보살은 주어선 안 된다. 『보만론』에 이런 말이 있다.

> 도움이 되는 것이 독이면
> 독이라도 주어야 한다.
> 하지만 아무리 맛있는 것이라도
> 도움이 되지 않는다면 주어선 안 된다.
> 뱀에게 물렸을 때는
> 손가락을 잘라내야 도움이 되듯이
> 비록 사람을 불편하게 하는 일일지라도
> 도움이 되는 일이면 하라고 붓다는 말씀하셨다.

남들이 요청한다 해도 덫이나 야생동물을 사냥하는 기술 등을 주어선 안 된다. 간단히 말해, 무엇이든 해악이나 고통을 야기하는 행위를 해선 안 된다. 부모를 남에게 주거나 저당 잡혀서는 안 된다. 자식이나 아내 등도 본인들의 동의 없이 남에게 보시해선 안 된다. 재물이 많은 사람이 소량의 재물을 보시해선 안 된다. 보시하기 위해 재물을 축적해선 안 된다.

c) 부정한 수자(不淨受者): 부정한 수자에게 보시를 하지 않으려면 자신의 몸이나 몸의 일부를 마구니의 권속들에게 주지 말라. 이들은 유해한 동기를 품고 그렇게 요구하는 것이기 때문이다. 자신의 몸을 마구니, 광인, 정서적 장애가 있는 중생에게 주어선 안 된다. 이들은 그런 몸이 필요 없는데다가 사고의 자유조차 없기 때문이다. 또한 보살은 폭식가에게 먹을 것이나 마실 것을 주어선 안 된다.

d) 부정한 방법: 행복하지 않은 마음, 분노심, 정서적으로 불안정한 마음으로 보시를 해선 안 된다. 열등한 사람에 대한 경멸이나 멸시감으로 보시해선 안 된다. 거지를 위협하거나 나무라면서 보시해선 안 된다.

② 청정한 보시
세 가지로 나누어 살펴본다.

   a) 청정한 물질
   b) 청정한 수자受者
   c) 청정한 방법

a) 청정한 물질: 여기에는 두 개의 범주가 있으니 내부의 물질과 외부의 물질이다.
　　내부의 물질은 우리 몸에 관련된 것이다. 『나라연청문경那羅延請問經』(Narayana-Requested Sutra)에 이런 말이 있다.

수행자는 손을 원하는 사람에게 자신의 손을, 다리를 원하는 사람에게 자신의 다리를 주어야 한다. 눈을 원하는 사람에게는 자신의 눈을, 살을 원하는 사람에겐 자신의 살을, 피를 원하는 사람에게는 자신의 피를 주어야 한다.

자신과 남이 다르지 않다는 것(我他不二)을 완전히 깨치지 못한 보살들은 자신의 몸 전체를 주어야지 몸의 일부를 주어선 안 된다.『입보리행론』에 이런 말이 있다.

청정한 자비심이 결여된 사람은
자신의 몸을 보시해선 안 된다.
대신 이생과 내생에서
큰 목적을 이루기 위한 사업에 몸을 보시해야 한다.

외부의 물질은 음식, 음료, 옷, 탈것, 자녀, 아내 등이 된다.『나라연청문경』에 이런 말이 있다.

외부의 재물은 다음과 같다. 재물, 곡식, 은, 금, 보석, 장엄물, 말, 코끼리, 아들, 딸 등등.

재가 보살들은 모든 외부 재물과 내부 재물을 다 보시할 수 있다.『대승장엄경론』에 이런 말이 있다.

보살이 남에게 주지 못할 것은 없다―몸, 재물 등등.

비구나 비구니 보살은 보시가 허락되지 않은 세 벌의 법의만을 제하고 모든 것을 주어야 한다. 『입보리행론』에 이런 말이 있다.

세 벌의 법의만을 제외한 모든 것을 주라.

법의를 보시한 수행자는 남들을 위해 줄 수 있는 이득이 줄어든다.

b) 청정한 수자(淸淨受者): 수자 즉 보시를 받는 자에는 네 종류가 있다. 스승이나 삼보처럼 특별한 수자, 부모처럼 내게 특별한 도움을 주는 수자, 환자나 보호받지 못하는 사람들처럼 그들의 고통 때문에 특별한 수자, 적처럼 그들의 유해성 때문에 특별한 수자이다. 『입보리행론』에 이런 말이 있다.

나는 수승한 복전, 공덕의 복전 등에서 일하네.

c) 청정한 방법: 청정한 보시를 하는 방법은 수승한 동기와 수승한 행동에 있다. 수승한 동기는 자비심에서 우러나와 깨달음을 위해, 그리고 중생의 이익을 위해 보시하는 것이다. 수승한 행동에 대해서는 『보살지지경』에 이런 말이 있다.

보살은 보시할 때 성심으로, 존경심을 담아, 자신의 손으로, 제때에, 남들을 해하지 않고 보시해야 한다.

'성심으로'가 의미하는 것은 보살은 세 번 모두 행복해야 한다는 것이다. 즉 보살은 주기 전에도 행복하고, 주는 동안에도 마음이 고요하며, 주고 난 후에도 후회가 없어야 한다는 것이다. '존경심을 담아'는 존경하는 마음으로 주는 것이다. '자신의 손으로'는 남들에게 그렇게 해달라고 부탁하지 않고 스스로 하는 것이다. '제때에'는 재물이 있을 때가 바로 보시할 때라는 의미다. '남들을 해하지 않고'는 자신의 측근들에게 해를 끼치지 않는 것이다. 비록 그것이 자신의 재물이라 해도 수행자가 무언가를 보시할 때 주변 측근들이 눈물을 흘리며 다가온다면 보시하지 말라. 강탈하고 훔치고 속인 재물 등 남에게 속한 재물은 보시하지 말라. 『대승아비달마집론』에 이런 말이 있다.

반복하여 보시하고, 편견 없이 보시하며, 모든 소망을 충족시켜 주어라.

'반복하여 보시'는 주고 또 주는 보시자의 성품을 의미한다. '편견 없이 보시'는 받는 자의 성품에 관한 것으로 편파심 없이 모두에게 보시하라는 것이다. '모든 소망을 충족'은 보시물의 성품에 관한 것으로, 보시자는 받는 자가 원하는 것은 무엇이든 주어야 한다는 것이다.
이로써 재보시의 설명을 마친다.

2) 무외시

무외시無畏施는 도적, 들짐승, 질병, 강 등에 대한 두려움으로부터 중생을 보호해주는 것을 말한다. 『보살지지경』에 이런 말이 있다.

'두려움 없는 마음'을 주는 보시는 사자, 호랑이, 악어, 왕, 강도,

도적, 강 등의 「강」으로부터 보호해주는 것을 말한다.

이로써 무외시에 대한 설명을 마친다.

3) 법보시

법보시法布施는 네 가지로 나누어 살펴본다.

　　① 수자受者
　　② 동기
　　③ 실제 법
　　④ 법의 가르침을 전하는 방법

① 수자
법을 원하는 사람, 법과 스승을 존경하는 사람들에게 법을 주어라.

② 동기
악한 생각을 삼가고 선한 생각을 유지하라. 더욱이 '악한 생각을 삼가다'는 법의 가르침을 줌에 있어 재물, 명예, 칭찬, 명성 등의 세간적인 이득을 생각지 말고 주어야 한다는 의미이다. 『성반야섭송』에 이런 말이 있다.

　　물질적인 대가 없이 중생에게 가르침을 완전히 주어라.

『가섭청문경』에 이런 말이 있다.

> 물질적 대가를 바라지 않고 청정심으로 법을 주는 것은
> 모든 부처님들이 높이 칭송하는 일이다.

'선한 생각의 유지'는 자비심에서 우러나 법을 주는 것을 말한다. 『성반야섭송』에 이런 말이 있다.

> 고통을 없애기 위해 세상에 법을 주어라.

③ 실제 법

실수나 왜곡이 없이 법과 경전 등을 전해야 한다. 『보살지지경』에 이런 말이 있다.

> 법을 보시할 때는 실수 없이 의미를 전달해야 하며, 논리적으로 전해야 한다. 제자는 수행기반을 완벽하게 닦도록 해야 한다.

④ 법의 가르침을 전하는 방법

누군가 청한다 해서 즉시 가르침을 주어선 안 된다. 『삼매왕경』에 이런 말이 있다.

> 법을 보시하는 경우
> 누군가 법을 청하면
> 먼저 이렇게 말해야 한다.
> "저는 그것을 자세히 공부하지 않았습니다."

또한 이런 말이 있다.

> 법을 즉시 말해 주지 말라.
> 먼저 그릇(법을 받을 사람)을 점검해야 한다.
> 법기法器를 잘 알고 난 후에는
> 청이 없어도 가르침을 주어야 한다.

가르침을 줄 때는 깨끗하고 쾌적한 곳에서 주어야 한다. 『묘법연화경』에 이런 말이 있다.

> 깨끗하고 쾌적한 곳에
> 넓고 편안한 법좌를 만들어라.

스승은 법좌에 앉아 가르침을 펴야 한다. 이런 말이 있다.

> 여러 가지 비단으로 장식한 법좌에 앉아라.

스승이 법을 설할 때는 몸을 깨끗이 하고, 옷을 잘 갖추어 입고, 단정하고, 행동이 온화해야 한다. 『혜해청문경慧海請問經』에 이런 말이 있다.

> 스승은 몸을 깨끗이 하고, 행동이 온화하며, 단정하고, 옷을 잘 갖추어 입어야 한다.

그리하여 모든 제자들이 모인 가운데 스승은 법좌에 앉는다. 장애를 예방하기 위해 스승은 마구니의 힘을 제압하는 진언을 염송해야 한다. 『혜해청문경』에 이런 진언이 있다.

따댜타 샤메 샤마 와띠 샤미따싸뚜 암 꾸레 맘 꾸레 마라 시테 까로따 께유레 떼소 와띠 올로 아니 위숫다 니르말레 말라 빠나예 쿠쿠레 카 카 그라쎄 그라싸나 오 무키 빠람 무키 아 무키 샤미똬니 사르와 그라하 반다나네 니그리히트와 사르와 빠라쁘라 와디나 위묵따 마라 빠싸 스타위트와 붓다 무드라 아눙가띠따 사르와 마레 뿟짜 리따 빠리쑤데 위가짠투 사르와 마라 까르마니

싸가라마띠(海意)여! 이 진언을 처음에 염송하고 법을 설하면 주변 100길 내에는 어떤 마구니도 다가와 장애를 일으킬 수 없다. 다가올 수 있는 자들도 장애를 일으키지는 못한다.

그리고 법을 설할 때는, 당면 주제에 관련된 법을 명료하고 온건하게 설해야 한다.

이로써 법보시의 설명을 마친다.

⑤ 보시의 증대

이 세 가지 보시가 비록 작을지라도 그를 증대시키는 방법이 있다. 『보살장경』에 이런 말이 있다.

사리불이여! 지혜로운 보살은 작은 보시물조차도 크게 만들 수

있다. 그는 근본지의 힘을 빌려 보시바라밀을 증대시킬 수 있고, 분별지의 힘을 통해 그를 널리 펼 수 있고, 회향의 힘을 통해 그를 무한하게 할 수 있다.

먼저, '근본지의 힘을 통해'는 삼륜이 실재하지 않는다는 완전한 깨달음으로부터 온다. 이것은 주는 사람이 환영幻影과 같고, 보시물 역시 환영과 같고, 받는 자 역시 환영과 같다는 깨달음이다.

둘째, 보시로부터 큰 공덕을 받기 위해서는 공덕이 지혜의 힘으로 증대된다는 것을 이해해야 한다. 어떤 보시행을 할 때도 처음부터 모든 중생을 깨달음의 경지로 올려놓기 위한 뜻을 가지고 시작하고, 중간에는 보시물에 대한 집착이 없이 하고, 마지막에는 어떤 과보에 대한 기대도 없이 보시한다면 큰 공덕을 받을 것이다. 『성반야섭송』에 이런 말이 있다.

> 보시물에 대한 집착이 계속 없어야 하며
> 또한 보시의 과보를 기대하지 않아야 한다.
> 그러므로 지혜로운 방법으로 보시한다면
> 비록 보시물이 작다 해도 무한공덕을 받으리라.

셋째, 회향의 힘으로 공덕을 무한하게 하라. 모든 중생을 위해 위없는 깨달음에 보시행을 회향하면 공덕이 무한히 커진다. 『보살지지경』에 이런 말이 있다.

일시적 과보를 바라고 보시를 해선 안 된다. 모든 보시행은 위없는 완전한 깨달음을 위해 회향해야 한다.

회향은 보시를 크게 증대시킬 뿐 아니라 다함이 없도록 해준다. 『무진혜청문경』에 이런 말이 있다.

> 사리불이여! 예를 들어 바다에 떨어진 한 방울 물은 겁이 끝날 때까지 다함이 없으리라. 이와 마찬가지로 공덕을 깨달음에 회향한 수행자는 지금부터 깨달음의 요체를 얻을 때까지 그 공덕이 다함이 없으리라.

⑥ 보시의 완성

청정보시의 완성에 관해서 『대승집보살학론』에 이런 말이 있다.

> 공성과 자비심으로 보시행을 하면
> 모든 공덕이 청정해지리라.

공성이 받쳐주는 보시행은 윤회의 원인이 되지 않는다. 자비심이 받쳐주는 보시행은 소승 열반의 원인이 되지 않는다. 다만 무주열반無住涅槃을 증득하는 원인이 되니, 청정한 것이다.

'공성이 받쳐준다'는 것은 『정계묘보청문경頂髻妙寶請問經』에 의하면, 다음처럼 보시행이 네 가지 공성인空性印의 도장을 받아야 함을 의미한다.

> 수행자는 네 가지 공성인으로 보시바라밀을 수행해야 한다. 그

넷은 무엇인가? 내적인(자기 자신의) 몸에 편재하는 공성인, 외적인 재물의 공성인, 주관적 마음(內心)의 공성인, 깨달음의 법의 공성인. 이 네 가지 인장으로 봉인하고 수행자는 수행을 해야 한다.

'자비심이 받쳐주는' 보시는 개개의 중생이나 중생 집단의 고통을 차마 볼 수가 없어 보시함을 의미한다.

⑦ 보시의 과보
보시의 과보는 궁극적 상태와 상대적 상태에서 이해해야 한다. 궁극적 과보는 위없는 깨달음을 얻는 것이다. 『보살지지경』에 이런 말이 있다.

> 그러므로 보시바라밀을 완성하는 모든 보살은 위없는 완전한 깨달음을 증득하리라.

상대적 과보는 재물을 주는 행위를 통해, 원치 않아도 부의 번성을 얻는다. 더욱이 보시를 통해 예비 수행자들을 모으고 그들을 깨달음으로 인도할 수도 있다. 『성반야섭송』에 이런 말이 있다.

> 보살의 보시는 아귀로 태어나는 것을 막고
> 가난과 모든 번뇌도 단절시킨다.
> 선업을 행하여 보살의 삶을 사는 동안 무한한 부를 이루고
> 보시행을 하여 모든 고통받는 중생을 온전히 성숙시킨다.

『보살지지경』에 이런 말이 있다.

음식을 보시함으로써 강해진다.
옷을 보시함으로써 좋은 안색을 얻는다.
탈것을 보시함으로써 안정을 얻는다.
등불을 보시함으로써 좋은 시력을 얻는다.

무외시를 행함으로써 수행자는 장애와 마구니의 공격을 받지 않는다. 『보만론』에 이런 말이 있다.

> 두려워하는 사람의 두려움을 없애줌으로써
> 모든 마구니의 공격을 받지 않게 되며
> 지극히 강한 존재가 되리라.

법보시를 함으로써 수행자는 붓다를 신속히 만날 것이며, 붓다와 동행하고, 자신이 원하는 모든 것을 이루리라. 『보만론』에 이런 말이 있다.

> 사람들에게 법을 가르치는 사람은
> 장애가 다 흩어진다.
> 그리고 모든 부처님들과 동행하며
> 원하는 모든 것을 신속히 이룰 것이다.

제13장
지계바라밀

지계바라밀은 다음의 순서로 설명한다.

> 허물과 공덕에 대한 사유,
> 정의, 분류,
> 각 분류의 특성,
> 증대, 완성, 그리고
> 과보 —
> 이 일곱 가지가 지계바라밀을 구성한다.

1. 허물과 공덕에 대한 사유

보시바라밀을 수행했다 해도 지계바라밀이 없으면 천신과 인간의 완전한 몸을 이룰 수 없다. 『입중론』에 이런 말이 있다.

> 비록 보시를 통해 부를 이룬다 해도

'지계'라는 자신의 다리(脚)를 부러뜨리면 삼악도로 떨어진다.

지계바라밀의 수행이 없이는 법의 가르침을 만나지 못한다. 『지계경 持戒經』(Possessing Moral Ethics Sutra)에 이런 말이 있다.

눈이 없는 사람이 형상을 볼 수 없듯이
지계바라밀이 없는 사람은 법의 가르침을 볼 수 없다.

지계바라밀이 없이는 윤회의 삼계로부터 해방될 수가 없다. 같은 경전은 이렇게 말한다.

발이 없는 사람이 길을 걸을 수 없듯이
지계바라밀이 없는 사람은 해탈할 수 없다.

지계바라밀이 없이는 깨달음의 길을 놓쳐버리고, 그래서 위없는 깨달음을 이루지 못한다.
반면 지계바라밀을 행하면 완전한 몸을 이룰 것이다. 『성반야섭송』에 이런 말이 있다.

지계바라밀을 지켜 축생 등으로의 환생을 피하고
8가지 불리한 조건을 피해 늘 법을 만날 기회를 누릴 것이다.

지계바라밀을 지니면 모든 선업과 행복의 근간을 확립할 수 있다. 『친우서』에 이런 말이 있다.

땅이 동정動靜의 근간이 되듯이
지계바라밀은 모든 수승한 성품의 근간이다.

지계바라밀을 지니는 것은 비옥한 땅을 가지는 것과도 같다. 그 기반 위에 '좋은 성품'이라는 온갖 농작물이 자라게 된다.『입중론』에 이런 말이 있다.

지계바라밀이라는 밭에서 모든 성품이 자라날 때
수행자는 그 과보를 끝없이 누릴 수 있다.

지계바라밀을 지니면 선정의 다양한 문에 도달할 수 있다.『월등경』에 이런 말이 있다.

수행자는 신속히 번뇌 없는 선정을 이룰 것이다.
이것이 청정한 지계바라밀의 유익한 과보이다.

지계바라밀을 지니면 발원한 모든 것을 이룰 것이다.『부자상견경』에 이런 말이 있다.

청정한 계율을 지키는 자에게
모든 발원이 이루어지리라.

지계바라밀을 지니면 깨달음을 이루기가 수월하다. 같은 경전에 이런 말이 있다.

청정한 지계바라밀은 크게 유익한 과보를 가져온다.
그로 인해 깨달음의 확립이 어렵지 않게 된다. 등등.

그 밖에도 지계바라밀의 공덕이 많이 있다. 『지계경』에 이런 말이 있다.

지계바라밀을 지닌 사람은 붓다가 출현할 때 붓다를 만나리라.
지계바라밀을 지닌 사람은 가장 수승한 장엄을 지닌 것이네.
지계바라밀을 지닌 사람은 모든 기쁨의 원천이네.
지계바라밀을 지닌 사람은 온 세상의 칭송을 받네. 등등.

2. 지계바라밀의 정의

지계바라밀의 정의에는 네 가지가 있다. 『보살지지경』에 이런 말이 있다.

지계바라밀의 정의에는 네 가지가 있는 것을 알아야 한다. 이 넷은 무엇인가? 남들에게 온전히 수계를 받는 것, 청정한 뜻을 가지는 것, 계가 약화되었을 때 수행을 쇄신하는 것, 그리고 수행이 약화되지 않도록 정념正念과 존중심을 지니는 것이다.

요약하면, 이 네 가지 성품은 수지와 보호의 범주에 속한다. 즉 수계는 수지에 속하고 나머지 셋은 보호에 속한다.

3. 지계바라밀의 분류

지계바라밀은 세 가지로 분류된다.

1) 절제의 지계바라밀
2) 공덕을 축적하는 지계바라밀
3) 중생을 위하는 지계바라밀

첫째 절제의 지계바라밀은 마음을 다스려 적절한 곳에 두는 것을 말하고, 둘째 공덕을 축적하는 지계바라밀은 마음속에서 법의 성품이 익어가게 하는 것을 의미하며, 셋째 중생을 위하는 지계바라밀은 중생을 완전히 성숙시키는 것을 의미한다.

4. 각 분류의 특성
1) 절제의 지계바라밀
두 가지가 여기 속한다.

① 공통적 절제의 지계바라밀
② 비공통적 절제의 지계바라밀

① 공통적 절제의 지계바라밀

이것은 7가지 유형의 바라제목차 계율을 가리킨다. 『보살지지경』에 이런 말이 있다.

바라제목차 계율에는 계율을 완벽하게 받는 7가지 방식이 있다.

이는 비구, 비구니, 식차마나, 사미, 사미니, 우바새, 우바이이다. 이들은 재가불자와 출가불자로 나뉜다.

이 모든 바라제목차는 남들을 해하는 것을 금한다. 바라제목차 계율은 자기 자신을 위해 지계를 하게 하지만, 보살은 남들을 위해 지계를 한다. 『나라연청문경』에 이런 말이 있다.

수행자가 지계를 하는 이유는 왕국을 얻기 위해서도, 높은 영역에 태어나기 위해서도, 제석천이나 범천의 지위를 얻기 위해서도, 재물을 얻기 위해서도, 대자재천의 지위를 얻기 위해서도, 몸을 위해서도 아니다. 마찬가지로 수행자는 지옥계에 태어날까 두려워 계율을 지켜선 안 된다. 마찬가지로 축생계의 환생이나 아귀계에 태어날까 두려워 지계를 해서도 안 된다.

② 비공통적 절제의 지계바라밀

샨띠데바(寂天)는 『허공장경虛空藏經』(Essence of Space Sutra)에 의거하여 왕의 5가지 불선근不善根, 대신의 5가지 불선근, 백성의 8가지 불선근을 설했다. 불선근의 이름은 18가지이나 실제로는 아래와 같이 14가지가 있다.

❶ 삼보의 재물을 훔치는 것은 불선근이다.
❷ 귀중한 법을 금하는 것 – 붓다는 이것이 두 번째 불선근이라고 설했다.
❸ 계를 파한 스님을 때리거나 가두고 법의를 빼앗는 것, 또는 스님이

계를 파하도록 만드는 것.
❹ 오무간업 중 하나를 범하는 것.
❺ 잘못된 견해를 가지는 것.
❻ 도시와 마을을 파괴하는 것 – 이것이 붓다가 설한 불선근이다.
❼ 아직 제대로 수행하지 않은 중생들에게 공성을 말하는 것.
❽ 성불을 향한 길에 들어선 사람들로 하여금 완전한 깨달음을 포기하도록 만드는 것.
❾ 대승에 연계하여 바라제목차 계율을 파하도록 하는 것.³²
❿ 수행의 길이 욕망 등의 번뇌를 없애지 못하리라 스스로 믿고, 남들도 그리 하도록 영향을 미치는 것.
⓫ 재물, 명예, 칭찬을 얻고 남을 학대하기 위해 자신의 선한 성품을 드러내는 것.
⓬ '나는 심오한 가르침의 인욕바라밀을 가지고 있다'고 잘못 말하는 것.
⓭ 삼보에 올릴 공양을 잘못 취하거나 뇌물을 받아 수행자가 벌을 받게 만드는 것.
⓮ 선정에 머무는 사람을 교란시키거나 안거 수행자의 식량을 취하여 기도하는 사람에게 주는 것 – 이것들이 큰 지옥계에 태어나게 하는 불선근이다.

법칭의 전통에서는 『보살지지경』에 의거하여 4가지 불선근과 46가지 지엽적 불선근이 있다. 『보살지지경』을 축약한 『보살계이십송』에 이런 말이 있다.

---

32 바라제목차가 소승 제도의 일부이기 때문에 어떤 사람들은 보살은 그를 지키지 않아도 된다고 오해를 하는데, 이를 바로잡으려는 조항이다.

부와 명예에 대한 집착 때문에 자신을 칭찬하고 남들을 욕하는 것,
고통받고 보호받지 못하는 사람들에게 인색하여 법과 부를 주지 않는 것,
화가 나서 남들을 벌하고 사과를 받아들이지 않는 것,
대승을 피하고 그릇된 가르침을 주는 것.

46가지 지엽적 불선근 역시 『보살계이십송』에 언급되어 있다.

삼보에 공양을 올리지 않고
마음으로 집착을 따르는 것 등등.[33]

---

[33] 46가지 지엽적 불선근: ①삼보에 공양 올리지 않는 것 ②마음으로 집착을 따르는 것 ③고참 수행자를 존경하지 않는 것 ④남들의 질문에 대답하지 않는 것 ⑤남들의 초청을 받아들이지 않는 것 ⑥금 등의 공양을 받지 않는 것 ⑦원하는 사람에게 법을 주지 않는 것 ⑧계율을 파하는 사람을 경멸하고 무시하는 것 ⑨남들의 자신감을 북돋울 수 있는 공부를 피하는 것 ⑩성문가족처럼 남들의 이익을 위해 노력을 덜 하는 것 ⑪자비심이 결여되어 그래야 할 때에도 불선업을 하지 않는 것 ⑫잘못된 생계를 받아들이는 것(예: 아첨, 흥분, 연회, 속이기) ⑬스포츠 같은 시시한 활동을 즐거워하는 것 ⑭열반을 얻을 수 없기 때문에 자신은 윤회에 머물리라고 생각하는 것 ⑮남들의 허물을 일소하지 않는 것 ⑯남들이 번뇌에 물들었을 때 그를 정화시키지 않는 것 ⑰수행자의 4가지 수행을 실천하지 않는 것(①남들이 나를 혼내도 남들을 혼내지 않는 것 ②화나게 자극해도 화내지 않는 것 ③남이 나의 허물을 폭로해도 남의 허물을 폭로하지 않는 것 ④자기가 맞아도 되받아 때리지 않는 것) ⑱나에게 화낸 사람을 돕지 않음으로써 그를 홀대하거나 버리는 것 ⑲사과하는 사람의 사과를 법에 따라 받아주지 않는 것 ⑳분노의 생각을 따르는 것 ㉑명성과 부를 위해 수행원을 모으는 것 ㉒수면과 쾌락의 게으름을 삼가지 않는 것 ㉓시시한 잡담이나 한담에 관심을 흩뜨리는 것 ㉔마음을 안정시키기 위해 노력하지 않는 것 ㉕선정에 대한 다섯 장애를 놓아버리지 않는 것(①흥분과 후회 ②유해한 생각 ③수면과 혼침 ④욕망 ⑤망설임) ㉖대락大樂, 명료성 그

2) 공덕을 축적하는 지계바라밀

지계바라밀에 대한 보살계를 완벽하게 받은 후에는 깨달음을 얻기 위하여 몸·말·마음을 통해 공덕을 축적하라. 간단히 말해서 이것들이 공덕자량이라 불린다. 이것들은 무엇인가? 『보살지지경』에 이런 말이 있다.

> 보살의 계율을 유지하고 지속하는 것, 듣고 사유하고 수행함에 있어 환희롭게 정진하는 것, 모든 스승을 위해 봉사하고 스승을 공경하는 것, 병자들을 돕고 간호하는 것, 합당하게 보시하고 좋은 성품을 분명히 나타내는 것, 남들의 공덕과 인욕에 기뻐하는 것, 남들이 나를 경멸할 때도 인욕하는 것, 공덕을 깨달음으로 회향하고 발원기도를 하는 것, 삼보에 공양하고 덕스러운 가르침을 위해 노력하는 것, 정지正知를 유지하는 것, 보살의 수행을 기억하는 것, 보살의 수행을 주의 깊은 깨어 있음으로 보호하는

밖의 선정 체험에 집착하는 것 ㉗성문승에 존경을 저버리는 것 ㉘보살의 수행을 피하고 성문의 장藏에 더 정진하는 것 ㉙불법의 공부보다 외도의 글공부에 더 노력하는 것 ㉚불법보다 외도의 글에 더 정진하는 것 ㉛대승을 욕하는 것 ㉜자신을 칭찬하고 남을 욕하는 것 ㉝오만, 게으름 등으로 귀한 법의 가르침을 찾지 않는 것 ㉞스승을 멸시하고 의미보다 단지 말에 의존하는 것 ㉟도움이 필요한 사람을 돕지 않는 것 ㊱병자 돌보기를 피하는 것 ㊲남들의 고통을 일소하기 위한 노력을 하지 않는 것 ㊳방일한 사람을 바로잡아 주지 않는 것 ㊴자신에게 친절한 사람들의 은혜를 갚지 않는 것 ㊵우울한 사람의 고통을 일소해 주지 않는 것 ㊶능력이 있음에도 불구하고 일용품이 필요한 사람에게 그를 주지 않는 것 ㊷주변 사람들을 가르침과 물질적 일용품으로 돌보지 않는 것 ㊸남들의 선업에 동의하고 조화하지 않는 것 ㊹남들의 좋은 성품을 칭찬하지 않는 것 ㊺불선업을 저지르는 사람들을 저지하지 않는 것 ㊻필요한 경우 영적인 힘을 사용하여 남들을 길들이지 않는 것.

것, 모든 감각의 문을 보호하고 음식을 적절히 먹는 것, 저녁에 너무 일찍 자지 않고 아침에 너무 늦게 일어나지 않으면서 지관수행에 정진하는 것, 스승과 진정한 성자들을 시중드는 것, 자신의 실수를 사유하고 정화하는 것―이런 방식으로 이런 좋은 성품들을 수행하고 보호하고 증대시키는 것을 공덕자량을 기르는 지계바라밀이라고 부른다.

3) 중생을 위하는 지계바라밀

간단히 말해 11가지 원칙을 알아야 한다. 이 11가지에 대해 『보살지지경』에 이런 말이 있다.

> 의미 있는 활동을 후원하고, 고통받는 중생의 고통을 일소하고, 방법을 모르는 사람에게 방법을 보여주고, 남들의 친절을 기억한 후 그를 갚고, 남들을 두려움에서 보호하고 고통받는 사람들의 비탄을 일소하고, 일용품을 가지지 못한 사람들에게 일용품을 주고, 제자들을 법 공동체로 데려오기 위해 준비를 한 후 이들의 이해 정도에 따라 행동하고, 바른 성품이 무엇인지 말하여 기쁨을 일구고, 잘못하는 사람을 제대로 교정하고, 신통력으로 두려움을 만들어내는 것을 삼가고, 남들이 가르침에 용기를 얻도록 하는 것.

더욱이 남들에게 자신감과 믿음을 주고, 자신이 후퇴하는 것을 막기 위해 수행자는 몸·말·마음, 삼문三門의 청정치 못한 행동을 삼가고 세 가지 청정을 유지해야 한다.

몸의 부정한 행위: 불필요한 달리기, 뜀뛰기 등의 거친 행동을 삼가라. 웃는 얼굴로 청정행을 부드럽고 온화하게 해야 한다. 『입보리행론』에 이런 말이 있다.

행동의 자유가 있는 지금
나는 언제나 얼굴에 웃음을 지으리라.
찡그리거나 화난 얼굴을 그치리라.
세상의 친구가 되고 조언자가 되리라.

남들을 볼 때에는

나의 눈으로 누군가를 바라볼 때
'이 사람으로 인하여
나는 완전히 깨어나리라'고 생각하며
그렇게 열린 마음과 사랑으로 바라보리라.

앉아 있을 때는

다리를 뻗고 앉지 않으리라.
두 손을 비비지도 않으리라.

음식을 먹을 때는

식사 시에는 입 안을 가득 채우지 않을 것이며

소리를 내지도 입을 벌리고 먹지도 않으리라.

움직일 때는

남에 대한 배려 없이 소란스럽게
의자 등을 이리저리 옮기지 않으리라.
문을 거칠게 열지 않을 것이며
늘 겸손 속에서 기쁨을 찾으리라.

잠을 잘 때는

부처님이 열반하실 때 누우신 것처럼
나 역시 바람직한 방향(사자좌)으로 누우리라.

말의 부정한 행위: 한담이나 거친 말을 삼가라. 한담의 허물은 『성보운경』에 나와 있다.

유치한 사람은 귀한 법에서 멀어지고
마음은 거만하고 거칠어지며
사마타와 위빠사나에서 멀어진다.
이것들이 한담의 허물이다.
스승에 대한 성심이 전혀 없고
늘 거짓과 악의적인 말을 즐긴다.
말에 요체가 없고 분별력이 감퇴한다.

이것들이 한담의 허물이다.

『월등경』에 의하면 거친 말의 허물은 다음과 같다.

남의 실수라고 생각하는 것이 무엇이든
그것을 실수라고 선언하지 말라.
그대가 취한 모든 행동의
과보를 받게 되리니.

『석제법불생경釋諸法不生經』(*Instructions on the Non-Production of All Phenomena Sutra*)에 이런 말이 있다.

보살의 타락을 말하는 사람은 깨달음에 도달하지 못하리라. 질투
심에서 남의 실수를 말하는 사람은 깨달음에서 멀어지리라. 등등.

그러므로 한담과 거친 말을 삼가야 한다.
청정한 말을 사용하는 방법에 대해 『입보리행론』에 이런 말이 있다.

말을 할 때는 관련 있는 말을 진심으로 해야 한다.
의미는 명확하게, 말씨는 유쾌하게 한다.
욕망이나 증오에서 나온 말을 하지 말고
부드러운 어조로 절도 있게 말해야 한다.

마음의 부정한 행위: 소득과 명예에 대한 갈애를 피하고, 잠과 게으름

에 대한 집착을 삼가라. 소득과 명예에 대한 갈애의 허물은 『권발증상의 락경勸發增上意樂經』(Sutra Requested with Extreme Sincerity)에 언급되어 있다.

미륵보살이여! 보살은 소득과 명예에 대한 집착이 욕망을 낳는다는 것을 사유하고 이해해야 한다. 소득과 명예가 증오를 낳음을 이해하며, 소득과 명예가 무지를 가져옴을 이해하며, 소득과 명예가 기만을 일으킴을 이해하며, 모든 부처님들이 소득과 명예를 용인하지 않음을 이해하며, 소득과 명예가 선근을 파괴함을 이해하며, 소득과 명예가 사람을 속이는 매춘부와 같음을 이해해야 한다.

비록 부를 얻는다 해도 만족하지는 못할 것이다. 『부자상견경』에 이런 말이 있다.

예를 들어 늘 꿈꾸던 물을
마신다 해도 만족하진 못할 것이다.
마찬가지로 감각적 욕망의 대상들을
아무리 즐긴다 해도 만족감을 얻진 못한다.

이를 이해하여 집착을 줄이고 만족할 줄 알아야 한다.

잠에 대한 집착의 허물에 대해 이런 말이 있다.

잠과 나태에 대한 집착은
지성의 하락을 야기한다.
또한 분별지가 줄어들고
늘 근본지에서 멀어지게 한다.

그리고 또 말한다.

잠과 나태에 집착하는 사람은
무기력하고 게으르고 분별지가 없다.
비인非人 중생의 장애에 압도되고
숲속에 가면 해를 입을 수 있다. 등등.

그러므로 이런 몸·말·마음의 부정행위를 삼가야 한다. 이전에(제2장) 설명했듯이 수행자는 마음의 청정행을 통해 법에 대한 확신을 계속 지니는 것이다.

5. 지계바라밀의 증대

이전에(제12장) 설명했듯이 근본지, 분별지, 회향을 통해 지계바라밀이 증대된다.

6. 지계바라밀의 완성

지계바라밀은 앞(제12장)에서 설명했듯이 우주에 편재하는 공성과 자비심이 받쳐주어야 완성될 수 있다.

7. 지계바라밀의 과보

지계바라밀의 과보는 궁극적 상태와 상대적 상태에서 이해해야 한다. 궁극적 상태에서는 위없는 깨달음을 얻는다. 『보살지지경』에 이런 말이 있다.

> 보살은 지계바라밀을 완성함으로써 위없는 완전한 깨달음을 이룩한다.

상대적 상태에서는 비록 수행자가 원치 않는다 해도 윤회계의 완전한 행복을 이룩한다. 『보살장경』에 이런 말이 있다.

> 사리불이여! 청정 지계바라밀을 지킨 보살이 즐기지 못할 천계와 인간계의 훌륭하고 완벽한 즐거움은 없느니라.

보살은 윤회의 즐거움과 행복에 제압당하지 않아야 도의 길을 계속 걸을 수 있다. 『나라연청문경』에 이런 말이 있다.

> 그런 지계바라밀을 지닌 보살은 정지正知와 깨달음의 열망이 있기에 전륜성왕의 지위에서 떨어지지 않는다. 그는 큰 정지와 깨달음을 이루려는 열망이 있기에 제석천의 지위에서 퇴락하지 않을 것이다. 등등.

이런 종류의 지계바라밀을 지닌 보살은 인간 및 비인 중생들에게 칭송과 존경을 받는다. 같은 경전에 이런 말이 있다.

지계바라밀에 머무는 보살은 늘 천신들의 절을 받으며, 모든 용신들의 칭송을 받을 것이다. 그는 야차의 칭송을 받고 건달바의 공양을 받을 것이다. 브라만, 왕, 상인, 재가자들이 그에게 조언을 구할 것이다. 부처님들은 늘 그를 생각할 것이고, 그는 천신을 비롯한 온 세상의 추앙을 받을 것이다. 등등.

제14장
인욕바라밀

인욕바라밀은 다음의 순서로 설명한다.

　　허물과 공덕에 대한 사유,
　　정의, 분류
　　각 분류의 특성,
　　증대, 완성, 그리고
　　과보—
　　이 일곱 가지가 인욕바라밀을 구성한다.

1. 허물과 공덕에 대한 사유

보시바라밀과 지계바라밀을 수행해도 인욕바라밀을 수행하지 않는다면 분노가 일어날 것이다. 분노가 일어나면 지금까지 보시바라밀 및 지계바라밀을 통하여 쌓은 공덕이 한 순간에 모두 파괴되어 버린다. 『보살장경』에 이런 말이 있다.

분노는 수백 수천 겁 동안 쌓은 선근을 단숨에 파괴한다.

『입보리행론』에 이런 말이 있다.

> 부처님들을 공경하고 보시를 하는 등의
> 온갖 선업을
> 천겁 동안 쌓아왔다 해도
> 단 한 순간의 분노로 모두 사라져 버리네.

인욕을 하지 못해 증오심이 마음속으로 비집고 들어왔다면 마치 독화살에 심장을 맞은 것과도 같다. 이제 마음의 고통 때문에 더 이상 기쁨이나 행복, 평화를 맛볼 수 없다. 심지어 잠도 잘 수가 없다.『입보리행론』에 이런 말이 있다.

> 증오라는 고통을 마음속에서 키울 때
> 마음은 평화를 모르리.
> 기쁨도 행복도 알지 못하리,
> 잠도 못 이루니 마음은 불안하리.

그리고

> 간단히 말해서 분노와
> 행복하게 동거하는 사람은 없다.

내가 인욕하지 못하면 증오심과 분노가 마음을 파고 들어와 얼굴을 찌푸리게 되고, 그리하여 모든 친구, 친척, 하인들을 다 슬프고 지치게 만들 것이다. 그리하면 내가 음식과 재물을 준다 해도 그들은 곁에 있으려 하지 않을 것이다. 이런 말이 있다.

그로 인해 친구들과 친척들은 낙심한다.
비록 나의 보시행으로 인해 내 곁으로 왔지만 나를 신뢰하진 않는다.

내가 인욕하지 않으면 마구니가 나를 마음대로 휘두르며 온갖 장애를 일으킬 것이다. 『보살장경』에 이런 말이 있다.

증오심을 품은 사람은
마구니에게 붙들려 장애가 일어나리라.

인욕바라밀이 없다면 성불로 가는 길에서 육바라밀 중 하나가 없는 것이고, 그러므로 위없는 깨달음을 이루지 못한다. 『성반야섭송』에 이런 말이 있다.

증오심만 있고 인욕바라밀이 없는 사람이 어찌 깨달음을 이룰 수 있으랴?

반면, 인욕바라밀이 있다면 모든 선근 중 가장 수승한 것들 중 하나를 가진 것이다. 이런 말이 있다.

증오심만한 악은 없다.
인욕바라밀처럼 강한 정신은 없다.
그러므로 나는 갖은 방법으로 힘써
인욕바라밀을 수행할 것이다.

인욕바라밀이 있는 사람은 상대적 상태에서도 모든 행복을 누린다. 이런 말이 있다.

분노를 힘써 끊어내는 사람은
현세와 내세에 행복을 얻는다.

인욕바라밀을 수행한다면 위없는 깨달음을 이룰 것이다. 『부자상견경』에 이런 말이 있다.

분노는 깨달음의 길이 아니다. 그러므로 항상 자애심에 대해 수행하면 깨달음을 얻으리라.

2. 인욕바라밀의 정의

인욕바라밀의 정의는 편안한 마음이다. 『보살지지경』에 이런 말이 있다.

혼란이 없는 마음, 자비심이 함께 하는 편안한 마음―간단히 말해서 이것이 보살이 수행할 인욕바라밀의 정의다.

3. 인욕바라밀의 분류

인욕바라밀은 세 가지로 분류한다.

1) 유해한 사람을 편안한 마음으로 대하는 인욕바라밀
2) 고통을 수용하는 인욕바라밀
3) 법을 이해하는 인욕바라밀

첫 번째 인욕은 해악을 야기하는 사람의 본성에 대해 사유하며 인욕바라밀을 수행하는 것이다. 두 번째 인욕은 고통의 본성을 사유하며 인욕바라밀을 닦는 것이다. 세 번째 인욕은 현상계 만물의 명백한 본성을 사유하며 인욕바라밀을 닦는 것이다. 다시 말해서 처음 두 개의 인욕바라밀은 상대적 상태에서 수행하고, 세 번째 인욕바라밀은 궁극적 상태에서 수행하는 것이다.

4. 각 분류의 특성

1) 첫 번째 분류: 유해한 사람을 편안한 마음으로 대하는 인욕바라밀

나와 나의 친척들을 때리고 화나게 하고, 증오하고 욕하는 사람들에게 인욕바라밀을 수행하라. 인욕바라밀을 수행한다는 것을 무슨 의미인가? 마음이 동요되지 않고, 보복하거나 원망하지 않는 것을 인욕바라밀이라 한다.

샨띠데바는 수행자가 다음 사항을 사유해야 한다고 말했다.

① 나를 해치는 사람에게 자유가 없다는 것
② 이 해침이 나의 업의 허물이라는 것

③ 이것이 나의 몸의 허물이라는 것
④ 이것이 나의 마음의 허물이라는 것
⑤ 양자 모두에게 동일한 허물이 있다는 것
⑥ 인욕의 공덕
⑦ 감사하는 마음
⑧ 모든 부처님들이 기뻐한다는 것
⑨ 인욕이 이로운 과보를 가져온다는 것

① 나를 해치는 사람에게 자유가 없음을 사유하기
예를 들어 증오심에 휘둘려 남을 해치는 일을 삼갈 자유가 없었던 데와닷따 같은 사람을 생각해 보라. 증오심이 있는 사람에게는 증오의 대상을 싫어하지 않을 힘이 없다. 그러므로 그 사람이 자제할 수 없는 일이므로 보복할 이유가 없다. 이런 말이 있다.

> 이런 이유로 만물은 다른 요인들에 의해 지배된다.
> 그리하여 자신이 자신을 다스리는 것은 하나도 없다.
> 이런 사실을 이해했으니 나는 허깨비와 같은 현상에 대해
> 분노하는 마음을 일으켜서는 아니 되리.

② 이 해침이 나의 악업의 허물임을 사유하기
전생에 나는 내가 지금 당하는 악업을 남들에게 행했다. 그러므로 이것은 나 자신의 악업의 허물이므로 보복할 이유가 없다. 이런 말이 있다.

이전에 나는 다른 중생들에게
유사한 해악을 끼친 적이 있을 것이다.
그러므로 남에게 해악을 끼친 당사자인
나에게 이 해악이 돌아오는 것은 당연하다.

③ 이것이 나의 몸의 허물임을 사유하기

내게 만약 이 몸이 없었다면 사람들이 무기를 던질 표적이 없었을 것이다. 그러므로 내가 이 해악을 당한 것은 내게 몸이 있기 때문이므로 보복할 이유가 없다. 이런 말이 있다.

무기도 내 몸도 모두
이 고통의 원인이네.
그는 무기를 들었고 나는 몸을 가졌으니
누구에게 분노해야 마땅할꼬?

④ 이것이 나의 마음의 허물임을 사유하기

나는 내 몸이 남들의 해침을 쉬이 견뎌낼 수 있는 몸이라고 생각지 않는다. 오히려 허약하고 열등한 몸이라고 생각한다. 그렇기 때문에 내 몸은 해악을 당하기가 쉬운 것이다. 이 해악이 나의 마음에 의해 야기되었으므로 보복할 이유가 없다. 이런 말이 있다.

눈먼 집착으로 인해
남이 손대면 견디지 못하는, 이 고통 받는
고름 덩어리 같은 몸에 연연하는 것이라면

그 몸이 다쳤을 때 누구에게 분노해야 마땅할꼬?

⑤ 양자가 동일한 허물을 갖고 있음을 사유하기

이런 말이 있다.

> 한 사람이 무지로 인해 잘못을 하고
> 또 한 사람이 무지로 인해 그에게 분노한다면
> 이는 누구의 허물인가?
> 또 허물이 없는 사람은 누구인가?

그러므로 허물과 실수를 깊이 사유하며 인욕바라밀을 수행하라.

⑥ 내가 받는 공덕을 사유하기

악업을 행하는 사람에게 인욕하면 이런 인욕을 통해 나의 악업이 정화된다. 따라서 나는 악업을 정화하여 공덕을 쌓고, 악업을 행하는 그 사람을 통해 깨달음도 얻을 것이다. 그러므로 나를 해치는 그 사람이 실은 큰 은인이다. 그러므로 나는 인욕바라밀을 수행해야 한다. 이런 말이 있다.

> 그들이 초래한 해악을 인욕으로 수용함으로써
> 그들을 통해 나는 많은 악업을 정화하네.

⑦ 감사하는 마음을 사유하기

인욕바라밀을 닦지 않고는 깨달음에 이를 수 없다. 내게 악업을 행하는 사람이 없다면 인욕바라밀을 수행할 수가 없다. 그러므로 나를 해치는 사람은 내가 감사해야 할 도반이고, 그래서 나는 인욕바라밀을 수행한다. 이런 말이 있다.

> 적이 있음에 나는 행복하네.
> 그가 나의 보리행을 돕기 때문이라네.
> 그로 인해 인욕바라밀을 수행할 수 있으므로
> 나의 인욕바라밀 수행이 맺는 최초의 선과善果를
> 그는 받을만한 사람이네.
> 그가 그 선과善果의 원인이기 때문이네.

⑧ 모든 부처님들이 기뻐함을 사유하기
이런 말이 있다.

> 더욱이 헤아릴 수 없이 많은 공덕을 주시고
> 아무런 꾸밈없이 세상의 친구가 되어주시는
> 모든 부처님들의 은혜에 보답하는 길이
> 중생을 기쁘게 하는 일 말고 무엇이 있으랴.

⑨ 그것이 크게 유익한 결과를 가져옴을 사유하기
이런 말이 있다.

> 그들에게 기쁨을 준 많은 사람들이
> 완성에 도달했기 때문에.

그리고 『보살지지경』에 이런 말이 있다.

다음 다섯 가지를 닦아 인욕바라밀을 수행하라. 나를 해치는 사람을 가까운 친구로 여기는 마음, 모든 것이 상호유기적 조건(緣起)에 의존한다는 이해, 무상의 이해, 고통의 이해, 중생을 마음속에 온전히 포용하는 마음.

첫째, 나를 해치는 사람을 가까운 친구로 여기는 마음: 이 해로운 중생이 지난 생에서는 나의 부모였고, 친척이었고 스승이었으며, 나는 그로부터 무수한 은덕을 입었다. 그러므로 지금 이 정도의 해침을 당했다 해서 그에게 보복하는 것은 옳지 않으므로, 그를 나의 마음속으로 들여와 인욕바라밀을 수행하리라.

둘째, 모든 것이 상호유기적 조건(緣起)에 의존한다는 이해: 나를 해치는 이 사람은 조건들에 의존하여 존재하는 환영에 불과하다. 나도 없고 중생도 없고, 인생도 없고, 나를 거슬리거나 때리거나 욕하거나 비난하는 사람도 없다는 것(空性)을 사유하여, 나는 인욕바라밀을 수행하리라.

셋째, 무상의 이해: 모든 중생은 무상하고 언젠가는 죽어야 하는 존재다. 그러므로 이 중생도 종국에는 죽을 것이기에 지금 그를 살생할 이유가 없다는 것을 사유하여, 나는 인욕바라밀을 수행하리라.

넷째, 고통의 이해: 모든 중생은 세 가지 형태의 고통을 받는다. 나는 이런 고통을 일소하여 중생이 고통을 받지 않도록 해야 한다. 따라서 나는 이 중생이 받는 고통을 알아차려 그가 해악을 행할 때 인욕바라밀을 수행하리라.

다섯째, 중생을 마음속에 온전히 포용하는 마음: 나는 모든 중생을 위하여 보리심을 닦았다. 그러므로 모든 중생을 완전히 포용하고 인욕바라밀을 수행하는 내가 이 중생이 행한 작은 해악에 보복하는 것은 옳지 않다.

2) 두 번째 분류: 고통을 수용하는 인욕바라밀

자신의 고통을 슬퍼하지 말고 위없는 깨달음을 향하여 수행하는 고통을 기쁜 마음으로 선선히 받아들여라. 『보살지지경』에 이런 말이 있다.

> ······장소에 관련된 고통과 같은 8가지 어려움을 선선히 받아들이며 등등.

일반적으로 고통에는 다음과 같은 것들이 있다. 출가승이 되었을 때 법의와 식량 등을 마련하기 위해 노력하는 고통, 삼보와 스승께 공양을 올리고 시중들고 공경하는 고통, 가르침을 듣는 고통, 법의 가르침을 주는 고통, 기도문을 염송하는 고통, 수행하는 고통, 밤늦도록 또는 이른 아침에 잠자지 않고 명상 수행에 정진하는 고통이 그것이다. 슬퍼하지 말고, 피곤해하거나 지치지 말고, 더워하거나 추워하거나 배고파하거나 목말라하지 말고 제13장에서 말한 11가지 방식으로 중생을 위하여 노력하는 고통을 선선히 받아들여라.

더욱이 고통을 선선히 수용하는 일은 악성 질병을 치유하기 위해 수술이나 치료를 받는 것과도 같다. 『입보리행론』에 이런 말이 있다.

> 하지만 깨달음의 길에 수반된 고통은

유한하므로
그보다 더 큰 고통을 제거하기 위해
살을 째는 고통과도 같네.

(인욕바라밀을 수행하여) 우리는 윤회의 전투에서 승리를 얻는다. 번뇌라는 적을 소멸시킨 우리는 진정한 전사이다. 세간의 전사들은 언젠가는 죽을 평범한 적들을 죽여 명성을 얻는다. 하지만 그들은 진정한 전사가 아니다. 그들의 행동은 시체에 칼을 찌르는 행위와도 같다. 『입보리행론』에 이런 말이 있다.

모든 고통을 무릅쓰고
증오 등의 적을 정복하는 사람이
바로 승리의 전사들이다.
(평범한 전사들은) 시체만 벨 뿐이다.

3) 세 번째 분류: 법을 이해하는 인욕바라밀
『보살지지경』에 이런 말이 있다.

삼보의 선덕善德 등의 8가지에 대한 발원.

궁극적으로 이아견二我見[34]이 본래 공하다는 깨달음을 끈기 있게 수행하고 발원하라.

---

[34] 주체인 나와 객체인 법이 본래 존재한다는 믿음이다.

5. 인욕바라밀의 증대
인욕바라밀은 근본지, 지혜바라밀, 그리고 회향에 의하여 증대된다.(제12장에서 설명한 바와 같다.)

6. 인욕바라밀의 완성
인욕바라밀은 우주에 편재하는 공성空性과 자비심의 도움을 받아 완성된다.(제12장에서 설명한 바와 같다.)

7. 인욕바라밀의 과보
인욕바라밀의 과보는 궁극적 상태와 상대적 상태에서 이해해야 한다. 궁극적 상태에서는 위없는 깨달음을 얻는다. 『보살지지경』에 이런 말이 있다.

> 이 광대하고 한량없는 인욕바라밀에 의지하여 깨달음의 과보를
> 얻는다면 보살은 위없는 완전한 깨달음을 얻으리라.

상대적 상태에서는 좋은 안색과 명성을 얻고, 장수하며, 비록 원치 않는다 해도 세세생생 전륜성왕의 지위를 얻을 것이다. 『입보리행론』에 이런 말이 있다.

> 윤회의 삶을 살아가는 동안 인욕바라밀은
> 아름다움, 건강과 명성을 가져다주네.
> 이로 인해 장수를 누리고
> 전륜성왕의 즐거움을 폭넓게 누리게 되네.

제15장
정진바라밀

정진바라밀은 다음의 순서로 설명한다.

> 허물과 공덕에 대한 사유,
> 정의, 분류,
> 각 분류의 특성,
> 증대, 완성, 그리고
> 과보—
> 이 일곱 가지가 정진바라밀을 구성한다.

1. 허물과 공덕에 대한 사유

비록 보시바라밀 등을 수행한다 해도 정진바라밀이 없으면 게을러진다고 말한다. 게으른 사람은 공덕을 쌓을 수 없고, 남을 도울 수 없으며, 깨달음도 얻을 수 없다. 『혜해청문경』에 이런 말이 있다.

게으른 사람에겐 보시바라밀에서 시작하여 지혜바라밀까지가 모두 없다. 게으른 사람은 남들을 유익하게 할 수가 없다. 게으른 사람은 깨달음에서 먼 곳에 있다.

반면에 정진하면 모든 공덕이 장애 없이 자라난다. 『성반야섭송』에 이런 말이 있다.

정진은 가려진 모든 공덕을 드러나게 한다.
수행자는 여래의 무한한 근본지의 보고를 이룩할 것이다.

정진하는 사람은 무상한 오온을 기반하여 건설한 자아관의 장애를 넘어갈 수 있다. 『대승장엄경론』에 이런 말이 있다.

정진바라밀은 무상한 오온에 기반한 자아관으로부터 벗어나게 해준다. 정진하는 사람은 위없는 깨달음을 신속히 얻는다.

『혜해청문경』에 이런 말이 있다.

정진바라밀을 수행하는 사람은 위없는 완전한 깨달음을 얻기가 어렵지 않다. 싸가라마띠(海意)여! 그 이유는 정진바라밀이 있는 곳에 깨달음이 있기 때문이다.

『부루나문경富樓那問經』(Purna-Requested Sutra)[35]에 이런 말이 있다.

---

35 한역대장경의 여러 목록에는 『보살장경菩薩藏經』의 이명異名으로 나온다.

정진바라밀을 꾸준히 수행하는 사람에게
깨달음은 어렵지 않다.

2. 정진바라밀의 정의

정진바라밀의 정의는 공덕에 기쁨을 느끼는 것이다.『대승아비달마집론』에 이런 말이 있다.

> 정진바라밀은 무엇을 의미하는가? 정진바라밀은 게으름의 해독제이다. 공덕에 완전한 기쁨을 느끼는 것이다.

『대승장엄경론석』에 이런 말이 있다.

> 공덕에 완전한 기쁨을 느끼는 것, 그것이 정진바라밀의 요체라네.

정진바라밀은 깨달음에 해가 되는 게으름에 대한 해독제이다. 게으름에는 세 가지가 있다.

1) 무기력한 게으름
2) 자신을 경시하는 게으름
3) 거친 게으름

1) 무기력한 게으름

첫째, '무기력한 게으름'은 눕거나 잠자거나 휴식하는 등의 즐거움에 집착하는 것이다. 이것들을 삼가야 한다. 왜 그러한가? 이생에서 그런 것을 할 시간이 없기 때문이다. 붓다는 경전에서 설했다.

비구들이여! 의식은 쇠약해지고, 생명은 끝나고, 생명력은 사라지고 있으며, 붓다의 가르침도 분명 사라지리라. 어찌 정진바라밀과 근면을 닦지 않는가?

『입보리행론』에 이런 말이 있다.

죽음이 실제로 내게 다가오고 있는 동안에
나는 공덕을 쌓으리라.

죽음의 순간이 온 그때에 공덕을 쌓아도 된다고 생각한다면, 그때에는 공덕을 쌓을 시간이 없다는 것을 알아야 한다. 『입보리행론』에 이런 말이 있다.

그때 가서 게으름을 멈춘다 한들
무슨 소용인가? 그때는 그럴 수 있는 때가 아니네!

공덕이 다 축적될 때까지 나는 죽지 않으리라 생각한다면, 그것은 확신할 수 없음을 알아야 한다. 이런 말이 있다.

믿지 못할 죽음의 대왕은
일이 마무리되거나 그렇지 않거나 기다려 주지 않네.
지금 내가 병들었든 건강하든

이 무상한 삶은 불안정한 것이네.

그렇다면 어떻게 하면 무기력한 게으름을 피할 수 있나? 마치 뱀이 내 무릎으로 기어 올라온 것처럼 또는 내 머리에 불이 붙은 것처럼 게으름을 피해야 한다. 『입보리행론』에 이런 말이 있다.

뱀이 무릎으로 올라오면
즉시 일어서서 피하듯
그렇게 잠이나 게으름이 오면
즉시 그것을 물리치리라.

『친우서』에 이런 말이 있다.

머리칼이나 옷에 불이 붙는다 해도
이 불 끄는 일조차 미루어라.
윤회의 환생을 멈추기 위해 정진하라.
그보다 더 중요한 일은 없나니.

2) 자신을 경시하는 게으름

둘째, '자신을 경시하는 게으름'이 의미하는 것은 마음속으로 '나처럼 나약한 사람이 정진을 한다 해서 어찌 깨달음을 얻겠는가?'라고 생각하며 낙심하는 것이다. 이런 낙심을 피하여 자신을 경시하지 말아야 한다. 어떻게 하면 낙심을 피할 수 있나? 이런 말이 있다.

정진바라밀의 힘을 키운다면
파리, 모기, 벌, 곤충들조차도
너무도 얻기 어려운
위없는 깨달음을 얻으리라.
그러므로 보살의 삶을 저버리지 않는다면
인간으로 태어나서
어찌 깨달음을 얻지 못하겠는가?
무엇이 해롭고 무엇이 유익한지를 구분할 수 있는 나인데.

3) 거친 게으름

셋째, '거친 게으름'이 의미하는 것은 적을 무찌른다든지 부를 축적하는 등의 악업에 집착하는 것이다. 이런 일은 고통의 직접적인 원인이므로 삼가야 한다.

3. 정진바라밀의 분류

정진바라밀에는 세 가지가 있다.

1) 갑옷의 정진바라밀
2) 적용의 정진바라밀
3) 한없는 정진바라밀

첫째로 갑옷의 정진바라밀은 수승한 동기이고, 둘째로 적용의 정진바라밀은 수승한 적용의 노력이며, 셋째로 한없는 정진바라밀은 처음 두 가지 정진바라밀을 완성하는 것이다.

4. 각 분류의 특성
1) 갑옷의 정진바라밀

지금부터 모든 중생이 위없는 깨달음을 이룰 때까지 나는 정진바라밀을 놓지 않으리라. 그렇게 정진바라밀의 갑옷을 입어야 한다. 『보살장경』에 이런 말이 있다.

> 사리불아! 수행자는 상상할 수도 없는 놀라운 갑옷을 입어야 하느니, 윤회가 끝날 때까지 깨달음을 향한 정진을 늦추어서는 안 되기 때문이다.

『피갑정진경披甲精進經』(Explanation of the Establishment of Armor Sutra)에 이런 말이 있다.

> 중생을 모으기 위해서
> 보살은 갑옷을 입어야 한다.
> 중생이 무수히 많기에
> 보살은 무수히 많은 갑옷을 입어야 한다.

『무진혜청문경』에 이런 말이 있다.

> '처음 몇 겁 동안은 갑옷을 입고, 후에 몇 겁 동안은 갑옷을 입지 않으리라'고 계산하여 갑옷을 입어선 안 된다. 오히려 무한의 갑옷을 입어야 한다.

『보살지지경』에 이런 말이 있다.

　　한 중생을 고통에서 해탈시키기 위해 수천 겁을 지옥에서 보낸다 해도 나는 행복하리라. 하물며 짧은 시간이나 작은 고통은 말해 무엇 하리. 이것이 바로 보살이 행하는 갑옷의 정진바라밀이다.

2) 적용의 정진바라밀
세 가지가 있다.

　　① 번뇌를 피하기 위한 근면정진
　　② 공덕을 완성하기 위한 근면정진
　　③ 중생을 이롭게 하기 위한 근면정진

① 번뇌를 피하기 위한 근면정진
욕망으로 인한 번뇌와 그 번뇌가 영향을 미치는 모든 행동은 고통을 낳는다. 그러므로 번뇌를 하나씩 정화하고 번뇌가 다시 일어나지 않도록 정진하라. 『입보리행론』에 이런 말이 있다.

　　무수한 번뇌가 일어날 때
　　천 가지 방법을 동원하여 견디리라.
　　여우 무리 속에 서 있는 한 마리 사자처럼
　　어떤 번뇌에도 물들지 않으리라.

　이렇게 깨어 있는 마음(정념)의 예로는 무엇이 있는가? 이런 말이 있다.

> 기름 항아리를 운반하고 있는데
> 한 방울이라도 흘리면 죽여 버리겠다며
> 곁에서 칼을 들고 간수가 지키고 있는 것처럼
> 그렇게 수행자는 온 마음을 집중해야 한다.

② 공덕을 완성하기 위한 근면정진

수행자는 심지어 자신의 몸이나 생명까지도 상관하지 말고 육바라밀을 완성하기 위해 정진해야 한다. 어떻게 하면 그런 정진을 할 수 있나? 다섯 가지 자세로 정진바라밀을 닦아야 한다. 바로 끈기 있게, 성심으로, 흔들림 없이, 등 돌림 없이, 그리고 오만 없이 정진하는 것이다.

첫째, '끈기 있게'는 부단히 정진바라밀을 행하는 것이다. 『성보운경』에 이런 말이 있다.

> 보살은 심신이 지치는 일 없이 온갖 보살행으로 정진하는 사람이
> 다. 이것을 보살의 끈기 있는 정진바라밀이라 한다.

둘째, '성심으로'는 기쁘고 행복한 마음으로 신속하게 행하는 정진바라밀이다. 이런 말이 있다.

> 그러므로 이 일을 완성하기 위하여
> 나는 용감하게 뛰어들리라.
> 한낮의 땡볕에 시달린 코끼리가

호수 물 속으로 뛰어들 듯이.

셋째, '흔들림 없이'는 마음이 분별이나 번뇌, 고통으로 인한 해악에 흔들리지 않는 정진바라밀이다.

넷째, '등돌림 없이'는 되돌아서지 않는 불퇴전의 정진바라밀이다. 남들의 해악, 야만적인 행동, 동요, 사견 등을 보아도 돌아서지 않는 것이다. 이것은 『성금강당경聖金剛幢經』(Aryavajradwaza's Sutra)에도 나와 있다.

다섯째, '오만 없이'는 자만심 없이 행하는 정진바라밀이다. 수행자는 자만을 피하기 위하여 정진바라밀을 수행해야 한다.

③ 중생을 위한 근면정진

이는 제13장에서 말한 11가지 주제를 통한 지원 등을 받지 못하는 사람을 지원해 주는 것을 의미한다.

이것들이 적용의 정진바라밀을 설명한 것이다.

3) 한없는 정진바라밀

깨달음을 이룰 때까지 수행자는 지칠 줄 모르고 정진해야 한다. 이런 말이 있다.

칼날에 묻어 있는 꿀과 같은
감각적 대상을 충분히 누린 적이 없다고 생각한다면
행복과 평화 속에서 익어가는 공덕을
충분히 누렸다고 생각할 이유가 어디 있는가?

5. 정진바라밀의 증대

앞(제12장)에서 설명했듯이 정진바라밀은 근본지와 분별지, 회향을 통해 증대한다.

6. 정진바라밀의 완성

정진바라밀의 완성은 앞(제12장)에서 설명했듯이 우주에 편재하는 공성과 자비심이 뒷받침한다.

7. 정진바라밀의 과보

궁극적 상태와 상대적 상태의 정진바라밀 수행을 이해해야 한다. 궁극적 상태에서는 위없는 깨달음을 얻는다. 『보살지지경』에 이런 말이 있다.

> 정진바라밀을 완성함으로써 보살은 과거에도 위없는 완전한 깨달음을 얻었고, 현재에도 완전한 깨달음을 얻고 있으며, 미래에도 완전한 깨달음을 얻을 것이다.

상대적 상태에서의 과보는 윤회 속에서도 삶의 수승한 기쁨을 모두 누리는 것이다. 『대승장엄경론』에 이런 말이 있다.

> 정진바라밀을 통해 수행자는 윤회하는 동안 모든 소원을 이룬다.

제16장
선정바라밀

선정바라밀은 다음의 순서로 설명한다.

> 허물과 공덕에 대한 사유,
> 정의, 분류,
> 각 분류의 특성,
> 증대, 완성, 그리고
> 과보—
> 이 일곱 가지가 선정바라밀을 구성한다.

1. 허물과 공덕에 대한 사유

보시바라밀 등을 모두 수행했다 할지라도 선정바라밀을 수행하지 않으면 마음은 적정을 모르고 번다하다. 이런 마음은 번뇌의 날카로운 이빨에 쉽게 상처 입는다. 『입보리행론』에 이런 말이 있다.

마음이 흩어진 사람은
번뇌의 송곳니들 사이에 머무네.

더욱이 선정바라밀이 없이는 천안통이 없고, 천안통이 없이는 남들을 도울 수 없다. 『보리도등론』에 이런 말이 있다.

선정을 이루지 않고서는
천안통을 얻을 수 없네.
천안통의 힘이 없이는
중생을 이롭게 할 수가 없네.

선정바라밀이 없이는 지혜바라밀이 없고, 지혜바라밀이 없이는 깨달음을 이룰 수 없다. 『친우서』에 이런 말이 있다.

선정바라밀이 없이는
지혜바라밀을 이룰 수 없네.

반면 선정바라밀이 있으면 저급한 대상에 대한 집착을 내려놓게 되어, 천안통을 얻으며, 마음속에 수많은 선정의 문이 열릴 것이다. 『성반야섭송』에 이런 말이 있다.

선정을 통해 저급한 감각적 욕망의 대상을 놓아버린다. 그리하면 천안통, 선정이 성취된다.

선정이 있으면 지혜가 일어나고, 번뇌는 파괴된다. 『입보리행론』에 이런 말이 있다.

> 선정에 따라오는 수승한 통찰지를 통해
> 번뇌가 완전히 제거되었음을 알고 나면……

선정을 완성하고 나면 특별하고 완전한 통찰지를 가지게 되고 모든 중생에 대한 자비심이 일어난다. 『불설법집경』에 이런 말이 있다.

> 선정을 통해 수행자는 모든 현상을 있는 그대로 여실하게 보게 된다. 진실을 있는 그대로 봄으로써 보살은 모든 중생에 대한 대자비심을 키우게 된다.

선정이 있는 사람은 모든 수행자를 깨달음으로 이끌 수 있다. 『대승장엄경론』에 이런 말이 있다.

> 선정을 통해 모든 중생은 세 가지 깨달음을 확립할 것이다.

2. 선정바라밀의 정의

선정의 정의는 거기에 사마타의 성품이 있으며 마음은 오직 공덕 안에만 머문다는 것이다. 또한 『보살지지경』의 선정에 관한 장에 이런 말이 있다.

> 마음은 하나가 되어 공덕에 거한다.

선정은 다른 곳에 정신이 팔리는 일이 전혀 없을 때 더욱 잘 이루어진다.

1) 정신이 흐트러지는 일을 피해야 한다
산만한 마음을 피하는 것을 단리單離라 부른다. 신체는 동요에서 단리되고 마음은 잡념에서 단리되는 것이다. 『입보리행론』에 이런 말이 있다.

　　몸과 마음의 단리를 통해
　　분별이 일어나지 않는다.

　신체가 동요하지 않도록 단리하는 일은 다음의 6가지로 나누어 살펴본다.

　　①신체적 동요의 주요 특성
　　②신체적 동요의 원인
　　③신체적 동요의 허물
　　④단리의 주요 특성
　　⑤단리의 원인
　　⑥단리의 공덕

①신체적 동요의 주요 특성
자녀, 배우자, 수행원(종복), 재물이 곁에 있을 때 마음이 흩어진다는 것이다.

② 신체적 동요의 원인
중생(자녀, 배우자, 수행원 등)에 대한 집착과 음식, 재물에 대한 집착, 명성과 칭찬 등에 대한 집착이 있다. 이런 것들은 신체적 동요를 피하는 데 도움이 되지 않는다. 이런 말이 있다.

　　세간생활을 버리지 못하는 것은 사람에 대한 집착
　　그리고 물질적 소득 등에 대한 갈애 때문이다.

③ 신체적 동요의 허물
일반적 동요와 상황에 따른 동요로 나누어 이해해야 한다. 일반적 동요에 대해서 『권발증상의락경』에 이런 말이 있다.

　　미륵보살이여! 동요의 허물에는 20가지가 있으니 몸에 절제가
　　없고, 말에 절제가 없고, 그리고 마음에 절제가 없는 것이다.
　　그렇게 되면 큰 번뇌가 난무하여 세간의 말에도 영향을 받게
　　된다. 마구니가 승리의 기회를 잡게 된다. 깨어 있음이 부족하다.
　　사마타와 위빠사나를 이룰 수 없다. 등등!

특히 중생에 대한 집착이 있으면 깨달음을 이루지 못할 것이다. 『월등경』에 이런 말이 있다.

　　감각적 대상에 온전히 정성을 들이는 사람
　　자녀와 배우자를 갈애하는 사람
　　거부해야 할 가정에 매달리는 사람은

깨달음을 전혀 이루지 못하리라.

『입보리행론』에 이런 말이 있다.

중생에 대한 집착으로 인해
진리는 내게서 온전히 가려져 있네.

그러므로 이런 집착을 삼가야 한다. 이런 말이 있다.

그런 집착은 나를 유익하게 할 수 없고
나도 그것을 유익하게 할 수 없다.
그러므로 이런 어리석음을 아주 멀리 하라.

이를 삼감으로써 오는 이득은 『월등경』에 언급되어 있다.

자녀와 배우자에 대한 집착을 다 놓아버리고
가정을 두려워하며 놓아버리면
깨달음의 성취는 그리 어렵지 않네.

또한 재물과 명성에 대한 집착이라는 두 개의 허물이 있다. 재물과 명성은 영원히 가질 수는 없는 대상으로서 곤경만을 초래할 뿐이다. 『입보리행론』에 이런 말이 있다.

어떤 명예와 명성을 축적했든

그것들은 나를 따라올 힘이 없네.

다음으로, 이런 말이 있다.

대상이 무엇이든
집착을 계속 쌓는다면
천 배의 고통이 따라오리라.

④ 단리의 주요 특성
이런 동요로부터 자유로워진다는 것이다.

⑤ 단리를 이루는 원인
홀로 사원에서 머무는 일이다. '사원'이란 무엇인가? 무덤가, 숲속, 동굴이나 초원에 머무는 것이다. 한 목소리가 닿는 거리(부르면 들리는 거리)는 500발걸음[36]에 해당된다. 마을에서 한 목소리가 닿는 거리에 떨어져 있는 곳을 '사원'이라 한다. 『구사론』에 이런 말이 있다.

500발걸음 떨어진 거리가 한 목소리가 닿는 거리다. 그곳을 사원이라 한다.

⑥ 단리의 공덕
동요에서 벗어나 중생과 깨달음을 위해 사원에 머물면 많은 공덕이 있다.

---

36 1발은 두 팔을 벌리고 한쪽 손끝에서 다른 손끝까지의 거리로 약 150cm 정도이다.

a) 단리는 모든 부처님들께 수승한 공양이 된다.
b) 보살은 윤회를 놓아버리고 8가지 세간의 관심사[37]에서 자유로워지며, 번뇌를 조장하지 않게 된다.
c) 선정이 일어난다.

a) 첫째, 단리는 모든 부처님들께 수승한 공양이 된다. 중생을 위해 보리심을 가지고 사원으로 7발자국을 가는 것은 여러 가지 음식이나 음료, 꽃 등을 공양하는 것보다 부처님들을 더 기쁘게 한다. 『월등경』에 이런 말이 있다.

음식과 음료의 공양이나
옷, 꽃, 향, 화환의 공양은
여래를 공경하는 일이 아니네.
사원으로 7걸음을 옮겨가
모든 중생들을 위해
악업과 유위법(윤회계)을 버리는 것이
큰 공덕을 얻는 일이라네.

b) 둘째, 보살은 윤회를 놓아버리고 8가지 세간의 관심사에서 자유로우며, 번뇌를 조장하지 않게 된다. 이에 대하여 같은 경전에 이런 말이 있다.

---

37 팔풍八風이라고도 한다. 즉 이득과 손실, 쾌락과 고통, 명성과 수치, 비판과 칭송을 말한다.

이와 같이 그는 윤회의 세계를 놓아버리고
세상에 대한 아무런 욕심이 없으며
번뇌가 늘어나지 않으리라.

c) 셋째, 선정이 일어난다. 주된 목적은 선정을 신속히 증대시키는 것이다. 같은 경전에 이런 말이 있다.

마을과 도시를 멀리하라.
늘 숲과 단리를 가까이하라.
언제나 무소처럼 홀로 가라.
오래잖아 수승한 선정을 얻으리라.

이로써 신체적 동요에서 단리되는 방법에 대한 설명을 마친다.

2) 마음을 잡념에서 단리한다

사원에 머무는 동안 그곳에 왜 갔는지 사유하라. 마을과 도시가 나를 교란시키는 영향력을 두려워하여 이곳 사원에 왔음을 생각하라. 왜 동요의 영향력을 우려했는지 회상하라. 『선로거사청문경』에 이런 말이 있다.

동요를 우려하고 두려워하여, 재물과 명예를 우려하고 두려워하여, 악한 친구들을 우려하고 두려워하여, 부덕한 스승들을 우려하고 두려워하여, 탐·진·치를 우려하고 두려워하여, 오온의 마구니, 번뇌, 죽음의 대왕과 집착의 마구니를 우려하고 두려워하여,

지옥계·아귀계·축생계를 우려하고 두려워하여—이런 우려와 두려움 때문에 나는 이 사원으로 피하였다.

이제 몸·말·마음의 행을 관찰하라. 내 몸이 사원에 있는 동안 살생이나 도적질을 하면 나는 짐승이나 사냥꾼, 도적이나 강도와 다를 바가 없다. 이런 행동은 내가 원하는 바를 이루어줄 수 없음을 사유하여 이런 행동을 피해야 한다.

말을 관찰하라. 내가 사원에 있으면서 한담이나 이간질하는 말 또는 험한 말을 하면 나는 비둘기나 앵무새, 찌르레기나 종달새 등과 다를 바가 없으리라. 그런 말이 내가 원하는 바를 이루어줄 수 없음을 사유하여 그런 말을 피해야 한다.

마음을 관찰하라. 내가 사원에 있으면서 탐·진·치 등을 가지고 있다면 나는 들짐승과 원숭이, 곰 등과 다를 바가 없으리라. 이런 성품이 나의 발원을 이루어줄 수 없기에 나는 그를 피해야 한다. 이로써 마음을 잡념에서 단리하는 방법에 대한 설명을 마친다.

3) 몸과 마음이 단리되면 마음은 흐트러지지 않을 것이다

흐트러짐이 없으면 선정으로 들어갈 수 있다. 보살은 자신의 마음을 닦아야 한다. 가장 강한 번뇌가 무엇인지 사유해 보고 그에 상응하는 치유법을 행해야 한다.

① 탐착을 치유하려면 추함을 깊이 사유하라.
② 증오를 치유하려면 자애를 깊이 사유하라.
③ 무지를 치유하려면 연기를 깊이 사유하라.

④ 질투를 치유하려면 자신과 타자他者가 같음을 수행하라.
⑤ 자만을 치유하려면 자신과 타자他者의 입장을 바꾸는 수행을 하라.
⑥ 번뇌와 잡념이 똑같이 강하다면 호흡관을 수행하라.

① 탐착의 치유로는 추함을 사유하라

만약 탐착이 매우 강한 경우라면 추함에 대해 다음과 같이 사유하라. 먼저 자신의 몸을 살과 피, 피부와 뼈, 골수, 림프액, 담즙, 점액, 진액, 똥 등의 조합체로 보아라. 36가지 부정한 물질을 사유하라. 그 다음엔 묘지로 가서 죽은 지 하루 된 시체를 관찰하고, 이어 죽은 지 2일, 3일, 4일, 5일 된 시체를 점차로 관찰하라. 색깔은 점점 검어지고 부풀어 오르며 부패한다. 그리곤 벌레가 파먹게 된다. 이런 것을 보면서 내 몸도 같은 성질을 가졌으며 이 상태를 초월하지 않았음을 사유하라. 시체가 묘지로 이구되는 것, 뼈가 흩어지고 부러지는 것, 어떤 뼈는 살이 붙어 있고 어떤 뼈는 인대가 붙어 있음을 관찰하라. 죽은 지 수년이 지난 몸의 경우 뼈는 조개껍질처럼 하얗게 된다. 그리고 몇 년이 더 지나면 회색 분말이 된다. 그러므로 나의 몸도 또한 이런 성질, 이런 원인을 가졌으며 이런 상태를 초월하지 않았음을 사유하라.

② 증오의 치유로는 자애를 사유하라

증오가 매우 강한 경우라면 그 치유법으로 자애를 사유하라. 자애에는 세 가지가 있다고 이전에 설명했다. 여기선 중생에 대한 자애심에 중점을 두겠다. 먼저 나에게 가장 가까운 중생을 행복하고 이롭게 하겠다는 마음을 길러라. 그런 다음엔 유사한 방식으로 친척들을 위한 자애심을 기르고, 그 후엔 친척과 일반사람들 둘 다에 대한 자애심을 길러라. 그 다음엔 나를 둘러싸고 있는 사람들, 다음엔 나의 마을에 사는 사람들에 대해 자애를 길러라. 그 후엔 동쪽의 모든 중생을 위해 자애를 수행하고, 이와 같이 시방의 모든 중생에 대해 자애를 수행하라.

③ 무지의 치유로는 연기를 사유하라

무지가 매우 강한 사람은 그 치유법으로 연기법을 사유해야 한다. 『도간경稻竿經』(Rice Seedling Sutra)에 이런 말이 있다.

> 비구들이여! 이 벼 줄기를 이해하는 사람은 연기의 의미를 이해한다. 연기를 아는 사람은 법을 안다. 법을 아는 사람은 붓다를 안다.

더욱이

> a) 윤회의 연기가 순서대로 설명되고
> b) 적멸의 연기가 역순으로 설명될 것이다.

a) 첫째, 윤회의 연기에는 2가지가 있으니 외적 연기와 내적 연기다. 내적 연기에는 또 2가지가 있다.

> i) 원인과 함께 하는 내적 연기
> ii) 조건들이 뒷받침하는 내적 연기

i) 첫째, 원인과 함께 하는 연기에 관해 이런 말이 있다.

> 비구들이여! 이것이 있어 저것이 있다. 이것이 생기니 저것이 태어났다. 이런 식으로 무지의 조건에 연하여 행行이 일어난다. 탄생을 조건으로 하여 늙음, 죽음, 슬픔, 애도, 고통, 불행, 비탄이 일어난다. 그러므로 이러한 방식으로 방대한 고통의 집합체(윤회의 주체)가 나타난다.

이것이 욕계에 따라서, 또 어머니 자궁에서의 탄생에 따라 설명된다.

❶ 처음에 무명無明이 있다. 이는 모든 것을 잘못 이해하는 혼란을 말한다.
❷ 무명의 영향 하에 번뇌에 물든 선업과 불선업이라는 정신적 형성물이 생긴다. 이를 '무지에 연하여 생긴 정신적 형성물(行)'이라 부른다.
❸ 그 업의 씨앗을 마음이 품고 있기 때문에, 이를 일러 '정신적 형성물에 연하여 생긴 의식(識)'이라 부른다.
❹ 그 업의 힘에 의해 마음은 전적으로 혼란되어 어머니의 자궁 안으로 들어가고 그로 인해 태아가 생긴다. 이를 '의식에 연하여 생긴 명색名色'이라 부른다.
❺ 이름과 형상, 즉 명색을 발전시킴으로써 눈 귀 등의 모든 감각이 완성된다. 이를 일러 '명색에 연하여 일어나는 6개의 증대하는 처소(六入)'이라고 부른다.
❻ 눈 등의 감각기관과 이에 응하는 대상의 상호작용, 그리고 의식을 '6입처에 연하여 일어난 접촉(觸)'이라 부른다.

❼접촉을 통해 사람은 기쁨, 고통, 무관심을 경험한다. 이를 일러 '접촉에 연하여 일어난 느낌(受)'이라 부른다.

❽느낌이 있으면 기쁨과 집착, 더 강한 집착이 있게 된다. 이를 일러 '접촉에 연하여 생긴 갈애(愛)'라 부른다.

❾그 갈애로 인해 점점 더 탐착하게 되고, 탐착의 대상에서 떨어지지 않고자 한다. 이를 일러 '갈애에 연하여 생긴 취착(取)'이라 부른다.

❿그 취착으로 인해 업과, 몸·말·마음에 의한 존재가 생긴다. 이를 일러 '취착에 연하여 생긴 존재(有)'라 부른다.

⓫그 업은 오온을 만든다. 이를 일러 '존재에 연하여 생긴 탄생(生)'이라 부른다.

⓬탄생 후 실제로 존재하게 되는 오온은 증가하고 성숙하고 그리고는 멈춘다. '성숙'은 노화를 의미하고 '멈춤'은 죽음을 의미한다. 이를 일러 '탄생에 연하여 일어난 노화와 죽음(老死)'이라 부른다. 무지, 완전한 집착, 갈애로 인해 죽음은 슬픔이라는 내적 고통을 야기한다. 그 슬픔이 애도라 불리는 말의 표현을 야기한다. 5가지 의식(안식·이식·비식·설식·신식)이 불행을 체험할 때 그를 일러 고통이라 한다. 그를 마음속에 가져오면 그 고통을 '정신적 불행'이라 부른다. 더욱이 이런 식으로 번뇌에 물든 전체 잠재의식을 '동요된 마음(번뇌)'이라 부른다.

이 12가지는 세 개 집단으로 이해해야 한다. 무명, 갈애, 취착은 번뇌 집단에 속한다. 정신적 형성과 존재는 업 집단에 속한다. 의식 및 나머지 7개는 고통 집단에 속한다. 『중관연기론中觀緣起論』(*Treatise on the Essence of Interdependence*)에 이런 말이 있다.

12연기를 구성하는 요소들은
세 집단으로 이해해야 한다.
현자는 연기를
번뇌, 업, 고통으로 묘사했다.
❶, ❽, ❾의 요소는 번뇌를 구성한다.
❷, ❿의 요소는 업을 구성한다.
나머지 7가지 요소는 고통을 구성한다.

이것을, 예를 들어 풀면 다음과 같다. 무지는 씨앗을 심는 사람과 같고, 업은 밭과 같으며, 의식은 씨앗과 같고, 갈애는 물과 같고, 명색은 싹과 같고, 나머지는 가지 및 잎과 같다. 무지가 없다면 정신적 형성물은 나올 수가 없다. 마찬가지로 탄생이 없다면 노화와 죽음도 없다. 하지만 무지가 있기에 정신적 형성물이 온전히 나올 수 있다. 그리하여 탄생이 있으면 노화와 죽음이 일어난다.

무지는 다음과 같은 생각을 하지 않는다. '나는 정신적 형성물을 만들겠다.' 그리고 정신적 형성물은 '나는 무지에 의하여 만들어졌다'라고 생각지 않는다. 마찬가지로 탄생은 '나는 노화와 죽음을 만들겠다'라고 생각지 않으며, 노화와 죽음은 '우리는 탄생이 만들었다'라고 생각지 않는다. 하지만 무지가 있을 때는 정신적 형성물이 나타나고 드러난다. 마찬가지로 탄생이 있을 때는 노화와 죽음이 나타나고 드러난다. 그러므로 이것이 원인과 함께 하는 내적 연기다.

ii) 둘째, 조건의 뒷받침을 받는 내적 연기: 땅, 물, 불, 바람, 공간, 의식을 일러 여섯 원소 또는 육대六大라고 부른다. 땅 원소는 몸의 단단함을 형성한다. 물 원소는 몸이 응집하도록 한다. 불 원소는 우리가 먹고 마시는 모든 것을 소화시킨다. 바람 원소는 숨을 들이쉬고 내쉬게 한다. 공간 원소는 몸 안의 공간을 만든다. 의식 원소는 오식五識과 번뇌에 물든 의식을 만든다. 이런 조건이 없이는 몸은 태어날 수 없고, 이 육대의 조합을 통해 몸은 온전히 기능하는 것이다. 이 육대는 '나는 단단함을 만든다' 등의 생각을 하지 않는다. 몸은 '나는 6가지 조건에 의해 생겨났다'고 생각하지 않는다. 하지만 이런 조건들로 인해 몸이 생긴다.

더욱이 이 연기의 12가지 요소를 다 완성하려면 몇 생이나 필요한 것일까? 『십지경』에 이런 말이 있다.

> 무지와 정신적 형성물은 과거에 관련되어 있다. 느낌을 통한 의식은 현재에서 일어난다. 존재를 통한 갈애 등은 미래에 관련되어 있다. 그렇게 순환이 계속된다.

b) 둘째, 적멸의 연기는 역순으로 진행된다. 모든 현상을 우주에 편재하는 공성으로 깨달을 때 무지는 멈춘다. 무지가 멈추면 모든 것이 각기 멈추고 노화와 죽음도 끝난다. 이런 말이 있다.

> 무지가 멈추면 정신적 형성물도 멈추고, 그런 순서로 진행된다. 탄생이 멈추면 노화와 죽음, 슬픔과 애도, 고통과 마음의 불행, 탄식이 모두 멈춘다. 그리하여 방대한 고통의 집합체(윤회의 주체)가 멈춘다.

④ 질투의 치유로는 자타평등自他平等을 수행하라

나와 남을 동일하게 여기는 수행은 심한 질투를 치유하게 한다. 내가 행복을 원하듯 다른 중생들도 행복을 원한다. 내가 고통을 싫어하듯 다른 중생들도 고통을 싫어한다. 그러므로 나와 다른 중생들을 동일하게 귀중히 여기는 것을 수행하라. 『입보리행론』에 이런 말이 있다.

> 먼저 나와 남이 동일하다는 것에 대해
> 수행해야 할 것이다.
> 나를 보호하듯 모든 존재를 보호해야 한다.
> 즐거움을 원하고 고통을 원치 않는 것에서 우리는 동일하기 때문이다.

⑤ 자만의 치유로는 자타치환自他置換을 수행하라

자만심이 많은 사람은 자신과 남의 입장을 바꾸는 수행을 해야 한다. 아이 같은 중생은 언제나 자신을 중히 여기고 자신만을 위해 움직이기 때문에 고통을 받는다. 부처님들은 남을 귀히 여기고 남의 이익을 위해 일하기 때문에 성불을 한 것이다. 이런 말이 있다.

> 아이 같은 사람은 자신만을 위해 일하지만
> 부처님들은 남을 위해 일한다.
> 이들의 차이를 보라.

그러므로 자기를 귀히 여기는 것은 허물이니 자기에 대한 집착을 놓아야 함을 이해하라. 남을 귀히 여기는 것이 좋은 성품이니 남들을 자기 자신처럼 여겨라. 『입보리행론』에 이런 말이 있다.

> 나를 귀히 여기는 것의 허물과
> 남을 귀히 여기는 것의 바다 같은 공덕을 봤으니
> 이제 이기심을 완전히 놓아버리고
> 남들을 수용하는 일을 익히리라.

⑥ 동일한 강도의 번뇌나 잡념의 치유로는 호흡관을 수행하라

다양한 번뇌의 강도가 모두 같다면, 또는 잡념이 있다면 호흡관을 수행해야 한다. 호흡을 관하는(호흡을 세고 따르는 등의) 수행을 하라. 모두 여섯 가지가 있는데, 『구사론』에 이런 말이 있다.

> 여섯 가지 유형이 있다.
> 숫자 세기, 따라가기, 머물기,
> 분석하기, 바꾸기, 그리고
> 완전히 정화하기이다.

밀교의 진언 전통에서는 번뇌를 피하지 않고, 번뇌를 따라가지도 않고, 번뇌를 다른 것으로 바꾸지도 않는다. 또는 마르빠의 법맥 체계처럼 구전의 가르침을 통해 이해해야 하는 것도 있다. 우리는 이를 함께 일어나는, 어디에나 편재하는 근본지를 통해서나 또는 나로빠의 여섯 가지 법(나로6법)을 통해 이해할 수 있다.

이것들이 선정의 길에 들어가기 위해 마음을 수행하는 점진적 과정이다.

3. 선정바라밀의 분류

실제 선정바라밀에는 세 가지 분류가 있다.

1) 현재 기쁨 속에 머무는 선정바라밀
2) 공덕을 축적하는 선정바라밀
3) 중생을 유익하게 하는 선정바라밀

4. 각 분류의 특성

1) 현재 기쁨 속에 머무는 선정바라밀

여기에 관해 『보살지지경』에 이런 말이 있다.

> 모든 보살의 선정은 사량분별에서 자유롭고, 심신을 완전히 편안케 하며, 수승하게 평화롭고, 자만에서 자유로우며, '맛'을 체험하지 않으며, 인식에서 자유롭다. 이는 이생에서 마음이 기쁨에 머무는 것을 의미한다.

'사량분별에서 자유롭다'는 것은 마음이 한곳에 집중되어 있고, '있다 없다' 등의 분별이 없는 것을 의미한다. '심신을 완전히 편안케 한다'는 것은 몸과 마음의 모든 악업을 제거한다는 것을 의미한다. '수승하게 평화롭다'는 것은 자연스럽게 흘러감을 말한다. '자만심에서 자유롭다'는 것은 견해에 번뇌가 없다는 것이다. '맛을 체험하지 않는다'는 것은 존재의 번뇌가 없다는 것이다. '인식에서 자유롭다'는 것은 형상(色) 등의 즐김에서 자유롭다는 것이다.

이 모든 방법으로 가는 문은 4선정이니 제1선정, 제2선정, 제3선정,

제4선정이다. 제1선정에는 섬세한 분석적 요소와 분별적 요소가 있다. 제2선정에는 기쁨이, 제3선정에는 매우 미세한 희열이 있다. 제4선정에는 평정심이 있다.

2) 공덕을 축적하는 선정바라밀

여기엔 범상치 않은 선정바라밀과 평범한 선정바라밀이 있다. 범상치 않은 선정바라밀은 10가지 힘에 관련된 무한하고 헤아릴 수 없이 다양한 선정이며, 그 이름을 심지어 성문가족이나 연각가족조차도 들어본 적이 없다. 그런데 그들이 어찌 이런 선정에 들랴? 평범한 선정에는 해탈의 선정,[38] 위없는 선정,[39] 증대하는 소모의 선정,[40] 분별지의 선정[41]

---

[38] 8해탈을 말한다. ①형상을 보는 몸이 있는 해탈 ②형상을 보는 형상이 없는 해탈 ③아름다운 형상을 통한 해탈 ④무한한 공간의 해탈 ⑤무한한 의식의 해탈 ⑥공의 해탈 ⑦존재의 정점의 해탈 ⑧멸의 해탈(1~3은 색계에, 4~8은 무색계에 관련되어 있다.)

[39] 수행자의 목적이 어떤 대상을 지배하는 것인 8가지 수승한 선정을 말한다. ①자신이 형상을 가졌다 상상하며 작은 외부의 형상을 보고 그를 극복한다. ②자신이 형상을 가졌다 상상하며 큰 외부의 형상을 보고 그를 극복한다. ③자신이 형상이 없다 상상하며 작은 외적 형상을 보고 그를 극복한다. ④자신이 형상이 없다 상상하며 큰 외적 형상을 보고 그를 극복한다. ⑤자신이 형상이 없다 상상하며 푸른색 외적 형상을 보고 그를 극복한다. ⑥자신이 형상이 없다 상상하며 노란 외적 형상을 보고 그를 극복한다. ⑦자신이 형상이 없다 상상하며 빨간 외적 형상을 보고 그를 극복한다. ⑧자신이 형상이 없다 상상하며 하얀 외적 형상을 보고 그를 극복한다.

[40] 불 등의 원소나 파랑 등의 색채가 모든 현상에 완전히 편재하는 것으로 인식하는 수행을 하여 일체지를 발전시키는 것을 목적으로 하는 10가지 우주에 편재하는 선정을 말한다. ①땅의 완전한 편재 ②물의 완전한 편재 ③불의 완전한 편재 ④바람의 완전한 편재 ⑤공간의 완전한 편재 ⑥파랑의 완전한 편재 ⑦노랑의

등이 있고 이는 성문가족과 연각가족에도 흔하다. 이 이름들은 평범해 보여도 그 성질은 유사하지 않다.

3) 중생을 유익하게 하는 선정바라밀

이런 선정에 의지하여 무한한 몸을 나툴 수 있고 무엇이든 필요한 도움을 주는 것을 비롯한 11가지 방식으로(제13장에서 설명) 중생을 위할 수 있다.

이 경우 사마타(평화롭게 머묾) 상태와 위빠사나(특별한 통찰) 상태가 있다. 이들은 무엇인가? 사마타는 마음의 완전한 집중이다. 위빠사나는 그 사마타에 근거하여 무엇이 옳고 그른지를 분명히 분별하는 것이다. 『대승장엄경론』에 이런 말이 있다.

> 마음이 집중 상태에
> 온전히 머물기 때문에
> 모든 현상을 온전히 분별하기 때문에
> 이들을 사마타와 위빠사나라 부른다.

사마타는 실제의 선정이다. 위빠사나는 지혜바라밀을 말한다.

완전한 편재 ⑧빨강의 완전한 편재 ⑨하양의 완전한 편재 ⑩의식 또는 마음의 완전한 편재

41 4가지 완전한 이해를 말한다. ①법의 구체적인 완전한 이해 ②의미의 구체적인 완전한 이해 ③정의하는 말들에 대한 구체적인 완전한 이해 ④자신감의 구체적인 완전한 이해

5. 선정바라밀의 증대

선정바라밀은 앞(제12장)에서 설명했듯이 근본지, 지혜바라밀, 회향을 통해 증가한다.

6. 선정바라밀의 완성

선정바라밀의 완성은 앞(제12장)에서 설명했듯이 우주에 편재하는 공성과 자비심의 뒷받침을 받는다.

7. 선정바라밀의 과보

선정바라밀의 과보는 궁극적 상태와 상대적 상태로 나누어 이해해야 한다. 궁극적 상태에서는 위없는 깨달음을 얻는다. 『보살지지경』에 이런 말이 있다.

> 선정바라밀을 완전히 닦음으로써 보살들은 과거에도 위없는 완전한 깨달음을 얻었고, 미래에도 위없는 완전한 깨달음을 얻을 것이고, 현재도 위없는 완전한 깨달음을 얻고 있다.

상대적 상태에서는 욕계를 떠난 천신의 몸을 얻는다. 나가르주나 존자는 이렇게 말했다.

> 욕계의 기쁨, 행복, 고통을 완전히 버림으로써
> 보살은 천신의 상태에 도달한다.
> 범천, 명광천, 증덕천, 대과천의 수준에 오르고
> 사선정을 증득한다.

제17장
지혜바라밀

지혜바라밀은 다음의 순서로 설명한다.

허물과 공덕에 대한 사유,
정의, 분류,
각 분류의 특성,
알아야 할 것, 수행해야 할 것, 그리고
과보 —
이 일곱 가지가 지혜바라밀을 구성한다.

1. 허물과 공덕에 대한 사유

비록 보시바라밀에서 선정바라밀까지 수행을 했다 해도 지혜바라밀이 부족하면 일체지를 얻을 수 없다. 왜 그러한가? 그 이유는 맹인들끼리만 모여서 안내인 없이 원하는 도시로 갈 수 없는 이치와도 같다.『성반야섭송』에 이런 말이 있다.

수십억 명의 눈먼 사람들이 있는데 거기에 눈 밝은 안내인이 없다면 길도 모르는 그들이 어찌 도시로 들어갈 수 있겠는가? 지혜바라밀이 없다면 눈이 없는 것과 같아 다섯 바라밀을 완성한다 해도 깨달음에 이를 수 없을 것이다.

반면 지혜바라밀이 있다면 일체지의 상태를 이룰 것이다. 안내인을 따라 도시로 가는 맹인들처럼 보시바라밀 등의 모든 공덕의 축적이 성불의 길로 들어가기 때문이다. 『입중론』에 이런 말이 있다.

눈이 있는 사람이 하나라도 있으면 맹인 집단 모두가 원하는 곳으로 갈 수 있는 것처럼, 지혜바라밀은 눈이 없는 다른 성품들을 깨달음으로 이끌어 준다.

그리고 『성반야섭송』에 이런 말이 있다.

지혜바라밀을 통해 현상계의 성품을 완전히 이해한 후에 보살은 욕계, 색계, 무색계의 삼계를 완전히 넘어서 간다.

만약 그렇다면 지혜바라밀 하나만으로도 족할 것인데, 무엇 때문에 보시바라밀을 비롯한 다른 바라밀이 필요한 것인가? 그 까닭은 어떤 바라밀도 하나로는 충분치 않기 때문이다. 『보리도등론』에 이런 말이 있다.

이런 말이 있다.

"지혜가 없는 방편과

방편이 없는 지혜는

족쇄에 불과하다."

그러니 아무것도 버리지 말라.

수행자가 방편과 지혜를 각각 따로 수행한다면 그는 어디에 묶이게 되는가? 보살이 방편이 없이 지혜에만 의존한다면 그는 성문가족이 열반이라 주장하는 일방적인 열반의 평화 속으로 떨어져 헤어나지 못하고 무주열반을 얻을 수 없을 것이다. 더욱이 삼승의 논리에 의하면 보살은 그곳에 영원히 묶이게 될 것이다. 일승의 논리를 따른다 해도 적어도 그곳에 84,000겁 동안 묶이게 될 것이다. 또한 지혜가 없이 방편에만 의존한다면 어리석고 평범한 사람의 경지를 넘어서지 못할 것이다. 그러므로 그는 윤회에 계속 묶여 있게 될 것이다. 『무진혜청문경』에 이런 말이 있다.

방편이 없이 지혜만 수행하면 열반에 묶이게 되고, 지혜가 없이 방편만 수행하면 윤회에 묶이나니, 이 두 가지를 함께 수행할 필요가 있다.

『유마경』에 이런 말이 있다.

모든 보살의 족쇄는 무엇이며 해탈은 무엇인가? 방편의 뒷받침을 받지 않는 지혜가 족쇄요, 방편의 뒷받침을 받는 지혜가 해탈이다.

지혜의 뒷받침을 받지 않는 방편이 족쇄요, 지혜의 뒷받침을 받는 방편이 해탈이다.

그러므로 방편이든 지혜든 따로 따로 수행한다면 그것은 마구니의 행동이다.『불위사가라용왕소설대승경佛爲娑ㄱ羅龍王所說大乘經』에 이런 말이 있다.

마구니의 행동에 두 가지가 있으니 지혜와 분리된 방편, 그리고 방편에서 분리된 지혜이다. 이것이 마구니의 행동임을 알아 보살은 마땅히 이를 버려야 한다.

예를 들어 우리가 원하는 도시에 닿기 위해서는 길을 식별할 수 있는 눈과 먼 곳을 걸어갈 수 있는 발이 있어야만 하듯이, 무주열반의 도시에 다다르려면 지혜라는 눈과 방편이라는 발을 합쳐야만 한다.『가야산정경伽耶山頂經』(Mount Gaya Sutra)에 이런 말이 있다.

간단히 말해서 대승의 길은 두 가지이니, 방편과 지혜이다.

더욱이 지혜는 절로 일어나지 않는다. 예를 들어 소량의 장작에 불을 지폈다 해도 불은 크고 길게 타지 않을 것이다. 하지만 마른 장작을 많이 쌓아놓고 불을 지핀다면 불은 크고 길게 탈 것이며 아무리 끄려 해도 끌 수가 없을 것이다. 마찬가지로 큰 지혜는 작은 공덕이 쌓인 곳에서 나오지 않는다. 하지만 보시바라밀, 지계바라밀 등이 크게 쌓인 곳에서는 큰 지혜가 일어나서 모든 장애를 다 태워버릴 것이다.

그러므로 지혜를 얻기 위해 보살은 보시바라밀 등에 의존해야 한다.
『입보리행론』에 이런 말이 있다.

> 부처님이 이 다섯 가지 방편을[42] 말씀하신 까닭은 지혜를 얻게
> 하기 위한 목적이라네.

2. 지혜바라밀의 정의
지혜바라밀은 모든 현상을 완전하고 온전하게 분별하는 것이다.『대승아비달마집론』에 이런 말이 있다.

> 지혜바라밀이란 무엇인가? 그것은 현상계에 대한 완전하고도
> 충분한 분별이다.

3. 지혜바라밀의 분류
『대승장엄경론석』은 세 가지로 지혜바라밀을 구분한다.

1) 세간의 지혜바라밀
2) 낮은 출세간의 지혜바라밀
3) 높은 출세간의 지혜바라밀

4. 각 분류의 특성
1) 세간의 지혜바라밀
의학과 치유에 관한 공부, 논리학의 공부, 언어학의 공부, 예술의 공부,

---

[42] 다섯 가지 방편: 육바라밀 중 지혜바라밀을 제외한 5가지 바라밀을 뜻한다.

이 네 가지에 의존하여 일어나는 지혜를 세간의 지혜바라밀이라 부른다.
출세간의 지혜바라밀 두 가지는 성스러운 법에 의존하여 일어나는 내적 자각이다.

2) 낮은 출세간의 지혜바라밀

이는 성문가족과 연각가족의 듣기, 사유, 명상에서 일어나는 지혜바라밀이다. 이는 사람의 오염된 오온이 청정치 못하고 고통의 성품을 가지고 있으며, 무상하고 무아임을 깨닫는 것이다.

3) 높은 출세간의 지혜바라밀

대승을 따르는 사람들의 듣기, 사유, 명상 수행에서 일어나는 지혜바라밀이다. 이는 모든 현상이 그 성품상 공하고 태어남이 없으며 근본도 뿌리도 없다는 것을 깨닫는 것이다. 『칠백송반야경七百頌般若經』(700 Stanza Perfection of Wisdom)에 이런 말이 있다.

> 모든 현상이 태어난 적이 없음(本來無生)을 깨닫는 것, 이것이 바로 지혜의 완성이네.

『성반야섭송』에 이런 말이 있다.

> 현상계에 본래 실재가 없음을 완전히 깨닫는 것이 지혜바라밀을 수승하게 완성하는 것이다.

또한 『보리도등론』에 이런 말이 있다.

지혜바라밀이라 불리는 것은 본래 실재가 공하다는 깨달음에서 온다고 말할 수 있다. 즉 오온과 만물을 구성하는 원소 및 그 근원에 탄생이 없음을 깨닫는 것이다.

5. 지혜바라밀에서 알아야 할 것

지혜바라밀의 세 가지 유형 중 높은 출세간의 지혜바라밀을 공부해야 한다. 이는 6가지로 분류하여 설명할 수 있다.

1) 사물이 존재한다는 집착에 대한 반박
2) 사물이 존재하지 않는다는 집착에 대한 반박
3) 비존재(無)에 대한 집착의 오류
4) 양자를 집착하는 오류
5) 해탈에 이르는 길
6) 열반, 해탈의 성품

1) 사물이 존재한다는 집착에 대한 반박

『보리도등론』에서 아띠샤는 이렇게 말했다.

이미 존재하는 어떤 것이 다시 생긴다는 것은 논리에 맞지 않는다.
또한 존재하지 않는 것은 하늘 꽃과[43] 같다.

이런 것들은 큰 논리를 통해 분석해야 한다고 말한다.
이를 람림(깨달음의 길)에 따라 설명하자면 존재와 존재의 집착은

---

[43] 불교에서는 존재하지 않는 것을 흔히 하늘 꽃(空華)에 비유한다.

두 개의 '자아' 안에 범주화할 수 있고, 이 두 개의 자아는 그 성품이 공하다. 그렇다면 이 두 개의 자아 또는 '마음'이란 무엇인가? 이것은 '사람의 자아(인아人我)'와 '현상의 자아(법아法我)'라 불린다.

사람의 자아 또는 마음이란 무엇인가? 이를 설명하는 체계가 여럿 있지만, 사실상 사람은 각각의 결합이고 오염된 오온의 연속이다. 또한 사람은 언제나 분주하고, 부침浮沈을 겪으며, 부주의하다. 『대집경大集經』(Sutra Pieces)에 이런 말이 있다.

> 이런 연속체를 일러 '사람'이라 하고, 다른 말로는 부주의와 부침이라고도 한다.

이런 '사람'을 영원하고 고유하다고 파악하여 그것에 매달리고, 그것을 '나' 또는 '자아'로 집착한다. 그것이 사람의 자아 또는 마음의 자아(人我)라고 알려진 것이다. 번뇌는 이런 자아에 의해 생성된다. 업은 번뇌에 의해 생긴다. 고통은 이 업에 의해 생겨난다. 그러므로 모든 고통과 허물의 근원은 자아 또는 마음이다. 『양평석량평석評釋』(Pramana varttika, Commentary on Valid Cognition)에 이런 말이 있다.

> '내'가 있을 때 '남'이 있음을 우리는 안다.
> '나'와 '남'의 구분에서 집착과 혐오가 일어난다.
> 이 둘의 상호작용에서 모든 갈등이 일어난다.

그렇다면 현상의 자아란 무엇인가? 현상은 외적 애착의 대상이고, 마음은 내적 집착의 대상이다. 왜 이것을 '현상'이라 부르는가? 자신만의 특성을 가지기 때문이다. 『대집경』에 이런 말이 있다.

그만의 특성을 가지는 것을 현상이라 부른다.

현상의 자아(法我)는 다음 두 가지로 구성된다. 고정관념과 집착, 즉 그것들이 존재한다고 여기는 것, 그리고 그것들에 집착하는 것. 이 두 자아가 어떻게 성품상 공한 것인지를 설명해 보자. 먼저 사람의 자아를 반박하기 위해 나가르주나 존자는 『보만론』에서 이렇게 말한다.

'나'와 '내 것'이 존재한다고 말하는 것은 궁극적 의미(第一義)에 위배된다.

이 말은, 궁극적 의미에서 자아는 존재하지 않는다는 것이다. 자아나 마음이 궁극적으로 존재한다면 마음이 진리에 대한 통찰을 했을 때 자아가 존재해야 한다. 하지만 마음이 진리의 본질을 통찰했을 때 자아는 없다. 그러므로 자아는 존재하지 않는다. 『보만론』에 이런 말이 있다.

그러므로 있는 그대로의 실재를 완전히 깨달을 때 이 두 가지는 일어나지 않는다.

'있는 그대로의 실재를 완전히 깨닫는다'는 것은 진리를 본다는 것이다. '두 가지가 일어나지 않는다'는 것은 '나'나 '내 것'에 대한 집착이 일어나지 않음을 의미한다.

더욱이 자아나 마음이 존재한다면 그것이 그 자체로부터 생겼는지 다른 것에서 생겼는지, 아니면 둘 다에서 생겼는지 또는 삼세에서 생겼는지를 관찰하라.

자아나 마음은 그 자체에서 생기지 않는다. 자아는 이미 존재하거나 또는 이미 존재하지 않거나 하기 때문이다. 만약 그것이 이미 존재하지 않는다면 그것은 그 자체를 만들어낼 원인이 될 수 없다. 만약 자아가 이미 존재한다면 자신을 만들어낼 수는 없다. 그러므로 자아가 자아 자체를 만들어낸다는 것에는 모순이 있다.

그것은 또 남에게서 생기지 않는다. 남이 원인이 아니기 때문이다. 원인이 아니라는 이유는 무엇인가? 원인은 결과와 관련되어야 한다. 결과가 있기 전까지 원인이 존재하기는 불가능하다. 원인이 없으면, 이전에 증명했듯이, 결과는 생기지 않는다.

자아는 또 둘 다(그 자체와 남)에서 생기지 않는다. 자아는 과거로부터 생기지 않는다. 과거는 썩은 씨앗과 같아 발아력이 없기 때문이다. 자아는 미래로부터 생기지 않는다. 그것은 석녀가 낳은 아기와도 같을 것이다. 자아는 현재에서 생기지 않는다. 생성하는 자와 생성되는 것이 함께 생기는 것은 이치에 맞지 않기 때문이다. 그러므로 『보만론』에 이런 말이 있다.

    자아는 그 자체나 남이나, 양자 모두나 삼세로부터 생기지 않기
    때문에 '자아'에 대한 집착(믿음)도 소멸된다.

'생기지 않는다'는 것은 생성되지 않는다는 의미이다.
또는 이런 방식으로 이해해야 한다. '자아'라 불리는 것을 잘 관찰하여

그것이 자신의 몸 안에 존재하는지 마음 안에 존재하는지 이름 안에 존재하는지 알아보아라.

이 몸은 네 가지 원소의 성품을 가졌다. 몸의 단단함은 흙이고, 습기는 물이며, 열기는 불이고, 숨과 운동은 바람이다. 그러므로 자아 또는 마음은 이 사대 안에 존재하지 않는다. 이는 마음이 4개의 외부 원소인 지·수·화·풍 안에 존재하지 않는 것과 같다.

자아는 마음 안에 존재하는가? 그렇지 않다. 나나 남이 마음을 본 적이 없으니 마음은 그 어디에도 존재하지 않는다. 마음 자체가 존재하지 않으니까 자아는 거기에 존재하지 않는다.

자아는 이름 안에 존재하는가? 그렇지 않다. 이름은 일시적으로 정해진 것이기 때문이다. 그것은 물질 안에도 존재하지 않고 자아와 아무런 관계도 없다.

그러므로 이 세 가지 이유로 인해 사람의 자아나 마음은 존재하지 않는다고 확증되었다.

현상의 자아에 대해 반박하는 두 가지 방법이 있으니, 외적 집착의 대상인 현상이 존재하지 않고 내적 집착의 대상인 마음이 존재하지 않는다는 것으로 증명할 수 있다.

첫째, 외적 집착의 대상이 존재하지 않는다는 것에 대한 설명이다. 외적 대상이 실질적으로 존재한다고 주장하는 사람들이 있다. 설일체유부에서는 가장 작은 입자는 그 성품상 둥글고 단일적이며 부분이 없는 물질로 물리적으로 존재한다고 말한다. 이 입자들은 다른 작은 입자들로 둘러싸여 있는데 그 입자들 사이에 공간이 있다. 푸른 들판의 풀이나 야크 꼬리처럼 이들은 분리되지 않은 것으로 보인다. 이들은 떨어져나가지 않고 중생의 업에 의해 하나로 붙어 있다. 그렇게들 말해 왔다.

경량부에서는 입자가 있긴 해도 이들 사이에 공간이 없이 서로 둘러싸고 있다고 한다.

비록 그들이 이렇게 주장하긴 하나 둘 다 옳지 않다. 입자는 하나로 존재하거나 또는 다수로 존재하거나 하기 때문이다. 입자가 하나라면 그것은 더 작은 부분으로 나눌 수 있거나 없거나 할 것이다. 그것이 부분으로 나눌 수 있다면 당연히 동쪽, 서쪽, 남쪽, 북쪽 부분과 상하의 부분이 있을 것이다. 이제 이것이 6개 부분이 되었으므로 입자가 하나라는 주장은 반박이 되었다.

입자가 부분으로 나눌 수 없다면 만물은 한 입자의 성품을 가질 것이지만 이는 분명 그렇지 않다. 이것에 대해 『유식이십론唯識二十論』에 이런 말이 있다.

여섯 부분이 한 입자에 적용된다면
최소단위의 입자가 여섯으로 된 것이다.
이 여섯이 한 곳에서 발견된다면
이 덩어리는 한 입자와 동일해진다.

이제 많은 입자가 있는 경우에 대해서 살펴보자. 한 입자가 존재한다면 하나들의 축적물인 다수 역시 존재할 수 있다는 것이 타당할 것이다. 하지만 한 입자가 존재한다고 증명할 수 없기 때문에 많은 입자 역시 존재하지 않는다. 그러므로 최소 입자는 존재하지 않고, 외적 대상들은 입자와 동일한 성품이므로 역시 존재하지 않는다.

그렇다면 우리 인식에 나타나는 이 존재하는 것들은 무엇인가? 외적 대상의 출현은 마음의 미혹에 기인한 것이다. 마음이 그렇게 일어나는 까닭에 출현하는 것이다. 이것이 맞는다는 것을 어떻게 이해할 수 있을까? 경전, 논리, 비유를 통해서다.

먼저, 『화엄경』에 이런 말이 있다.

오, 여래의 아들들이여!
삼계는 단지 마음일 뿐이네.

또한 『입능가경』에 이런 말이 있다.

습기에 동요되는 마음은
대상의 출현을 통해 일어난다.
대상은 실제로 존재하지 않고, 단지 마음일 뿐이다.
대상이 밖에 있다고 생각하는 것은 오류이다.

논증: 이성적으로 논증을 해보면 우리에게 외부 대상의 현현顯現은 단지 혼란된 마음이 꾸며낸 것이라는 확신이 생긴다. 현현하거나 남아 있는 것에는 실제 존재가 없기 때문이다. 그것은 사람에게 달린 뿔이나 수행 중 관상한 나무 같은 것이다. 마찬가지로 있는 그대로의 실재는 명상 수행으로 인한 지각의 변화 때문에 현현하지도 않고, 현현에 대한 다양한 환영[44] 때문에 현현하지도 않기 때문에, 이런 현현들은 단지 혼란일 뿐이다.

---

44 육도중생은 동일 자극을 매우 다르게 인식한다. 예를 들어 인간계와 축생계에서 물이라 인식하는 것이 지옥계에서는 끓는 쇳물로, 아귀계에서는 고름으로, 천계에서는 신찬神饌으로 인식된다.

비유: 비유하자면 눈앞에 현현하는 것은 꿈과 같고, 환영과도 같다. 그리하여 외적 집착의 대상도 존재를 가지지 않는 것으로 보인다.

두 번째 것을 설명하면, 내적 집착의 대상인 마음은 존재하지 않는다. 일부 사람들은(연각과 유식학파) 내적 집착의 대상인 마음은 자각이나 자기를 비추어보는 것처럼 실제로 존재한다고 주장한다. 그렇게 주장해도 그것이 존재하지 않는 이유가 세 가지 있다.

① 찰나를 통해 사유해볼 때 마음은 존재하지 않는다.
② 아무도 본 사람이 없으므로 마음은 존재하지 않는다.
③ 대상들이 없으므로 마음은 존재하지 않는다.

① **첫 번째 설명**

이 자각, 즉 자조自照하는 마음이 한 찰나에서 발견되었나, 또는 많은 찰나에서 발견되었나? 한 찰나라면 그 한 찰나는 삼세(과거, 현재, 미래)로 분할될 수 있거나 없거나 할 것이다. 그것이 삼세로 분할될 수 있다면 그 한 찰나는 여러 개가 되었으므로 존재하지 않는다. 『보만론』에 이런 말이 있다.

> 한 찰나에 끝이 있는 것처럼
> 수행자는 그 시작도 중간도 관찰해야 한다.
> 그러므로 한 찰나가 셋이 되었으니
> 세상은 한 찰나에 머물지 않는다.

하지만 만약 한 찰나가 삼세로 분할될 수 없다면 그 찰나는 존재하지 않게 된다. 그러므로 한 찰나가 존재하지 않으므로 마음은 존재하지 않는다.

만약 많은 찰나가 있다고 말한다면 한 찰나가 존재한다고 했을 때, 찰나들을 축적하여 많은 찰나가 존재한다고 말하는 것이 맞으리라. 하지만 한 찰나가 존재하지 않으므로 많은 찰나 역시 존재하지 않는다. 그리고 많은 찰나가 존재하지 않으므로 마음 역시 존재하지 않는다.

② 두 번째 설명

마음은 누구도 본 적이 없다는 것을 설명해 보자. 소위 이 마음이라는 것을 찾아서 그것이 몸 밖에 있는지 몸 안에 있는지, 사이에 있는지, 몸 위에 또는 아래 있는지 알아보라. 어떤 형상과 색채를 하고 있는지 잘 보라. 이런 방식으로 확신이 들 때까지 계속 찾아보라. 스승의 지시를 따라 다양한 방식으로 관찰을 하며 찾아보라.

모든 탐색 방법을 다 동원해도 찾지 못했거나 보지 못했다면 그 물건에 대해 단 하나의 징표도 색채도 없는 것이다. 이 경우, 존재하는 무언가를 찾지 못했거나 보지 못한 것이 아니다. 여기서 찾는 사람 자체, 찾는 대상, 그리고 찾는 행위는 지성의 대상을 넘어서 있다. 이들은 언어적 표현, 사고, 지식을 넘어서 있다. 그러므로 어디를 찾아도 보이지 않는다. 『가섭청문경』에 이런 말이 있다.

> 까샤빠여! 마음은 안에도 밖에도 그 사이에도 보이지 않는다. 까샤빠여! 마음은 관찰할 수도 볼 수도 없고, 입증되지 않고, 생기지 않고, 인식될 수도 없고 머물지도 않는다. 까샤빠여! 모든 부처님들은 마음을 과거에도 보지 못했고 현재에도 보지 못하며

앞으로도 보지 못할 것이다.

또한 『살담성법경薩曇聖法經』(Fully Holding the Holy Dharma Sutra)은 말한다.

그러므로 마음은 짚이나 속을 채우는 솜과도 같다.
마음에 존재가 없음을 잘 알았으면
그것에 실체가 있는 것처럼 매달리지 말라.
그 성품이 비었기에
현상계는 성품이 텅 비어
존재하지 않는다.
모든 우발적인 현상들은
이런 성품을 가진 것으로 밝혀졌다.
현자는 지혜롭게 양극단을 여의고
중도를 수행한다.
현상계가 성품상 공하다는 것은
깨달음의 길이다.
나 역시 이것을 설하였다.

『부동법성경不動法性經』(Unwavering Dharmadhatu Sutra)에 이런 말이 있다.

모든 현상들은 본래 태어남이 없고
성품상 머무름이 없다.

활동과 행동의 제한에서 자유롭고
개념적 사고와 비非개념적 사고의 대상을 넘어서 있다.

그러므로 어느 누구도 마음을 본 적이 없으므로 마음이 자각하고 자조한다고 말하는 것은 유익하지 않다. 『입보리행론』에 이런 말이 있다.

그 누구도 본 적이 없다면
그것이 보이는가 보이지 않는가 하는 논쟁은
석녀가 낳은 아이의 멋진 걸음걸이와도 같은 것이니
거론 자체가 아무런 의미가 없다.

그리고 띨로빠는 말했다.

꼐호! 이것은 말의 길을 넘어선 자각의 지혜
마음의 대상이 아니라네.

③ 세 번째 설명
위에서 설명했듯이 형상 등의 외적 대상이 존재하지 않기 때문에 내적 집착의 대상인 마음 역시 존재하지 않는다. 『설법계자성무분별경說法界自性無分別經』(Sutra-chapter Showing the Indivisible Nature of the Dharmadhatu)에 이런 말이 있다.

이 마음이 푸른지, 노란지, 빨간지, 하얀지, 적갈색인지, 또는 수정의 색깔인지 차근차근 깨달아 보아라. 그것은 청정한가 부정한가? 그것은 영원한가 무상한가? 그것은 형상이 있는가 없는가? 마음은 형상이 없으므로 볼 수가 없다. 나타나지 않는다. 가려지지 않는다. 지각될 수 없다. 안에도 밖에도 그 사이에도 머물지 않고, 완전히 청정하며 전적으로 존재하지 않는다. 그것은 우주의 모든 것에 편재하는 원소이므로 해탈이 없다.

『입보리행론』에 이런 말이 있다.

알 수 있는 것이 전혀 없을 때 무엇을 '앎'이라 하는가?
그렇다면 우리는 어떻게 '안다'고 말할 수 있는가?

그리고

앎이 존재하지 않기 때문에
마음이 없는 것은 확실하다.

이것은 내적 집착의 대상인 마음이 존재하지 않음을 증명한다. 이런 식으로 사물의 존재에 대한 집착을 반박하는 것이다.

2) 사물이 존재하지 않는다는 집착에 대한 반박

두 개의 자아(인아와 법아)가 어떤 형태로도 존재하지 않기 때문에 이들은 존재하지 않는다고 말할 수 있을 것이다. 하지만 이들이 존재하지 않는 것도 아니다. 어째서 그러한가? 두 개의 자아 또는 마음은 이전에 존재했다가 나중에 존재를 멈추었을 때만 존재하지 않는다고 말할 수 있기 때문이다. 하지만 '두 개의 자아' 또는 '마음'이라 불리는 현상들이 애초부터 본래의 존재가 없었기 때문에 이들은 존재, 비존재의 양극단을 넘어서 있다. 싸라하는 말한다.

> 존재에 집착하는 것은 소처럼 어리석고
> 비존재에 집착하는 것은 더욱 어리석은 일이네.

『입능가경』에 이런 말이 있다.

> 외적 사물은 존재하지도 않고, 존재하지 않지도 않는다.
> 마음 역시 전혀 집착이 없다.
> 모든 견해를 다 놓아버린 것이
> 태어나지 않음(無生)의 특성이다.

또한 『보만론』에 이런 말이 있다.

> 존재를 찾을 수 없을 때
> 비존재는 어디에 있는가?

3) 비존재에 대한 집착의 오류

이 경우 만약 대상이 존재한다는 집착(믿음)에서 윤회가 비롯된다면 대상이 존재하지 않는다고 믿으면 해탈하지 않을까? 후자의 견해는 전자보다 더욱 오류가 크다. 싸라하는 말했다.

존재에 집착하는 것은 소처럼 어리석고
비존재에 집착하는 것은 더욱 어리석은 일이네.

『보적경寶積經』에 이런 말이 있다.

까샤빠여! 인아人我가 존재한다는 견해가
비록 산처럼 거대하다 해도 거기 머무는 것이
공관空觀을 갖는 것보다 낫다.

또한 이런 말이 있다.

공관을 갖는 허물을 통해
정신적 근기가 약한 사람들은 해를 입는다.

『중관론』에 이런 말이 있다.

공의 견해空觀를 가진 사람을
치료하기는 불가능하다고 말한다.

이들은 왜 치료할 수가 없는가? 예를 들어보자. 한 병자에게 설사약이 주어진 경우, 질병과 약이 다 제거되어야만 환자는 치료가 된 것이다. 하지만 질병은 일소되었지만 약은 소화되지 않은 채 남아 있다면 환자는 치료될 수가 없어 죽을 것이다. 마찬가지로 존재에 대한 견해는 공에 대한 수행을 통해 없앨 수 있다. 하지만 공에 대한 견해에 집착하면 공空의 주인은 사라지고 삼악도를 향하게 될 것이다.『보만론』에 이런 말이 있다.

> 존재를 믿는 자는 행복한 삼선도로 이동하지만
> 비존재를 믿는 자는 삼악도로 이동한다.

> 전자에 비할 때 후자는 더 큰 오류의 견해이다.

4) 양자를 집착하는 오류

실제로 존재와 비존재에 대한 집착은 상견常見, 단견斷見이라는 양극단에 떨어지기 때문에 오류라는 것이다.『중관론』에 이런 말이 있다.

> 존재를 믿는 것은 상견이다.
> 비존재를 믿는 것은 단견이다.

상견과 단견의 양극단에 떨어지는 것은 무지한 일이다. 무지한 자는 윤회에서 해탈하지 못한다. 또한『보만론』에 이런 말이 있다.

> 신기루와 같은
> 세상에 집착하며
> 그것이 있네 없네 하는 것은 무지한 짓이다.
> 무지가 있는 한 해탈하지 못하리라.

5) 해탈에 이르는 길

그렇다면 무엇을 통해 수행자는 해탈을 하는가? 양극단에 머물지 않는 길을 통해야 해탈을 한다. 『보만론』에 이런 말이 있다.

> 궁극의 도를 온전히 깨달아
> 양극단에 머물지 않음을 통해 해탈하리라.

그리고 말한다.

> 그러므로 양극단에 의지하지 않는 것이 해탈이다.

그러므로 『중관론』에 이런 말이 있다.

> 그런 까닭에 현자는
> 존재에도 비존재에도 머물지 않는다.

양극단을 여읜 중도가 무엇인지 궁금하다면 『보적경』에 이런 말이 있다.

> 까샤빠여! 보살이 법을 적용하는 합당한 방식이 무어냐고 묻는다면 바로 이러하다. 그것은 모든 현상을 완벽하게 사유 관찰하는 중도이다. 까샤빠여! 중도가 무어냐고 묻는다면 모든 현상의 사유 관찰에서 이 같은 방식으로 적용하여라. 까샤빠여! 영원은 한 극단이요, 영원하지 않음(무상)은 다른 극단이다. 이 양극단 사이

의 중간이라 불리는 것은 관찰할 수 없고 볼 수도 없다. 그것은 나지도 않고 지각되지도 않는다. 까샤빠여! 중도라 알려진 것은 모든 현상을 하나하나 완벽하게 사유 관찰하는 것이다. 까샤빠여! '자아'라 불리는 것은 한 극단이고, '무아'라 불리는 것은 또 다른 극단이다. 마찬가지로 까샤빠여, '윤회'라 불리는 것은 한 극단이요, '열반'이라 불리는 것은 다른 극단이다. 양극단 사이의 중간이라 불리는 것은 관찰할 수 없고 볼 수가 없고, 나지도 않고, 지각될 수도 없다. 까샤빠여! 중도라 알려진 것은 모든 현상을 하나하나 완벽하게 사유 관찰하는 것이다.

샨띠데바는 말한다.

마음은 안에도 밖에도 없네.
또한 다른 곳에서도 찾을 수 없네.
무엇과도 섞여 있지 않고 떨어져 있지도 않네.
이 마음이 전혀 존재하지 않기 때문에
중생의 성품은 열반이라네.

그러므로 양극단에 대한 개념을 가지지 않는 것이 중도라 불리는 것이다. 하지만 중도 자체는 사유 관찰할 수 없다. 실은 중도는 파악할 수 있는 대상이 아니고 관념을 초월해 있다. 아띠쌰는 말한다.

더욱이 과거의 마음은 멈추었고 멸했다. 미래의 마음은 아직 나지 않았고 일어나지 않았다. 현재의 마음은 허공처럼 색채도 형태도 없기 때문에 사유 관찰하기가 매우 어렵다.

『현관장엄론』에 이런 말이 있다.

　　그것은 이쪽에도 저쪽에도 없다.
　　그 중간에도 없다.
　　그것은 언제나 항상한 것으로 알려졌기에
　　지혜의 완성으로 간주되고 있다.

6) 열반, 해탈의 성품

윤회의 모든 현상이 존재하는 것도 존재하지 않는 것도 아니라면, 열반은 존재하는가 존재하지 않는가? 그것을 객관화하는 일부 사람들은 열반이 존재한다고 생각하지만 실은 그렇지 않다. 『보만론』에 이런 말이 있다.

　　열반이 존재하지 않는 것이 아니라면
　　어떻게 존재할 수가 있나?

만약 열반이 존재하는 것이라면 어떤 조합체여야 한다. 그것이 조합체라면 종국에는 소멸할 것이다. 『중관론』에 이런 말이 있다.

　　열반이 존재하는 것이라면 그것은 조합된 것이리라. 등등.

하지만 그것은 또한 존재하지 않는 것이 아니다. 같은 문헌에 이런 말도 있다.

그것은 존재하지 않는 어떤 것이 아니다.

그렇다면 무엇인가? 그것은 존재와 비존재에 집착하는 모든 사고의 완전한 소멸이다. 열반은 개념적 사고를 초월해 있고 말로 표현할 수가 없다. 『보만론』에 이런 말이 있다.

> 존재와 비존재에 대한 집착(믿음)의 소멸이
> 바로 열반이라 불리는 것이네.

『입보리행론』에 이런 말이 있다.

> 마음에 존재와 비존재가 머물지 않을 때
> 그때 다른 대상은 없다.
> 그러므로 마음은 아무런 투영도 없이 완전히 진정되네.

『범천소문경梵天所問經』(Noble Brahma-requested Sutra)에 이런 말이 있다.

> 완전한 열반은 모든 인식을 완전히 진정시킨 것이며,
> 모든 움직임에서 벗어난 것이다.

『묘법연화경』에 이런 말이 있다.

까샤빠여! 모든 현상들이 한결같음(萬法一如)을 깨닫는 것이 열반이다.

그러므로 열반은 개념적 사고의 사용을 단지 진정시킨 것뿐이다. 그것은 생멸이나 취사取捨 등의 그 어떤 현상으로도 존재하지 않는다. 그래서 『중관론』에 이런 말이 있다.

버림도 얻음도 없고
적멸도 영원도 없고
멸도 생도 없는 것 —
그것이 열반이네.

생멸과 취사가 없기에 열반은 개인이 만들어내는 것이 아니며, 꾸며낸 것도 변화한 것도 아니다. 『허공보경虛空寶經』(*Precious Sky Sutra*)에 이런 말이 있다.

버릴 것이 전혀 없네.
더할 것도 전혀 없네.
그것은 완전한 의미(空性)를 바르게 보는 것.
바르게 본 사람은 완전한 해탈에 이르네.

비록 지혜바라밀이나 마음을 깨닫는 방법들이 있지만 이것들은 개념적 사고의 관점에서 나온 것이다. 지혜바라밀이나 마음의 실제 의미는 객관적으로 알거나 말로 표현할 수 있는 것이 아니다. 『조섭청문경調攝

請問經』(*Suvikrantivikrama-requested Sutra*)에 이런 말이 있다.

지혜바라밀의 완성은 그 무엇으로도 표현할 수가 없다. 그것은 모든 말을 초월해 있다.

『지라후라찬반야불모게持羅睺羅贊般若佛母偈』(*Praise to the Mother by Rahula*)에 이런 말이 있다.

삼세 모든 여래들의 어머니에 대한 예경—말하지 않은, 생각할 수 없는, 표현할 수 없는 지혜바라밀의 완성. 태어나지 않은, 멈춤이 없는, 허공의 성품, 자각하는 근본지!

이로써 지혜바라밀에 대해 무엇을 이해해야 하는지에 대한 설명을 마친다.

6. 지혜바라밀에서 수행해야 할 것

만약 모든 현상이 다 공하다면 수행자가 이해한 것을 꼭 수행해야 하는지 묻고 싶을 것이다. 예를 들어 비록 은광석에 은의 성품이 있다 해도 광석을 제련할 때까지 은은 나타나지 않는다. 순수한 은을 원한다면 광석을 녹여야 한다. 마찬가지로 모든 현상은 본래부터 공의 성품을 가지고 모든 관념으로부터 벗어나 있지만, 중생은 다양한 사물의 출현과 다양한 고통을 경험하기 때문에 이 지혜를 이해하고 수행해야 한다.

그러므로 보살은 이전에 설명한 대로 이해해야 한다. 지혜바라밀 수행에는 4단계가 있다. 예비 단계, 등지等至 단계, 명상 후 단계,

수행의 증표가 그것이다.

첫째, 예비 단계는 마음을 자연스러운 상태로 가라앉히는 것이다. 마음은 어떻게 안정되는가? 『칠백송반야경』에 이런 말이 있다.

고귀한 가문의 아들이나 딸은 방해가 없는 곳에서 기쁜 마음으로 홀로 앉아 있어야 한다. 가부좌를 하고 앉아 마음이 모든 상 등에 관여하지 말고 있어야 한다.

수행자는 마하무드라의 예비수행에 따라 수행을 진전시켜야 한다. 둘째, 등지等至 단계에서도 역시 마하무드라의 가르침에 따라야 한다. 마음을 애쓰지 말고 존재·비존재, 수용·거부에 대해 어떤 개념적 사고도 하지 말아야 한다. 마음을 노력에서 벗어나게 해야 된다. 이에 관해 띨로빠는 이렇게 말한다.

사유도 생각도 인지도 하지 말라.
관상도 관찰도 하지 말라.
마음을 그냥 내버려 두라.

또한 피로한 마음을 쉬는 방법에 대해서도 말한다.

들어라, 아들아! 너는 개념적 사고를 하는구나.
여기서 자아는 묶인 것도 해탈한 것도 아니니
그러므로 께호!
흩어진 마음도 꾸미는 마음도 놓아버리고

피로한 마음을 편히 쉬어라.

나가르주나도 말한다.

   길들은 코끼리의 마음이 차분해지듯이
   모든 가고 옴을 그치면 마음은 자연히 편안해진다.
   이것을 깨달으면 내게 어떤 법이 필요하리.

그는 또 말한다.

   어디에서도 개념을 떠올리지 말고 어떤 것도 생각지 말라.
   인위적으로 만들어내지 말고 자연스럽게 느긋하게 쉬어라.
   꾸미지 않은 것(無作)은 무생無生의 자연의 보물창고
   삼세의 모든 여래가 가신 곳이네.

샤와리가 말한다.

   어디에서 어떤 허물도 보지 말라.
   아무것도 수행하지 말라.
   온기나 어떤 표시 등도 바라지 말라.
   비록 무無수행을 가르쳤지만
   게으름과 무관심에 빠지지 말고
   계속하여 깨어 있음을 실천하라.

『습선성취론習禪成就論』(Accomplishing the Meaning of Meditation)에 이런 말이 있다.

> 명상 시에 그 어떤 것에 대해서도 명상하지 말라. '명상'이라 불리는 것은 단지 이름이 그러할 뿐이다.

싸라하도 말한다.

> 어디에라도 집착이 남아 있다면 놓아버려라.
> 깨달음이 있는 곳이면 모든 것이 다 그러하니
> 그 밖에는 수행자가 알 것이 아무것도 없다.

그리고 아띠쌰는 말한다.

> 그것은 심오하고 관념에서 떠났네.
> 그것은 밝고 무생無生이네.
> 태어남도 죽음도 없고 본래 청정하네.
> 열반의 성품인, 중심도 변두리도 없는, 두루 편재하는 법계는
> 지성의 묘안妙眼으로도 헤아릴 길이 없네.
> 그러므로 방일하고 들뜨고 어두운 눈으로 보아선 안 되네.

그리고 또 말한다.

> 어디에나 편재하는 법계는 관념에서 벗어나 있네.

마음을 바로 그곳, 관념에서 벗어난 곳에 두라.

마음을 이렇게 두는 것이 지혜바라밀을 수행하는 확실한 방법이다. 더욱이 『칠백송반야경』에 이런 말이 있다.

현상을 수용하지도, 집착하지도, 거부하지도 않는 곳이면 어디든 지혜바라밀 안에서 하는 수행이 있다. 어떤 머묾도 없는 곳이면 어디든 지혜바라밀 안에서 하는 수행이 있다. 개념화와 대상화가 없는 곳이면 어디든 지혜바라밀 안에서 하는 수행이 있다.

『팔천송반야』에 이런 말이 있다.

지혜바라밀에 대한 명상은 현상계의 어떤 대상에 대한 명상이 아니다.

같은 경전에 이런 말이 있다.

지혜바라밀에 대한 명상은 하늘에 대한 명상과도 같다.

'하늘에 대한' 명상이 무엇인지 궁금하다면 같은 경전에 이런 말이 있다.

하늘은 아무런 개념적 사고가 없다. 지혜 역시 개념적 사고가 없다.

『성반야섭송』에 이런 말이 있다.

    생도 멸도 개념적 사고하지 않는 것이
    지혜의 수승한 수행이다.

와기스와라 존자도 말한다.

    생각할 수 있는 것에 대해서도 생각지 말고
    생각할 수 없는 것에 대해서도 생각지 말라.
    생각할 수 있는 것도 생각할 수 없는 것도 생각지 않을 때
    공성이 보일 것이다.

공성이 어떻게 보일 수 있는지 궁금하다면『불설법집경』에 이런 말이 있다.

    공성이 보일 때, 보는 것은 없다.

그리고 말한다.

    고귀한 이여! 모든 현상을 보지 않는 것이 완벽하게 보는 것이다.

그리고 또 말한다.

    아무것도 보지 않는 것이 바로 진여를 보는 것이다.

『중관소진제론中觀小眞諦論』(Small Truth of the Middle Way)에 이런 말이 있다.

매우 심오한 경전들에 나와 있듯이, 보지 않는 것이 보는 것이다.

『성반야섭송』에 이런 말이 있다.

어떤 중생들은 하늘을 보았다고 말한다.
하지만 하늘이 어떻게 '보일 수' 있는가? 이 의미를 사유하라.
마찬가지로 여래는 모든 현상을 보는 이 방법을 가르치셨다.

셋째, 명상 후 상태에서는 모든 것이 마술적인 환영처럼 보여야 하고, 수행자는 공덕자량과 보시바라밀 등을 할 수 있는 한 축적해야 한다. 『성반야섭송』에 이런 말이 있다.

오온이 환영과 같음을 이해하는 사람
환영과 오온이 다르다고 구분하지 않고
행동이 평화로운 사람
그가 바로 수승한 지혜바라밀을 행하는 사람.

『삼매왕경』에 이런 말이 있다.

마술사들은 말, 코끼리, 수레 등의
여러 가지 형상을 창조하지만

무엇이 나타나든 집착하지 않는다.
모든 현상을 그렇게 이해해야만 한다.

『진실행경眞實行經』(Practicing Suchness)에 이런 말이 있다.

무분별의 사고에 대한 염각念覺이 있다 해도 공덕의 축적은 계속되어야 한다.

그리하여 이렇게 습관을 들여갈 때 명상 후 상태는 늘 평정한 마음(等至)이며, 수행자는 오만에서 벗어날 것이다. 이런 말이 있다.

'나는 평정심에 들어있다' 또는 '나는 평정심에서 벗어나 있다'라는 오만이 없다. 왜 그런가? 현상의 성품을 완전히 이해했기 때문이다.

그러므로 궁극적 진리, 공성, 지혜 상태 안에 잠시라도 머무는 공덕은 수십 겁 동안 법을 듣거나 읽는 공덕보다, 또는 선근이나 보시바라밀 등을 수행하는 공덕보다 한없이 더 크다. 『개현진실성경開顯眞實性經』(Teaching Suchness Sutra)에 이런 말이 있다.

사리불이여! 한 찰나라도 진여의 선정에 대해 수행한다면 한 겁 동안 법을 듣는 사람보다 더 큰 공덕을 쌓으리라. 사리불이여! 이런 이유로 수행자는 다른 사람들이 진여의 선정에 들 수 있도록 진심으로 가르쳐야 한다. 사리불이여! 장차 붓다가 되리라는 수기를 받은 모든 보살들조차도 오직 이 선정 안에서만 머무른다.

『광대증각경廣大證覺經』(Increase of Great Realization Sutra)에 이런 말이 있다.

만약 한 순간이라도 그런 선정 안에 들어간다면 삼계 중생들의 생명들을 보호하는 것보다 더 큰 공덕이 있다.

『대정융기경大頂隆起經』(Great Crown Protrusion Sutra)에 이런 말이 있다.

하루 동안 법의 의미에 대해 명상하는 것이 수 겁 동안 가르침을 듣고 사유하는 것보다 더 공덕이 크다. 그를 통해 생사의 길에서 벗어나기 때문이다.

『신력입인법문경信力入印法問經』(Entrance to Faith Sutra)에 이런 말이 있다.

수행자가 한 번이라도 공성에 대해 명상하는 공덕이 삼계의 모든 중생들이 모든 생애 동안 일용품을 공양해 공덕을 쌓는 것보다 더 크다.

공성의 의미가 마음속에 항상 머물지 않는다면 다른 덕성을 통해 해탈을 얻을 수가 없다. 『석제법불생경』에 이런 말이 있다.

비록 오랫동안 계율을 지키고 수백만 겁 동안 선정을 수행했다 해도 이 공성을 깨닫지 못하면 해탈하지 못한다. 이런 공의 가르침을 이해하는 사람은 누구든 그 어떤 현상에도 집착하지 않을 것이다.

『십륜경十輪經』에 이런 말이 있다.

선정을 통해 의심이 중단된다.
다른 방법만으로는 그리 할 수 없다.
선정 수행이 최고이기 때문에
지혜로운 사람은 선정 수행에 힘써야 하네.

그리고 같은 경전에서 말한다.

수 겁 동안 법을 사경하고, 읽고, 듣고, 설명하고, 염송하는 것보다 하루 동안 명상하는 것이 더 큰 공덕이 있다.

공성의 의미를 깨달으면 이 길에 포함되지 않은 것은 하나도 없다. 그것은 귀의를 포함하는데, 『아나바달다용왕청문경』에 이런 말이 있다.

보살은 모든 현상에 자아가 없고, 중생이 없고, 생명이 없고, 사람이 없음을 안다. 여래처럼 형상도 없고, 상도 없고, 현상들도 없는 것을 본다면 혼란 없는 마음으로 부처님에게 귀의하는 것이다.
여래의 여여如如한 현상은 우주 어디에나 편재하는 법계이다.

어디에나 편재하는 법계는 모든 현상계에 편재한다고 한다. 그러므로 그것은 어디에나 편재하는 법계를 보는 것이다. 그것을 보는 것은 혼란되지 않은 마음으로 법에 귀의하는 것이다.
절대적인, 우주에 편재하는 법계에 대해 수행하고, 성문가족의 절대적인 수레에 의존하며, 절대와 상대 같은 이원성에 관심을 두지 않는 사람은 혼란 없는 마음으로 승가에 귀의한다.

보리심 수행 역시 포함되어 있다. 『발대심경發大心經』에 이런 말이 있다.

> 가섭이여! 모든 현상은 허공과 같아 특성이 없고, 본래부터 완전히 청정한 맑은 빛이다. 이것이 보리심 수행이라고 불리는 것이다.

이것(공성의 깨달음)이 존재할 때 붓다의 관상과 진언의 염송 역시 완성된다고 한다. 『헤바즈라딴뜨라』(Hevajra Tantra)에 이런 말이 있다.

> 수행도 수행자도 없다.
> 붓다는 존재하지 않고 진언 역시 존재하지 않는다.
> 모든 관념에서 벗어난 성품 안에
> 모든 붓다들과 모든 진언이 온전히 거하네 — 비로자나불
> 아촉불, 불공성취불, 보생불, 아미타불, 금강살타.

『상결양경桑結攘經』(Glorious Great Buddhas' Union with Perfected Dakinis Uttaratantra)에 이런 말이 있다.

깨달음은 만들어진 불상 등에서 일어나지 않는다. 하지만 보리심으로 열심히 정진한다면 수행자는 그로 인해 붓다가 될 것이다.

『금강정비밀요가딴뜨라』(*Great Secret Yogatantra Diamond Summit*)에 이런 말이 있다.

모든 진언의 특성은 모든 붓다들의 마음이다. 그것이 현상의 본질을 성취하는 방법이기 때문이다. 진언의 특성은 어디에나 편재하는 법계의 성품을 갖추었다고 설명된다.

불 공양 의식을 올리는 것 역시 여기에 포함된다. 『감로왕딴뜨라』(*King of Secret Nectar Tantra*)에 이런 말이 있다.

왜 그것을 불 공양 의식이라 하는가? 그것이 개념적 사고를 불태우고 궁극적 깨달음을 주기 때문이다. 나무 같은 것들을 태우는 것이 진정한 불 공양 의식이 아니다.

육바라밀의 길조차도 이 안에서 완성된다. 『금강삼매경』에 이런 말이 있다.

수행자가 공성 안에서 머물 때 육바라밀도 포함된다.

『범왕승심청문경梵王勝心請問經』(*Brahma Visesainti-Requested Sutra*)에 이런 말이 있다.

생각하지 않는 것이 보시바라밀이다. 분별에 머물지 않는 것이 지계바라밀이다. 구분하지 않는 것이 인욕바라밀이다. 수용과 거부를 떠난 것이 정진바라밀이다. 집착하지 않는 것이 선정바라밀이다. 개념적 사고를 떠난 것이 지혜바라밀이다.

『지장경』에 이런 말이 있다.

현상의 공성에 대해 수행하는 지혜로운 사람은 세상에 머물지도 않고 그 세상의 도움을 받지도 않는다. 모든 존재들 속에 머물지 않기에 지계바라밀을 잘 지킨다.

같은 경전에 이런 말이 있다.

공성은 특성이 없기 때문에 모든 현상은 한 가지 맛이다. 마음은 아무것에도 머물거나 집착하지 않는다. 이런 인욕바라밀은 큰 공덕을 가져올 것이다. 지혜로운 자는 정진바라밀로 행동을 시작했기에 모든 집착을 멀리 여읜다. 그의 마음은 아무것에도 머물거나 집착하지 않는다. 이를 일러 완벽한 공덕의 밭이라 한다. 모든 중생의 이익과 행복을 위해 선정을 수행하고 무거운 짐은 내려놓는다. 번뇌를 완전히 제거하는 것이 완전히 지혜로운 이의 특성이다.

오체투지도 여기에 포함되어 있다. 『허공보경』에 이런 말이 있다.

물에 물을 붓는 것처럼, 버터 안에 버터를 저어 넣는 것처럼,

이러한 근본지를 자력으로 완전히 보는 것이 오체투지다.

공양도 여기에 포함된다. 『부자상견경』에 이런 말이 있다.

현상의 공성에 의지해서 불전佛田에 가기를 열망하는 사람은 스승에게 공양을 올린다. 이것이 위없는 공양이다.

『감로왕딴뜨라』에 이런 말이 있다.

궁극적 깨달음을 공양하면 붓다를 기쁘게 한다. 붓다는 향 등의 공양을 기뻐하지 않는다. 수행자의 마음을 조화롭게 하는 것이 붓다를 기쁘게 하는 큰 공양이다.

공성을 기반으로 하여 악업도 정화할 수 있다. 『청정업장경淸淨業障經』(Completely Pure Karma Sutra)에 이런 말이 있다.

참회하려는 사람은 똑바로 앉아서 공성을 보아야 한다. 공성을 바르게 보는 것이 수승한 참회이며 깨침이다.

계와 서언(誓言, 싸마야)을 지키는 것 역시 공성의 의미에 포함된다. 『선주의천자소문경』에 이런 말이 있다.

계가 있거나 없거나 자만심을 가지지 않은 사람은 열반의 계율을 갖고 있다. 이것이 완전히 청정한 계율이다.

그리고 『십륜경』에 이런 말이 있다.

비록 집에 머물며 머리나 수염을 깎지 않고, 가사를 입지 않고 계율을 받지 않아도 현상의 수승한 진리(法空)를 갖춘 사람은 궁극적 비구라고 해야 한다.

이 공성의 의미 속에 듣기(聞), 사유하기(思), 수행하기(修)가 다 포함되어 있다. 『극무주속極無住續』(Completely Non-Abiding Tantra)에 이런 말이 있다.

무조작의 성품(공성)의 음식을 먹었다면 모든 교의를 빠짐없이 만족시킬 것이다. 어리석은 중생들은 이를 깨닫지 못하여 용어와 말에 의존한다. 모든 것이 자기의 마음의 특성이다.

싸라하 또한 말한다.

이것이 읽기이고, 이것이 이해하기이며, 이것이 수행하기이고, 이것이 또한 논서를 외는 것이다. 이를 나타낼 수 있는 그 어떤 견해도 존재하지 않는다.

또르마 케이크[45]와 나날이 올리는 법의식儀式 역시 공성의 의미에 포함된다. 『감로왕딴뜨라』에 이런 말이 있다.

---

45 또르마torma: 티벳인들이 주식으로 먹는 보릿가루와 야크버터를 섞어 만든 케이크로서 부처님에게 바치는 공양 음식이다.

공양물, 또르마 등과 모든 활동들—마음의 진여를 발견하면 모든 것이 분명 공성 안에 포함된다.

그렇다면, 단지 여여한 마음이나 본질에 관해 수행하는 것에 이 모든 것이 다 포함된다면 왜 수많은 단계적 방법들에 관한 가르침이 있는 것인가? 그것은 궁극적 성품에 대해 무지한, 복덕이 부족한 중생을 이끌고 가기 위한 것이다. 『현지장엄경顯智莊嚴經』(*Ornament of the Arising Wisdom*)에 이런 말이 있다.

인연 관계라고 설명한 것, 다양한 단계들로 들어간다고 설명한 것은 모두 무지한 사람들에게 가르친 방편이다. 이렇게 저절로 확립되는 법이 있는 경우, 무엇 때문에 점진적 수행이 필요하겠는가?

『마하상바로다야딴뜨라』(*Arisal of the View of Supreme Happiness*)에 이런 말이 있다.

그러므로 자성自性은 허공과도 같다. 나는 영원히 자유로운 자성을 얻었다.

『허공보경』에 이런 말이 있다.

우주에 편재하는 법계의 바다로 들어가지 않는 한 여러 길과 단계들이 있다. 우주에 편재하는 법계의 바다로 들어가고 난 후엔 거쳐 가야 할 가장 작은 단계나 길도 존재하지 않는다.

아띠샤는 말한다.

늘 변함없이 평정심에 의지해 왔다면 수행자는 몸과 말의 덕성에 본래 힘쓸 필요가 없다.

넷째, 지혜바라밀 수행의 증표는 다음과 같다. 그는 공덕을 스스로 쌓을 것이며, 번뇌가 줄고 중생에 대한 자비심이 늘어날 것이다. 그는 진심으로 수행에 정진할 것이며, 모든 산만함을 일소하며, 이생에 대한 내적인 집착(실재한다는 믿음) 외적인 집착도 없을 것이다. 『보만론』에 이런 말이 있다.

공성에 관해 명상을 하면 덕성은 스스로 따라올 것이다.

7. 지혜바라밀의 과보

지혜바라밀의 과보는 궁극적 상태와 상대적 상태로 나누어 이해해야 한다. 궁극적 과보는 위없는 깨달음의 증득이다. 『칠백송반야경』에 이런 말이 있다.

문수보살이여! 지혜바라밀을 수행한다면 그런 위대한 보살은 신속히, 완전하게, 완벽하게, 위없는 완전한 깨달음 속에서 깨어날 것이다.

상대적 과보는 모든 행복과 복덕이 생기는 것이다.『성반야섭송』에 이런 말이 있다.

현상계의 행복과 불보살, 성문, 연각, 모든 천신들과 윤회하는 중생들의 안락이 아무리 많다 해도 그것은 모두 수승한 지혜바라밀에서 나오는 것이다.

제18장
보살의 수행5위

먼저 보리심을 닦고 그런 다음 꾸준히 수행함으로써 수행자는 보살이 닦아야 할 보살도의 모든 단계를 거친다. 보살의 수행5위(五大菩薩道次第)를 요약 설명하면 다음과 같다.

> 축적의 길(資糧道), 적용의 길(加行道),
> 통찰지의 길(見道, 通達位), 명상 수행의 길(修道, 修習位),
> 완성의 길(究竟道)[46] —
> 이 다섯 가지가 보살의 수행5위를 구성한다.

---

[46] 보살의 수행5위에서 첫째 자량위資糧位는 깨달음의 길을 가기 위해 공부를 축적하는 단계, 둘째 가행위加行位는 근원적인 사유가 시작되는 단계, 셋째 통달위通達位 또는 견도위見道位는 존재의 형상과 성품을 있는 그대로 체득한 단계, 넷째 수습위修習位 또는 수도위修道位는 무분별지를 발현하여 부처의 경지를 체험하는 단계, 다섯째 구경위究竟位 또는 무학위無學位는 개념적 사고가 완전히 제거된 깨달음의 단계를 말한다.

『보리도등론』에 의하면 보살의 수행5위는 다음과 같다. 첫째 보살의 수행5위에 의하면 중근기와 하근기 수행자는 먼저 법을 공부하고 수행하여 기반을 닦는다. 그런 다음 원보리심과 행보리심을 닦아, 두 가지 자량을 축적한다. 여기까지가 축적의 길을 설명해준다. "그런 다음 수행자는 서서히 신비한 내열[47] 등을 증득하고"의 구절은 적용의 길을 설명한다. "대환희심 등의 차원을 얻고"는 통찰지의 길, 명상 수행의 길 및 완성의 길을 설명한다.

1. 축적의 길(자량도)

대승가족을 가진 사람은 보리심을 닦고, 스승에게 가르침을 받고, 지혜의 열기를 증득할 때까지 공덕 쌓기에 정진한다. 이 기간 동안의 발전은 4단계로 나눠지니 이해, 발원, 대발원 및 달성이다. 왜 축적의 길(資糧道)이라 부르는가? 바로 이 길에서 수행자는 신비한 내열 등을 실현할 수 있는 그릇이 되기 위해 공덕을 축적하기 때문이다. 그러므로 이를 축적의 길이라 부른다.

    이것들을 또한 해탈과 유사한 선근이라 부른다. 이 단계에서 37보리분법 중 12 가지를 수행한다.

    1) 네 가지 억념(사념처四念處)

    2) 네 가지 완전한 끊기(사정근四正勤)

    3) 네 가지 몰입(사여의족四如意足)

---

[47] '신비한 내열'은 일종의 비유법이다 명상 수행을 처음 시작하면 "신비한 내열"을 체험하고, 마치 작은 불이 점점 뜨겁게 타오르듯 열기가 뜨거워진다.

1) 네 가지 억념(사념처)

　①몸의 억념 지속하기
　②느낌의 억념 지속하기
　③마음의 억념 지속하기
　④현상에 대한 억념 지속하기

이 네 가지는 축적의 길의 낮은 단계에서 일어난다.

2) 네 가지 완전한 끊기(사정근)

　①지금까지 지은 악업을 끊기
　②새로운 악업을 짓지 않기
　③해독제 만들기, 즉 아직 일어나지 않은 선행
　④이미 지은 선행을 증대시키기

이 네 가지가 축적의 길의 중간 단계에서 일어난다.

3) 네 가지 몰입(사여의족)

　①강한 발원의 몰입
　②정진의 몰입
　③마음의 몰입
　④사유의 몰입

이 네 가지는 축적의 길의 높은 단계에서 일어난다.

2. 적용의 길(가행도)

축적의 길이 완성된 후엔 적용의 길(加行道)이 시작된다. 이는 사성제의 실현에 따라 그에 상응하는 네 단계로 나누어진다. 그것은 신비한 내열, 최대의 신비한 내열, 인행忍行, 최고 세간법의 실현이다. 왜 적용의 길이라 부르는가? 이 길에서 진리를 직접 실현하려는 노력을 하기 때문이다.

1) 오근五根

더욱이 신비한 내열과 최대의 신비한 내열의 단계에서는 다음과 같은 오근을 수행한다.

    신근信根: 믿음의 뿌리
    정진근精進根: 정진의 뿌리
    염근念根: 억념의 뿌리
    정근定根: 선정의 뿌리
    혜근慧根: 지혜의 뿌리

2) 오력五力

인행과 최고세간법의 단계에서는 다음과 같은 오력을 수행한다.

    신력信力: 믿음의 힘
    정진력精進力: 정진의 힘

염력念力: 억념의 힘
정력定力: 선정의 힘
혜력慧力: 지혜의 힘

3. 통찰지의 길(견도)

최고세간법의 단계가 끝난 후에 통찰지의 길(見道, 통달위)이 시작된다. 이것은 사성제에 초점을 맞춘 특별 통찰지의 기반으로서 사마타를 포함하고 있다. 4가지 통찰지가 개개의 사성제에 배당되어 총 16개의 통찰지가 있는데 이 중 8개는 인내심 있는 수용이고 8개는 지혜이다. 고苦의 지혜로 이끌어주는 법의 인내심 있는 수용, 고의 진리(고성제)에 대한 깨달음의 특징인 분별지로 이끌어주는 지속적 인내심, 고의 진리의 깨달음에 이르는 지속적 분별지 등등.

왜 이를 통찰지의 길이라 부르는가? 이 길에서 이전에 보지 못했던 사성제를 깨닫기 때문이다. 이 단계에 깨달음의 7가지 요소(칠각지)가 있다.

완벽한 억념의 요소(正念覺支)
완벽한 분별의 요소(擇法覺支)
완벽한 정진의 요소(精進覺支)
완벽한 기쁨의 요소(喜覺支)
완벽한 경안의 요소(輕安覺支)
완벽한 선정의 요소(定覺支)
완벽한 평정심의 요소(平等覺支)

4. 명상 수행의 길(수도)

특별한 통찰지의 실현 후에 명상 수행의 길(修道, 수습위)이 시작된다. 여기엔 두 길이 있다.

1) 세간 명상 수행의 길
2) 출세간 명상 수행의 길

1) 세간 명상 수행의 길

여기에는 색계의 1선, 2선, 3선, 4선이 있고, 무색계 공간의 무한한 성품 증대하기(空無邊處定), 의식의 무한한 성품 증대하기(識無邊處定), 일체가 무無인 성품 증대하기(無所有處定), 인식도 아니고 비인식도 아닌 성품 증대하기(非想非非想處定)가 있다. 이 수행을 하는 데는 세 가지 목적이 있다.

수행의 길에서 제거의 대상인 번뇌 억제하기
사무량심을 굳게 세우기
출세간의 길을 위한 기반 만들기

2) 출세간 명상 수행의 길

두 가지 형태의 지혜에 초점을 두어 사마타와 위빠사나를 더욱 수행한다. 통찰지의 길에서는 사성제 중 개개의 진리에 두 개의 '인내심 있는 수용'과 두 개의 '지혜'가 있어 모두 16개가 있었다. 8가지 인내심 있는 수용은 통찰지의 길에서 완성하였다. 수행자는 사선정과 무색계 3선에 관련된 사마타와 위빠사나를 통해 수행의 길에서 8가지 지혜와 익숙해진다. 더욱이 일부 현상의 지혜는 있는 그대로의 여실한 법의 깨달음과 친숙해지는 것이다. 연속적 지혜의 일부는 근본지의 깨달음과 친숙해지는 것이다. 인식도 아니고 비인식도 아닌 상태(비상비비상처)는 단지 세간의 명상 수행이다. 감각의 움직임이 매우 불명료하기 때문이다.

이것을 왜 명상 수행의 길(修道)이라고 하는가? 이 길에서 수행자는 통찰지의 길(見道)에서 이룩한 깨달음과 친숙해지기 때문이다. 이 단계에는 37가지 깨달음의 요소(37보리분법) 중 8가지에 해당하는 팔정도八正道가 있다.

바른 견해(正見)
바른 사유(正思)
바른 말(正語)
바른 행동(正業)
바른 생계(正命)
바른 정진(正精進)
바른 억념(正念)
바른 선정(正定)

5. 완성의 길(구경도)

금강삼매를 이룬 후에 수행자는 지혜의 성품, 소멸의 지혜, 무생의 지혜를 실현한다. 금강삼매는 명상 수행의 길(수도) 변두리에 있는 상태이며 예비 단계와 장애 없는 단계에 포함되어 있다. 이 삼매를 '금강 같다' 하는 것은 장애가 없고 단단하며 안정되고 맛이 하나이며, 모든 곳에 편재하기 때문이다.

'장애가 없고'는 세간의 행동에 의해 영향 받지 않는다는 의미다. '단단한'은 장애에 의해 파괴되지 않는다는 의미다. '안정되고'는 분별에 의해 흔들리지 않는다는 의미다. '맛이 하나'는 모든 것이 다 일미一味라는 의미다. '모든 곳에 편재하는'은 모든 지혜의 여실함을 관한다는 의미다.

이 삼매 이후에 일어나는 '원인 소멸의 지혜'는 사성제를 모든 원인들의 소멸의 힘을 통해 관하는 근본지이다. '무생의 지혜'는 사성제를 결과를 떠나는 힘을 통해 관하는 근본지다. 다시 말해서 이 근본지는 원인의 소멸과 결과의 불생不生을 명료하게 관하며, 그래서 '소멸과 불생의 지혜'라 불린다.

이것을 왜 완성의 길(究竟道)이라 부르는가? 수행이 완성되고 열반의 도시로 들어서기 때문이다. 그래서 완성의 길이라 부르는 것이다. 이 단계에서 더 이상 수행이 필요 없는 10가지 증득(8정도에 2가지를 더하여)이 일어난다. 더 이상 수행하지 않는 정견(無學正見)으로부터 더 이상 수행하지 않는 정정(無學正定)까지, 그리고 더 이상 수행하지 않는 완전한 해탈(無學解脫)과 더 이상 수행하지 않는 근본지(無學正智), 이 열 가지 더 이상 수행하지 않는 증득이 오염되지 않은 오온에 포함되어 있다.

더 이상 수행하지 않는 정어, 정업, 정명은 계戒의 덩어리에 속하고,
더 이상 수행하지 않는 정념, 정정은 정定의 덩어리에 속하며,
더 이상 수행하지 않는 정견, 정사, 정정진은 혜慧의 덩어리에 속하고,
바른 해탈은 바른 해탈의 덩어리에 속하며,
바른 지혜는 완전한 해탈의 근본지를 보는 덩어리에 속한다.

제19장
보살십지

보살의 수행5위 안에는 몇 개의 보살지가 있을까?

>   입문지와 신행지,
>   보살십지, 그리고
>   불지佛地 —
>   이렇게 10개와 3개가 보살지를 구성한다.

『보리도등론』에는 이 모든 보살지가 언급되어 있다.

>   수행자는 환희 등등을 증득하네.

'환희'는 첫째 보살지이고, '등등'은 두 개의 낮은 보살지와 10개의 높은 보살지를 말한다.

입문지는 이전에 미숙했던 마음을 성숙시키기 때문에 축적의 길(자량도)이라고 한다. 신행지는 공성의 의미에 강하게 전념하기 때문에 적용의 길(가행도)이다. 이 기간 동안 바라밀에 반대되는 요인들인 고통 등과, 통찰지의 길(견도)에서 버려야 할 번뇌, 그리고 지혜의 장애(소지장)는 억제되고 일어나지 않는다.

보살십지는 제1지인 환희지歡喜地에서 제10지인 법운지法雲地까지 걸쳐 있다.『보살지지경』에 이런 말이 있다.

오, 여래의 아들들이여! 이들 열 가지가 보살십지다. 환희지 등등.

제1지인 환희지는 통찰지의 길(견도)에서 수행자가 우주에 편재하는 공성의 의미를 직접 깨달을 때 증득된다. 제2지에서 제10지까지는 명상 수행의 길(수도)에서 일어나며, 제1지에서 깨달은 여실지견(如實知見, 진여공성)을 통달하는 길이다.

이 보살지들은 일반적 측면에서, 그리고 구체적 측면에서 이해되어야 한다. 먼저 일반적 설명에는 세 가지 표제가 있다.

1. 보살지의 정의
2. 보살지의 의의
3. 10개로 분류된 이유

1. 보살지의 정의

개개의 보살지는 삼매의 뒷받침을 받는 지혜로서, 이를 통해 수행자의 마음의 상속이 모든 현상의 무아를 직접 깨닫는다.

2. 보살지의 의의

이것들이 보살지로 불리는 이유는 각각의 보살지가 공덕의 기반이 되고 또한 다음 보살지로 발전하는 기반이 되기 때문이다. 이 보살지의 의의에 대하여 다음의 비유가 있다.

각 보살지에 근본지가 담겨 있고, 각 보살지의 공덕은 그 안에서 향수되기 때문에 우사牛舍에 비유된다.
각 보살지에서 근본지가 발전하기 때문에 경마장에 비유된다.
근본지는 모든 공덕을 낳는 기반이기 때문에 각 보살지는 밭에 비유된다.

3. 10개로 분류된 이유

개개의 보살지에는 각기 다른 닦음이 요구되기 때문에 10개로 나누어 놓았다.

구체적으로 개개의 보살지를 9가지 측면에서 설명해 보자.

① 본지의 독특한 이름
② 본지의 독특한 의의
③ 본지의 독특한 공부
④ 본지의 독특한 수행
⑤ 본지의 독특한 정화
⑥ 본지의 독특한 깨달음
⑦ 본지의 독특한 버림
⑧ 본지의 독특한 성취

⑨ 본지의 독특한 능력

1) 보살1지
① 본지의 독특한 이름
환희지歡喜地

② 본지의 독특한 의의
이 보살지가 환희지라 불리는 것은 이를 성취한 수행자는 깨달음에 더 가까워지고 중생을 유익하게 함으로써 큰 기쁨을 경험하기 때문이다. 『대승장엄경론』에 이런 말이 있다.

> 깨달음에 가까워지고
> 모든 중생을 위한 이익을 봄으로써
> 수행자는 큰 기쁨을 성취하네.
> 그래서 이를 환희지라 부르네.

③ 본지의 독특한 공부
모든 중생들을 위하는 순수한 마음 등의 10가지를 수행함으로써 수행자는 이 보살지를 완성한다. 『현관장엄론』에 이런 말이 있다.

> 수행자는 10가지를 완전히 수행함으로써 제1지를 증득한다.

④ 본지의 독특한 수행
이 보살지에 머무는 보살은 일반적으로 십바라밀을 모두 수행하지만,

특히 보시바라밀에 중점을 둔다. 그들은 모든 중생을 만족시키려 한다. 그래서 『십지경』에 이런 말이 있다.

십바라밀 중 제1지에서 가장 많이 수행하는 것은 보시바라밀이지만 그렇다 해서 나머지 바라밀을 수행하지 않는 것은 아니다.

⑤ 본지의 독특한 정화
『십지경』에 이런 말이 있다.

환희지에 있는 보살들은 시력이 좋다. 강한 결심의 힘을 통해 이들은 많은 부처님들을 볼 수 있다. 수백 명의 부처님들! 수천 명의 부처님들을! 마찬가지로 그들은 수십만 명의 부처님들을 볼 수 있다. 그들을 큰 이타심으로 바라보면서 공양하고 예경한다. 마찬가지로 그들은 모든 승가를 존경하고 그들에게 봉사한다. 이 공덕은 깨달음을 위해 회향한다. 보살들은 이들 부처님께 가르침을 받고, 그 가르침을 사유하고 가르침을 지니며, 가르침을 끈기 있게 수행하고, 그리고 4가지 방법으로[48] 중생을 성숙시킨다.

이렇게 수 겁 동안 이들은 불·법·승을 예경하고 따른다. 그들은 중생을 성숙시키고 공덕을 위없는 깨달음에 회향한다. 이런 원인들을 통해 이들 보살들의 선근은 매우 청정해진다. 이런 말이 있다.

---

[48] 제자들을 모으는 네 가지 방법을 말한다. ①그들의 관심을 모으기 위해 유쾌한 말을 사용하기 ②제자들에게 일용품을 주기 ③선업과 불선업에 근거하여 법에 따라 말하기 ④개인적으로 법에 맞게 행동하기.

예를 들어 장인이 금에 열을 가하면 금은 점점 더 청정하고 맑고 유용하게 된다. 마찬가지로 제1지에서 보살의 선근도 점점 더 청정하고 맑고 유용하게 된다.

⑥ 본지의 독특한 깨달음
일반적으로 각 보살지의 모든 보살은 선정에 들어 있는 동안 동일한 깨달음을 가진다. 개별적으로 설명한다면 명상 후 상태에서 차이가 일어난다. 제1지에서는 우주에 편재하는 법계로 들어감의 의미를 깨닫는다. 그를 통해 수행자는 자기 자신과 남이 하나임을 깨닫는다. 그래서 『변중변론辨中邊論』에서 '모든 방식으로 편재함의 의미'를 언급한 것이다.

⑦ 본지의 독특한 버림
제1지에서는 번뇌의 장애(번뇌장)에 관하여 통찰지의 길에서 정화해야 할 82가지의 모든 번뇌가 남김없이 다 정화된다. 지혜에 대한 세 가지 장애(소지장)에 관하여 나무 둥치의 겉껍질 같은 것은 다 제거된다. 이때 보살은 다섯 가지 두려움에서 자유로워진다. 『십지경』에 이런 말이 있다.

> 환희지를 증득하는 순간 수행자는 먹고 살지 못하는 두려움, 칭찬 받지 못하는 두려움, 죽음의 두려움, 삼악도로의 환생의 두려움, 큰 모임에서 무대에 서는 두려움에서 해방된다.

⑧ 본지의 독특한 성취
제1지에 머무는 보살은 염부제의 왕이 되며 모든 중생들의 마음속에

'인색'의 장애를 일소해 준다. 『보만론』에 이런 말이 있다.

이런 정신적 성숙을 통해 그는 염부제를 다스리는 왕이 되리라.

여기서 가리키는 본지의 독특한 성취는 매우 일반적인 의미이다. 『본생담』에 나오듯 남들의 이익을 위해 보살은 초심 수행자의 필요에 맞추어 다양한 방식으로 몸을 나툴 수 있다.

⑨ 본지의 독특한 능력
『십지경』에 이런 말이 있다.

환희지에 머무는 보살은 발심을 이루기 위해 크게 정진한다. 만약 출가자라면 한순간에 백 가지의 선정에 들어갈 수 있고, 100명의 붓다를 보고 그들의 축복을 완전히 알아차릴 수 있다. 그는 100개의 세계를 움직일 수 있고, 100개의 다른 불계로 나아갈 수 있으며, 100개의 세계를 출현시킬 수 있고, 100명의 중생을 성숙시킬 수 있다. 그는 100겁 동안 머물 수 있고, 이전의 100겁을 보고 미래의 100겁을 볼 수 있다. 그는 100개의 법문法門을 열 수 있고, 100개의 몸을 나툴 수 있으며, 하나의 몸마다 100명의 보살 수행원을 거느릴 수 있다.

2) 보살2지
① 본지의 독특한 이름
이구지離垢地

② 본지의 독특한 의의

이 보살지가 '한 점 오염이 없다'는 의미의 '이구離垢'로 불리는 것은 이곳에 머무는 수행자가 계율을 지키지 않는 오염에서 자유롭기 때문이다. 그러므로

> 계율을 지키지 않는 오염에서 자유롭기 때문에 이 보살지를 이구지라 부른다.

③ 본지의 독특한 공부

제2지의 완성은 지계, 보은 등의 8가지 공부를 통해서 이룬다. 이런 말이 있다.

> 지계, 보은, 인욕,
> 수희, 자비, 등등.

④ 본지의 독특한 수행

제2지에 머무는 보살은 일반적으로 십바라밀을 다 수행하긴 하지만, 특히 지계바라밀에 중점을 둔다.

⑤ 본지의 독특한 정화

앞서 말했듯이 보살의 선근은 세 가지 원인으로 깊이 정화된다. 그래서 이런 말이 있다.

> 예를 들어 산酸처리조에서 세정한 금은 훨씬 더 정화된다. 마찬가

지로 제2지 보살의 선근도 더욱 청정하고 맑고 유용하게 된다.

⑥ 본지의 독특한 깨달음
제2지에서 보살은 수승한 법계의 의미를 깨닫고 생각한다. '나는 나를 정화하고 모든 것을 이루기 위해 더욱 정진해야겠다.' 그래서 '수승함의 의미'라고 말한다.

⑦ 본지의 독특한 버림
제2지에서 10지까지 번뇌의 장애(煩惱障)에 관하여는 명상 수행의 길(修道)에서 버려야 할 16가지 번뇌 중에서 번뇌의 분명한 출현은 억제되고 다만 번뇌의 씨앗만이 남게 된다. 지혜의 장애(所知障)에 관련하여서는 크림 같이 엉겨붙은 것들이 제거된다.

⑧ 본지의 독특한 성취
제2지에 머무는 보살은 4대륙의 왕이 되고, 10가지 악업을 일소함으로써 중생이 십선업 안에 확실히 서게 한다.

　　이런 정신적 성숙을 통해 수행자는 중생을 유익케 하기 위하여
　　7가지의 영광스럽고 귀중한 것들을 가진 왕이 될 것이다.

⑨ 본지의 독특한 능력
한 순간에 2지 보살은 천 가지 삼매 등을 얻는다.

3) 보살3지

① 본지의 독특한 이름

발광지發光地

② 본지의 독특한 의의

제3지가 찬란한 발광지라 불리는 것은 이곳에서 법과 삼매의 출현이 분명해지고 법의 빛이 남들에게로 뻗어나가기 때문이다. 이런 말이 있다.

> 법의 큰 빛이 뻗어나가기 때문에 제3지를 발광지라 한다.

③ 본지의 독특한 공부

'한없는 듣기' 등의 5개 주제를 공부하여 이 보살지를 완성한다. 이런 말이 있다.

> 법을 아무리 들어도 물릴 줄 모르고
> 물질적 이익에 연연하지 않고 법을 가르치는 등등.

④ 본지의 독특한 수행

제3지에 머무는 보살은 일반적으로 십바라밀을 다 수행하긴 하지만, 특히 인욕바라밀에 중점을 둔다.

⑤ 본지의 독특한 정화

앞서 말했듯이 보살의 선근은 3가지 원인에 의해 깊이 정화된다. 이런 말이 있다.

예를 들어 장인이 손바닥에 금을 올려놓고 닦을 때, 금의 중량에 하등의 손실도 없이 모든 오염을 제거한다. 마찬가지로 제3지에 머무는 보살의 선근은 줄어들지 않고 오히려 더욱 청정하고 맑고 유용하게 된다.

⑥ 본지의 독특한 깨달음
제3지에서 보살은 법계의 인연과 관련하여 법의 수승한 의미를 깨닫는다. 법의 가르침을 다만 한 줄이라도 받기 위해서라면 이들 보살들은 삼천세계의 불에라도 뛰어들어 자신을 희생할 것이다. 그래서 '인연과 관련된 수승의 의미'라고 말하는 것이다.

⑦ 본지의 독특한 버림
제2지에서 언급한, 버려야 할 16가지 번뇌를 제3지에서 제10지까지 다 버리게 된다.

⑧ 본지의 독특한 성취
제3지에 머무는 보살은 주로 천신들의 왕인 제석천이 되고 중생의 욕망을 일소하기 위한 큰 방편을 얻게 된다. 이런 말이 있다.

욕망을 일소하는 천신들의 왕의 위대한 방편.

⑨ 본지의 독특한 능력
한순간에 이 지위의 보살은 10만 가지 삼매 등을 증득할 것이다.

4) 보살4지
① 본지의 독특한 이름
염혜지焰慧地

② 본지의 독특한 의의
제4지가 빛나는 염혜지라 불리는 것은 깨달음의 모든 가지에서 발하는 근본지의 광명이 두 개의 장애를 태워 없애기 때문이다. 이런 말이 있다.

> 깨달음을 방해하는 것을 완전히 태워 없애는 빛과 같은 것
> 그것이 바로 이 보살지의 성품이라네.
> 그러므로 이를 빛나는 '염혜지'라 부르고
> 두 가지 장애를 태워 없애네.

③ 본지의 독특한 공부
독거의 장소에 머무는 것과 같은 10가지 공부를 통해 이 보살지를 완성한다. 이런 말이 있다.

> 숲속에 머물고, 욕망이 별로 없으며, 만족하고, 계율을 청정히 지키는 것 등등.

④ 본지의 독특한 수행
제4지에 머무는 보살은 일반적으로 십바라밀을 다 수행하지만, 특히 정진바라밀에 중점을 둔다.

⑤ 본지의 독특한 정화
앞서 말했듯이 보살의 선근은 3가지 원인에 의해 깊이 정화된다. 이런 말이 있다.

> 예를 들어 숙련된 금 세공인이 순금으로 장식품을 만들면 그것은 아직 장식품으로 만들어지지 않은 모든 금과 견줄 수가 없다. 마찬가지로 제4지를 증득한 보살의 선근은 낮은 보살지에 머무는 보살의 공덕과 비교될 수 없다.

⑥ 본지의 독특한 깨달음
제4지에서 보살은 완전한 무착無着의 의미를 깨닫고 법에 대한 집착에서 자유롭다. 그래서 '완전한 무착의 의미'라 말한다.
(역자주: 보살4지 이후로는 원문에 '⑦본지의 독특한 버림' 항목이 없다.)

⑧ 본지의 독특한 성취
제4지에 머무는 보살은 주로 욕계 천신인 수야마 왕(夜摩天王)이 되고, 모든 중생들이 가진 덧없는 오온의 관점(유신견)을 깨뜨릴 수 있는 큰 방편을 얻는다. 그래서 이런 말이 있다.

> 수야마의 왕이 되고, 일시적 오온의 관점을 완전히 부수는 데

대단한 방편을 가진다.

⑨ 본지의 독특한 능력
한순간에 이 지위의 보살은 백만 가지 삼매 등을 증득한다.

5) 보살5지
① 본지의 독특한 이름
난승지難勝地

② 본지의 독특한 의의
제5지가 숙달이 매우 어려운 난승지라 불리는 것은 이 보살지를 증득한 보살들이 중생을 성숙시키기 위해 일하고, 중생이 부정적으로 대응할 때도 감정적으로 개입되는 법이 없는데, 이 두 가지가 다 실천이 어렵기 때문이다. 이런 말이 있다.

중생을 이롭게 하고 자신의 마음을 보호하는 일은 현자에게도 어려운 일이다. 그러므로 이를 난승지라 한다.

③ 본지의 독특한 공부
제5지를 완성하려면 재물을 모으기 위해 집에 집착하는 등의 10가지 허물을 삼가야 한다. 이런 말이 있다.

집과 연관되고, 집에 집착하고, 마음을 어지럽히는 장소에 머물고 등등.

④ 본지의 독특한 수행
제5지에 머무는 보살은 일반적으로 십바라밀을 다 수행하지만, 특히 선정바라밀에 중점을 둔다.

⑤ 본지의 독특한 정화
앞서 말했듯이 보살의 선근은 3가지 원인에 의해 깊이 정화된다. 이런 말이 있다.

> 예를 들어 숙련된 금 세공인이 순금을 귀한 보석으로 장식한다면 그것은 다른 모든 금에 견줄 수가 없을 것이다. 마찬가지로 제5지를 증득한 보살의 선근은 방편바라밀과 지혜바라밀을 사유하여 완전히 정화되므로 낮은 보살지에 머무는 보살들의 선근과 비교될 수 없다.

⑥ 본지의 독특한 깨달음
제5지에서 보살은 여실한 성품의 연속의 의미를 깨닫고 10가지 평정심(等至)을 이해한다. 그래서 '모든 연속의 여실'이라 말한다.

⑧ 본지의 독특한 성취
제5지에 머무는 보살은 도솔천 천신들의 왕으로 태어나고 비불자(외도)들의 잘못된 견해를 일소하는 데 큰 방편을 얻는다. 이런 말이 있다.

> 이런 정신적 성숙을 통해 그는 도솔천의 왕이 되고 모든 비불자들의 미혹된 견해들을 일소한다.

⑨ 본지의 독특한 능력
한순간에 그는 천만 삼매 등을 증득한다.

6) 보살6지
① 본지의 독특한 이름
현전지現前地

② 본지의 독특한 의의
제6지가 '현전지'라 불리는 것은 보살들이 지혜바라밀의 뒷받침을 받으며 윤회에도 열반에도 머물지 않고, 초연하게 윤회도 열반도 넘어서 있기 때문이다. 그래서 이런 말이 있다.

> 지혜바라밀에 의존하여 수행자는 윤회에도 열반에도 머물지 않으며, 그래서 분명히 초연하다.

③ 본지의 독특한 공부
제6지는 12가지 공부를 통해서 완성된다. 먼저 보시바라밀 등의 육바라밀을 완성하고, 그 다음 성문가족, 연각가족 등의 성취에 집착하는 등의 6가지를 포기한다. 이런 말이 있다.

> 보시바라밀, 지계바라밀, 인욕바라밀, 정진바라밀, 선정바라밀, 지혜바라밀 등등.

④ 본지의 독특한 수행
제6지에 머무는 보살은 일반적으로 십바라밀을 다 수행하지만, 특히 지혜바라밀에 중점을 둔다.

⑤ 본지의 독특한 정화
앞서 말했듯이 보살의 선근은 3가지 원인에 의해 깊이 정화된다. 이런 말이 있다.

> 예를 들어 숙련된 금 세공인이 청금석으로 금을 장식할 때 그것은 다른 어떤 금과도 견줄 수 없다. 마찬가지로 제6지를 증득하는 보살의 선근은 지혜와 방편에 의해 좀 더 맑게 정화되고, 그래서 낮은 보살지에 있는 보살들은 이에 견줄 수 없다.

⑥ 본지의 독특한 깨달음
제6지에서 번뇌와 불청정不清淨의 의미를 깨닫고, 번뇌도 없고 번뇌의 정화도 없다는 것의 상의상존성을 잘 이해한다. 그래서 '번뇌와 불청정의 의미'라고 말한다.

⑧ 본지의 독특한 성취
제6지에 머무는 보살은 주로 욕계천의 하나인 화락천化樂天의 왕이 되고, 중생의 오만을 일소하는 데 큰 방편을 얻는다. 그래서 이런 말이 있다.

> 이런 정신적 성숙을 통해 그는 화락천의 왕이 되며, 그 어떤 성문가

족도 필적하기 어렵게 되며, 오만을 진정시킨다.

⑨ 본지의 독특한 능력
한순간에 이 지위의 보살은 1억 삼매 등을 증득한다.

7) 보살7지
① 본지의 독특한 이름
원행지遠行地

② 본지의 독특한 의의
제7지가 '멀리 갔다'는 의미의 '원행지'라 불리는 것은 그것이 일방향 길과 관련되어 있고 행동의 완성이기 때문이다. 그래서 이런 말이 있다.

그것이 일방향 길과 관련되어 있기 때문에 그것을 원행지라 부른다.

③ 본지의 독특한 공부
제7지는 자기존재에 대한 집착(人我執) 등의 20가지 주제를 포기하고, 3가지 해탈문(三解脫門) 등의 20가지 반대 주제를 수행함으로써 완성된다. 이런 말이 있다.

자기 자신과 중생 등에 연연하는(실재한다고 믿는).

그리고 또 말한다.

3가지 해탈문 등을 이해하는.

④ 본지의 독특한 수행
제7지에 머무는 보살은 일반적으로 십바라밀을 다 수행하지만, 특히 방편바라밀에 중점을 둔다.

⑤ 본지의 독특한 정화
앞서 말했듯이 보살의 선근은 3가지 원인에 의해 깊이 정화된다. 이런 말이 있다.

예를 들어 숙련된 금 세공인이 순금을 온갖 보석으로 장식하면 그 아름다움은 이 염부제의 그 어떤 장식도 필적하지 못할 것이다. 마찬가지로 제7지에 거하는 보살의 선근은 더욱 정화되었고, 따라서 성문가족, 연각가족, 낮은 보살지의 보살들의 선근에 견줄 수가 없다.

⑥ 본지의 독특한 깨달음
경전에서 법인法印은 분별없이 출현한다. 이를 통해서 이 보살지에 있는 보살들은 무분별의 의미를 깨닫는다. 그래서 '무분별의 의미'라고 언급된다.

⑧ 본지의 독특한 성취

제8지에 머무는 보살은 주로 욕계천의 하나인 타화자재천他化自在天의 왕이 되고, 성문가족과 연각가족의 정각正覺을 확립하는 데 큰 방편을 갖는다. 그래서 이런 말이 있다.

> 이런 정신적 성숙을 통해 그는 타화자재천의 왕이 되고 사성제의 정각正覺 확립에 중요한 스승이 된다.

⑨ 본지의 독특한 능력

한순간에 그는 10억 삼매 등을 증득한다.

8) 보살8지

① 본지의 독특한 이름

부동지不動地

② 본지의 독특한 의의

제8지가 부동지라 불리는 것은 수행 대상이 있는 인식에 의해서도, 수행 대상이 없는 인식에 의해서도 움직일 수 없기 때문이다. 그래서 이런 말이 있다.

> '부동'이라 말한 것은 그것이 두 개의 인식에 의해 움직일 수 없기 때문이다.

③ 본지의 독특한 공부

제8지는 중생의 모든 행동들을 직접적으로 이해하는 등의 8가지 공부를 통해 숙달된다.

④ 본지의 독특한 수행

제8지에 머무는 보살은 일반적으로 십바라밀을 다 수행하지만, 특히 원願바라밀에 중점을 둔다.

⑤ 본지의 독특한 정화

앞서 말했듯이 보살의 선근은 3가지 원인에 의해 깊이 정화된다. 이런 말이 있다.

> 예를 들어 숙련된 금 세공인이 순금으로 염부제 왕의 목이나 머리에 장식할 장식품을 만들면 그것은 염부제 사람들이 착용한 어떤 장식물에도 필적할 수 없을 것이다. 마찬가지로 제8지를 증득한 보살의 선근은 성문가족, 연각가족, 그리고 제7지 이하의 보살들에 필적될 수 없다.

⑥ 본지의 독특한 깨달음

제8지에 거하는 보살은 무생법인無生法忍을 증득했고, 허공 같은 깨달음에 의해 공성의 무생법성無生法性에 놀라지 않으며, 모든 현상의 분별로부터 자유롭다. 현상계가 무생이라는 법인을 성취했기에 그는 부증불감의 의미를 깨닫고, 그를 통해 번뇌나 번뇌의 정화 역시 부증불감임을 깨닫는다. 그래서 '부증불감의 의미'라고 말하는 것이다.

다시 '4가지 자재가 있다'고 말한다. 이들은 집중된 사고에 대한 자재, 청정불계에 대한 자재, 근본지에 대한 자재, 업에 대한 자재이다.

이 네 가지 중 제8지를 증득한 보살은 집중된 사고와 청정불계에 대한 자재를 실현해야 한다.

더욱이 제8지를 증득한 보살은 10가지 힘을 증득한다. 이 10가지 힘은 수명, 마음, 필요한 식량, 업, 탄생, 소망, 발원기도, 기적, 지혜, 법에 대한 힘이다.

⑧ 본지의 독특한 성취
제8지에 거하는 보살은 주로 일천 세계의 왕인 범천(대범천왕)이 되고, 아라한, 연각가족 등의 가르침을 확립하는 데 큰 방편을 얻는다. 그래서 이런 말이 있다.

이런 정신적 성숙을 통해 그는 일천세계의 왕인 범천이 되고, 아라한과 연각가족의 가르침을 확립하는 데 견줄 바 없는 방편을 얻는다.

⑨ 본지의 독특한 능력
한순간에 그는 100만 세계에 존재하는 티끌처럼 많은 삼매 등을 증득한다.

9) 보살9지
① 본지의 독특한 이름
선혜지善慧地

② 본지의 독특한 의의
제9지가 '좋은 지혜(善慧)'라 불리는 것은 이를 증득한 사람들이 완벽한 분별지를 갖기 때문이다. 그래서 이런 말이 있다.

이들은 공성의 의미를 청정하게 분별하는 데 탁월한 재능을 지니므로 이 보살지를 선혜지라 부른다.

③ 본지의 독특한 공부
이 보살지의 숙달은 무한한 발원 등의 12가지 공부를 통해 이루어진다. 이런 말이 있다.

무한한 발원, 천신의 언어에 대한 이해 등등.

④ 본지의 독특한 수행
제9지에 머무는 보살은 일반적으로 십바라밀을 다 수행하지만, 특히 역力바라밀에 중점을 둔다.

⑤ 본지의 독특한 정화
앞서 말했듯이 보살의 선근은 3가지 원인에 의해 깊이 정화된다. 이런 말이 있다.

예를 들어 숙련된 금 세공인이 순금을 전륜성왕의 목이나 머리에 치장할 장식품으로 만들 때 그것은 국왕이나 4대륙 중생들의 좋은 장식품에 비할 수가 없다. 마찬가지로 제9지를 증득한 보살의 맑은 마음을 장식하는 선근은 성문가족, 연각가족, 낮은 보살지의 보살들에 견줄 수가 없다.

⑥ 본지의 독특한 깨달음
네 가지 자재 중에서 이 보살지의 보살은 네 가지 정분별지正分別智를 증득했기 때문에 근본지의 자재본성을 깨닫는다. 이 네 가지의 정분별지는 무엇인가? 『십지경』에 이런 말이 있다.

이 네 가지 정분별지는 무엇인가? 부단히 일어나는 정분별지, 의미의 정분별지, 의의의 정분별지, 그리고 확신의 정분별지이다.

⑧ 본지의 독특한 성취
제9지에 머무는 보살은 주로 제2의 일천세계(二千世界)의 왕인 범천이 되고, 모든 질문에 대한 답변에 큰 방편을 얻는다. 그래서 이런 말이 있다.

이런 정신적 숙성에 의해 수행자는 제2의 일천세계를 주재하는 범천이 되고, 중생과 아라한의 모든 질문에 답을 줌에 있어 견줄 바 없는 방편을 얻게 된다.

⑨ 본지의 독특한 능력
한순간에 100만 개의 무한한 불계佛界에 있는 먼지만큼 무한한 삼매 등을 증득한다.

10) 보살10지

① 본지의 독특한 이름

법운지法雲地

② 본지의 독특한 의의

제10지를 법의 구름이라 부르는 것은 여기에 머무는 이는 구름과 같은 법의 비를 내려 중생의 번뇌를 가라앉히기 때문이다. 다시 말해서 다라니와 법의 삼매의 문이 하늘을 덮는 구름처럼 모든 것에 편재한다. 그래서 이런 말이 있다.

> 제10지가 '법의 구름'이라 불리는 것은 구름처럼 그것이 두 가지 요소로 허공의 법에 편재하기 때문이다.

③ 본지의 독특한 공부

이것은 『현관장엄론』에는 설명이 없지만 『십지경』에 이런 말이 있다.

> 오, 여래의 아들들이여! 제9지와 10지의 보살들은 10가지 공부를 통해 무한한 지혜를 완전히 분별하고 꽃피우며, 그 다음 일체지의 근본지 안에서 관정의 지위를 증득한다.

'일체지의 근본지 안에서 관정의 지위'란 제10지를 의미한다. 왜 제10지는 '일체지의 근본지 안에서 관정의 지위'라 불리는가? 시방의 부처님들은 제10지에 머무는 보살들에게 자신들의 빛나는 빛으로 관정을 부여하신다. 이것은 『십지경』에 자세히 나와 있다. 『보만론』에 이런 말이 있다.

> 부처님들이 자신들의 빛을 이 보살들에게 비추어 관정을 주기 때문에.

④ 본지의 독특한 수행
제10지에 머무는 보살은 일반적으로 십바라밀을 다 수행하긴 하지만, 특히 근본지(지바라밀)의 수행에 중점을 둔다.

⑤ 본지의 독특한 정화
앞서 말했듯이 보살의 선근은 3가지 원인에 의해 깊이 정화된다. 이런 말이 있다.

> 예를 들어 천계의 위대한 예술가들이 천계의 특별한 왕인 대자재천의 머리나 목을 장식하는 귀한 보석을 치장한 장식품을 만들 때, 그것은 천계나 인간계의 다른 장식품에 비할 수가 없을 것이다. 마찬가지로 제10지 보살의 초월적 근본지는 모든 중생들, 성문가족, 연각가족, 9지까지의 보살들의 성품에 뒤지지 않는다.

⑥ 본지의 독특한 깨달음
4가지 자재 중 제10지 보살들은 업에 대한 자재를 실현하고, 그를 통해 다양한 신통력을 마음대로 구사하여 중생을 돕는다.

⑧ 본지의 독특한 성취

제10지에 거하는 보살들은 주로 천계의 특별한 왕인 대자재천大自在天이 되고, 모든 중생; 성문가족, 연각가족, 모든 보살들에게 구경究竟에 관한 가르침을 주는 데 큰 방편을 갖고 있다. 그래서 이런 말이 있다.

> 이런 정신적 성숙으로 인해 그는 욕계의 수다바신(淨處天)의 최고 왕이 되며, 무한한 근본지의 스승이 된다.

⑨ 본지의 독특한 능력

한순간에 그는 모든 무한한 불계에 10억×1조의 원자만큼 많은 삼매 등을 증득할 수 있다. 더욱이 피부의 각 모공으로부터 그는 한 찰나 무수한 보살들에 둘러싸인 셀 수 없이 많은 부처님들을 현신할 수 있다. 또한 천신이나 인간처럼 많은 존재들을 현신할 수 있다. 또한 초보수행자의 근기에 따라 제석천, 범천, 사천왕, 성문가족, 연각가족, 부처로 현현하여 가르침을 줄 수 있다. 『입중론』에 이런 말이 있다.

> 매순간, 모든 순간에 그는 자신의 피부 모공으로부터 무수한 보살과 천신, 인간, 아수라(반신半神) 등에 둘러싸인 부처님들을 현신할 수 있다.

이로써 보살십지에 대한 설명을 마친다.

11) 부처의 경지

부처의 경지(불지佛地)는 '완성의 길'이라 불리는 지위이다. 수도에서 정화해야 할 번뇌의 모든 장애와 나무의 수액과 같은 지혜의 장애는 금강삼매가 일어날 때 단번에 완전히 정화된다.

그리하여 이 모든 지위들이 세 개의 무한한 겁 동안 완성된다. 『보살지지경』에 이런 말이 있다.

이것들은 모두 세 개의 무한 겁 동안 이루어진다. 최초의 무한 겁에 수행자는 신행지를 잘 통과하여 보살십지의 제1지인 환희지를 증득한다. 이것은 꾸준한 정진을 통해 이루어진다. 그렇지 않고 끈기가 없다면 이 보살지를 증득할 수 없다. 제2의 무한 겁 동안 수행자는 제1지 환희지에서 제7지 원행지를 통과하여 제8지를 증득한다. 제3의 무한 겁(三大阿僧祇劫) 동안 수행자는 8지, 9지를 통과하여 제10지인 법운지를 증득한다. 비범한 정진력을 가진 사람은 이것을 압축하여 한 안타 겁(中劫) 동안 할 수 있고, 심지어 마하 겁(大劫) 동안 끝내는 사람도 있다. 하지만 하나의 무한 겁으로 압축할 수는 없음을 알아야 한다.

제5부
결과

결과는 완벽한 붓다의 몸이다.

제20장
완전한 붓다의 경지

이렇게 수행자는 모든 보살도와 모든 보살지를 다 통과하여 삼신을 갖춘 완벽한 깨달음의 경지를 증득한다. 『보리도등론』에 이런 말이 있다.

> 붓다의 깨달음은 그리 멀지 않네.

이제 붓다의 경지, 즉 불위佛位를 다음과 같이 요약할 수 있다.

> 붓다의 성품, '붓다'라는 이름의 의의,
> 붓다의 분류,
> 붓다의 정의, 분명한 삼신, 삼신의 특성,
> 불위佛位의 덕성 ―
> 이 일곱 가지가 완전한 붓다의 몸들을 구성한다.

1. 붓다의 성품

온전하고 완전한 붓다의 성품은 다음과 같다.

  1) 완전한 정화
  2) 완전한 근본지

1) 완전한 정화

번뇌의 장애(煩惱障)와 지혜의 장애(所知障)는 개개의 보살지와 보살도에서 억제되다가, 금강삼매에 이르러 남김없이 완전히 제거하게 된다. 평정심(等至)에 대한 장애는 이 두 개의 장애 안에 포함되었다. 그러므로 이 두 가지를 정화하면 모든 장애가 제거된다.

2) 완전한 근본지

붓다의 근본지에 대해선 다양한 의견이 있다. 붓다가 근본지뿐 아니라 분별의分別意도 가지고 있다고 하는 사람들도 있다. 또한 붓다에게 분별의는 없지만, 모든 것을 명료하게 자각하는 근본지는 있다는 사람들도 있다. 또는 근본지의 연속이 멈추었다는 사람들도 있다. 붓다가 근본지를 가진 적이 없다는 사람들도 있다.

근본지의 소유

경전과 논서는 붓다가 근본지를 가지고 있다고 설명한다. 『성반야섭송』에 이런 말이 있다.

> 그러므로 붓다의 수승한 초월지를 성취하고자 하는 사람은 '붓다의

어머니(반야불모)'에 대한 확신이 있어야 한다.

또한 『십만송반야』(*100,000 Stanza Perfection of Wisdom*)에 이런 말이 있다.

완전한 붓다는 현상에 대한 어떤 장애도 없이 근본지를 완벽히 이룬다.

같은 경전의 21장에 이런 말이 있다

위없는 붓다의 근본지가 있다. 전법륜이 있다. 중생들의 완전한 성숙이 있다.

근본지를 설명한 경전은 그 밖에도 많이 있다.
논서에 따르면, 『대승장엄경론』에 이런 말이 있다.

해가 떠서 비추면
모든 빛이 다 나타나듯이
그렇게 우리는
모든 붓다의 근본지의 출현을 이해해야 하네. 등등.

그리고 말한다.

거울 같은 지혜(대원경지)는 흔들림이 없고

다음 세 개의 근본지는 대원경지에 의지한다.
평등성지, 묘관찰지와 성소작지.

다른 논서에서도 붓다의 근본지를 설명한다. 붓다가 근본지를 가졌다고 말하는 사람들은 이 문헌들에 근거하고 있는 것이다.
어떻게 근본지를 소유하는가? 간단히 말해서 두 가지 근본지가 있다.

① 여여실상如如實相의 근본지
② 일체지一切智의 근본지

① 여여실상의 근본지
이는 궁극적 의미를 이해하는 것이다. 앞서 말했듯이 최후의 금강삼매 속에서 완전한 불성을 완성함으로써 수행자는 대상의 완전한 해탈을 보고, 그를 통해 모든 거친 생각들이 다스려지게 된다. 이를 통해 수행자는 관념으로부터의 자유, 법계, 근본지가 한맛임을 깨닫는다. 예를 들어 이것은 두 잔의 물을 한 잔으로 하거나 두 개의 버터를 하나로 녹이는 것과도 같다. 그것은 아무런 형상도 보이지 않는데 '나는 허공을 보았다'고 말하는 것과도 같다. 무생無生의 대지혜는 모든 덕성德性의 근간이다. 이런 말이 있다.

예를 들어 하나의 물이 다른 물과 합쳐지듯, 또는 여러 버터들이 하나로 녹듯 분리할 수 없는 근본지는 지식의 대상과 하나가 되고 관념으로부터 벗어난다. 이를 법신이라 부르고, 이는 모든 부처님들의 성품이다.

그리고 이런 말이 있다.

> 사람들은 허공을 '본다'는 것을 말로 표현한다. 하지만 그들이 허공을 어떻게 '볼' 수 있는지 의문을 가지고 사유하라. 마찬가지로 부처님들은 만법이 어떻게 보이는지 설명한다. 이를 표현할 다른 예는 없다.

② 일체지의 근본지

이는 모든 상대적 상태의 의미를 아는 것이다. 금강삼매의 도움을 받아 수행자는 모든 장애의 종자를 소멸함으로써 대지혜를 성취한다. 그 힘으로 삼세의 모든 지식이 마치 손 안에 든 수정 구슬을 보듯 명료하게 보인다. 경전에서도 상대적인 것들을 붓다가 안다고 언급한다. 이런 말이 있다.

> 공작의 깃털 하나에
> 수많은 인연이 깃들어 있다.
> 완전한 지혜가 없다면 그를 알 길이 없다.
> 그를 아는 것을 일체지의 힘이라 부른다.

『구경일승보성론』에 이런 말이 있다.

> 위대한 자비심을 통해 모든 세상을 알고,
> 모든 세상을 다 보고……

어떤 방식으로 이런 것들을 보고 아는가? 그것은 현상을 실재로 보는 것이 아니라 환영이라고 보고 이해하는 것이다. 『불설법집경』에 이런 말이 있다.

예를 들어 마술사가 마술을 펼칠 때 그들은 이것이 환영임을 완전히 이해한다. 그래서 이 환영에 집착하지 않는다. 마찬가지로 삼계는 다 마술쇼와 같으니, 완전한 깨달음을 얻으신 지혜로운 붓다께서는 그것을 알고 계신다.

『부자상견경』에 이런 말이 있다.

마술사는 마술을 형태화하고, 그것을 마술이라 이해하기 때문에 그 문제에 있어 혼란이 없다. 수행자는 모든 존재들을 그렇게 본다. 나는 일체지를 가지신 분 앞에 엎드려 절하고 그분을 칭송한다.

주장: 붓다는 상대적인 것에 대한 일체지를 가지고 있지 않다
어떤 사람들은 붓다는 '여여실상을 실현하는 지혜'라 불리는 궁극적 의미에 대한 이해는 가지고 있지만 '일체지의 근본지'라 불리는 상대적 상태에 대한 지혜는 가지고 있지 않다고 말한다. 그 이유는 알 수 있는 어떤 것을 붓다가 몰라서가 아니라 상대적 차원이라는 것이 없고, 그러므로 그를 아는 근본지는 존재하지 않는다는 것이다.

더욱이 이들의 주장에 따르면 상대적인 것은 미혹된 무지로 태어난 어린아이 같은 평범한 사람들에게 (주관적으로) 나타나고, 무염無染의 무지로 태어난 세 성인들(성문, 연각, 보살)에게 나타난다고 한다. 예를

들어 이런 인식은 백내장을 가진 사람이 떨어지는 머리카락이나 흐릿한 이미지를 보는 것과도 같다. 붓다는 금강삼매 속에서 무지를 완전히 정화했고, 눈으로 볼 현상이 없는 상태인 진여의 실상을 깨달았다. 그러므로 붓다는 백내장이 치료된 사람 눈에 떨어지는 머리카락이나 흐릿한 이미지가 보이지 않는 것과 같은 혼란된 상대적 상태를 가지고 있지 않다.

그러므로 상대적 상태는 무지의 힘으로 인해 나타나고 세간에 상대적으로 존재한다. 붓다의 경지에 의존하는 상대적 상태는 존재하지 않고, 그래서 그를 알 만한 근본지도 있을 수 없다.

만약 붓다가 현상에 대해 인지한다면 그는 미혹의 대상을 보고 있는 것이고, 그 자신도 혼란된 것이다. 이는 모든 성인들이 삼매의 상태 등에 머문다는 것에 모순된다. 『방광대장엄경』에 이런 말이 있다.

> 완전하고 완벽한 붓다는 늘 완전한 삼매 속에 머무네.

반박: 붓다는 상대적인 것에 대한 일체지를 가지고 있다.
이전의 주장, 즉 붓다가 상대적인 것에 대한 지혜를 가지고 있지 않다는 주장을 믿는 사람들은 마음이 단지 명상 후 상태에 있다고 해서 흩어지는 것은 아니라고 말하고, 그래서 언제나 삼매 속에 머문다는 인용문에 모순이 없다고 말한다. 혼란의 대상을 단지 안다고 해서 우리가 혼란되리라고 가정하는 것은 옳지 않다. 남들에게 알려져 있는 모든 혼란의 대상들을 이해한다 해서 — 모든 혼란을 알고 그것이 일시적 상태의 원인이며, 모든 중생의 깨달음의 해탈임을 보여주는 그 마음 — 그것이 어떻게 혼란될 수 있는가? 그러므로 이런 말이 있다.

단지 혼란을 아는 것,
그 마음은 혼란이 아니네.

상대적 대상을 마음에 가져온다고 해도 그것이 실재한다고 집착하지 않는다면 논리적인 유해성은 없다고 말하는 사람들도 있다. 비록 붓다가 대상을 투사한다 해도 그는 혼란되지 않을 것이다.

후득지後得智

그러므로 붓다가 상대적인 것에 대한 지혜를 가지지 않는다는, 이전 주장을 하는 사람들은 붓다가 '일체지'라 불리는 후득지를 가지고 있다고 믿는다. 이런 말이 있다.

먼저 여여실상을 분별없이 실현하여 혼란이 없는 평정심에 머문다. 그런 후에 개념적 사고를 가진 모든 상대적 지혜를 아는 그는 혼란의 한가운데 무학無學에 머문다.

붓다가 후득지를 가지지 않는다는 후자의 의견은 『성성취일체법문경 聖成就一切法門經』(*Vast Noble Door of Accomplishment Sutra*)에도 나와 있다.

여래는 직접적이고 완전한 깨달음을 이룬 후 아무것도 성취하지 않는다. 알아야 할 대상이 없기 때문이다.

또는 이런 말을 하는 사람도 있다.

일부 외도들은 해탈이 수행자가 가야 할 장소라고 말한다. 완전히 평화로운 상태를 성취한 후엔 꺼진 불처럼 아무것도 남아 있지 않다.

이렇게 모든 다양한 의견들을 설명하였다.

까담빠의 입장
게쎄는 완전한 붓다의 몸의 특성이 법신이라고 믿는다. 법신은 모든 잘못의 소멸, 또는 본래 성품으로의 회귀이다. 하지만 이런 것들은 그저 이름표일 뿐이다. 실제로는 법신은 태어난 적이 없고 관념으로부터 벗어나 있다. 『대승장엄경론』에 이런 말이 있다.

해탈은 단지 혼란의 소멸일 뿐이다.

그러므로 붓다는 법신이다. 법신은 무생無生이고 관념을 벗어나 있기 때문에 그것은 근본지를 가질 수 없다. 이 경우 경전에서 말하는 두 가지 근본지에 모순된다고도 할 수 있지만 실은 그렇지 않다. 청색 대상에 의해 안식이 자극받으면 우리는 "나는 청색을 보았다"고 말한다. 마찬가지로 법계 속으로 화현하는 근본지는 여여실상을 실현하는 지혜라고 불린다. 모든 현상을 실현하는 이러한 지혜는 상대적이고, 그래서 수행자의 인식에 의존하여 배열된 것이다. 이런 체계는 편안하다.

밀라래빠의 입장
근본지에 관하여 밀라래빠는 이 꾸밈없는 지혜는 존재(有)나 비존재

(無), 상견이나 단견 등의 말과 개념적 사고를 초월한다고 했다. 그것을 표현하기 위해 어떤 이름을 사용한다 해도 그것은 반박되지 않을 것이다. 근본지 역시 이와 같다. 학자라는 사람들이 비록 붓다에게 직접 물었다 해도 붓다는 이쪽이나 저쪽으로 답하지 않았으리라고 나는 생각한다. 법신은 개념을 떠나 있고 무생이며 관념을 떠나 있다. '나에게 묻지 말고 단지 너의 마음을 보아라'는 말은 밀라래빠의 체계에 특별한 의견이 없음을 나타내준다.

* * *

그러므로 붓다의 성품은 완전한 정화와 완전한 근본지이다. 『구경일승보성론』에 이런 말이 있다.

> 붓다의 경지는 분할할 수 없지만 분류할 순 있다.
> 청정성에 따라
> 태양과 하늘에 비유될 수 있는
> 근본지와 해탈의 성품으로.

그리고 『대승장엄경론』에 이런 말이 있다.

> 번뇌의 장애와 지혜의 장애의 씨앗이
> 비록 오랫동안 있다 해도
> 버림을 통해 완전히 근절되고 정화되네.
> 수승한 선근을 갖춘 이는 붓다의 경지를 갖네.

2. '붓다'라는 이름의 의의

'붓다'라 불리는 이유는 무엇인가? 잠에서 깨어나듯 무지에서 완전히 깨어났으며, 분별지를 두 개의 지혜로 만개한 사람을 일러 붓다라 한다. 그래서 이런 말이 있다.

> 무지의 잠에서 깨어났기에, 그리고 분별지를 두 개의 지혜로 꽃피웠기에 그를 일러 '붓다'라 한다.

'무지의 잠에서 깨어나'는 이전에 말했듯이 완전한 정화이다. '분별지를 두 개의 지혜로 꽃피우다'는 이미 설명했듯이 근본지의 완성을 의미한다.

3. 붓다의 분류

붓다의 형상은 세 가지로 분류되니 법신, 보신, 화신이다. 『금광명경』에 이런 말이 있다.

> 모든 여래는 법신, 보신, 화신의 세 가지 형태를 가진다.

일부 경전에서는 두 개 또는 4~5개의 형태를 말하고 있다. 비록 말은 그리 해도 모든 형태가 위의 세 개 안에 다 포함된다. 『대승장엄경론』에 이런 말이 있다.

> 붓다의 모든 형상이 이 세 개 안에 포함되어 있음을 알아야 한다.

4. 붓다의 정의

법신이 바로 실제 붓다이다. 『팔천송반야』에 이런 말이 있다.

수행자는 붓다를 형상을 가진 몸으로 보아선 안 된다. 여래는 법신이다.

『삼매왕경』에 이런 말이 있다.

붓다를 형상이 있는 몸으로 보아선 안 된다.

(보신과 화신의) 두 가지 형상의 몸(色身)은 다음 세 가지 조건이 함께 해야 나타나는 것이다.

1) 법신의 장엄한 가피
2) 수행자가 본 환영
3) 이전의 진실한 발원

1) 법신의 장엄한 가피

더욱이, 만약 보신과 화신이 법계(법신)의 장엄한 가피를 통해 나타난다면 모든 중생에게 법계가 편재하므로, 모든 중생은 노력하지 않아도 해탈되고 부처님의 얼굴을 볼 수 있을 것이다. 그러나 실은 그렇지 않다. 그러므로 보신과 화신은 단지 법계의 장엄한 가피만으로 출현하지 않는다.

2) 수행자가 본 환영

만약 보신과 화신의 색신色身이 단지 수행자가 본 환영에 불과하다면 존재하지 않는 모습을 현현하는 것은 잘못일 것이다. 모든 중생이 시작도 없는 때부터 이런 잘못 속에서 행동해 왔기에 이 잘못에 의존하여 붓다의 경지를 증득했다면 모든 중생이 깨달음을 증득했을 것이다. 하지만 실은 그렇지가 않다. 그러므로 이들은 단지 수행자가 본 환영을 통해 나타나는 것이 아니다.

3) 이전의 진실한 발원

만약 보신과 화신의 색신이 단지 진실한 발원을 통해 나타난다면 완벽한 붓다는 진실한 발원을 숙달한 것인가, 숙달하지 못한 것인가? 만약 숙달하지 못했다면 그에겐 일체지가 없으리라. 만약 숙달했다면 모든 중생들이 진실한 발원만으로도 노력 없이 해탈해야 한다. 그런 기도는 치우침 없이 하기 때문이다. 그런데 실제로는 그렇지 않다. 그러므로 보신과 화신 역시 진실한 발원만으로는 출현하지 않는다.

그러므로 보신과 화신의 두 가지 형상의 몸은 이들 세 가지 힘의 조합을 통해 출현한다.

5. 삼신이 분명히 있는 이유

이는 필요에 의한 것이다. 법신은 자기 자신의 이익을 위한 것이고, 나머지 두 몸은 남들을 유익하게 하기 위한 것이다.

법신은 어떻게 자기 자신을 유익하게 하는가? 법신을 얻는 것은 모든 좋은 성품의 근간이 된다. 능력과 두려움을 모르는 등의 좋은 성품이 마치 누가 부르기라도 한 듯 이곳으로 몰려든다.

이는 법신을 얻지 못했을 때도 일어나지만 법신에 전념하는 사람들로서 약간, 부분적으로, 또는 크게 깨달은 사람들은 이 좋은 자질들을 각기 작거나, 많거나, 더 많거나, 무한히 얻는다.

수승한 세간의 체험은(모든 완벽한 능력, 천안통, 선정 등) 법신에 전념함으로써 얻는다. 성문, 아라한이 장애를 일소하고 천안통과 신통력 등을 가지는 것은 법신을 약간 실현함으로써 얻는다. 연각, 아라한이 장애를 일소하고 선정과 천안통을 가지는 것은 법신을 부분적으로 실현함으로써 얻는다. 십지보살이 장애를 일소하고 선정과 천안통 등을 얻는 것은 법신을 크게 실현함으로써 얻는다.

형상을 가진 두 개의 몸, 즉 보신과 화신은 남들을 유익하게 하기 위해 주어진다. 보신은 좀 더 정화된 수행자에게 보이고 화신은 청정치 못한 초보수행자에게 보인다. 그러므로 붓다가 세 가지 형상을 갖는 것은 분명하다.

6. 삼신의 특성

1) 법신

법신이라는 이름은 단지 모든 현상에 편재한 공성의 의미를 깨달아 모든 착오가 소멸되는 것, 또는 혼란된 환영의 본성과 반대되는 것을 지칭하는 것으로 이해되어 왔다. 실은 법신은 그 어떤 정체성이나 특성도, 또는 '법신'이라는 이름조차도 갖고 있지 않다. 이는 밀라래빠가 말한 그대로다.

다른 각도에서 설명하자면 법신法身은 8가지 특성을 가지고 있다.

동일성, 심오성, 영원성, 단일성, 완전성, 청정성, 광휘, 보신과의

관계

① 동일성: 모든 부처님들의 법신 사이에는 차이가 없다.
② 심오성: 모든 관념에서 벗어났기 때문에 그것은 깨닫기가 어렵다.
③ 영원성: 그것은 조합되지 않았다. 시작도 중간도 끝도 없다. 그리고 생사에서 벗어났다.
④ 단일성: 법계와 근본지를 구분할 수 없기 때문에 그것은 분할할 수 없다.
⑤ 완전성: 과장(增益)과 경시(減損)를 떠나 있기 때문에 그것에는 착오가 없다.
⑥ 청정성: 세 가지 장애에서 자유롭다.
⑦ 광휘: 분별이 없다. 오직 비개념적 상태에서 비개념적 사고만이 투사된다.
⑧ 보신과의 관계: 광대한 선善을 구현하는 법신은 원만보신圓滿報身의 근간이다.

『구경일승보성론』에 이런 말이 있다.

> 시작도 없고, 중간도, 끝도 없고
> 전혀 나눌 수도 없고
> 두 개에서 자유롭고
> 세 개에서 자유롭고
> 오점도 개념도 없으니 ―
> 그것이 법계라네.

그 성품을 이해하는 것이
명상에 머무는 요가행자의 모습이네.

『대승장엄경론』에 이런 말이 있다.

성품의 몸은 동일하고 미세하고 즐김에 관련되어 있네.

2) 보신

보신 역시 8가지 특성을 가진다.

보신의 수행원, 수용의 장소, 수용의 형상, 보신의 표상
법의 완전한 수용, 보신의 활동, 자연발생, 본무本無

① 보신의 수행원은 보살십지에 머무는 보살들이다.
② 보신이 수용을 체험하는 장소는 완전히 청정한 불계이다.
③ 수용의 형상은 비로자나불의 보신 등이다.
④ 보신의 표상은 삼십이상三十二相 팔십종호八十種好이다.
⑤ 법의 완전한 수용은 대승의 모든 가르침이다.
⑥ 보신의 활동은 보살의 깨달음 등을 예언하는 것이다.
⑦ 보신의 모든 활동 등은 애쓰는 것을 벗어나 있다. 수승한 보석처럼, 다만 자연발생적으로 나타날 뿐이다.
⑧ 비록 보신이 다양한 형상으로 현신하긴 해도 실은 맑은 수정처럼 갖가지 성품에서 다 벗어나 있다.

『대승장엄경론』에 이런 말이 있다.

　　보신은 모든 불계에서
　　모여든 수행원(권속), 장, 표상,
　　형상, 법의 완전한 수용, 활동에
　　의해 구분된다.

또한 『현관장엄론』에 이런 말이 있다.

　　32상 80종호를 가진 스승이며, 대승의 가르침을 즐기기 때문에
　　그것은 붓다의 보신이라 불린다.

3) 화신
화신 역시 8가지 특성을 가진다.

　　화신의 기반, 화신의 인연, 화신이 나투는 세계, 화신의 시간
　　화신의 형상, 화신의 활동, 성숙, 해탈

① 화신의 기반은 부동의 법신이다.
② 화신이 현신하는 인연은 모든 중생을 유익하게 하고자 하는 대자비심이다.
③ 화신이 나투는 세계는 완전히 청정한 곳과 완전히 부정한 곳이다.
④ 세상이 존재하는 한 화신의 현신도 멈춤이 없다.
⑤ 화신은 세 가지 형상으로 나타난다. 예술적 화신은 피리 연주

등의 다양한 예술에 전문가이다. 탄생 화신은 토끼 등의 다양한 열등한 몸들을 나타난다. 수승한 화신은 도솔천에서 내려와 어머니의 자궁으로 들어가는(출가, 성도, 전법) 행위 등을 반열반에 들 때까지 현현한다.

『대승장엄경론』에 이런 말이 있다.

> 붓다의 화신은 완전한 해탈을 위한 훌륭한 방편이다. 화신은 예술가, 탄생, 대각大覺, 반열반 등으로 끊임없이 나타난다.

『구경일승보성론』에 이런 말이 있다.

> 환영의 성품을 가진 다양한 색신을 통해
> 최고의 탄생으로 수승하게 태어나신 분은
> 대기쁨의 영역인 도솔천에서 내려와
> 왕비의 자궁으로 들어가 지상에 귀하게 태어나네.
> 모든 학문과 공예에 완벽한 기술을 가지고
> 궁녀들의 시중에 즐거워하며
> 출가하고, 고행을 견디고
> '깨달음의 핵심'이라 불리는 곳(보리도량)으로 가서
> 수많은 마구니들을 물리치고
> 완전한 깨달음을 얻은 후 법륜을 돌리시네.
> 그리고 열반하시네—그토록 불청정한 곳들에서.
> 세상이 존재하는 한 이 화신은 이런 행行들을 보여주시네.

⑥열반의 세 가지 유형에 중생이 관심을 가지도록 함으로써 화신은 다양한 범인凡人들이 수행자의 길로 들어서도록 유도하는 활동을 한다.
⑦수행의 길에 들어선 사람들이 쌓은 모든 공덕을 화신은 완전히 성숙시킨다.
⑧선업으로 완전히 성숙된 사람들을 화신은 존재의 속박(윤회)으로부터 해탈시킨다.

『구경일승보성론』에 이런 말이 있다.

  화신은 중생들이 열반의 길에 들어서고 완전히 성숙하도록 만든다.

이것이 화신의 8가지 특성이다. 『현관장엄론』에 이런 말이 있다.

  몸의 치우침 없는 활동—붓다의 그침 없는 화신은 윤회가 존재하는 한 모든 중생들을 갖가지로 유익하게 하네.

7. 불위佛位의 덕성
부처의 경지에는 세 가지 덕성이 있다.

  1) 동등성
  2) 영원성
  3) 현현성顯現性

1) 동등성의 덕

모든 부처님들의 법신은 그들의 기반인 법계와 불가분이다. 그러므로 그들은 동등하다. 모든 부처님들의 보신은 그 실현에 있어 분리될 수가 없고 그러므로 그들은 동등하다. 모든 부처님들의 화신은 공통의 활동을 현현하니, 그러므로 그들은 동등하다.『대승장엄경론』에 이런 말이 있다.

> 이들은 기반, 실현, 활동에 있어 동등하다.

2) 영원성의 덕

법신은 성품이 영원하다. 생사를 떠난 궁극적 상태이기 때문이다. 보신은 법을 계속하여 즐기기 때문에 영원하다. 화신은 반복하여 현현하는 활동들 때문에 영원하다. 비록 사라진다 해도, 연속성의 흐름이 멈춘다 해도 그것은 어떤 기회도 놓치지 않고 현현한다.『대승장엄경론』에 이런 말이 있다.

> 삼신은 그 성품과 그침 없는 연속성과 활동의 연속성에 의해 영원하다.

3) 현현성의 덕

법신은 법계에서 지혜의 장애(所知障)를 정화함으로써 현현한다. 보신은 번뇌의 정화를 통해 현현한다. 화신은 업의 정화를 통해 현현한다.

제6부
회향

붓다의 활동은 개념적 사고 없이
중생을 유익하게 하는 것이다.

제21장
붓다의 활동

먼저 보리심을 닦고, 중간에 가르침을 배우고 수행하고, 마지막에 붓다의 경지라는 결과를 증득한다. 이 모든 것이 오직 고통을 일소하고 모든 중생의 행복을 확립하기 위한 목적으로 이루어진다. 성불하면 개념적 사고도 애쓰는 것도 없다. 그렇다면 부처님들은 중생을 위해 혜택을 현현할 수 있는 것인가? 개념적 사고나 애씀 없이 부처님들은 중생을 위해 자연스럽게, 그침 없이 혜택을 현현한다.

　이것이 어떻게 일어나는지에 대해, 이런 요약된 설명이 있다.

　　몸은 개념적 사고 없이(無念) 중생을 유익케 하고
　　말과 마음 역시 개념적 사고 없이 중생을 유익케 한다.
　　이 세 가지가 붓다의 활동을 구성한다.

　몸·말·마음을 통해 개념적 사고 없이 중생을 유익케 하는 것은 『구경일승보성론』에 사례들과 함께 설명되어 있다.

제석천, 북, 구름, 범처럼
태양, 여의주, 허공처럼
그리고 땅처럼 여래는 활동한다.

1. 몸의 활동

'제석천으로의 현신'은 몸이 어떻게 개념적 사고 없이 중생을 유익케 하는지에 대한 비유이다. 예를 들면 천신들의 왕인 제석천은 여신들을 거느리고 승리의 궁전에 머문다. 이 궁전은 맑고 청정한 청금석의 성질을 가지고 있는데, 그 때문에 제석천의 모습은 궁전 밖에 비춰진다. 지상에서 사람들은 제석천의 비춰진 모습들과 함께 그가 즐기는 모든 것들을 보고, 그들은 자신들도 신속히 그곳에 태어나게 해달라고 발원기도를 올리고, 그러기 위해 덕을 쌓고자 노력한다. 그를 통해 그들은 사후 그곳에 태어난다.

그 영상의 출현에는 어떤 개념적 사고도 움직임도 없다. 마찬가지로 수행 등의 큰 목적을 이루려는 사람들은 32상 80종호를 지니고, 걷고, 서고, 앉고, 잠자고, 가르치고, 선정에 드는 등의 다양한 활동을 드러내는 완전한 붓다의 몸을 볼 것이다. 이것들을 봄으로써 그들의 헌심과 원심이 계발되고, 성불하기 위하여 그들은 그 인연이 되는 보리심을 닦고 종국에는 성불하게 될 것이다. 그 몸의 현현顯現에는 개념적 사고도 움직임도 없다. 이런 말이 있다.

제석천의 형태가 나툰 모습이
맑은 청금석의 바탕에 나타나듯이
전능한 성인들의 왕(붓다)의 모습 역시

중생들의 마음이라는 맑은 바탕에 나타난다.

이것이 개념적 사고 없이 중생들을 유익케 하는 몸이다.

2. 말의 활동

'천신들의 북처럼'은 말이 어떻게 개념적 사고 없이 중생을 유익케 하는지에 대한 비유이다. 예를 들어 승리한 천신들의 궁전 위에 '법력을 지님(持法力)'이라 불리는 북이, 천신들이 이전에 행한 선업의 힘으로 설치되어 있다. 개념적 사고 없이 그 북은 만법의 소리를 냄으로써 주의를 기울이지 않는 천신들에게, 모든 조합된 현상은 무상하고(諸行無常), 모든 현상은 무아이며(諸法無我), 모든 번뇌의 상태는 고통의 성품이고(一切皆苦), 모든 소멸은 적정(涅槃寂靜)이라는 것을 상기시킨다. 이런 말이 있다.

> 천신들의 이전 선행의 힘을 통해
> 천상계의 법고는
> 노력, 장소, 정신적 형태나 개념 없이
> 그 울림을 통해 관심 없는 천신들에게 반복하여 설한다.
> '무상', '고', '무아', 그리고 '열반.'

마찬가지로 비록 노력이나 개념적 사고가 없어도 붓다의 말은 인연 있는 중생들의 성향에 따라 가르침을 나타낸다. 이런 말이 있다.

> 이처럼 우주에 편재하는 법신은 노력 등이 없지만

그 부처님의 말씀은 모든 중생들에게 예외 없이 스며들어
복 있는 중생들에게 고귀한 진리를 가르치네.

이것이 개념적 사고 없이 중생을 유익케 하는 말이다.

3. 마음의 활동

'구름처럼'은 지혜로운 마음이 어떻게 개념적 사고 없이 중생을 유익케 하는지에 대한 비유이다. 예를 들어 여름 하늘에는 애쓰지 않아도 구름이 모여들고, 그것이 개념적 사고 없이 땅에 비를 내려 작물 등이 완벽하게 자라게 한다. 이런 말이 있다.

우기의 구름은 계속하여 절로
지상에 엄청난 양의 물을 내려주고
풍성한 수확의 원인이 되네.

마찬가지로 지혜로운 마음의 활동은 수행자의 덕성이라는 작물을 법의 비를 통해 개념적 사고 없이 익게 한다. 이런 말이 있다.

마찬가지로 자비의 구름은 개념적 사고 없이
여래의 귀한 가르침이라는 물을 비로 내려
중생에게 덕의 추수를 하게 해주네.

이것이 개념적 사고 없이 중생을 유익케 하는 지혜로운 마음이다.

* * *

'범천처럼'은, 예를 들어 천신의 왕인 범천은 범천의 궁전에서 움직이지 않고도 모든 천계에 다 보일 수가 있다. 마찬가지로 붓다는 법신으로부터 조금도 움직이지 않고도 12가지 행行 등을 나타내어 모든 수행자를 유익케 할 수 있다. 이런 말이 있다.

애쓰지 않고, 범천의 궁전을 떠나지 않고
범천은 그 어디에서나 자신의 존재를 나타내네.
마찬가지로 법신에서 전혀 떠나지 않고도 위대한 여래는
어떤 불계에서든 자신의 현신을 행운아들에게 절로 나타내네.

'태양처럼'은, 예를 들어 태양의 광명은 무한히 다양한 꽃들을 한 번에 개념적 사고 없이 연다. 마찬가지로 법의 광명은 무한한 가족들의 덕스런 연꽃 같은 마음과 수행자들의 성향을 개념적 사고 없이 절로 열어준다. 이런 말이 있다.

태양은 무심하게 자신의 빛을 통해
연꽃들을 동시에 피어나게 하고 다른 것들을 익게 하네.
마찬가지로 무심하게 여래의 태양은 귀한 법의 빛을
수행의 길에 입문한 '연꽃들'에게 비춰주네.

또는 바꿔 말해서, 태양의 모습은 모든 맑은 물에 동시에 한 번에 비춰진다. 마찬가지로 붓다는 맑은 눈을 가진 모든 수행자들에게 동시에 비춰진다. 이런 말이 있다.

이 때문에
여래(善逝)의 태양의 무한한 비추임은
청정한 수행자라는 모든 '물그릇'에
동시에 나타난다.

'여의주처럼'은, 예를 들어 비록 여의주에게 개념적 사고가 없지만, 만약 수행자가 기도한다면 그가 필요한 무엇이든 다 나타날 것이다. 마찬가지로 수행자는 붓다에게 의지하여 성문 등의 다양한 소원을 이룰 것이다. 이런 말이 있다.

여의주는 무념無念이지만, 그 활동영역 안에
있는 모든 사람의 소원을 동시에 이루어준다.
마찬가지로, 중생들이 여의불如意佛에게 의지할 때도
각자의 원願에 따라 서로 다른 가르침을 듣는다.

마찬가지로 피리, 허공, 땅 등은 개념적 사고 없이 중생을 유익케 하는 비유이다.

※

'해탈의 보배 장엄(해탈장엄론) – 고귀한 가르침의 여의주'는 대승 수행 길의 단계들을 설명한 것으로서 빨땐 다르마꼡의 요청에 따라 쐬남 린첸이 저술하였다.

※

귀중한 법의 여의주는 모든 중생들의 유익을 위해 개념적 사고 없이 나타난다. 이를 옮겨 쓴 그대의 공덕으로 모든 중생들이 수승한 깨달음을 증득하소서!

부록 1
법왕 감뽀빠

법왕 감뽀빠

부처님께서는 당신이 이 시대에 세상에 오실 것을 예언하셨습니다.
당신께서는 부처님의 모든 뜻을 다 이루셨습니다.
위대하신 분이시여! 당신께서는 절로 법신을 얻으셨습니다.
비할 데 없이 수승하신 당신께 경배를 올리나이다.

_직뗀 쑴괸

법왕 감뽀빠

법왕 감뽀빠의 삶은 그동안 여러 번 번역되었지만 윤회에서 벗어나고자 하는 사람들에게 귀의심의 씨앗을 심어주기 위하여 여기 짧은 전기를 수록한다.

제1부 법왕 감뽀빠의 삶에 대한 짧은 얘기

감뽀빠의 삶과 해탈에 대한 이야기는 바다처럼 깊고 허공처럼 광대하다. 오직 붓다만이 그것을 온전히 얘기하실 수 있을 것이다

 제4의 붓다 석가모니불이 귀한 가르침을 펴는 이 시대에 위대한 선지식과 깨달은 스승들이 염주 알처럼 수도 없이 출현하였다. 그중에서 시작도 없는 때로부터 깨달으신 법왕 감뽀빠는 4개의 귀중한 보석의 정수 위에 서 있는 수미산과 같은 존재다. 그럼에도 불구하고 그는 부동의 법신에서 몸을 나투어, 무지에 가리고 생로병사라는 네 개의 강물을 체험하며 탐·진·치의 번뇌라는 들짐승에게 괴롭힘을 당하며 황야에서 방황하는 중생을 해탈시키려 하였다. 팍모 두빠는 말했다.

 과거에 '챤드라쁘라바꾸마라'라는 이름으로 몸을 나투셨던 멘똑

다세,

지금 이 설국에서 당신은 '의사 비구'라는 이름으로 몸을 나투시네.

부처님께서 예언하신 이 존자님의 발아래 엎드려 절을 올립니다.

이처럼 법왕 감뽀빠는 셀 수 없이 많은 겁 이전에 빠드메 다와(蓮月) 부처님 시대에 멘똑 다세라는 보살로 태어났다. 이에 관한 자세한 이야기는 『삼매왕경』에 나와 있다. 관심 있는 사람은 이 경전의 36장 '멘똑 다세'를 보기 바란다. 다음은 거기서 추출한 짧은 얘기이다.

한때, 빠드메 다와 부처님의 법이 쇠락하던 시절에 7,000명의 보살이 왕국에서 축출되었다. 그들은 만선萬善의 숲으로 가서 멘똑 다세 보살과 함께 머물렀다. 그때 무수한 중생들이 불환과를 얻었다. 당시 국왕은 이름이 빠우 진이었는데 왕비 84,000명, 아들 1,000명, 딸 500명이 있었고, 이들 모두가 부유하게 잘 살았다. 멘똑 다세는 홀로 선정에 머물며, 천안통으로 환생한 많은 보살들이 그 왕국에 살고 있는 것을 알았다. 이들이 가르침을 들으면 불환과를 얻겠지만, 그렇지 못할 경우 낮은 영역으로 추락할 수 있음을 그는 알고 있었다. 그래서 그는 선정에서 일어나 그 모든 보살들에게 말했다. "나는 마을과 도시와 왕국으로 가서 중생을 이롭게 하기 위해 가르침을 펼 것입니다."

그들은 대답했다. "당신을 해할 수 있는 악인이나 길들지 않은 사람들이 많을 것입니다." 그리고 그에게 가지 말라고 간청했다.

멘똑 다세는 말했다. "자기만 어려움을 피하고자 한다면 어떻게 부처님의 가르침을 보전하고 중생을 도울 수 있겠어요." 그 말과 함께 그는 궁전으로 가서 왕비, 왕자, 공주들을 포함한 많은 사람들에게 7일 동안 멈추지 않고 먹을 것, 마실 것도 마다한 채 가르침을 폈다. 그렇게 그는 무수한 사람들의 마음속에 깨달음의 씨앗을 심었다. 시방으로부터 온 모든 사람들은 그에게 지극한 성심으로 대했다.

이 상황을 본 빠우 진 왕은 질투심이 나서 생각했다. '이 스님이 내 왕국을 빼앗을지도 모른다.' 그래서 왕은 선악도 구분하지 못하는 백정 가체에게 멘똑 다세를 살해하라는 지시를 내렸다. "네게 큰 상을 내리마." 가체는 칼을 들고 대중이 모인 자리에 뛰어 들어가 멘똑 다세의 사지를 잘랐다.

그러자 그의 몸에서는 피가 튀지 않았고 대신 빛을 발하면서 흰 우유가 흘러나왔다. 그가 죽은 다음 몸은 황금빛으로 변했고 온갖 상서로운 징조가 나타났다. 그때 왕은 생각했다. '아! 이 스님은 깨달으신 분이며 불환과를 얻었구나. 내가 이런 무간업을 짓다니! 나는 그 과보로 분명 지옥에 떨어지리라.'

동시에 천신들이 하늘에서 이렇게 말하며 이 사실을 증명했다. "그렇다, 너는 그런 악업을 지었고 분명 그 과보를 받을 것이다." 왕은 공포에 질려 슬픔 속에 땅바닥으로 쓰러졌다. 천신들도 슬퍼하며 외쳤다.

몸에 대한 집착을 완전히 여의어라!
마찬가지로 삶에도 집착하지 말라!
만선의 숲에서 온 멘똑 다세가
여기 이 왕국에서 박해를 받았느니라.

천신들은 숲에 남아 있던 보살들에게 이 사실을 알렸고 모든 스님들이 멘똑 다세의 몸을 보러 달려왔다. 그들은 울부짖었다. "그는 흐트러짐 없이 계율을 지켰습니다. 그런데 어떤 잘못을 했을 수 있단 말입니까?"

그러고 나서 그들은 실신하여 바닥에 쓰러졌다.

왕은 보살의 시신을 전단나무와 다른 귀한 물건들을 쌓아놓고 화장을 했다. 그때 헤아릴 수 없이 놀라운 징후들이 많이 나타났다. 유골을 수습하여 귀한 스투파를 새로 지어 안장했다. 왕은 이후 수천 년 간 그 탑 앞에서 하루 3번씩 많은 공양을 올리고 정화의식을 행했다. 죽은 후에 왕은 지옥에 태어나 수 겁 동안을 그곳에서 보냈다.

『삼매왕경』에서 석가모니불께서 설하셨다. "내가 바로 그 빠우 진 왕이었다. 그리고 바로 그대, 챤드라쁘라바와꾸마라 보살이 멘똑 다세였다." 그 말을 듣고 챤드라쁘라바와꾸마라는 매우 기뻤다. 그는 후에 티벳에서 법왕 감뽀빠로 태어났는데 의사로도 알려져 있다. 법왕 감뽀빠 자신이 캄에서 온 세 명의 수행자에게 말했다.

　　과거 완전한 부처님 시대에
　　내가 챤드라쁘라바와꾸마라라는 이름으로 불릴 때
　　수승하신 석가모니부처님께서
　　내 청에 응해 『삼매왕경』을 설하셨도다.

그것은 위대한 보살이 과거 수없이 많은 생을 회상하는 것이다. 『비화경』에서 부처님은 다음과 같이 감뽀빠에 대해 예언했다.

　　아난다여! 내가 열반한 다음에 언젠가 북쪽 어딘가에서, 이전에 많은 부처님들을 모셨던 의사 비구가 나타날 것이다. 그는 수많은 부처님들을 존경하며 모셨고, 선근을 쌓았고, 자비심을 닦았으며, 대승의 길에 완전히 들어섰으며, 많은 중생들의 복덕과 행복을 위해 일했다. 그는 보살 경전을 수행하는 선지식이며, 대승을 찬탄하고 남들에게 대승의 가르침을 완벽하게 전하는 사람이다.

이어 석가모니불께서는 또 말씀하셨다. "아난다여! 이 의사 비구는 내 가르침을 널리 융성케 하리라. 그러니 슬퍼하지도 애도하지도 말라."
위대한 역경사 마르빠는 밀라래빠에게 이렇게 말했다.

독수리에게 새끼가 태어나는 것은
비할 데 없는 제자가 출현한다는 징후이다.
허공을 새가 가득 채우는 것은
까규 법맥이 융성하리라는 징후이다.
.

그렇게 법왕 감뽀빠와 그의 제자들 및 법맥에 대한 예언이 있었다. 바즈라요기니(金剛瑜伽母) 역시 밀라래빠에게 그가 태양과 달과 별처럼 많은 제자들을 모으리라고 말했다. 그들 중에서 감뽀빠가 태양과 같을 것이다. 그리하여 그는 천신을 비롯한 모든 중생들에게 공양의 대상이요 귀의처가 된다.

감뽀빠는 티벳 남부의 넬에서 아버지 니와 걜뽀, 어머니 넬싸 사이에 땅돼지(1074년)띠 해의 4월 초파일에 태어났다. 그의 탄생에는 많은 상서로운 징조가 있었다. 그에게는 형제가 둘이 있었는데, 그가 위에서 두 번째이다. 아버지가 대단한 선지식이자 수행자였기 때문에 그는 아버지에게 많은 과목을 배웠고, 22세에 결혼하여 남매를 두었다.

그는 위대한 인도 스승 꼐메, 티벳 의사 비시 등에게 의학을 배워 스승이 모두 30명이었고, 위대한 치유사와 의사가 되어 수많은 중생들을 유익하게 한 지라, 마치 약사여래불이 다시 출현한 것과 같았다.

그의 아들과 딸은 웬일인지 무상의 법(죽음)이 데려갔고, 얼마 후 부인은 심한 병을 앓아 어떤 방법으로도 회복이 되지 않았다. 종국에는 그에 대한 애착으로 그녀가 말했다. "가정생활에는 행복이 없어요. 의사여! 제가 죽은 다음에는 성심으로 법을 수행하세요!"

그는 대답했다. "당신이 죽든 살든 나는 법을 수행하겠다고 약속합니다."

숨을 거두는 그녀의 눈에서 눈물이 흘러내렸다. 이 일이 그로 하여금 강한 출리심出離心을 내게 했다. 그는 망율의 켄뽀 로덴 쎄랍 스님에게 출가해서 계를 받았고, 또한 샹슝의 쎄랍 닝뽀와 이데의 장춥 쎔빠에게도 배웠다. 그는 26세가 되자 비구계를 받았으며, 법명이 쐬남 린첸(귀한 공덕)이었다.[1]

감뽀빠는 첫 번째 스승과 두 번째 스승에게서 율장을 잘 공부했다. 그는 우빨리처럼 지계제일이 되었다. 망율의 켄뽀 로덴 쎄랍에게 그는 샹카르 전통에 따라 챠끄라삼와라(승락금강勝樂金剛) 수행을 배웠다. 이데의 장춥 쎔빠에게는 보살계와 가르침을 받았다. 마침내 그는 모든 현상들이 무지개와 같다는 것을 깨달았고, 밤과 낮이 다르지 않은, 개념적 사고를 떠난 위대한 비개념(무분별)의 사고를 직접 체험했다. 그는 한 번에 7일 동안 선정에 들 수도 있었다. 그가 게쎼 다와를 만났을 때 게쎼라가 물었다. "선정은 잘 유지됩니까?" 감뽀빠가 대답했다. "저의 선정은 부드러운 풀밭을 걷는 것과 다르지 않습니다. 자리에 앉으면 안락, 명료성, 개념적 사고를 떠난 상태를 지속하는 데 어려움이 없습니다."

---

[1] 일부 문헌에서는 감뽀빠가 32세에 구족계를 받았다고 한다.

더욱이 그는 승가의 계율과 바라밀 등을 잘 익혔다. 그는 다양한 관정, 딴뜨라 가르침 및 여타 가르침을 게쎼 쟈도르진에게 받았다. 그런 다음 그는 게쎼 뉴룸에게 가서 삼사도(하사도, 중사도, 상사도)에 관한 람림을 배웠다. 감뽀빠는 많은 공부를 하여 까담빠의 등불이 되었고, 이어 게쎼 체까와, 게쎼 갸온닥 등에게 공부를 하고 일심一心수행(사마타)을 했다.

이 기간 동안에 그는 꿈에서, 그리고 평소에 수행할 때도, 어깨 위에 면으로 된 천을 헐렁하게 걸치고는 지팡이를 들고 다니는, 푸르스름하고 키가 큰 요기가 나타나곤 했다. 이 요기는 감뽀빠의 머리에 손을 얹더니 그 위에 입김을 불고는 사라지곤 했다. 감뽀빠의 수행은 이전보다 훨씬 더 발전했다. 이 이야기를 다른 스님에게 하자 그 스님이 말했다. "당신은 매우 청정한 계율을 지키는 비구입니다. 그런 요기의 등장은 뻬까르(호법 신장)가 일으키는 장애입니다. 그러니 미요와(까담빠의 4개 신격 중 하나)에 대해 수행을 하세요." 감뽀빠는 그 지시대로 수행을 했지만, 그 요기는 이전보다 더 많이 찾아왔다.

한편, 한 생애에 지금강불(持金剛佛, Vajradhara)의 경지를 증득한 수행자이며 요기들의 왕인 밀라래빠는 뽀또(붉은 바위 동굴)에 머물며 요기와 요기니 제자들에게 가르침을 펴고 있었다. 그중에는 레충빠 등도 포함되어 있었다. 상수제자들이 밀라래빠에게 말했다. "이제 스승님께서는 연로하십니다. 스승님께서 다른 불국토로 떠나시어 스승님을 대신해줄 사람이 필요할 경우를 대비해서 믿는 사람을 하나 지명하시어 완전한 가르침을 전수해 주십시오. 그렇지 않으면 제자들을 이끌 사람이 아무도 없을 것입니다."

밀라래빠가 말했다. "나는 요기이므로 내게 나를 대신해줄 사람은 필요치 않다. 하지만 내가 하던 일을 대신할 제자는 있다. 오늘 밤 그 사람이 어디 있는지 내가 살펴보겠다. 내일 아침 일찍 다시 오너라."

다음날 아침, 모든 제자들이 기대를 안고 모이자 밀라래빠는 말했다. "머잖아 율장의 전통에서 승려가 된 '의사'라고 불리는 사람이 올 것이다. 마치 한 화병에 있는 것을 다른 화병에 그대로 옮기듯 내가 그에게 모든 가르침을 전하리라. 이 사람은 시방의 모든 활동을 다 행할 수 있다. 어젯밤 꿈에 그는 내게 빈 수정 화병을 들고 왔고, 그래서 나는 내 은 화병에 든 모든 감로수를 그에게 부어주었다."

밀라래빠는 계속 말을 이었다. "아들이 태어났고 아버지는 늙었다. 태양이 솟아오르듯 법을 크게 진흥시키고 무수한 중생들을 유익하게 할 위대한 사람이 올 것이다." 밀라래빠는 이런 노래를 불렀다.

모든 법왕 라마들 앞에 절을 올리며
자비로우신 분들께 탄원하옵니다!

귀중한 황금 발우 안에 들어 있는
동방의 흰 눈 사자의 젖을
평범한 그릇에 부어서는 아니 되리.
그러면 그릇은 깨지고 내용물은 낭비되리라.

나로빠와 마이뜨리빠의 가르침은
비록 심오한 것으로 알려져 있지만
수행이 없으면 심오함도 없느니
수행을 하고 난 후에야 심오한 깊이가 있네.

1. 법왕 감뽀빠

아버지 마르빠께서 이 법을 가져오셨고
나 밀라래빠가 그 법을 수행했네.

밀라래빠의 세 가지 체험의 말,
비록 이 말이 풍요롭고 효과가 있다지만
그것을 부적절한 법기에 줄 수는 없네.
적절한 그릇이 오면 주리라.
아들 뙨빠[2]가 오면 주리라.

그때 감뽀빠는 산책을 하다가 길가에서 세 명의 걸인이 하는 이야기를 들었다. 한 걸인이 말했다. "우리들 세 사람은 복이 없어. 야채 한 사발만 있다면 참 좋을텐데 말이야." 다른 걸인이 말했다. "소원을 빌려면 이렇게 빌어야지 쩨대 왕[3]처럼 되면 참 좋겠습니다." 세 번째 걸인이 말했다. "쩨대 왕도 결국 죽잖아. 죽음이 오면 다른 사람과 똑같이 왕을 도와줄 것은 아무것도 없어. 그러니 요기들의 왕 밀라래빠처럼 되게 해달라고 비는 게 좋아. 그는 옷이 필요 없는 사람이고, 음식이 없으면 다끼니(空行母)들이 감로수를 가져다주잖아. 그는 눈사자를 탈 수 있고 생사를 두려워하지 않아."

이 말을 듣는 순간, 감뽀빠에게는 밀라래빠에 대한 귀의심이 크게 일어나 눈에 눈물이 고였다. 심지어 오랫동안 걸음조차 떼어놓을 수 없었다. 마침내 그는 방으로 돌아가서 당시 그가 주로 수행하던 칠지七支 기도를 염송하기 시작했다. 하지만 여러 번 방해를 받아 수행을 중단해

---

2 뙨빠는 적절한 계율을 갖춘 승려나 스승을 말한다.
3 쩨대 왕은 티벳 서부지역의 작은 왕국의 왕이다.

야 했고, 그리하여 그는 생각했다. '도대체 왜 이런 거지?' 그래서 그는 사마타 수행을 해서 이전보다 더욱 수승한 명료성과 공을 체험했다.

나중에 그는 세 명의 걸인을 방으로 초대하여 야채로 좋은 요리를 하여 대접했다. 그리고는 그들이 말하던 위대한 요기가 어디 있는지 물어보고, 그 밖에도 많은 질문을 했다. 한 걸인이 말했다. "그분은 망율의 군탕에 계십니다. 저도 그분을 뵙지는 못했지만 많은 사람들이 그분을 뵈러 가도 그분을 뵙지 못한다고 들었습니다. 어떤 이는 수정탑을 본다 하고 또 어떤 이는 석가모니불을 본다 합니다. 그분은 여러 가지 모습으로 나타나십니다. 그분은 대체로 딩과 녜남의 산에 머무십니다."

감뽀빠가 말했다. "저도 그곳에 가고 싶습니다. 함께 가주시겠습니까?"

걸인들이 말했다. "당신은 젊잖아요. 저희들이 보조를 맞출 수 없을 것 같아요. 티벳 서부지방으로 가면 그분을 찾을 수 있을 겁니다. 그분은 이름이 나서 그곳 사람들이 잘 알고 있어요." 다음 날 걸인들은 사라졌다. 아마도 밀라래빠의 현신이 나타나서 그로 하여금 스승을 만나러 오도록 한 것으로 믿어진다.[4] 그로 인해 감뽀빠는 이전의 귀의심 위에 더 굳은 귀의심이 더해졌고 (스승을 만나러) 가야겠다고 결심했다. 그는 까담빠 라마들에게 허락을 구했다. 자신의 재산을 팔아 금 120그램과 약간의 차를 구했다. 그리하여 그는 도반 한 명과 함께 길을 떠났다.

그들이 구르모에 도착하자 도반은 더 이상 갈 수가 없게 되었다. 그래서 그는 물어물어 홀로 길을 갔다. 한때 그는 녜남에서 온 상인 다쌍에게 이런 말을 들었다. "요기들의 왕 밀라래빠의 깨달음은 티벳

---

[4] 어떤 문헌에서는 걸인들 중 하나가 그를 밀라래빠의 오두막 근처까지 안내했다고 한다.

전역에 퍼져 있습니다. 그분은 요즘 추와르에 계십니다." 그 말을 들은 감뽀빠는 실제로 밀라래빠를 만난 것 같은 느낌이 왔다. 기쁨에 겨워 그는 상인을 끌어안고 자세하게 길을 물었다.

감뽀빠가 딩리에 도착했을 때 풍기風氣 질환에 걸려 거의 죽을 뻔했다. 그곳에서 그는 물 한 모금도 마시지 못한 채 며칠을 지냈다. 그동안 내내 그는 밀라래빠가 있는 곳을 바라보며 탄원의 기도를 올렸다.

그때 밀라래빠는 따씨강에서 제자들을 가르치고 있었다. 간간히 그는 가르침을 멈추고 잠시 선정 속에 있다가 미소를 짓기 시작했다. 제자들이 물었다. "행운의 제자의 마음에서 특별한 깨달음이 보입니까? 아니면 불행한 제자의 마음에서 사견이 보입니까?"

밀라래빠가 말했다. "둘 다 아니다."

제자들이 다시 물었다. "그럼 스승님께선 무슨 이유로 그러십니까?"

밀라래빠가 말했다. "티벳 중부 출신의 스승인 나의 아들이 딩리에 도착했다. 그는 온몸이 다 아프다. 눈에 눈물이 가득한 채 나에게 탄원을 하고 있구나. 그의 귀의심에 힘입어 내 안에서 자비심이 일어났고, 선정 속에서 그에게 축복을 내렸다. 나는 기뻤다. 그래서 웃은 것이다." 밀라래빠의 눈에서도 눈물이 흘러내렸다.

결국 감뽀빠와 밀라래빠는 따씨강에서 만났다. 감뽀빠는 금과 차를 비롯한 공양을 올리고 여러 번 절을 했다. 가슴에 두 손을 모으고 그가 말했다. "저는 귀한 가르침에 대한 열망으로 많은 고초를 겪으며 먼 길을 왔습니다. 저를 제자로 받아주십시오."

밀라래빠가 말했다. "네가 온 곳보다 훨씬 더 먼 인도에서 오는 제자들이 있다." 밀라래빠는 자신의 해골 잔에 남은 감로수를 감뽀빠에게 주면서 마시라고 했다. 처음에 감뽀빠는 승려이고 또 많은 사람들이 주변에 있는지라 망설였다. 밀라래빠가 말했다. "생각을 많이 할 필요가 없다. 그냥 마셔라." 감뽀빠는 잘못을 하지 않으려는 마음에 그것을 다 마셨다. 그것이 바로 그가 합당한 법기이며 모든 가르침을 받으리라는 상서로운 징조였다.

밀라래빠가 물었다. "이름이 무엇이냐?"

그가 대답했다. "쐬남 린첸입니다."

밀라래빠가 말했다. "'공덕(쐬남)'은 많은 복덕을 쌓는다는 것이고, '귀한(린첸)'은 네가 모든 중생에게 귀하다는 뜻이다." 그는 이 말을 세 번 반복했다. 감뽀빠는 이어 밀라래빠의 삶과 해탈에 대해 말해줄 것을 청했고 이에 밀라래빠는 말했다. "네가 나에 대한 귀의심으로 여기 온 것은 훌륭한 일이다만 나는 너의 금과 차를 원치 않는다. 그것들은 너 자신의 수행을 위한 식량으로 사용하라. 여기 나의 삶과 해탈에 대한 노래를 불러주마."

　　허공에서 관념을 초월한 법신이
　　다함없는 자비의 구름 모으네.
　　행운아들의 법왕이며 귀의처인
　　은혜로운 마르빠의 발밑에 예경합니다.

　　나의 아들 레충빠가 오른쪽에
　　쒸와 웨가 왼쪽에 있어
　　좌우 부촉을 받으니
　　의사여! 이 노래를 들어보라!

오점 없는 영광의 땅에는
자랑거리를 가진 사람들이 많지만
인도 중앙에 해와 달처럼 이름난 사람이 있으니
나로빠와 마이뜨리, 이들 둘이네.
이 대성취자들의 마음의 아들
삼세의 모든 부처님들의 화신이
바로 역경사 마르빠라네.
그는 만달라의 수장이니
행운아들을 모으기 위해
다까와 다끼니가[5] 그의 명성 퍼트렸네.
그의 이름 들었을 때 난 망설이지 않았네.
대단한 노력으로 나는 그의 앞에 갔네.
그를 본 순간 큰 기쁨과 행복감이 일어났네.
그의 연화좌 발밑에 절을 올리고 청했네,
심오한 가르침 주시고
이생에서 성불할 방법 가르쳐 달라고.
아버지-부처님(마르빠)은 말했네,
"나로빠의 자비를 통해
나는 이생에서 윤회의 고리를 자를
검과 같은 가르침을 받았다."
가난해 스승께 공양할 재물 없어

---

[5] 다까와 다끼니는 본존불을 도와서 수행자를 깨달음의 길로 인도하는 권속들을 의미한다. 다까(용사)는 사마四魔를 파괴하여 구경의 실지를 가지고, 다끼니(空行母)는 여신의 몸으로 수행자를 보호하고 인도하는 역할을 담당하는 보살지에 머무는 성녀들을 말한다.

나는 삼문三門의⁶ 노력으로 그를 기쁘게 했네.
삼세를 아는 분의 자비심으로
그는 나의 열망을 이해했네.
그의 대자비심을 통해
나는 네 개 법맥의 모든 가르침을
더함도 덜함도 없이 받았네.
이것이 그의 보증이었네.
그는 또 말했네, "이 말법의 시대에는
기회는 별로 없고 장애가 많으니
단순한 앎에 빠지지 말고
닦는 수행을 핵심으로 삼아라."
스승의 은혜를 갚기 위해
그리고 죽음에 대한 두려움에 자극 받아
마음의 힘과 정진력으로
나는 개념적 사고(분별)라는 흉조를 변화시켰네.
삼독의 성품을 깨달아
나는 삼신三身의 얼굴이 동시에 확립되는 것을 알았네.
행운아들에게 전승법계傳乘法系의 모든 가피와
체험과 깨달음을 전하기 위해
나는 너에게 심오한 가르침을 주겠다.
그러니 가르침을 수행하고 널리 전하라.
의사인 자네, 이를 명심하고
느긋하게 머무르며 서두르지 말라.

---

6 몸, 말, 마음의 세 개 문을 뜻한다.

이것이 수행자인 나의 삶이며 해탈이네.
자세한 토론은 나중으로 미루자.
금과 이 늙은이는 어울리지 않아.
내겐 차 끓일 주전자도 없어.
까규 법맥을 지니고자 한다면
내 삶을 보고 나처럼 수행하라.
이것이 너의 질문에 대한 나의 답이다.

"네가 이전에 받은 관정과 가르침이 부족한 것은 아니나, 상서로움과 상호의존성의 길상을 위해 너에게 관정을 주겠다." 바즈라요기니(金剛瑜伽母)의 만달라를 사용하여 밀라래빠는 모든 관정식을 거행했고 성문의 전승법계(傳乘法系)의 모든 가피를 내려주었다. 차츰 단계적으로 그는 모든 심오한 가르침과 구전요결을 기쁜 마음으로 전해 주었다. 감뽀빠는 1년 동안 수행해서 모든 맥관과 바람 에너지의 모든 성품을 다 완성했으며, 스승의 가르침에 대한 확신을 얻었다.

이전의 스승들의 가르침에 관한 많은 생각이 일어나자 그는 밀라래빠와 자세하게 의논했다. 밀라래빠는 모든 의심과 망설임을 다 밝혀주었다. "그대, 의사 선생이여! 견해를 따르지 말고 명상 수행을 따르라. 공의 수행을 하다 보면 잘못되는 경우가 많다. 체험에 대해서도 실수할 수 있다." 밀라래빠는 그렇게 말하고 계속해서 세부적인 것들에 대해 얘기했다. 그리고는 이 노래를 불렀다.

견해! 네 마음을 보아라.
마음 밖에서 견해를 찾는다면……

의사여! 그것은 초인超人이 부富를 찾는 것과 같네.

명상 수행! 무기無記와 들뜸의 허물을 없애지 말라.
닦는 수행 중에 무기와 들뜸의 허물을 없애면……
의사여! 그것은 햇빛 속에 등불을 들고 있는 것과 같네.

행위! 수용과 거부를 구별하지 말라.
행위에 있어 수용과 거부를 구별한다면……
의사여! 그것은 거미줄에 걸린 벌과 같네.

서언(誓言, 싸마야)! 견해에 대한 자신감에 의존하라.
보호가 필요치 않은 서언 아닌 다른 곳에서 (서언을) 찾는다면……
의사여! 그것은 강물을 역류시키는 것과 같네.

결과! 그대의 마음 안에 확신을 세워라.
성취 없는 결과 아닌 다른 곳에서 (결과를) 찾는다면……
의사여! 그것은 개구리가 하늘에서 뛰는 것과 같네.

궁극적인 스승! 그대의 마음을 길들여라.
마음 아닌 다른 곳에서 그 스승을 찾는다면……
의사여! 그것은 네 마음을 포기하는 것과 같네.

그러므로 윤회와 열반의 모든 가시적 존재는……
의사여! 바로 네 마음의 산물이네.

그래서 감뽀빠는 정말 그렇다고 생각하고, 닦는 수행에 더욱 정진했다.

언젠가 그는 24가지 징조를 꿈에서 보고는 밀라래빠에게 이야기했다. 밀라래빠는 자세한 설명을 노래로 해주고는 이렇게 말했다.

"내 아들, 의사 승려(뙨빠)야! 네가 받은 징조들은 너의 미래 법맥에 대한 예언이다. 내가 설명했듯이 마음속에 그 중요성을 잊지 않고 자세히 간직하고 그 징조가 옳은지 틀린지 잘 지켜보아라. 너는 마음의 무조작의 성품을 직접 깨닫게 될 것이다. 그때 너의 마음은 지금보다 훨씬 큰 귀의심을 간직하고 나를 지금강불로 보게 될 것이다. 너는 이생에서 생사를 해탈할 것이다.

일반적으로 말해서 완벽한 수행자가 되고 싶다면 꿈이나 다른 체험 등의 징조에 집착하지 말라. 그렇지 않으면 마구니가 쫓아다닐 것이다.

스승의 가르침이나 너 자신의 결정 외에 다른 사람들의 말을 듣지 말라. 그렇지 않으면 마음이 비틀거리게 될 것이다. 너의 삼문三門을 모두 스승에게 맡겨라.

마음이 이생이나 내생으로 방황하게 하지 말고 스승의 가르침을 따르라. 그렇지 않으면 밀교의 제1불선근을 겪게 되고, 그로 인해 이생과 내생에서 행복의 근원이 파괴되리라.

법우法友들의 허물을 판단하지 말라. 부자연스럽게 굴지도 말고 부정적 생각을 하지도 말라. 그리하면 남들의 마음을 이해하지 못해 불선근을 심게 된다."

이러한 등등의 여러 상세한 핵심교의를 밀라래빠는 주었다.

그리고 나서 말했다. "너는 여기 있을 필요가 없다. 여기서 동쪽으로 가면 '감뽀'라는 산이 있다. 마치 왕이 옥좌에 앉아 있는 것 같은 모습이고 그 봉우리는 내 모자와 같다. 그 산의 풀밭은 황금 만달라와 같다.

산의 앞쪽은 보배를 쌓아놓은 것 같고, 뒤쪽은 흰 비단을 드리운 것과 같다. 앞에 있는 7개의 산은 신하들이 절하는 것과 같다. 그곳으로 가면 많은 제자들이 모여들리라." 그리고 밀라래빠는 이렇게 노래했다.

내 아들 뙨빠야! 티벳 중앙부로 가려느냐 아니냐?
뙨빠야! 네가 그곳으로 가면
때로 음식에 대한 욕망이 일어날 수 있다.
그런 욕망이 일어나면 번뇌 없는 선정을 음식으로 먹어라.
모든 좋은 맛을 환영이라고 이해하라.
일어나는 것은 다 법신으로 체험하라.

때로 옷에 대한 욕망이 일어날 수 있다.
그런 욕망이 일어나면 뚬모(내부열)의 따뜻한 기쁨을 옷으로 입어라.
모든 부드럽고 좋은 것들을 환영으로 이해하라.
일어나는 것은 다 법신으로 체험하라.

때로 고향에 대한 욕망이 일어날 수 있다.
그런 욕망이 일어나면 법 자체라는 영원한 곳을 고향으로 여겨라.
고향을 환영으로 이해하라.
일어나는 것은 다 법신으로 체험하라.

때로 부富에 대한 욕망이 일어날 수 있다.
그런 욕망이 일어나면 7가지 귀한 보석을[7] 부로 여겨라.

---

[7] 일곱 가지 귀한 보석은 믿음(귀의심), 지계, 보시, 지식, 남들에 대한 관심, 자신에

모든 부를 환영으로 이해하라.
일어나는 것은 다 법신으로 체험하라.

때로 친구에 대한 욕망이 일어날 수 있다.
그런 욕망이 일어나면 스스로 일어난 근본지를 친구로 여겨라.
모든 친구를 환영으로 이해하라.
일어나는 것은 다 법신으로 체험하라.

때로 스승에 대한 욕망이 일어날 수 있다.
그런 욕망이 일어나면 너의 머리 정수리에서 스승을 분리하지
말고 스승께 탄원하라.
마음 중심에서 늘 스승을 잊지 말고 생각하라.
스승 역시 환영이며 꿈이다.
일반적으로 모든 것을 환영으로 이해하라.

동쪽에 있는 감뽀산은
옥좌에 앉은 왕과 같다.
그곳에는 수행자들이 산기슭에 있다.
그곳으로 가서 중생을 이롭게 하라.
아들아! 너는 중생을 이롭게 하리라.

"너의 이름은 이제 비구 '바즈라드릭 잠부디빠끼르띠'이다."[8] 그렇게

대한 관심, 지혜이다.

[8] 이 이름(바즈라드릭 잠부디빠끼르띠 Vajradhrik Jambudipakirti)은 "완전한 비구, 금강

말하고 밀라래빠는 모든 관정을 주었고, 핵심교의와 가르침의 축복을 내렸고, 다끼니와 법의 수호신들의 또르마 관정까지 해주었다. "아들아! 너는 많은 중생을 이롭게 하리라. 네가 처음 왔을 때 많은 상서로운 징조가 나타났다. 네가 여기 있는 동안 우리는 서로 경쟁을 했고, 네가 앞섰느니라. 나는 네가 나보다 더 많은 중생을 이롭게 하리라는 꿈을 꾸었다." 그렇게 스승은 작별을 고했다.

이들은 한동안 걸었다. 다리가 놓인 곳에 이르자 밀라래빠가 말했다. "어떤 이유가 있어 나는 이 다리를 건너지 않겠다. 이제 너의 짐을 내려놓아라. 마지막 대화를 나누자." 밀라래빠는 작별 선물로 축복을 내린 금빛 아루라 약초와 금속 성냥을 주었다. "내가 깨달음을 체험하기 어려울 때 이 가르침의 덕을 보았느니라. 너 역시 닦는 수행의 증감에 수반하여 어려움을 가끔 겪을 테니 이 가르침이 유용하리라." 그리고 밀라래빠는 감뽀빠에게 마음의 비이원성과 마하무드라의 바람 에너지에 대한 가르침을 주었다.

"너는 완벽한 수행자가 될 것이다. 너의 법맥 가족에 대한 오만을 삼가도록 하라. 친척과 친구의 연을 끊고 이생의 활동 역시 끊어라. 산의 아들이 되어라. 모든 법을 하나로 통합하고 수행하라. 이 늙은 아비가 간곡히 부탁한다. 삼독을 강하게 가진 사람들과 가까이 하지 말라. 그들의 영향을 받을 수 있다. 평소에 다친 들짐승이나 새처럼 늘 조심하고 깨어 있으며 평화롭고 길든 마음을 지녀라. 커다란 인내심을 지니고 모든 존재와 화목하고, 정갈하고 단정하라. 생각을 삼가라. 안거 시간에는 문을 닫고 침묵 속에 지내라. 산속에 있을 때는 마음이

저를 지닌 사람, 전 세계에 이름이 난 사람"을 의미한다.

음식, 음료, 의례로 흩어지지 않게 하라.

　비록 너의 마음이 붓다라는 것을 깨닫는다 해도 너의 금강의 스승을 저버리지 말라. 자량축적과 정화수행을 완성한다 해도 작은 공덕을 쌓아라. 업과 그 과보를 공空으로 깨닫는다 해도 작은 불선업도 삼가라. 평등지와 후득지가 다르지 않다는 것을 깨닫는다 해도 하루에 네 차례 구루요가를 수행하라. 너 자신과 남들의 성품이 동일함을 깨닫는다 해도 법이나 사람을 비방하지 말라. 아들아! 토끼 해, 말의 달 14일이 되기 전에 돌아오도록 하라." 그러고 나서 밀라래빠는 이렇게 노래했다.

　　아들아, 관념으로부터의 자유가 마음에서 일어날 때
　　말도 이름도 따라가지 말라.
　　팔세간법에 사로잡힐 위험이 있다.
　　아들아, 마음에 오만이 없게 하라.
　　너, 중앙 티벳의 뙨빠,
　　닥뽀의 의사여, 알겠느냐?

　　아들아, 내면에서 해탈이 일어날 때
　　논리적 분석을 사용하지 말라.
　　무의미한 노력을 할 위험이 있다.
　　아들아, 네 마음에 분별이 없게 하라.
　　너, 중앙 티벳의 뙨빠,
　　닥뽀의 의사여, 알겠느냐?

　　아들아, 네가 네 마음의 공성을 깨달을 때

그것을 하나 혹은 여럿으로 분석하지 말라.
단견에 빠질 위험이 있느니라.
아들아, 네 마음을 관념에서 벗어나게 하라.
너, 중앙 티벳의 뙨빠,
닥뽀의 의사야, 알겠느냐?

아들아, 네가 마하무드라에 대해 수행할 때
몸과 말의 선업을 위해 정진하지 말라.
무분별의 근본지가 사라질 위험이 있느니라.
아들아, 네 마음을 꾸밈없는 상태에 안락하게 놓아두라.
너, 중앙 티벳의 뙨빠,
닥뽀의 의사야, 알겠느냐?

아들아, 징조와 예언이 일어나면
너무 애착하거나 집착하지 말라.
이들 현상은 마구니를 통해 일어났을 위험이 있느니라.
아들아, 네 마음에 집착이 없게 하라.
너, 중앙 티벳의 뙨빠,
닥뽀의 의사야, 알겠느냐?

아들아, 네가 네 마음을 확립할 때
신통력을 갈망하지 말라.
마구니의 영향을 받은 행복과 교만의 위험이 있느니라.
아들아, 네 마음에 기대가 없게 하라.

너, 중앙 티벳의 뙨빠,

닥뽀의 의사야, 알겠느냐?

중앙 티벳의 뙨빠, 감뽀빠는 눈물이 가득한 채 밀라래빠의 발아래 절했다. 밀라래빠가 말했다. "네게 한 자리에서 4가지 관정을 줄 테니 기뻐해라." 그렇게 존尊들의 관정이 감뽀빠의 몸에 주어졌고 그의 몸은 본존의 만달라 안에서 가피를 받았다. 진언 관정은 그의 말에 가피를 주었고, 그는 만뜨라를 통해 말의 가피를 받았다. 법 관정은 그의 마음에 가피를 주었고, 법신으로서의 무생無生의 마음을 체험했다. 밀라래빠는 그의 발을 감뽀빠의 머리 정수리에 얹고 금강법사의 무한한 성품을 넣어주었다. 그렇게 삼매 관정이 주어졌다. "이제 한 가지 심오한 핵심교의가 남아 있긴 하나 그것만을 줄 수가 없을 것 같구나. 이제 가거라."

밀라래빠는 감뽀빠가 다리를 건너 어느 정도 멀어질 때까지 거기 서 있었다. 외치는 소리가 간신히 들릴 만하자 밀라래빠가 말했다. "내가 너에게 줄 엄두를 내지 못하는 가르침 말이다. 내가 그걸 네게 주지 않으면 달리 누구에게 주겠는가?" 감뽀빠는 매우 기뻐하며 물었다. "만달라 공양을 올릴까요?"

밀라래빠가 말했다. "아니다, 만달라 공양은 필요 없다. 하지만 이 가르침은 헛되이 하지 말기 바란다." 그러면서 밀라래빠는 옷자락을 들어 올려 온통 딱딱하게 굳어버린 자신의 엉덩이를 보여주었다. "모든 핵심교의 중에서도 닦는 수행보다 더 심오한 것은 없다. 나는 엉덩이가 이렇게 되는 줄도 모르고 쉼 없이 닦았고, 그 결과 위대한 능력을 얻었다. 그러니 너도 부단히 닦는 수행을 해야 한다." 감뽀빠는 스승의 이 말을 마음에 깊이 새겼다. 그리고 스승의 예언대로 중앙 티벳으로 갔다.

　밀라래빠는 제자들을 모두 모아 놓고 말했다. "이 의사 승려는 많은 중생들을 이롭게 할 것이다. 지난 밤 꿈에 독수리 한 마리가 나를 떠나 중앙 티벳으로 날아가더니 큰 산봉우리 위에 내려앉았다. 금빛 거위들이 여러 방향에서 무리 지어 모여들었다. 잠시 후 이 거위들이 떠나더니, 한 마리 당 거위를 500마리씩 더 데리고 왔다. 마침내 온 나라가 다 거위로 가득 차게 되었다. 비록 나는 지금 요기의 삶을 살고 있지만, 차후로 나의 법맥에는 승려 제자들이 많이 나올 것이다. 이 의사는 무수한 중생들을 이롭게 할 것이다. 나는 부처님의 가르침을 크게 유익하게 했다." 그렇게 말하며 밀라래빠는 매우 기뻐했다.

　감뽀빠는 중앙 티벳으로 가서 까담빠의 스승들을 다시 만났다. 그들은 많은 토론을 했고, 감뽀빠는 의궤 수행에 집중하게 되었다. 그러나 닦는 수행에는 전혀 진전을 보지 못했고, 이전처럼 선정의 열기와 징후를 체험하지 못했다. 절망한 감뽀빠는 일심으로 밀라래빠께 탄원의 기도를 올렸다. 순식간에 밀라래빠의 현신이 눈앞에 나타났다. 그 순간 마하무드라의 머무는 방식을 온전히 깨달았다. 그는 노래했다.

　　에마호!(오, 놀라워라!)
　　이 자각하는 근본지의 맑은 빛은
　　존재와 비존재를 넘어 있고
　　상견과 단견에서 벗어나
　　맑고, 식별에서도 벗어나 있네.
　　근본지는 생멸을 벗어나 있기에
　　안락한 성품이고, 관념에서 벗어나

저절로 맑고, 대상화되지 않네.

안락을 맛보며 그와 동일시하지 말라!
공성의 맑은 본래의 지혜를 체험하라!
본래의 정광명淨光明을 체험하며 어떤 노력도 하지 말라!
불가분의 불이를 체험하라!
정명광을 체험하며 취사를 버려라!
결과를 체험하며 희망과 두려움 갖지 말라!
내 마음이 이런 의미 만났으니 얼마나 놀라운가!

마음에 확신이 일어남으로써 동요가 사라진다.
모든 것이 환영임을 깨달으면 집착을 우려하지 않아도 된다.
다양한 만물이 마음임을 알게 되면 버림과 얻음에서 벗어난다.

번뇌가 본래의 지혜임을 알게 되면 해독제가 필요 없다.
마음을 이런 방식으로 깨달으면
법신은 저절로 이루어진다.

감뽀빠는 121개의 알로 이루어진 보리수 씨앗 염주를 나무에 묶고서 말했다. "삼세의 모든 부처님들이 나에 대해 예언을 하셨다면 이 염주에서 싹이 날 것이다." 이를 증언하듯 염주에서 가지가 돋고 푸른 잎이 자라났다. 그때 그가 말했다. "태어난 적이 없는 마음은 유형의 모습으로 존재하지 않는다. 마음은 분명 어떤 형태로든 나타날 수 있고 무엇이든 가능하다. 이 얼마나 훌륭한가!" 그리고 그는 이렇게 노래했다.

이 마음 자체(마음의 본성) 맑고 공하니 —
이것이 내가 지금 이해하는 견해다.

이 흩어지지 않은 평상심(꾸밈없는 마음) —
이것이 내가 지금 이해하는 수행이다.

상호의존하고 집착하지 않는 이 각성 —
이것이 내가 지금 이해하는 체험이다.

마음속에서 일어나는 이 확신 —
이것이 내가 지금 이해하는 깨달음이다.

자유로이 흘러가는 이 무심 —
이것이 내가 지금 이해하는 행동이다.

자각의 이 공하고 맑은 성품 —
이것이 내가 지금 이해하는 법신이다.

무증득의 이 청정한 마음 —
이것이 내가 지금 이해하는 결과다.

귀한 마음의 광대함이 얼마나 놀라운가!
이것이 실제 결과다, 심지어 원인의 시간에도 일어나는.

깨닫는 것도 보이는 것도 아니기에
이는 오염된 인식으로 흐려지지 않는다.

감뽀빠는 웨카, 녱곰, 쌍리레빠 등지를 가서 많은 제자들을 성숙시켜 해탈시켰다. 그리하여 이런 노래를 불렀다.

나는 법계에서 노래하리라.
본래의 지혜에서 나온 말들을 조합하여
불이의 의미를 확신시켜줄 노래를.
집착 없는 남들을 위한 자비심 ―
이것을 수승한 수행으로서 굳건히 지켜라.
이러한 구생俱生의 의식 ―
이것을 본래의 지혜로 굳건히 간직하라.
인식이란 개념적 사고(분별)의 확실함의 체험 ―
그것을 법신으로서 굳건히 간직하라.
그것을 체험한 이는 본질을 보게 될 것이다.
습관적인 외양과 명칭의 소리 ―
그들을 궁극적인 것으로 굳건히 간직하라.
선정을 얻으면 진리가 보일 것이다.

만일 이 의미를 깨닫고자 한다면
흐르는 강물처럼 수행하라.
많이 꾸미지 말고 자신을 편안히 하라.
분석하지 말고 자신을 자연스럽게 하라.

대상을 떠난 상태에 머물며
아무것도 마음속에 가져오지 말라.

체험과 깨달음을 통일하라.
중단이 없을 때 그것이 깨달음이고
허공과 같을 때 그것이 한 성품이니,
그것이 자신의 마음을 붓다로 볼 때다.

나는 법의 본성을 직접 깨닫는다고 생각한다.
인식이 스스로 해방된다고 생각한다.
기대하지 않을 때 자연스러움이 일어난다고 생각한다.

이것은 일반인들을 위한 주제가 아니다.
위대한 식자들조차도 이것을 이해할 수 없다.
지성인들도 이것을 이해할 수 없다.
그것은 변증가들이 논할 대상도 아니다.

그것은 장엄한 가피의 길에 머문다.
그것은 스승들의 말에 달려 있다.
그것은 헌심을 가진 사람이 깨달을 수 있다.
그것은 모든 수행자들의 길이다.
이것을 모두에게 말하는 것은 유익하지 않다.

그렇게 노래한 후 깜뽀빠는 오랫동안 선정에 머물렀고 많은 제자들에게 가르침을 주었다. 밀라래빠가 예언했던 것처럼 그 지역의 신장인 '워데 공 걜'이 감뽀빠에게 닥라감뽀로 갈 것을 상기시켜 주었다. 그곳에서 그는 독방의 문을 봉한 채 12년 동안 안거에 들 예정이었다. 그러나 다끼니가 이렇게 말했다.

12년 동안 문을 봉한 채 안거하는 것보다
12년 동안 부처님의 가르침을 널리 알리는 것이 낫네.

이렇게 말하고 그녀는 사라졌다.
그 후 오래지 않아 짱의 록 꺄 뙨빠가 왔다. 그는 허세가 심하고 팔세간법에 관심이 많은 사람이었다. 그가 가르침을 요청하자 감뽀빠는 이렇게 노래했다.

오온이 부처님이시다 —
그대는 평범한 육신에 대한 집착에 얽매이지 않았는가?

내밀한 진언(密咒)의 수행 —
그대는 저급한 수행에 미혹되지 않았는가?

밀교의 서언과 보살계의 생명나무 —
그대는 번뇌의 불로 그 나무들을 태우지 않았는가?

이전에 그대의 어머니였던 육도의 중생들 —
그대 자신의 작은 이익을 위해 그들을 저버리지 않았는가?

중단 없는 선정 —
그대는 사념으로 마음이 흩어지지 않았는가?

자연스럽게 확립된 불변의 견해(我見) —
그대는 양변(상견과 단견)에 떨어지지 않았는가?

집착이 없는 안락과 정명광 닦기 —
그대는 경험이라는 풀에 발목이 잡히지 않았는가?

자연스럽게 일어나는 행위 —
그대는 위선적인 행위에 미혹되지 않았는가?

부적절한 시기에 행한 높은 계행戒行 —
그대는 딴뜨라의 서언을 손상하지 않았는가?

내적 자신감의 부재 —
그대는 업과 과보를 부정하지 않았는가?

자격이 없는 모든 수행자들 —
그들은 태산 같은 자만심에 짓눌리지 않았는가?

그대는 세속팔풍의 올가미에 걸리지 않았는가?
그대는 이생의 갈고리에 걸린 것은 아닌가?
모든 수행자들이여, 조심하라!

보이지 않는 위험한 벼랑으로 떨어질 수 있으니.

감뽀빠가 이렇게 말을 하자 록 꺄 뙨빠는 그 뜻을 충분히 이해했고, 이후 진심으로 성실하게 수행을 했다. 후에 그는 유명한 요기가 되었다.

시간이 흐르면서 감뽀빠에게 티벳의 중앙, 남서, 동부 지방에서 무수한 제자들이 몰려들었다. 그들은 적절한 법기였는데, 그중에는 스승 끼홍창 첸, 캄에서 온 세 명의 성취자들처럼 높은 경지에 오른 500명의 보살도 있었다. 그들 대부분은 맥관과 에너지(風氣)의 수행에 자신감을 얻었고, 천안통을 가지게 되었으며, 12가지 금욕수행(12두타행)을[9] 계속하였다. 그들은 문을 봉한 성소(무문관)에서 묵언수행을 하였다. 이리하여 나라 전체가 위대한 수행자들로 가득하게 되었다.

제2부 기적적인 현신

감뽀빠는 믿기 어렵도록 여러 곳에 현신을 했다. 다음은 그것을 짧게 서술한 이야기이다.

라싸 사람들은 1월 13일에 감뽀빠가 도착하는 것을 보았다. 거기서 행사준비를 한 그는 14일에 봉헌식을 거행했다. 15일에는 감사의 의식으로 끝을 맺었다. 라싸에서 온 많은 사람들이 이 이야기를 전했다.

---

9 12두타행은 다음과 같다. ① 걸식으로 살기 ② 한 번 앉은 자리에서 먹기를 끝내기 ③ 자리에서 일어난 후엔 음식을 받지 않기 ④ 세 벌의 법복만을 입기 ⑤ 부직포(不織布)로 만든 옷만을 입기 ⑥ 헤지고 헌 옷감으로 만든 옷을 입기 ⑦ 인가와 떨어진 조용한 암자에 머물기 ⑧ 나무 밑에 머물기 ⑨ 한 데와 지붕이 덮이지 않은 곳에 머물기 ⑩ 무덤에 머물기 ⑪ 앉아 있는 자세 유지하기 ⑫ 어디든 현재 도착해 있는 곳에서 잠자기

그런데 감뽀빠의 신도인 게붐이 말했다. "라마께서 13일에 우리 집으로 오셔서 준비를 하셨다. 14일에는 봉헌식을 거행하시고 15일에는 감사의 례로 마무리를 하셨다. 그리고는 하늘로 날아가셨네! 이 얼마나 놀라운 가!" 그의 본사本寺에 있던 비구들이 말했다, "감뽀빠는 13일에 안거에서 나오시더니 14, 15, 16일에는 티벳 도처에서 모여든 사람들에게 닦는 가르침을 주셨다. 그 일을 하신 외에는 아무 데도 가지 않았다." 그러나 그의 시자인 살걍이 말했다, "겨울 석 달 동안 귀하신 라마께서는 오직 독방에서 안거에 들어 계셨다. 제자들을 가르치진 않았지만 단식과 묵언을 계속하셨다." 이런 식으로 감뽀빠는 네 곳에서 동시에 모습을 나타냈다.

언젠가 제자인 렉쩨가 물었다. "과거에는 성문과 다른 대중들이 '소진 과 억제'라 불리는 선정을 실현했습니다. 지금은 왜 안 되는 것인지요?" 감뽀빠가 대답했다. "왜냐면 너희들이 마음을 잘 단련할 수 없기 때문이 다." 다음 날 아침, 렉쩨가 스승에게 요구르트를 가져갔을 때 감뽀빠의 침대 위에서 그가 본 것은 천장에 닿을 듯한 큰 불꽃이었다. 너무 놀란 렉쩨는 살걍에게 즉시 달려가 고했다. 둘이서 함께 서둘러 가보니 불꽃은 사라지고 그 자리에 법왕이 앉아 계셨다. 이런 방식으로 그는 5가지 요소(五大)의 소진과 억제라 불리는 선정의 성취를 보여주었다.

언젠가 많은 제자들이 목격한 일로서, 해가 있는 대낮에도, 등불이 있는 밤에도 감뽀빠의 몸은 그림자를 만들지 않았다고 한다.

또 어느 날은 수행자 로뗀이 종이를 공양하러 왔다. 감뽀빠의 시자는 그에게 직접 공양을 올리라고 허락했다. 그러자 로뗀은 돌아와서 물었 다, "누가 천수관음상을 만들었나요? 너무나 아름답고 훌륭합니다! 그런데 스승님은 어디 계시는지요?" 시자가 그와 함께 안으로 들어가자관음상은 없고 다만 라마만이 있었다.

또 한 번은 스승인 곰출이 말했다. "얼마나 놀라운가! 높은 경지에 오른 보살은 가장 작은 겨자씨 안에 3,000개의 우주를 보여줄 수 있다 한다. 그 겨자씨는 3,000개의 우주보다 크지 않고 3,000개의 우주는 겨자씨보다 작지 않다."

감뽀빠가 말했다. "이것이 여여한 법의 자연스런 양상이다. 상대적 세계에서는 무엇이든 가능하다. 몸 전체가 두 개의 작은 눈에 비칠 수 있다. 10센티미터 크기의 거울에도 말과 코끼리 떼 전체를 담을 수 있다. 작은 웅덩이에 달과 하늘이 다 비칠 수 있다." 그가 말했다. "나를 보아라!" 5명 정도가 들어가는 방에서 지내는 동안 감뽀빠는 자기 자신을 감뽀산보다 더 큰 부처님의 몸으로 변형시켰다.

감뽀빠는 말했다. "내가 상룽에 머물 때 나는 세 가지 몸이 현신하는 방식을 이해했다. 후에 나는 매우 기뻤다. 이전에는 만뜨라를 많이 염송해도 악귀와 혼들이 여전히 해악을 끼쳤지만, 지금은 만뜨라를 한 번도 염송하지 않아도 악귀와 혼들이 근접할 수 없다. 이전에는 학자와 게쎼들을 만나면 불안했지만 지금은 아무리 위대한 학자들을 만나더라도 불안하지 않다. 이제 지혜의 문이 열렸기 때문이다."

어느 날 제자 가르곰이 13본존 챠끄라삼와라 수행을 전수해줄 것을 법왕 감뽀빠에게 요청했다. 그 의식을 집전하는 동안 감뽀빠의 입에서 만뜨라의 빛줄기가 잇따라 나와 가르곰의 몸속으로 녹아들어갔다. 커다란 신심이 일어난 가르곰이 오체투지할 때 그는 감뽀빠가 4개의 얼굴과 12개의 팔을 가진 챠끄라삼와라의 모습으로 현신한 것을 보았다.

어느 날 제자 꺄곰의 어머니가 돌아가셨다. 꺄곰은 부처 5가족(五方佛)의 부처님들 상 하나를 만들어 스승에게 가져와서는 축복을 요청했다.

그는 말했다. "빨리 축복을 해주세요. 시체를 곧 화장해야 하니까요."
감뽀빠가 대답했다. "그렇구나. 즉시 향을 피우고 만달라 공양을 올려라." 그러더니 감뽀빠는 부처님 모습으로 현신했다. 그의 육계로부터 무지갯빛이 뻗어 나와 부처님 상들 속으로 녹아들었다. 하늘에서 놀랍고도 신기한 음악소리가 들려왔고 꽃비가 내렸다. 그는 하늘을 올려다보며 말했다. "신속한 축복을 내릴 때는 이렇게 하는 것이다."

어느 날은 한 목자가 감뽀빠의 이름을 들음으로써 마음에 명상 수행을 확립하기도 하였다. 걀곰 도르제라는 남자가 있었는데 감뽀빠를 한 번도 본 적이 없었지만 온 마음을 다하여 만달라 공양을 올리던 중 수행의 깨달음을 얻었다.

냥 땅과 쌰르곰은 수행의 가르침을 얻고자 감뽀빠에게 가려고 길을 떠났다. 그러나 감뽀에 도착하기 전에 날이 저물어 산간마을에 머물게 되었다. 충만한 귀의심으로 그들은 잠이 들었는데 한밤중이 되자 냥 땅은 마하무드라를 깨달았고, 쌰르곰도 새벽에 깨달음을 얻었다.

웨카의 나병환자인 한 여인은 다리와 손에 난 상처 때문에 돌아다닐 수가 없었다. 그녀는 감뽀빠가 사는 산봉우리를 바라보며 진심으로 기도하고 기원했다. 후에 그녀는 병이 나아 스승을 만나러 갔다. 많은 가르침을 받은 그녀는 높은 깨달음을 얻게 되었다.

어느 날 감뽀빠는 합장감로지合掌甘露指의 수인을 하고 세 개의 법의法衣를 걸치고 서서 수행을 했다. 첫째 날에는 일곱 개 몸으로 현신했고, 둘째 날에는 14개의 몸으로 현신했으며, 셋째 날에는 그의 현신들이 석굴을 가득 메웠다. 그리고 얼마 후 그 많은 몸들이 다시 또 하나가 되었다.

법왕 감뽀빠는 상상도 할 수 없는 현신들을 무수히 보여주었다.

여기서 언급한 이야기들은 그중 극히 일부에 불과하다.

제3부 감뽀빠의 교육 방법

법왕 감뽀빠는 자신의 모든 제자들을 람림(보리도차제)의 가르침을 통하여 인도하였고, 수승한 경지에 이른 수행자들에게는 마하무드라의 가르침과 나로빠의 육법을 전파하였다. 이렇게 그는 무수한 광대하고 심오한 가르침들을 수많은 위대한 제자들에게 주었다. 이들 가르침은 누구나 관심 있는 사람은 볼 수 있다. 자비의 화신인 법왕 감뽀빠는 제자들이 혼돈과 고통의 원인에서 벗어난 깨달음으로 이끌어주는 데 탁월한 기술을 가지고 있었다. 때로 그는 이렇게 가르쳤다.

무상無常을 사유하는 것이 성공적인 수행의 근본원인이 된다. 그러므로 마음이 집착에서 벗어나려면 이를 기억해야 한다. 원인과 결과, 업과 과보에 집중하는 것이 무엇보다 중요하다. 그로 인해 우리가 수행과 행동에 성실할 수 있기 때문이다. 만약 이런 가르침들이 마음에 굳게 자리하지 못한다면 법의 수행이 잘 안 될 것이다. 이 가르침들을 마음에 잘 새긴 사람은 항상 윤회에서 벗어나고자 성실하게 수행할 것이다. 마음을 자애, 자비, 보리심으로 수행하는 것이 중요하다. 이것들을 잘 배워 마음에 새긴다면 모든 행동에서 다른 사람들을 이롭게 할 수 있을 것이다. 그렇지 않고서는 두 가지 몸인 화신과 보신을 이룰 수 없다. 그리고 화신과 보신을 이루지 못하면 법신을 이룰 수 없다. 그들은 서로 연결되어 있기 때문이다. 법신을 실현하지 못하면 윤회에서 벗어날 수 없다. 이를테면 이것은 하늘을 두려워하는 격이다. 어디에서 태어나든 그것은 다 윤회의 세상인 것이다.

처음에는 상대적 보리심이 중요하다. 이것 없이는 대승가족에 들어올 수 없기 때문이다. 보리심은 중간에도 중요하다. 보리심의 길이 없다면 성문이나 벽지불의 상태에 빠지기 때문이다. 보리심은 끝에도 중요하다. 이것 없이는 두 가지 몸을 얻을 수 없기 때문이다.

처음에는 무상에 대한 사유가 중요하다. 이것 없이는 이생에서 초연할 수 없기 때문이다. 이 사유는 중간에도 중요하다. 이것 없이는 사물이 영원하다 여기며 해탈할 수 없기 때문이다. 무상에 대한 사유는 끝에도 중요하다. 무상과 공은 의미가 같기 때문이다.

처음에는 업과 과보의 자각이 중요하다. 청정한 계행으로 이끌어 낮은 영역으로 태어나는 문을 닫아주기 때문이다. 중간에도 이 자각은 중요하다. 모든 것을 꿈이나 허상으로 보면 두 가지 자량을 쌓을 수 있기 때문이다. 이 자각은 끝에도 중요하다. 상대적 상태를 완성함으로써 두 가지 몸을 얻을 수 있기 때문이다.

이 모든 단계들이 다 필수적이다. 이 가르침들을 마음에 새기지 못한 사람은 여전히 친척, 친구와 부에 집착할 것이다. 공의 변함없는 성품을 깨달을 수는 있겠지만, 그 혜택을 받지는 못하고 낮은 영역으로 떨어질 수 있다.

그러므로 너희는 이생에 집착하지 말라. 모든 현상들을 꿈이나 허상으로 볼 수 있도록 수행하라. 너희 마음을 자애, 자비 그리고 보리심으로 수행하라. 만일 이것들을 잘 수행한다면 높은 영역에서 태어날 것이며 낮은 영역으로 떨어지지 않을 것이다.

이 가르침은 지혜로운 방편의 중요성을 강조하고 있다.
때로 감뽀빠는 다른 방식으로 이를 강조하기도 했다.

뚬모 수행을 통하여 공의 불변하는 성품을 깨달음으로써 지혜에 집중한다. 불변하는 공의 본성에 대한 수행은 우주에 편재하는 법계에 귀의하는 것이다. 그것이 궁극적인 보리심이다. 그것은 번뇌 없는 서원이다. 그것은 서원을 지키는 궁극적 방법이다. 그것은 무연無緣의 자비심이며…… 이 안에 모든 다른 수행법이 다 들어 있다.

만일 너희가 순수하고 궁극적인 법의 깨달음을 얻고자 한다면 법에 합당하게 수행을 해야 한다. 법의 수행은 깨달음의 길을 따라야 하고, 모든 혼돈은 그 길에서 없애야 한다. 혼돈과 착오가 바로 지혜임을 깨달아야 한다.

죽음을 깊이 사유하면 윤회의 모든 부분에 대한 집착이 멈추게 되고, 윤회의 단점을 사유하고 그 원인과 결과를 생각하면 모든 악업을 멀리하게 될 것이다. 자애, 자비 그리고 보리심을 수행하면 마음은 자신만의 해탈에 대한 관심으로부터 돌아서게 될 것이다. 우주에 편재하는 공성을 수행함으로써 마음은 개념과 사물이 실존한다는 착각에서 멀어지게 될 것이다.

이러한 수행 방법에 대한 가르침은 또한 방편과 지혜로 전해졌다.

비록 마음이 붓다임을 깨닫는다 해도 금강 스승을 저버리지 말라.
모든 현상이 마음임을 깨닫는다 해도 공덕 쌓는 것을 멈추지 말라. 지옥계에 태어날 두려움이 없다 해도 악업을 삼가라. 붓다의 경지에 이르렀다 해도 법을 비방하거나 남용하지 말라. 선정의 높은 경지를 이루었다 해도 자만하지 말라. 윤회와 열반이 둘이 아님을 깨달았다 해도 독거獨居 상태를 유지하라. 나와 남들이 분리될 수 없음을 깨달았다 해도 대자비행을 저버리지 말라.

이러한 가르침은 높은 경지를 성취한 제자들에게 주어졌다.
위의 모든 가르침은 승속, 남녀, 노소, 유식자, 무식자를 불문하고 고루 주어졌다. 감뽀빠는 수행자의 마음을 정확히 파악하여 개인의 정신능력, 성향, 흥미와 수행 경험의 정도에 따라 가르침을 주었다. 그러므로 법주 팍모 두빠가 감뽀빠에게 "이타행을 해야 할 때는 언제입니까?"라고 묻자 그는 이렇게 대답했다.

일미一味의 단계에 이른 사람은 제자들을 인도할 수 있다. 그때까지는 신통력을 얻지 못한다. 신통력 없이는 타인의 마음이 이른 단계를 이해하지 못하고 어떤 가르침이 적절한지 아닌지 모를 것이다. 비수행(수행한다는 관념을 초월한 수행) 단계의 깨달음을 얻은 사람은 대자비심이 있어 마음이 절로 남들의 이익을 위해 움직일 것이다. 이생에 대한 걱정과 집착에서 완전히 벗어난 사람은 대자비심이 끊임없이 솟아나 다른 중생들을 완전히 이롭게 할 것이다.

간단히 말해 법왕 감뽀빠는 제자를 가르침에 있어 위대한 방편을 가지고 있었다. 학식이 있는 사람들에게는 경전에 근거하여 가르쳤다.

교육을 받지 못한 사람들에게는 예를 들어가며 손수 가르침을 주었다. 어떤 형태의 관습적인 교육방법을 사용해도, 교육시간이 길든 짧든, 방편과 지혜의 조화로 종국에는 깨달음으로 이끌었다. 성실하고 충실한 수행자들에게 그는 올바른 행동에 대해 다음과 같이 가르쳤다.

원수에 대한 강한 증오,
친지나 친구들을 향한 강한 집착,
그리고 부에 대한 강한 집착―
이 세 가지는 수행자들의 세속적 관심이지만
청정한 수행을 하려는 사람은 이 세 가지를 피해야 하네.
진심으로 수행을 하려는 사람은 이 세 가지를 피해야 하네.

남에서부터 북으로 다니면서,
발을 혹사시키고,
시골에 있는 개미집을 파괴하는 것―
이 세 가지는 수행자들의 세속적 관심이지만
청정한 수행을 하려는 사람은 이 세 가지를 피해야 하네.
진심으로 수행을 하려는 사람은 이 세 가지를 피해야 하네.

나이 든 뙨빠가 재가자가 되고,
부를 축적하면서 혐오스러운 사람이 되고,
깨달음이 쇠퇴해가는 사람을 지켜보는 것―
이 세 가지는 수행자들을 치욕스럽게 하네.
청정한 수행을 하려는 사람은 이 세 가지를 피해야 하네.

진심으로 수행을 하려는 사람은 이 세 가지를 피해야 하네.

여러 분야의 학식을 자랑하고,
독거하며 수행함을 자랑하고,
금욕 생활을 자랑하는 것 —
이 세 가지가 수행자들을 망치네.
청정한 수행을 하려는 사람은 이 세 가지를 피해야 하네.
진심으로 수행을 하려는 사람은 이 세 가지를 피해야 하네.

육질이 좋은 고기와 불선업의 음식,
취하게 만드는 알코올,
그리고 현혹하는 젊은 육체 —
이 세 가지는 수행자들에게 독이네.
청정한 수행을 하려는 사람은 이 세 가지를 피해야 하네.
진심으로 수행을 하려는 사람은 이 세 가지를 피해야 하네.

아직 보지 않은 것을 예고하고,
평민들의 아이의 죽음을 치유하고,
환자를 돌봐줄 수 없는 것 —
이 세 가지는 수행자들의 실패네.
청정한 수행을 하려는 사람은 이 세 가지를 피해야 하네.
진심으로 수행을 하려는 사람은 이 세 가지를 피해야 하네.

끊임없는 윤회,

부를 쌓기 위한 끝없는 노력,
그리고 끊임없는 한담—
이 세 가지는 법에 어긋나는 것이네.
나 역시 이 세 가지를 떠났네.
너희도 그러면 좋겠구나.

자격 없는 스승들,
귀의심 없는 제자들,
그리고 법우들과 다투고 욕하는 것—
이 세 가지는 법에 어긋나는 것이네.
나 역시 이 세 가지를 떠났네.
너희도 그러면 좋겠구나.

악마의 감옥 같은 조국,
고난을 겪으며 축적한 재산,
그 밖의 만족을 모르는 욕망에 따르는 것—
이 세 가지는 법에 어긋나는 것이네.
나 역시 이 세 가지를 떠났네.
너희도 그러면 좋겠구나.

그럴 가치가 없는 연인에 대한 사랑,
적과 같은 귀하게 여기는 자식들,
그리고 정처 없이 방황하는 것—
이 세 가지는 법에 어긋나는 것이네.

나 역시 이 세 가지를 떠났네.
너희도 그러면 좋겠구나.

이렇게 보편적으로, 그리고 구체적으로 감뽀빠는 시와 산문의 형식으로 조언과 가르침을 주었다. 그는 말했다.

나는 명상 수행의 깨달음을 체험하는 데 어려움을 겪었다. 하지만 너희들은 다를 것이다. 내가 준 이 가르침들이 위대한 방편이기 때문이다. 더욱이 다른 법맥과는 달리 까규 법맥은 놀라운 가피를 받는다. 고난을 이기고 확신을 얻을 수 있으면 도에 도달하는 사람이 많을 것이다. 명상 수행을 향상 시키고 장애를 없애고 가르침을 체험하려면, 뚬모와 함께 심오한 구루요가를 하고 관정을 받아 마하무드라 수행을 하는 것이 효과적이다.

이렇게 감뽀빠는 무수한 수행자들을 위해 한없이 법륜을 돌렸다. 자신은 생사의 개념을 초월했지만, 그는 모든 현상이 무상하고, 특히 게으른 사람들을 경고하기 위해 생사가 무상함을 실증해야겠다고 생각했다. 죽음이 가까워지자 감뽀빠는 그의 법좌를 곰출 법왕에게 내어주고는 모인 사람들에게 말했다. "내가 세상에 머물 날이 얼마 남지 않았다. 누구든 의심스러운 점이나 질문이 있으면 지금 물어보라. 성실한 수행자에겐 많은 말이 필요 없으니, 단지 이 가르침을 마음에 새겨 두라. 이것이 핵심 가르침의 정수이다."

삼세의 모든 부처님들의 현신이

자비의 빛으로 시방세계로 퍼져나가
그 빛이 내 마음의 어둠을 몰아내네.
나는 스승들 앞에 세 번 절을 하네!

놀랍도다!
본래의 지혜를 지속시키고자 하는 사람들은
마음을 부드러운 솜처럼 자연스럽게 두어라.
토대 없는 마음, 모든 행동을 내려놓아라.
마음을 자유롭게 하라, 통제하지 말고,
똑바로 보라.
혼침과 들뜸이 생기면 마음 자체를 들여다보라.
마음에 해를 끼치는 모든 행위를 피하라.
기대감이 일어나면 마구니가 왔음을 알아차리라.

마음을 꾸미지 않는 것이 붓다네.
꾸민 마음은 붓다의 경지가 아니네.

주야의 모든 움직임에서 벗어나는 것,
마음 자체는 이렇게 확고해지네.

집착에서 벗어나 허공처럼 맑은 것,
이것이 어느 방향으로도 떨어지지 않는 견해네.
자연스럽게 생기는 자신감은
수정처럼 맑고 오점이 없네.

이렇게 맑고 집착 없는 마음에서
멈춤 없는 연속성이 자연스럽게 일어나네.
어린아이처럼 꾸밈이 없는
그것은 집착 없는 행동
배척이나 수용 없이 저절로 일어나네.
원인과 결과는 동시에 일어나네. 감로수처럼.
자발적으로 확립된 자기발생이 저절로 일어나네.
따라서 너희 마음이 붓다임을 깨닫지 못하면
너희는 시방十方이나 삼세 밖 어느 곳에서도 붓다를 보지 못한다.
그러므로 너희 자신의 마음을 보는 것을 익혀라.

이어서 감뽀빠는 금강 언어로 이렇게 말했다.

"더욱이, 나는 이것들을 미래세대를 위해 설명하는 것이다. 내가 불이不二의 편재하는 원소로 들어갈 때 너희는 '이제 스승이 존재하지 않는다'라고 생각해선 안 된다. 나의 마음은 삼세의 모든 귀한 스승들과 부처님들과 하나이며, 모든 시공에 편재한다. 그러니 수행하고, 탄원하며, 나를 생각하라. 그러면 나의 축복이 항상 함께할 것이다.

고급 수행자들은 양 극단을 자르는, 지혜와 자비의 불가분한 성품에 대해 수행하라. 무엇보다 가장 심오한 수행인 나로빠의 육법을 수행하라. 어떤 성취를 하든지 거기에 집착하지 말고 더 높은 깨달음을 향해 가라.

만일 어떤 의심이나 장애가 마음에서 생기면, 장애를 없애는 방법이 설명된 다양한 책을 보고 위대한 스승에 대한 귀의심을 키워라. 해탈과 행복을 소망한다면, 만족은 늘리고 욕망을 줄이는 수행을 하라. 완전한 깨달음을 얻고자 한다면 고립된 장소에서 머물러라. 윤회의 고통을 반복하여 기억하고 이생에의 집착을 놓아버려라. 참스승은 너 자신의 마음이니, 다른 스승을 찾을 필요가 없다.

상호의존성(연기)의 성품을 개념적 사고 없이 분명히 깨달아라. 너희가 올리는 발원기도나 귀의기도는 무엇이든 다 이루어질 것이다. 그러니 기도하라. 다른 사람들의 깨달음을 위해 광대하고 심오하게 회향하라.

태어나지 않은(無生의) 터전이 법신이고, 끊이지 않은 도道가 보신이다. 노력 없이 나타나는 결과가 화신이다. 이것이 나의 모든 가르침의 요지다. 너희는 이렇게 이해하면 된다.

미래에 '아아! 그를 만나보지 못해 아쉽다'라고 생각하는 사람들은 내가 만든 책을 공부하고 가르침대로 수행하면 된다. 『승도보만론勝道寶鬘論(The precious Jewel Rosary of the supreme Path)』, 『해탈장엄론(The jewel Ornament of Liberation) — 거룩한 가르침의 여의주(the Wish Fulfilling Gem of Noble Teachings)』 등을. 그것은 나를 만나는 것과 같으니 티끌만한 차이도 없다. 법을 이해하고 수행하는 데 어려움이 있는 사람들은 나를 생각하며 온 마음으로 탄원하라. 축복이 저절로 일어날 것이다.

많은 유해한 일들이 중생들에게 생겨 그들을 이롭게 하는 일이 어려울 수 있다. 법좌나 불상 또는 불화, 불탑 등을 만들려 애쓰지 말라. 가르침에 따라(如法하게) 법을 잘 수행하는 것이 스승들의 진정한 법좌이며 삶과 해탈이다. 그러니 부처님의 가르침에 어긋나지 않게 법을 수행하라. 일반적으로 말해서 스승의 출현은 꿈과 같다. 비록 그 모습이 사라지더라도 위대한 가피는 떠나지 않는다. 지금이든 미래세이든 윤회의 고통으로부터 나를 따르는 사람들을 보호하는 것이 나의 책임이다. 그러므로 귀의와 발원의 마음을 닦는 것을 잊지 말라."

이렇게 놀라운 가르침과 조언을 아낌없이 베풀었다.

1155년[10] 그가 75세 되던 해 음력 여섯 번째 달, 15번째 날(보름)에 법왕 감뽀빠는 세 개의 법의를 입고, 허리를 곧게 펴고, 가부좌를 하고 앉아서 눈은 하늘을 향한 채, 모든 현상이 머무는 방식인, 생멸을 여읜 맑은 빛 속에서 삼매에 든 채 입적했다. 그 순간 허공은 빛과 무지개로 가득 했고, 신들의 음악과 북소리가 사방에서 들렸다. 땅은 진동했고 천둥이 울렸다. 모든 공양의 여신들이 몸을 나투어 공양 등을 올렸다. 인간과 신들이 올린 공양의 구름이 형언할 수 없을 정도로 세상을 채웠다.

그렇게, 위대한 스승이며 부처님의 현신인 법왕 감뽀빠는 부처님의 가르침을 완전히 확립하기 위해 적절한 시간과 장소에 의도적으로 나타났다. 비록 부처님의 가르침이 이미 티벳에 도입되어 일부에서는 번성하기도 하였으나 그 가르침을 떠오르는 태양처럼 부각시킨 사람은 감뽀빠였다. 감뽀빠 덕분에 수행자는 모든 경전과 딴뜨라의 가르침을 모순이나 갈등 없이 다 수행할 수 있다.

법왕 감뽀빠의 삶에 대한 많은 이야기가 위대한 종파와 스승들에 의해 글로 쓰였다. 본 이야기는 바다와 같은 그의 인생사에서 극히 일부분에 불과하다.

---

10 Jampa Mackenzi Stewart가 지은 *The life of Gampopa*(Snow Lion, 1995)에는 감뽀빠의 입멸연도가 1153년으로 나온다.(잠빠 맥킨지 스튜어트 지음, 허정훈 옮김, 『감뽀빠의 삶과 가르침』, 지영사, 2011)

부록 2
본문에 나온 사람들의 이야기

선재동자 이야기

3장에서 설명하기를 "존경심을 가지고" 스승을 섬기려면 절을 올리고, 빨리 일어서고, 허리를 굽히고, 스승의 주위를 돌고, 알맞은 때에 친밀한 느낌을 표현하며, 물리는 일 없이 스승을 이따금씩 응시해야 한다고 했다. 법왕 감뽀빠는 상인의 아들인 선재동자[11]가 그의 스승을 어떻게 섬겼는지를 통해 그 예를 보여준다.
그의 이야기는 다음과 같다.

부처님의 축복을 받으며 문수보살은 남쪽으로 여행을 갔다. 이를 본 사리불은 '나도 문수보살을 따라가야겠다'고 생각했다. 그렇게 마음 먹은 후 그는 부처님께 요청하여 허락을 받았다. 그리하여 사리불은 60명의 다른 비구들과 함께 문수보살을 따라갔다. 사리불은 문수보살이 가진 수많은 좋은 성품들을 비구들에게 설명했다. 모든 비구들은 문수보살에 대한 귀의심이 커져서 다양한 가르침을 받고 깨달음을 얻었다.

문수보살과 그 일행은 남부지방에서 이리저리 다니다가 마침내 '행복의 근원'라고 불리는 동쪽 지역에 도착했고, '다양한 창조성의 숲의

---

[11] 『화엄경華嚴經』 「입법계품入法界品」에 나오는 구도자인 선재동자善財童子를 말하며 본문에서는 수다나Sudhana로 나온다. 「입법계품」에 따르면 선재동자는 복성장자福城長者의 아들로, 진리와 깨달음을 얻고자 문수보살의 안내로 천하를 만행하며 53명의 선지식을 두루 만났다. 마지막으로는 보현보살을 만나 십대원十大願을 들은 뒤, 아미타불의 극락정토에 왕생하여 입법계入法界의 큰 뜻을 이루었다고 한다.

승리의 깃발'이라고 불리는 곳에 정착했다. 거기서 그는 그의 수행원들을 가르쳤다. 행복의 근원 사람들이 이 소식을 듣자 선재동자를 포함하여 500명의 소년들과 500명의 소녀 및 많은 사람들이 문수보살 곁으로 모여들어 그의 발아래에 엎드렸다. 이 이야기는 선재동자에 관한 것이다.

그가 수태되는 순간, 집 주변으로 7가지 보석나무들이 땅에서 솟아났다. 사방에서 땅이 갈라지더니 금, 은, 터키석, 청금석 등의 7가지 보물이 나타났다. 열 달 후 아이가 태어났을 때 대지가 크게 갈라지더니 보석들이 땅 위로 솟아올랐다. 이에 더하여 버터, 오일, 꿀, 금, 은, 다이아몬드로 가득 찬 500개의 단지가 집안에서 홀연히 나타났다. 그의 부모, 예언가들, 브라만과 스승들이 그가 태어난 순간 일어난 엄청난 부를 보고는 그의 이름을 '커다란 부'를 의미하는 수다나(선재동자, 티벳명: 노르쌍Norzang)라고 지었다.

선재동자는 전생에서 부처님을 섬겼고 선근을 쌓았다. 광대하고 순수한 마음으로 스승을 따르는 사람이었고, 정진바라밀을 지니고 보살도를 닦았다. 그러한 자질은 그에게 많은 가르침을 준 문수보살의 눈에 띄게 되었다. 문수보살은 그에게 과거에 쌓은 선근을 상기하도록 하였고, 위없이 완전한 깨달음을 얻겠다는 발원을 하도록 하였다.

문수보살은 또한 많은 중생들에게 그들의 성향과 열의에 따라 가르침을 주었다. 그들은 가르침과 축복을 받은 후에 고향으로 갔다. 선재동자는 문수보살에게 부처님이 가지신 모든 뛰어난 덕목에 대해 배웠다. 그를 들은 선재동자는 위없는 깨달음을 얻겠다는 발원과 정진바라밀이 더욱 커졌고, 그래서 문수보살의 제자가 되었다. 선재동자는 문수보살에게 이렇게 탄원했다.

위대한 분별지와 무한한 행위를 가지시고
중생을 이롭게 하는 힘을 가지신 스승이시여!
저 역시 수승한 깨달음에 이르는 길을 가겠나이다.
원컨대 제게 필요한 모든 것을 내려주십시오.
······등등.

선재동자는 문수보살을 크게 찬미하며 가르침을 요청했다. 문수보살은 선재동자를 그윽이 바라보며 말했다. "고귀한 가문의 아들아! 너는 위없는 완전한 깨달음을 얻기 위하여 그동안 보리심을 닦아왔다. 너는 스승을 따르고, 보살도를 완전히 닦고자 한다. 이런 마음으로 보살도 수행을 요청하는 것은 좋은 일이다. 스승을 가까이서 섬기는 일은 일체지를 성취하는 토대이자 긍정적 원인이 되느니라. 그러니 고귀한 가문의 아들아! 부단히 정진하라. 스승을 섬기고 존경하라."

선재동자는 문수보살에게 보살도를 가르쳐줄 것을 청하며, 성실하게 정진하는 법과 보살도 수행을 완전히 마치는 법에 대해 여쭈었다. 문수보살은 이렇게 답했다.

덕스러운 공덕의 대해여!
그대는 대자비심을 통하여
이제 나에게 가까이 왔다.
이러한 마음으로 고귀한 깨달음을 잘 찾아라.

그리고 또한 많은 것들을 말했다.
다시 한 번 문수보살은 말했다.

고귀한 가문의 아들아! 너는 위없이 완전한 깨달음의 보리심을 닦아라.

완전한 보살도를 사유하고 찾음에 있어 너는 그동안 잘 해왔느니라.

고귀한 가문의 아들아! 그러므로 부단히 스승들을 찾아라.

스승을 만나거든 만족하지 말라.

스승이 무엇을 가르치든지

그것을 따르고 마음에 새겨라.

스승의 지혜로운 행동을 원망해선 안 되느니라.

문수보살은 계속했다. "고귀한 가문의 아들아! 남부로 가면 '뛰어난 만족'이라 불리는 나라에 '우아한 목 산(티벳명: 겔룩빠Gul Lekpa)'이라 불리는 산이 있다. 거기에 '영광스러운 구름(티벳명: 랑뀌빠 Trin Gyi Pal)'이라 불리는 비구가 살고 있다. 그를 찾아가서 보살도에 대한 자세한 가르침과 수행법, 보현보살의 삶의 방식에 대한 가르침을 완성하는 법을 구하라. 그 스승은 고귀한 보살도 수행을 너에게 가르쳐 줄 것이다."

선재동자는 매우 기뻐하며 만족하였다. 그는 수백 수천 번 문수보살의 발아래 엎드려 절하고 보살의 주위를 돌며 감사했다. 길을 떠난 그는 수백 번을 뒤돌아보며 문수보살과의 이별에 대한 아쉬움에 눈물이 그렁그렁했다. 이렇게 그는 떠났다.

지시받은 대로 그는 남으로 가서 '영광스러운 구름' 비구를 만나 자세한 가르침을 받았다. 그리고 나서 그는 선재동자에게 더 먼 남쪽으로 가서 보살비구인 '영광스러운 바다(티벳명: 갸쬬랑Gya Tso Trin)'을 만나 보살도의 가르침을 더 받으라고 하였다.

선재동자는 모든 고난을 극복하며 남쪽으로 전진했다. 그는 비구를 만났고 모든 가르침을 받았다. 그는 선재동자에게 더 먼 남쪽에 사는 보살비구 '수승한 안정(티벳명: 쒼뚜뗀빠Shin Tu Tenpa)'에게 가서 보살도를 더 배우라고 하였다.

  그는 그 비구를 만났고, 가르침을 받아 모든 가르침을 다 완성했다. 이러한 방법으로 그는 미륵보살을 만날 때까지 110명의 보살 스승들을 만났다. 그동안 그는 온갖 고초를 다 겪었으니 추위와 더위, 무성한 숲을 지나고 험한 산을 올랐다. 이 보살들을 만났을 때 선재동자는 그들을 섬기고 존경하고, 극진히 대했다. 그는 몸, 말, 마음에서 과로를 느낌 없이 스승을 공양하고 스승에게 절하고 스승 주위를 돌았다.

  그들은 그에게 이렇게 가르쳤다.

  "스승을 만나는 일에 만족은 없다. 보살은 무한한 근원복덕을 쌓아야 하기 때문이다. 스승을 구하고 찾는 일에 지쳐서는 안 된다. 스승을 만나고 나서 만족해서도 안 된다. 가르침을 구하는 일에 만족은 없다. 스승을 만나고자 하는 일에 주저해서도 안 된다. 스승을 섬기고 존경하기를 계속하고 스승의 가르침에 잘못된 견해를 갖지 마라. 스승이 이룬 공부를 배우는 데 주저하지 말며 스승들의 지혜로운 행동에 당황하거나 화내지 마라. 그 까닭은 위대한 보살마하살과 대보살의 공부는 스승들에게 달려 있기 때문이다. 모든 복덕은 스승으로부터 받는 것이다. 스승이 잘 붙들고 있는 사람은 낮은 영역으로 떨어지지 않고 대승의 길에서 멀어지지 않는다.

  오, 고귀한 가문의 아들아! 스승은 부처님의 가족에 아이를 낳아주는 어머니와 같다. 스승은 큰 공덕을 주는 아버지와 같다. 스승은 부도덕한 행위를 하지 않도록 방지해 주는 보모와 같다. 스승은 원초적 지혜와 일체지가 있는 귀한 보석의 땅으로 너를 데려다 줄 배의 선장과도 같다.

　그러니 너는 부단히 스승들을 섬겨야 한다. 지구만 한 큰 짐을 싣고 갈 수 있도록 마음을 닦아라. 마음을 닦아 금강처럼 나눌 수 없게 하라. 마음을 법왕의 충성스런 신하가 되도록 닦아라.

　오, 고귀한 가문의 아들아! 너는 자신을 환자로 여기고, 스승을 의사로, 가르침을 약으로 여기며 진실한 수행을 치유로 여겨야 한다. 스승이 준 모든 가르침을 한 마디도 놓치지 말고 이해하라. 그렇게 하지 않으면 중생을 이롭게 할 수 있는 능력을 완전히 얻지 못할 것이다."

　이 가르침의 마지막에 그는 보석으로 장식된 거대한 성 안에서 셀 수 없이 많은 인간, 천신, 용 제자들이 모여 있는 가운데 미륵보살을 만났다. 미륵보살은 멀리서 다가오는 선재동자를 보며 그의 생활방식, 정신적 안정성, 보살도 수행과 그의 성취 등에 대해 다양한 칭찬을 했다. 그는 전체 대중에게 선재동자가 지금까지 110명의 스승들을 만났다고 말했다. 미륵보살은 그를 따스하게 맞아주며 세세한 가르침을 주었다.

　그는 모인 사람들에게 선재동자의 이야기를 다시 들려주었다. "선재동자는 이토록 많은 인내심과 관심, 발원을 이루려는 이토록 대단한 책임감, 그리고 안정된 이타적 사고를 가지고 있다. 그는 불환의 정진바라밀을 수행하고 가르침의 수행에 만족하는 법이 없다. 그는 생명의 위험을 무릅쓰고 가르침을 찾아 다녔다. 그는 스승들을 머리 정수리에 모시고 또한 스승들을 만나고자 하는 깊은 열망이 있다. 그는 스승들을 찾고 섬기는데 결코 지치는 법이 없었다. 그는 그들을 찾아내어 질문을 했고, 스승을 존경하고 명예롭게 하였다. 처음에는 문수보살이 그를 남쪽으로 보내 110명의 스승들을 만나게 하였고 그런 연후에 여기에 도착하였다. 그동안 그는 수백 수천의 중생들을 보살도로 인도하였다."

미륵보살은 계속 말을 이었다.

"오, 고귀한 가문의 아들아! 보리심은 모든 부처의 씨앗이 된다. 보리심은 모든 중생을 이롭게 하는 덕성을 길러내는 밭과도 같다. 모든 존재들을 위한 안정된 땅과도 같고 번뇌의 장애를 일소할 수 있는 청정수와도 같다. 바람처럼 보리심은 어디에도 머물지 않는다. 그것은 그릇된 견해를 뿌리까지 태워버리는 큰불과도 같다. 그것은 모든 중생들을 그 자리에서 비춰주는 태양과도 같다. 그것은 복덕의 원을 채워주기 위해 차오르는 달과 같다. 법을 볼 수 있게 해주는 빛과 같다. 보리심은 옳고 그른 것을 볼 수 있는 눈과 같다. 일체지의 도시에 이르는 길과도 같다." 그는 비유와 사례를 들어 보리심의 공덕을 자세히 설명했다.

마침내 미륵보살은 선재동자에게 말했다. "문수보살에게 돌아가서 보살의 삶과 보살도 수행에 관해 질문을 더 하여라."

기쁜 마음으로 눈물을 흘리며 선재동자는 미륵보살의 발아래 절을 올리고 주위를 여러 번 돈 다음, 문수보살에 대한 일심을 유지한 채 모든 스승들을 지나쳐서 돌아갔다. 마침내 문수보살에게 도착했을 때 문수보살은 선재동자의 머리에 손을 얹었다. 그는 축복을 내리며 선재동자가 많은 장애를 극복한 점을 칭찬했다. 선재동자는 보살의 대다라니를 깨달았고, 확신, 선정, 힘을 성취했으며 보현보살에 비견되는 원초적 지혜를 얻었다.

싸다쁘라루디따 이야기

*3장*에서 스승을 모시며 "섬긴다"는 것은 비록 우리의 몸과 생명에 위험이 닥친다 해도 스승에게 음식, 옷, 침구, 앉을 자리, 약과 각종 생필품을 공양하는 것이라고 설명했다. 다음 사례는 싸다쁘라루디따[12]가 스승들을 섬겼던 방식이다.
그의 이야기는 다음과 같다.

다양미사이빠르독빠 여래의 수제자 중 하나인 싸다쁘라루디따는 진실하게 법을 수행했다. 그는 부와 명예 등에 상관하지 않고, 심지어 몸과 생명의 위험에도 불구하고 반야바라밀다의 가르침을 구하였다.
한번은 그가 독거하고 있을 때 허공에서 이런 소리가 들렸다. "오, 귀한 아들아! 피로와 탈진, 밤과 낮, 추위와 더위, 잠과 무기력, 음식과 물, 왼쪽과 오른쪽, 동서남북과 다른 방위 등에 관해 그 무엇도 네 마음속에 들이지 말라. 동쪽으로 나아가라. 그러면 반야바라밀의 가르침을 받을 것이다."
이 말을 듣고 그는 동쪽으로 갔다. 얼마 후 그는 그 목소리에게 얼마나 가야 할지 거리를 묻지 않았다는 사실을 깨달았다. 그래서 그 자리에서 울었다. 그에겐 오직 한 생각밖에 없었다. '반야바라밀의

---

[12] 싸다쁘라루디따Sadaprarudita는 의역하여 상제보살常啼菩薩이라 하고, 음역으로는 살타파륜薩陀波崙이라 한다.

가르침을 들을 수만 있다면 얼마나 좋을까!' 싸다쁘라루디따는 그곳에서 7일 동안 머물면서 마음속에는 피로나 탈진, 음식이나 물 등에 관한 어떤 생각도 하지 않았다.

그가 그렇게 고통받고 한탄하는 동안, 부처님의 현신이 나타나더니 그를 칭찬하며 말했다. "오, 고귀한 가문의 아들아! 잘했다. 너는 몸과 생명을 돌보지 않고 반야바라밀의 가르침을 듣기 위해 정진했다." 그는 계속 말했다. "여기서 약 500요자나를 가면 '향기로운 향이라 불리는 곳(중향성衆香城, candhavati. 티벳명은 뽀냐이 덴Pönyay Den)'이 있다. 그곳에 위대한 보살마하살 달모드가따[13]가 살고 있다. 거기로 가서 반야바라밀의 가르침을 받아라. 달모드가따는 전생에서 여러 번 너의 스승이었다. 그는 최상의 완벽하고 완전한 깨달음의 길을 보여줄 것이다. 아들아! 밤낮을 가리지 말고 가서 반야바라밀의 가르침을 들을 기회를 얻어라." 이 말을 듣고 싸다쁘라루디따는 너무나 기쁘고 행복했다.

"어떻게 하면 이 위대한 스승을 볼 수 있을까? 언제 가르침을 들을 수 있을까?" 그의 마음은 이러한 생각들로 가득차서 다른 생각은 할 수 없었다. 이렇게 하여 그는 선정에 이를 수 있는 많은 문을 찾아낼 수 있었다. 그가 명상에 들어 있는 동안 셀 수 없이 많은 부처님들이 나타났고 무한한 가르침을 받았다. 예를 들면 그는 이러한 가르침을 들었다.

네가 선정의 성품과 그 본질을 보게 되면 더 이상 평정심은 없을 것이다. 수행할 것도 없다. 위없는 완전한 깨달음을 얻기 위하여

---

13 달모드가따Dharmodgata는 의역하여 법성法盛・법용法勇・법상法上・법기法起라 하고, 음역으로는 달마울가타達摩鬱伽陀, 담무갈曇無竭이라 한다.

더 이상 알아야 할 것도 없다. 이것이 반야바라밀이다. 매달릴 것도 잡을 것도 없다. 이러한 상태에 계속 머물면 우리는 결국 금빛의 몸, 붓다의 주요하고 소소한 특징들과 힘과 무외無畏를 얻게 된다. 그러므로 너는 스승에게 커다란 존경심과 맑은 마음을 가져야 한다. 스승이 지켜주는 보살은 위없는 완전한 깨달음을 신속히 이룰 것이다.

그때 싸다쁘라루디따는 그분들에게 누가 자신의 스승인지 물었다. 그들은 대답했다. "달모드가따 보살마하살이 여러 생 동안 너의 스승이었다. 너는 그로부터 반야바라밀의 가르침을 받았다. 너는 부처의 지혜로운 방편과 다른 자질들을 수행해 왔다. 그러므로 이 스승을 네 머리 위의 보관처럼 여기고 섬기며 수백 수천 겁 동안 그에게 필요한 것을 공양해야 한다. 삼천 세계의 온갖 형태와 소리, 냄새와 맛으로 공양을 올려라. 네가 이 모든 공양을 올린다 해도 이 스승이 너에게 베푼 위대한 공덕에 보답하지 못할 것이다. 네가 다양한 선정에 이를 수 있었던 것도 다 그 스승의 능력 덕택이다." 이렇게 말하고는 부처님들은 사라졌다.

싸다쁘라루디따 보살은 명상에서 깨어나 부처님들이 사라진 것을 알고 슬퍼졌다. 그는 생각했다. '나는 달모드가따 보살을 만나러 가서 이 부처님들이 어디서 오셨는지, 그리고 이들이 나타나신 뜻은 무엇인지를 물어야겠다.' 그러나 한편으로는 이렇게 생각했다. '나는 너무 가난하여 스승께 드릴 것이 전혀 없구나. 음식도, 옷도, 금도, 은도, 진주도, 산호도 없구나. 게다가 나는 양산도, 승리의 깃발도, 달집도, 종도 드릴 수가 없지 않은가. 그러니 내가 그분을 뵈러 가는 것은 옳지 않다.' 이런 생각들을 하면서 마침내 도시에 도착했다.

그때 그에게 이런 생각이 떠올랐다. '이 몸을 팔아야겠다! 그렇게 얻은 돈으로 달모드가따 보살께 공양할 것을 얻을 수만 있으면 된다. 시작도 없는 아득한 그때부터 나의 몸은 헛되이 소모되었고, 법을 위해 사용된 적도 없고, 위대한 보살들을 명예롭게 한 적도 없었다. 그러므로 나는 도심으로 가서 내 몸을 팔 것이다.' 그곳에 도달하여 그는 누구든지 이 몸이 필요하면 팔겠다고 했다. 몸을 판다고 그는 큰 소리로 외쳤다.

하지만 마구니가 촉각을 곤두세웠다. "만일 그가 몸을 팔아 그 보살을 명예롭게 한다면 그는 그 일을 통해 깨달음을 얻고, 우리는 그를 지배할 수 없게 될 것이다. 우리로서는 즉시 그의 깨달음의 성취를 막는 것이 현명할 것이다." 그래서 그들은 사람들이 그의 목소리를 듣지 못하도록 막았다. 이제 그가 아무리 크게 소리쳐도 아무도 듣지 못했다. 당연히 아무도 그의 몸을 사러 오지 않았다. 싸다쁘라루디따는 아무도 그의 몸을 살 사람이 없다고 생각하고 구석으로 가서 울고 있었다.

그렇게 울고 있을 때, 제석천이 그를 보고는 몸을 팔려는 마음이 진심인지, 진정 굴하지 않는 용기를 지녔는지 시험해 보기로 하였다. 그래서 제석천은 젊은 브라만의 모습으로 현신해서는 싸다쁘라루디따에게 다가가 왜 그리 슬피 울고 있는지 물었다. 그는 대답했다. "내 몸을 팔고 싶은데 아무도 관심이 없습니다." 젊은 브라만이 왜 그리 하려는지 묻자 싸다쁘라루디따는 대답했다. "나는 너무 가난해서 재산이 전혀 없습니다. 그래서 이 몸을 팔아서 어떤 수입이라도 얻을 수 있다면 그것으로 위대한 스승이신 달모드가따 보살께 공양을 올리고 지혜바라밀인 반야바라밀의 가르침을 받고 싶습니다. 그런데 아무도 이 몸을 사려는 사람이 없어 나는 너무나 괴롭습니다."

그 젊은이가 말했다. "나는 사람은 필요 없어요. 하지만 희생의 제물을 바치기 위해 인간의 심장, 피, 뼈와 골수가 필요합니다. 당신이 이것들을 팔 수 있다면 좋은 값을 쳐 드리지요." 그 순간 싸다쁘라루디따는 스승에게 존경을 표할 수 있는 무엇인가를 가질 수 있을 거란 생각에 용기백배했다. 그는 형언할 수 없는 기쁨을 느끼며 너무 행복해졌다. 곧 날이 선 칼을 꺼내 오른 손을 찌르니 피가 흘렀다. 그 피를 다 모은 후에는 넓적다리에서 살을 잘라내었고, 이제 다리에서 막 뼈를 자르려 하고 있었다.

바로 그때 한 상인의 딸이 높은 건물에서 그가 하는 행동을 보다가 내려와서 왜 이런 짓을 하는지 물었다. 싸다쁘라루디따 보살은 그의 피, 살과 뼈 등을 그 젊은 브라만에게 팔아서 얻게 되는 재물로 위대한 스승 달모드가따께 공양을 올리고 반야바라밀의 가르침을 받으려 한다고 설명했다. 그러자 그 소녀는 스승께 이런 공양을 올려서 과연 어떤 결과를 기대하는지 물었다. 싸다쁘라루디따는 말했다. "나는 위없는 완전한 깨달음을 신속히 얻을 것입니다."

그 말을 들은 소녀는 깜짝 놀라서 말했다. "당신의 스승에게 존경을 표하고 공양을 올리기 위해 필요한 것은 무엇이든지 내가 드리겠습니다. 또한 당신과 함께 달모드가따 대보살을 만나러 가서 저도 가르침을 받고 싶습니다."

제석천의 현신이었던 그 젊은 브라만은 그 순간 사라졌다가는 제석천의 모습으로 다시 나타나서 말했다. "아주 잘했다. 너는 법을 위하여 커다란 헌신과 굴하지 않는 용기를 보여주었다. 더욱이 이전의 모든 부처님들도 이렇게 몸과 생명을 돌보지 않고 희생하면서 어려움 속에 가르침을 받고자 노력하였다. 그렇게 그분들은 깨달음을 얻었다."

제석천은 계속했다. "실은 나는 인간의 살, 피와 뼈가 필요 없다. 단지 너를 시험하러 왔을 뿐이다. 이제 너에게 최고의 성취를 주겠노라. 어떤 성취를 원하는가?" 싸다쁘라루디따 보살은 위없는 부처의 경지를 증득하고자 원했다. 그러나 제석천은 말했다. "그것은 내가 줄 수 있는 것이 아니다. 그런 능력이 내게는 없다."

그러자 싸다쁘라루디따 보살은 말했다. "만일 모든 부처님들이 제가 불환과를 이룰 수 있다고 예언했다면, 그리고 당신께서 저의 부동의 이타심을 아신다면, 이 진실에 의해 제 몸이 이전처럼 나아지이다." 그렇게 말한 순간 그의 몸은 치유되어 모든 고통과 질병에서 완전히 자유로워졌다. 제석천은 더 이상 할 말이 없어 사라졌다.

상인의 딸은 싸다쁘라루디따 보살을 집으로 데려가서 부모님께 소개시켰다. 그녀는 싸다쁘라루디따 보살에게 공양하겠다며 금, 은, 옷, 덮개, 양산 등과 여러 가지 귀한 보석을 부모님께 요청했다. 그녀는 그에게 말했다. "이 모든 재물이 당신이 반야바라밀 가르침을 받기 위하여 달모드가따 대보살께 올릴 공양입니다. 저도 당신과 함께 가서 가르침을 받을 것입니다."

그런 다음 그녀는 그와 함께 가겠다고 부모님께 허락을 구했다. 부모님은 그가 누구인지 물었다. 그녀는 싸다쁘라루디따가 가르침을 얻고자 달모드가따 대보살께 공양을 올리기 위하여 그의 몸, 살, 피와 뼈를 팔려고 했던 일을 설명했다. 그 말을 듣고 부모님은 매우 놀라며 말했다. "달모드가따 대보살께 올릴 공양물을 저희가 가진 것 중에 무엇이든 가져가세요. 우리도 또한 가르침을 받기 위해 당신을 따르겠습니다." 그들은 금고에서 다양한 종류의 엄청난 재물을 꺼냈다. 싸다쁘라루디따와 상인의 딸과 그녀의 부모는 마차를 타고 갔다. 그들은 하인들과 500대의 마차를 몰고 갔다. 모두가 아주 잘 차려 입었고, 동쪽으로 여행을 계속했다.

드디어 그들이 도착한 '향기로운 향이라는 도시(중향성)'는 귀한 보석 울타리가 7겹이나 둘러싸여 있고, 그것을 다시 8가지 좋은 특징을 가진 광대한 물(팔공덕수)이 둘러싸고 있었다. 또한 어디에서나 향내가 났다. 도시 안쪽에 달모드가따 보살이 보좌에 앉아 있고 수많은 제자들이 가르침을 받으며 그를 에워싸고 있었다.

이를 보고 싸다쁘라루디따는 상상할 수 없는 기쁨과 지대한 귀의심을 느꼈다. 500명의 사람들은 말에서 내려 엄청난 양의 공물을 들고 달모드가따 대보살을 향해 걸어갔다. 그때 달모드가따 대보살은 반야바라밀 경전을 안장하기 위해 칠보와 진주 보관과 백단향으로 장식된 전각을 만드는 중이었다. 그래서 수승한 공물 공양식이 그 앞에서 거행되었다. 반야바라밀 경전은 금으로 쓰여졌다. 또한 여러 천신들에 둘러싸인 제석천은 천상의 꽃들과 다른 여러 가지를 올렸다. 싸다쁘라루디따 보살은 500명의 수행원들과 함께 이를 지켜보았다.

다음으로 싸다쁘라루디따 보살과 그 일행이 훌륭한 공물들을 가지고 달모드가따 대보살에게 다가가서 합장하고 그의 발아래 엎드렸다. 싸다쁘라루디따는 이렇게 말했다. "제가 반야바라밀의 지혜를 얻으려고 독거수행하고 있을 때 하늘에서 '동쪽으로 가라'는 말이 들렸습니다." 이렇게 그는 모든 이야기를 다시 했다. 그에게 부처님의 모습이 어떻게 나타나고, 어떻게 그가 무한한 선정의 문에 이르렀으며, 어떻게 그 문들에 대해 명상했는지 말했다. 그리고 그는 부처님들이 어디에서 오셔서 어디로 가는 지를 달모드가따에게 묻고자 하였다.

달모드가따 대보살은 그것을 이렇게 설명했다.

이 여래들은 어디에서 온 것도 아니고 어디로 간 것도 아니다. 그들은 그러한 여여如如함으로부터 한 치도 움직인 적이 없다. 여여함의 성품이 무엇이든 그것이 바로 여래다. 오, 아들아! 태어나지 않은 성품 안에서는 오는 것도 가는 것도 없다. 태어나지 않음의 본질은 여래이다. 오, 고귀한 가문의 아들아! 바라밀 안에서는 가고 옴이 없다. 완벽한 성품이 바로 여래다. 오, 고귀한 가문의 아들아! 우주에 편재하는 공성 속에서는 생멸이 없다. 공성의 성품, 그것이 바로 여래다…… 오, 고귀한 가문의 아들아! 너는 이것이 바로 여래의 가고 옴의 본질임을 알아야 한다. 오, 고귀한 가문의 아들아! 모든 현상의 여여함은 이런 방식으로 이해되고 깨달아져야 한다. 오, 고귀한 가문의 아들아! 이제부터 여래, 모든 법의 무생無生의 성품은 이런 방식으로 이해되어야 한다. 만법의 이러한 태어나지 않은 성품으로 너는 위없는 완전한 깨달음을 이루게 될 것이다. 또한 너는 방편바라밀과 반야바라밀을 이룰 것이다.

이렇게 하여 그는 자세한 가르침을 주었다. 그러는 동안 땅은 6번 진동했고 천신의 꽃들이 하늘에서 떨어졌으며 수많은 중생들은 보리심을 닦았다. 그동안 제석천과 다른 사람들은 싸다쁘라루디따를 칭송하며 "잘했다"고 말했다.

싸다쁘라루디따 보살은 손에 들고 있던 꽃들을 달모드가따 대보살에게 뿌리고 합장하며 말했다. "이제부터 당신을 섬기고 존경하기 위해 제 몸을 공양물로 바치겠습니다." 그의 수행원인 500명의 시녀들은 모두 말했다. "우리 역시 모든 재물과 우리의 몸을 당신께 바치나이다." 그러자 싸다쁘라루디따는 500명의 처녀를 치장하여 500대의 마차와 함께 달모드가따를 섬기기 위해 바쳤다. 바로 그때, 하늘에서 제석천과 모든 천신들이 싸다쁘라루디따를 크게 칭송하였다. 달모드가따 대보살은 싸다쁘라루디따가 완전한 선근을 쌓도록 하기 위해 500대의 마차에 실린 재물과 처녀들을 한동안 받아두기로 허락하였다. 후에 그는 그 모든 것들을 다시 돌려주었다. 달모드가따 대보살은 그의 자리로 돌아가서 7년 동안 선정에 들었다.

싸다쁘라루디따는 생각했다. '나는 가르침을 받기 위해 여기에 왔으니. 앉거나 잠을 청하는 것은 옳지 않다. 달모드가따께서 나오셔서 가르침을 주실 때까지 나는 서 있거나 걸어야겠다.' 이렇게 발원을 하고 그는 7년 동안 서 있거나 걸었다. 그동안 그의 마음은 내내 법에 머물러 있었다.

그러던 어느 날 천신들의 소리가 하늘에서 들렸다. "지금부터 7일째 되는 날 달모드가따 대보살이 선정에서 나와 도시 중앙에서 법의 가르침을 줄 것이다." 이 말을 듣고 싸다쁘라루디따는 너무나 기뻤다. 그는 도시 중앙에 귀중한 보석으로 거대한 법좌를 만들었다. 그러고 나서 그는 대기 중의 먼지를 가라앉힐 물을 찾았으나 마구니들의 방해로 물이 모두 사라져버렸다. 싸다쁘라루디따는 생각했다. '달모드가따 대보살의 몸에 먼지가 닿는 것은 옳지 않다. 어느 곳에서도 물을 찾을 수 없기 때문에 내 몸의 피를 사용해야겠다.' 그는 날카로운 칼로 몸의 여러 부분을 베어 피로써 먼지를 없앴다. 그러자 곧 500명의 젊은 여인들도 똑같이 따라 했다.

천신들은 그의 이타적인 생각을 보고 깜짝 놀랐다. 위없는 완전한 깨달음을 얻기 위해 몸과 생명의 위험을 무릅쓴 싸다쁘라루디따 보살의 변함없는 행동을 보는 것은 훌륭한 일이었다. 그래서 제석천은 그 피를 축복하여 천신들의 백단향으로 변형시켜 근처 500요자나까지 널리 퍼지게 하였고, 모든 먼지는 사라지게 하였다. 제석천은 또한 달모드가따에게 공양하기 위해 땅에 뿌릴 갖가지 천신들의 꽃들을 무수히 보내 주었다.

7일 후에 달모드가따 대보살은 선정에서 깨어나 수많은 군중들로 둘러싸인 채 앞으로 나가 법좌에 앉아 가르침을 주었다.

> 모든 법의 평등성은 지혜바라밀의 평등성과 같다. 모든 현상의 비존재성은 지혜바라밀의 비존재성과 같다. 모든 현상의 부동성은 지혜바라밀의 부동성과 같다. 모든 현상에 오만이 없는 것은 지혜바라밀에 오만이 없는 것과 같다.

그는 지혜바라밀에 대해 세세한 가르침을 주었다. 그 순간 싸다쁘라루디따 보살은 반야바라밀의 본질에 대한 선정에 이르는 다양한 문들의 삼매경지에 대해 인가印可를 받았다.

이것은 싸다쁘라루디따가 어떻게 그의 스승 달모드가따를 섬겼는지에 대한 짧은 이야기이다.

아날라 왕 이야기

3장에는 스승들의 지혜로운 행동에 대하여 그릇된 견해를 갖지 말라는 설명이 있다. 아날라 왕[14]의 사례에서 보듯 제자는 스승을 깊이 존경해야 한다.
그의 이야기는 다음과 같다.

선재동자의 스승인 상월매향상常月賣香商[15]은 그에게 남쪽의 빅토리 탈라 도시(다라당성多羅幢城)에 살고 있는 아날라 왕(티벳명: 메Me 왕)을 만나러 가라고 말했다. 선재동자는 그 조언을 받은 후 이 계곡에서 저 계곡으로, 이 도시에서 저 도시로 여행을 하여 마침내 빅토리 탈라에 도착했다. 거기서 그는 사람들에게 아날라 왕에 대해 물었다.

그들은 아날라 왕이 죄를 지은 사람들에게는 벌을 주고, 존경받아야 할 사람들에게는 경의를 표한다고 말했다. 왕은 심판이 필요한 사람들에게는 판관이었다. 왕은 명백히 밝혀야 할 많은 것들을 분명히 규정했다. 이렇게 왕은 왕국을 다스리며 살고 있었다.

선재동자는 아날라 왕을 만나러 갔다. 왕이 앉은 사자좌에는 귀하고 강한 금강저 한 개와 많은 보석들이 있었다. 사자좌에서는 사방으로

---

14 아날라 왕(Anala, 무염족왕無厭足王)은 선재동자가 보살의 지혜와 행을 묻기 위하여 방문한 53선지식 가운데 18번째 선지식이다.
15 「입법계품」에는 여러 가지 향을 만드는 보안普眼장자로 나온다.

빛이 퍼져나갔다. 왕의 궁전 역시 다양한 보석들로 장식되어 있었고 천신들의 무한히 가진 보석, 천막, 단집, 보석 그물 등으로 꾸며졌다. 왕은 푸른 머리에 젊고 위엄 있고 잘생긴 용모를 하고 있었다. 요컨대 그는 훌륭한 상호를 모두 가지고 있었다. 그는 값을 매길 수 없는 보석 장신구들을, 즉 귀걸이, 목걸이, 팔찌 등을 하고 있었다.

왕은 그의 요구대로 움직이는 10,000명의 신하들로 둘러싸여 있었다. 그는 또한 지옥에서 인간들을 벌하는 염라대왕처럼 노기등등한 관리인들에 둘러싸여 있었다. 그들은 무자비해 보였다. 눈은 핏기가 서렸고, 이는 한 개, 찌푸린 얼굴은 온통 주름이 가득했고, 수족은 추하고 무시무시해 보였다. 그들의 입에서는 "죽여라! 때려라!"는 소리가 마치 우레처럼 울렸다. 손에는 칼, 도끼, 활 등을 들고 있었다.

사람들이 물건을 훔치거나 강도짓을 하거나 이간질을 하거나 거짓말을 하면, 아날라 왕은 이 관리인들에게 여러 가지 방법으로 처벌을 내리라고 지시한다. 예를 들어 어떤 사람들은 눈이 뽑히게 되고, 어떤 사람들은 다리와 손이 잘리고 심지어 머리가 잘리기도 한다. 어떤 사람들은 귀와 코가 잘려나간다. 심장을 도려내고 몸을 불태우는 경우도 있고, 또 온몸에 끓는 물을 붓기도 한다. 이런 다양한 방법으로 처벌이 행해진다. 절단된 손, 다리, 심장과 신장들이 산처럼 쌓였다. 피가 고여 호수를 이루고 그 길이가 수 킬로미터에 달했다. 여우, 들개, 독수리, 까마귀 등이 죽은 살점을 먹으러 모여들었다. 시체 썩는 냄새가 사방에 진동했다. 염라대왕의 땅처럼 공포의 냉기가 가득했다.

이것을 보고 선재동자는 생각했다. '내가 여기 온 것은 공부하고 보살행을 하기 위해서다. 나는 스승을 찾아왔다. 그런데 아날라 왕에게는 한 가지 미덕조차도 없는 것 같다. 그는 무시무시하고 격노해 있으며 오직 다른 사람들의 생명을 빼앗을 뿐이다. 그런데 어떻게 그에게서 보살행을 배우겠는가? 그의 자비로운 신하들, 이 모든 고통받는 존재들—그들은 어떤 악업을 지었길래 이런 고통을 겪는단 말인가?'

그가 이렇게 생각하고 있을 때 하늘에서 목소리가 들려왔다. "오, 고귀한 가문의 아들아! 주저하지 말라. 스승은 너에게 잘못된 길을 보여주지 않는다. 보살의 근본지에서 비롯한 지혜로운 행동은 불가사의한 것이고 자로 잴 수 없다는 사실을 수용하라. 그들은 중생을 길들이는 현명한 방식뿐 아니라 커다란 힘과 기술을 갖고 있다. 그러니 그에게 다가가서 보살행 공부를 하라." 그는 이런 목소리를 들었다.

그래서 선재동자는 아날라 왕에게 갔다. 그는 왕의 발아래 엎드려 절하고 보살행의 가르침을 요청했다. 아날라 왕은 사자좌에서 일어나 선재동자의 오른손을 잡고 "다른 궁전으로 갑시다" 하고 말했다. 그는 선재동자를 그곳으로 데려갔다.

다른 궁전은 광대했으며, 귀중한 여러 보석으로 만들어진 7겹의 담으로 둘러싸여 있었다. 그곳에는 천막, 깃발들. 닫집과 엄청난 보석들로 장식된 수백 수천의 궁전들이 있었고 각각의 궁에는 귀한 여의주로 만들어진 사자좌가 있었다. 빛이 사방에서 흘러나오고 있었다. 왕의 곁에는 아름답고 기품 있으며, 춤 등의 예술에 능한 왕비가 천만 명이 있었다.

아날라 왕은 왕좌에 앉아 선재동자를 응시하며 이렇게 말했다. "그대, 고귀한 가문의 아들아! 악업을 지은 사람들이 이렇게 훌륭한 조건들, 완벽한 몸, 완벽한 환경, 신하들과 궁전에 연관된 것을 본 적이 있는가? 내가 보여준 것은 수승한 보살행임을 믿어라.

살인 또는 강도질하는 사람들을 길들이기 위해서, 또한 간음, 거짓말,

이간질, 거친 말을 쓰는 등의 부덕한 행위를 하는 모든 사람들을 길들이기 위하여, 그들을 바라밀의 길로 이끌기 위하여 나는 이런 격노한 관리인들을 보여주고 대자비심으로 죽음을 당한 사람들을 보여주는 것이다. 죽음을 당한 사람들은 바로 나 자신의 모습일 뿐이다. 나는 여러 가지 악업을 짓는 사람들을 보여주고, 그런 다음에는 그들에게 수족, 심장과 머리를 잘라 내거나 몸을 여러 조각으로 자르는 형벌을 준다. 그들이 이런 다양한 고통을 겪는다는 것을 보여주는 것이다. 그렇게 하면 내 왕국의 그 누구도 부덕한 행위를 하지 않는다.

이런 방법으로 나는 그들이 열 가지 불선업에 휩쓸리지 않게 권하고, 열 가지 미덕의 길을 제시한다. 내가 그렇게 하는 이유는 내 왕국의 사람들이 더 이상 고통받지 않게 그들을 일체지의 길에 입문시키려는 것이다. 나는 축생계의 가장 작은 곤충에게조차 어떠한 고통도 준 적이 없는데 하물며 내 왕국의 사람들에게 어찌 그러한 고통을 줄 수 있겠는가? 꿈속에서조차 하지 않은 일인데, 어떻게 내가 고의로 그런 짓을 하겠는가? 나는 소멸법의 인내바라밀과 무생의 상태를 증득했다. 또한 윤회세계의 모든 것이 도임을 깨달았고, 수행 길의 모든 현상이 환영임을 알고 있다."

아날라 왕이 그렇게 말했을 때 선재동자는 이 대보살에게 큰 확신이 생겼다. 그는 왕에게 보살의 덕성과 행동에 대한 많은 수승한 가르침을 얻었다.

목련 이야기

5장에서 고독지옥은 존재들이 개인적 업에 의해 개별적으로 또는 크고 작은 무리로 모인 장소라고 말했다. 이 지옥에는 다양한 유형이 있고 그 위치도 정해진 것이 없다. 목련존자의 예에서 보듯이, 이 지옥은 강이나, 산, 사막, 땅 밑 또는 인간 세상에 있을 수 있다.
그의 이야기는 다음과 같다.

부처님이 라즈기르에 머물 때, 그 지역에 빨께라는 이름을 가진 백 살 된 재가자가 하나 있었다. 비구가 되면 유익한 점이 있다는 소리를 듣고 그는 아내와 아이들에게 비구가 되고 싶다고 이야기 했다. 그가 너무 늙었기 때문에 집에서 별로 소용이 없다고 생각한 그들은 그렇게 해도 좋다고 말했다.

빨께는 '빛의 정원(Light Garden)'으로 가서 부처님을 뵙기를 청했다. 비구들이 부처님은 다른 곳으로 가셨다고 말하자, 그는 그들 중에 연장자가 누구인지 물었다. 그들은 사리불이라고 대답했다. 빨께는 지팡이를 짚고 사리불 앞에 가서 엎드려 애원했다. "제발 저를 비구로 받아주십시오." 사리불은 승려가 되려면 공부하고, 수행하고, 사원에서 일할 능력이 요구된다는 것을 알고 있었다. 하지만 이 사람은 너무 늙어서 이미 시기를 놓쳐버렸다. 이런 생각으로 사리불은 그 요청을 거절했다.

그러자 이 늙은 빨께는 부처님의 다른 제자들, 즉 마하가섭, 우팔리, 만각파 등에게 각각 찾아가서는 승려가 되게 해달라고 부탁했다. 그들은 다른 사람에게 허락을 구했었느냐고 물었다. 그는 그들 모두에게 이미 사리불에게 요청했지만 받아주지 않았노라고 대답했다. 그 말을 듣고 마하가섭 등의 다른 제자들은 말했다. "만일 사리불 같이 높은 경지의 수행을 이루고 그러한 훌륭한 지혜를 가진 분이 당신을 거절했다면, 어떻게 내가 허락할 수 있겠습니까?" 그렇게 그들은 모두 그를 거절했다. 그 말을 들은 노인은 너무나 속이 상해서 빛의 정원을 나와 계단에 머리를 대고는 고통과 슬픔에 울고 있었다.

이 상황을 알고 있는 부처님이 돌아오시다가 일부러 그에게 가서 위로하며 왜 울고 있는지 물었다. 빨께는 있었던 모든 일을 이야기했다. 부처님이 너무도 온화하게 부드럽고 아름다운 분위기로 말씀하시자, 그는 행복해져서 벌떡 일어나더니 엎드려 절을 올리며 말했다. "비록 크게 부덕한 일을 한 사람이라도 비구가 될 수 있습니다. 저는 가르침에 큰 확신을 가지고 있습니다. 그런데 왜 비구가 될 수 없습니까? 저는 집에서 홀대를 받았습니다. 가족들이 저를 쓸모없게 여기니 저는 집으로는 돌아가지 않겠습니다. 저는 여기서 죽겠습니다. 비구로 받아주지 않으시면 제 목숨을 여기서 마치겠습니다."

그의 슬픔과 고통, 낙심을 덜어주기 위하여 부처님은 다양한 방법을 사용하시면서 말씀하셨다. "이제 나를 따라오너라. 비구가 될 수 있도록 허락해 주겠다." 부처님이 사원에 도착했을 때 목련이 이 노인을 길들일 능력이 있음을 보시고는 말했다. "이 노인을 스님으로 만들어라."

목련은 생각했다. '이 노인은 기도를 염송하지도 못하고 명상도 하지 못한다. 절 안에서 일할 수도 없다. 그러나 부처님의 지시가 있었으니 거절할 수도 없다.' 그래서 목련은 그를 수계시켜 승려로 만들었다. 빨께는 밤낮으로 정진하여 읽고 수행하였고, 오래지 않아 삼장의 공부에 전문가가 되었다.

그러나 그는 너무 늙어서 봉사를 하지도 못하고 엎드려 절을 할 수도 없었다. 그의 동료인 젊은 비구들은 생각했다. '그는 읽는 법과 명상하는 법을 알고 있지만, 너무 거만하여 절을 할 수 없다.' 이렇게 생각한 그들은 그를 괴롭히고 멸시하며 항상 해코지하고 장난을 쳤다.

늙은 비구는 생각했다. '내가 집에 있을 때는 내 가족들이 나를 위협하고 해치더니, 사원에 있는 지금은 이 젊은 비구들이 나를 위협하고 멸시하는구나. 이 모든 고통을 당하느니 죽는 편이 낫겠다.' 이런 생각으로 가까운 강으로 가서 옷을 벗어 나뭇가지에 걸었다. 그는 노쇠한 두 무릎을 땅에 대고 무릎을 꿇은 후 눈물을 흘리며 이렇게 말했다.

> 나는 불·법·승 삼보를 저버리는 것이 아니다. 단지 이 몸을 포기하는 것이다. 내가 보시바라밀, 지계바라밀 등을 닦아 축적한 공덕이 있다면 다음 생에서는 부유한 가정에 완전한 몸을 가지고 태어나게 하소서. 내가 덕행을 하는 동안 어떤 장애도 없게 하소서. 부디 불·법·승 삼보를 만나 열반을 얻게 하소서.

그렇게 발원 기도를 하며, 그는 강으로 뛰어들었다.

목련은 천리안으로 그가 뛰어드는 것을 보았고, 그 순간 그의 신통력으로 그 늙은 비구를 강물에서 건져냈다. "무슨 짓을 하는 것이냐, 법의 아들아?" 늙은 비구는 창피했지만 스승에게 거짓말을 하는 것은 옳지 않았기 때문에 그가 겪었던 모든 고통을 사실대로 이야기했다.

목련은 생각했다. '만일 내가 생사의 두려움을 잘 보여주지 않는다면 그가 비구가 된 의미가 없을 것이다.' 그는 빨께에게 말했다. "내 옷을 꼭 쥐고 있어라. 절대 놓지 말라!" 목련은 하늘을 날았고 순식간에 그들은 바닷가에 도착했다.

그들이 함께 여행하며 바닷가를 걷고 있을 때 방금 죽은 아름다운 여인의 시신을 보았다. 뱀 한 마리가 그녀의 입으로 들어가더니 코로 나오고, 눈으로 들어가더니 귀로 나오고 있었다. 목련이 이 상황을 지켜보자 비구 빨께가 물었다. "이것은 무엇입니까?" 목련은 말했다. "때가 되면 너에게 말해 주겠다." 그들은 계속 나아갔다.

조금 후에 그들은 불 위에 얹은 커다란 구리 솥에 물을 따르는 한 여인을 보았다. 물이 끓기 시작하자 그녀는 옷을 모두 벗고 그 솥단지에 뛰어 들었다. 그녀의 살이 다 익자 뼈들이 튀어 나와 사람으로 변하더니 그 살을 먹는 것이었다. 깜짝 놀란 비구 빨께가 물었다. "이것은 무엇입니까?" 목련이 말했다. "때가 되면 너에게 말할 것이다."

그러고 나서 얼마쯤 가다가 그들은 벌레로 완전히 뒤덮인 거대한 나무를 보았다. 한 치의 빈 공간도 없이 덮은 벌레들이 나무를 갉아먹고 있었다. 나무 안에서부터 한탄하는 고통의 소리가 들렸다. 이에 놀라서 비구 빨께가 물었다. "이것은 무엇입니까? 이 소리는 누가 내는 겁니까?" 목련은 말했다. "때가 되면 너에게 말할 것이다."

그들은 계속 가다가 한 남자를 보았는데, 인간의 몸에 야생 호랑이 같은 동물 머리를 한 많은 존재들이 남자를 둘러싸고 있었다. 모든 존재들이 그 남자에게 화살을 쏘아대고 있었다. 화살촉에 불이 붙어 사방에서 날아간 화살이 남자의 몸에 꽂혀 불타고 있었다. 다시 놀란 비구 빨께가 말했다. "달아나거나 피하지도 못하고 저렇게 심한 고통을 받는 이 사람은 어떤 사람입니까?" 스승이 말했다. "때가 되면 너에게 말할 것이다."

좀 더 가다가 그들은 검과 칼이 뒤덮인 산을 보았다. 칼끝은 다 위로 향해 있었다. 산꼭대기에 한 남자가 바닥으로 굴러 떨어지고 있었다. 이 모든 무기들의 끝이 그의 몸을 찌르고 조각내고 있었다. 그러자 이 남자는 다시 산에 오르며 검과 칼을 새것으로 바꾸더니 다시 굴러 떨어지기를 반복하는 것이었다. 그는 하루에도 여러 번 이렇게 하고 있었다. 비구 빨께는 놀라서 물었다. "믿기 힘든 저런 고통을 당하는 이 남자는 누구입니까?" 목련은 말했다. "때가 되면 너에게 말할 것이다."

그리하여 그들은 계속 나아갔고 뼈로 이루어진 큰 산에 이르렀다. 높이가 700요자나가 되었으며 하도 높아서 해를 가리고 있었다. 목련은 뼈로 된 산을 오르락내리락하고 있었다. 비구 빨께가 물었다. "이것은 무엇입니까? 이러한 것은 전에도 본 적이 없습니다. 제발 무슨 일인지 말해 주십시오." 그러자 목련은 이제 모든 이야기를 해주어야겠다고 생각했다.

"처음에 우리가 본 아름다운 여인의 시신은 라즈기르에 있는 어느 집안의 부인이다. 어느 날 그녀와 남편은 보석을 구하려고 500명의 상인과 함께 바다를 건너고 있었다. 그러나 배가 부서져 모두가 죽고 말았다. 그 여인의 시신은 파도에 밀려 해안가로 오게 되었다. 그 여인은 생전에 미모에 너무 집착한 나머지 죽는 순간 뱀으로 환생하였으나 아직도 이전의 몸에 집착하고 있었던 것이다. 이 뱀이 죽은 후에 그녀는 지옥에서 다시 태어나 상상할 수 없는 고통을 받을 것이다.

두 번째 여인, 즉 큰 항아리에 뛰어들어 살이 익자 그 살들을 먹은 여인은 쉬라와스띠에 살던 우바이의 하녀였다. 어느 날 그 우바이는 독거 처소를 마련하고 한 비구를 초대하여 3개월 여름 안거를 나게 했다. 날마다 그녀는 가장 맛있는 음식을 준비해 그 하녀에게 가져다 드리도록 하였다. 그러나 하녀는 가는 길에 자신이 그 음식을 먹고 비구에게는 남은 음식을 주었다. 시간이 지나자, 하녀의 얼굴에 윤기가 돌고 건강해지면서 살이 올랐다. 약간 의심이 생긴 우바이가 물었다. '스님의 음식을 네가 먹었느냐?' 하녀가 말했다. '저는 한 입도 먹은 적이 없습니다. 스님의 음식을 먹느니 제 살을 먹겠습니다!' 이렇게 분노를 폭발한 결과, 그녀는 죽자마자 고독지옥에서 태어나 엄청난 고통을 당하고 있는 것이다.

세 번째 이야기는 벌레로 완전히 덮인 큰 나무에 관한 것이었다. 그 나무 안에서는 불쾌한 탄식이 흘러나오고 있었지. 거기에는 사원에서 일하는 '리따'라는 남자가 있었다. 그는 항상 비구들의 재물을 자신을 위해 사용했을 뿐 아니라 비구들의 음식을 평민들에게 주었다. 그 업보로 인해 이 지옥에서 태어나 구제될 수 없는 고통을 당하고 있는 것이다. 그 벌레들은 비구의 부를 즐겼던 평민들이다.

네 번째는 여러 종류의 짐승 머리를 달고, 불타는 화살을 쏘아대는 사람들로 둘러싸인 한 남자였는데, 결국에는 커다란 불덩어리가 되었지. 전생에 이 남자는 많은 야생동물을 죽인 사냥꾼이었고, 그래서 죽은 뒤에 지옥에서 태어나 헤어날 수 없는 고통을 당하고 있는 것이다.

다섯 번째는 산에서 무기들의 날과 끝으로 굴러 떨어지는 남자였는데, 이는 권력과 영향력이 있었던 한 신하의 재탄생이었다. 그의 여러 행동들은 많은 사람들에게 칼과 창처럼 상처를 주었다. 그로 인해 그는 지금 이렇게 고통받고 있는 것이다. 이번 생 이후에도 그는 오랫동안 고통받을 지옥에서 계속해서 다시 태어날 것이다."

목련은 이런 식으로 그들의 고통을 하나하나 자세히 설명했고 원인이 된 전생의 부정한 행동들을 들춰냈다. 끝으로 목련은 말했다. "이 거대한 뼈로 된 산은 너의 전생들 중 하나로부터 나온 것이다." 이 말을 듣고 비구 빨계는 소스라치게 놀라서 목련에게 그의 전생의 상황에 대해 말해 달라고 간청했다. 목련은 대답했다.

"오래 전에 '아리아샤 달마'라는 왕이 있었는데 보시바라밀과 지계바라밀을 즐겨 수행했고 가르침을 듣는 것을 좋아했다. 그는 온화하고 자비로웠으며 결코 남을 해하지 않았다. 그는 귀한 법에 따라 나라를 다스렸다.

어느 날 왕은 어떤 사람들과 놀며 노름을 했다. 그러던 중 신하가 죄수 한 명을 데려와서는 어떻게 할지 물었다. 왕은 도박에 몰두한 나머지 그냥 법대로 처리하라고 명했고, 신하들은 그를 처형하고 말았다.

도박을 끝낸 후에 왕이 물었다. '그 죄수는 어디 있느냐?' 법에 따라 처형했다는 말을 듣더니 왕의 마음에 대자비심이 일어나서 바닥에 쓰러졌다. 눈물을 줄줄 흘리며 그는 말했다. '나는 끔찍한 부덕을 저질렀다. 나는 죽은 후 즉시 지옥에서 다시 태어나리라.' 이후 그는 왕국을 버리고 여생을 은둔하며 지냈다.

왕은 죽은 후에 길이가 700요자나 되는 거대한 악어로 바다에서 태어났다. 그의 몸 안에서는 수많은 벌레들이 그를 갉아 먹고 있었다. 그 악어는 100년 동안 잠을 잤다. 그러다 눈을 뜨면 너무나 배가 고프고 목이 말라 입을 딱 벌리고 있었다. 어느 날 500명의 상인이 보석을 구하러 바다에 나섰다가 이 악어의 벌린 입을 지나가게 되었다. 공포에 질린 상인들은 '부처님께 귀의합니다!'라고 거듭 말했다. 부처님의 이름을 듣자마자 그 악어는 입을 닫고 죽었다. 여전히 배고프고 목 마른 채로. 그는 라즈기르에서 한 마리의 벌레로 다시 태어났다. 악어의 시체 위로 해가 비치고 비가 내려 마침내 모든 살점들이 사라지고 종국에는 뼈의 산으로 변했다. 그것이 파도에 밀려 이 바닷가로 오게 되었다."

목련은 말했다. "비구 빨께야, 그때 너는 아리아샤 왕이었고, 한 남자를 죽게 했기 때문에 바다에서 악어로 태어났던 것이다." 이렇게 목련은 모든 이야기를 자세히 해주었다.

그 순간 비구 빨께는 윤회의 본성에 너무나 놀란 나머지 윤회의 삶을 완전히 놓아버리게 되었다. 그리고 그는 일심으로 명상을 했다. 그 명상 수행의 힘을 통하여 그는 온갖 번뇌를 끊고 아라한의 경지를 이루었다. 그 후 목련과 비구 빨께는 하늘을 날아서 빛의 정원으로 돌아왔다.

그러자 비구들을 포함해서 많은 사람들이 전에는 아무것도 할 수 없었던 이 늙은 재가자에게 탄복을 했다. 부처님의 지혜로운 방편, 자비심, 지혜 덕분에 그는 비구가 되었고 이제는 아라한과를 얻은 것이다. 이 놀라운 이야기는 매우 멀리 퍼져 나갔다.

이것은 비구 빨께의 생애이다.

쌍가락씨따 이야기

5장에서 고독지옥의 두 번째 예가 나온다. 바로 가뭄과 고통의 땅에서 쌍가락씨따가 보여주는 사례이다.
이야기는 다음과 같다.

쉬라와스띠에 붓다락쉬따라는 큰 부자 재가자가 살고 있었는데 그의 아내가 예쁜 아이를 출산했다. 그들은 정성스럽게 아이의 탄생을 축하하고 쌍가락씨따라는 이름을 지어 주었다. 성인이 되자 그는 사리불에게 비구계를 받았다. 얼마 후 500명의 상인들이 부처님께 와서 말했다. "우리는 바다에 나가 보석을 가져오고 싶습니다. 쌍가락씨따 존자가 함께 갈 수 있게 허락해 주십시오." 부처님은 물론 허락을 했다. 그리하여 쌍가락씨따와 500명의 상인들은 바다로 나아가 여러 달 동안 항해를 하고 있었다.

어느 날 그 배는 바다에서 용들에게 붙잡히게 되었고, 놀란 상인들은 각종 기도문을 외우고 있었다. 기도하던 중 그들은 바다로부터 한 목소리를 들었다. "쌍가락씨따 스님을 우리에게 보내라." 쌍가락씨따는 바다로 뛰어들 준비가 되어 있었다. 상인들이 다 말렸지만 그는 뛰어내렸다. 그러자 용들은 즉시 배를 놓아주었다.

쌍가락씨따는 용들의 도시에 도착하여 그들에게 많은 가르침을 주었다. 모든 용들이 모두 가르침을 받은 후에는 그를 배로 돌려보냈다.

상인들은 이제 원래 계획대로 보석을 모으러 갈 수 있게 되어 매우 기뻐했다. 그들은 바다를 가로질러 어느 해안가에 도착했는데, 상인들은 너무나 지친 나머지 모두 깊은 잠에 빠져 들었다.

그러나 쌍가락씨따 스님은 하늘을 응시하며 생각했다. '이 바다와 깨달은 존재를 본 것은 얼마나 훌륭한 일인가!' 그는 이런 마음 상태로 오랫동안 그렇게 있었다. 한밤중이 되어서야 피로를 느끼고는 그 역시 깊은 잠에 빠졌다. 다음 날 아침, 상인들은 잠이 깨서 한 명씩 떠났으나 아무도 쌍가락씨따가 아직 자고 있다는 것을 알아채지 못했다. 한참을 간 후에야 그들은 서로 묻기 시작했으나 아무도 그를 본 사람이 없었다. 모두가 당황스러웠다.

그러는 동안 느지막이 일어난 쌍가락씨따는 상인들이 다 떠났다는 것을 알게 되었다. 그는 즉시 일어나서 한참을 달렸다. 얼마 후에 화려하게 장식된 아름다운 궁전에 도착했다. 그곳은 나무와 수영장으로 둘러싸였고 공작과 앵무새들이 아름답게 지저귀고 있었다. 안쪽으로 보이는 사원으로 곧장 간 그는 법의를 잘 차려입은 평화로운 비구들을 만났다. 허기와 갈증을 느낀 그는 음식과 음료를 요청했다. 그들은 음식을 주며 말했다. "저희보다 먼저 음식을 드시는 것이 좋겠습니다. 당신은 너무 지쳤고, 나중에 약간의 문제가 생길 수도 있기 때문입니다."

그래서 쌍가락씨따는 잘 먹고 마시고 나서 사원 구석에 앉아 있었다. 정오쯤 되었을 때 종이 울리자 비구들이 발우를 들고 모여들었다. 그런데 그들이 줄을 서자마자 사원이 사라졌다! 그들이 손에 들고 있던 발우들은 다양한 형태의 쇠망치로 변했다. 점심시간이 끝날 때까지 그들은 다른 사람의 머리로 쇠망치를 던졌다. 모두의 머리가 박살이 나고 조각난 뇌가 사방으로 튀어나갔다. 그들은 형언할 수 없는 고통을 느끼며 크게 탄식을 했다. 그런데 정오 시간이 지나자마자 사원이 다시 나타났고 비구들은 이전처럼 너무나 평화롭고 조용해졌다.

쌍가락씨따 스님은 이것을 보고 너무 놀라서 물었다. "당신들은 무슨 업을 지었길래 이런 곳에서 태어나 이 고통을 받고 있습니까?" 그들은 말했다. "우리는 이전에 가섭불의 비구들이었어요. 우리는 정오만 되면 점심시간에 서로 싸우곤 했습니다. 그 업보로 여기 고독지옥에 태어났습니다. 이생이 끝나면 우리는 더 괴로운 지옥에 태어날 것입니다. 그러니 세상에 나가 비구들에게 우리가 겪고 있는 일을 말해 주십시오." 그는 그러겠다고 약속했다.

그러고 나서 쌍가락씨따 스님은 다른 곳으로 갔다. 그곳에도 많은 비구들이 경전을 염송하는 아름다운 사원이 또 있었다. 그들 역시 그에게 좋은 음식과 음료를 대접했다. 음식을 즐겁게 다 먹고 난 그는 밖에 앉아 있었다. 다시 정오가 되자 징이 울렸고 비구들은 발우를 들고 줄지어 모여 들었다. 그 순간 사원은 사라지고 모든 음식들은 뜨거운 쇳물로 변했다. 점심시간이 끝날 때까지 그들은 서로에게 불타는 쇳물을 던져 심한 화상을 입혔다. 그들은 형언할 수 없는 고통을 경험했다. 정오가 지나자 사원은 다시 나타났고 비구들은 모두 전처럼 평화로워졌다.

쌍가락씨따가 물었다. "당신들은 어떤 업보로 여기에 와서 이런 고통을 당하는 겁니까?"

"우리는 가섭불의 비구들이었습니다. 그 시기에 믿음이 두터운 후원자가 음식을 제공했는데 우리가 그것을 낭비했습니다. 그 업보로 여기 고독지옥에 태어나게 되었습니다. 이생이 끝나면 우리는 더 괴로운 지옥에서 다시 태어날 것입니다. 부디 이 소식을 세상의 스님들에게 전해 주십시오."

또 다시 쌍가락씨따는 긴 여정을 떠났다. 그는 역시 평화로운 비구들이 있는 아름다운 사원에 가서 맛있는 음식을 공양 받고 구석에 앉아 있었다. 정오가 되자 사원은 완전히 불타버렸다. 비구들은 모두 불에 타면서 상상하기 힘든 고통을 겪고 있었다. 정오가 지나자 사원과 승려들은 다시 나타났다. 쌍가락씨따는 그들을 이렇게 만든 업보에 대해 물었다.

그들은 말했다. "우리는 가섭불의 비구들이었는데 지계바라밀을 잘 지키지 않았습니다. 그래서 잘 지킨 비구들이 우리를 사원에서 추방했습니다. 그때 너무 화가 나서 수도원에 불을 놓았고 비구들을 불태웠습니다. 이 업보로 우리는 이 지옥에서 태어났고 이생이 끝나면 이보다 더한 지옥에서 다시 태어날 것입니다."

쌍가락씨따는 다시 오랫동안 여행했다. 길을 가며 그가 본 다양한 중생들은 벽, 기둥, 나무, 꽃처럼 생긴 중생들, 열매, 밧줄, 대빗자루, 발우, 막자(절굿공이), 길을 청소하는 비처럼 생긴 중생들, 부러진 등이 줄로 연결되어 있는 중생들이었다. 그는 더 멀리 계곡을 가로질러 500명의 현인 수행자가 선정에 든 곳에 도착했다. 쌍가락씨따는 거기에 머물며 쉬었다. 그동안 이 수행자들에게 다양한 가르침을 주어 부처님에 대한 확신이 커지도록 하였다. 그들은 부처님을 만나고 비구가 되기를 원해서 쌍가락씨따와 동행해도 되는지 물었다. 쌍가락씨따는 이를 허락하고 500명의 현인 수행자들과 동행하게 되었다.

그들이 쉬라와스띠에 도착하기 직전에 쌍가락씨따는 길에서 500명의 상인들과 다시 만났다. 그들 또한 모두 비구가 되기를 원하여 모두 함께 부처님을 뵈러 가서는 수계를 요청했다. 부처님은 모두 수락하고 비구계와 가르침을 주었다. 종국에는 이들 모두가 아라한과를 얻었다.

쌍가락씨따 스님은 그가 경험한 다양한 이야기들을 부처님께 모두 말씀드렸다. 특히 길에서 그가 보았던 벽, 기둥, 나무들처럼 생긴 중생들에 대해 말했다. 그는 물었다. "어떤 불행한 업보로 인하여 이 중생들은 이렇게 태어난 것입니까? 부디 말씀해 주십시오."

부처님께서는 이렇게 대답하셨다.

"이 중생들 또한 가섭불의 비구들이었으나, 그 당시 그들은 침과 오물을 사원의 벽에 던져 훼손시켰다. 그래서 그들은 벽으로 태어났다. 그들은 또한 침과 오물을 기둥에도 던졌고, 그래서 기둥으로 태어났다. 이 비구들 중 일부는 사원의 나무, 잎들과 과실들을 자신의 이익을 위해 취했기 때문에 그런 존재들로 태어난 것이다. 그들은 또한 사원의 밧줄과 빗자루도 남용했기 때문에 그렇게 태어난 것이다.

가섭불의 시대에 어떤 비구들은 오랫동안 다른 사원들을 여행하면서 갈증 때문에 마실 물을 부탁하곤 했었다. 그러나 그곳의 비구들은 인색하게도 그들에게 줄 물은 없다며 거절하였다. 그래서 그들은 그에 알맞은 과보로 태어난 것이다.

또한 그 당시에 '쉬라마네라'라는 아라한이 비구 공동체의 관리자로 지명되었다. 어느 날 비구들이 와서 막자와 막자사발과 기름을 조금 달라고 청했다. 쉬라마네라는 말했다. '내가 지금은 너무 바쁘니 잠시 기다리면 주겠다.' 이 비구들은 매우 화가 나서 말했다. '저 막자사발이 손 안에 들어오면 너를 그 안에 넣고 갈아버릴 텐데.' 이런 거친 말 때문에 그들은 막자사발로 태어난 것이다.

비구를 시봉하는 일부 하인들이 약물을 끓이는 동안 그들은 논쟁을 벌이다 약간의 불쾌한 말이 오갔다. 비구들은 너무 화가 나서 약물

단지를 깨고 말았다. 그리하여 그들은 약물을 끓이는 단지로 태어났다.

　비구들에게 공물을 분배하던 그 관리인은 공물들을 제때에 사용하지 않았다. 여름에 기부된 것들은 겨울에 나눠주고 겨울에 기부된 것들은 여름에 나눠주었다. 그 때문에 그들은 등이 부러진 몸으로 태어난 것이다."

　이런 식으로 부처님은 업의 결과를 자세히 말씀하셨다.

나와 체와리 이야기

5장에서 묘사한, 먹고 마시는 데 전반적 장애를 가진 아귀의 두 집단은 불 화환과 오물을 먹는 집단이다. 첫 번째 집단은 먹고 마시기만 하면 위장이 불타고, 두 번째 집단은 나와 체와리가 다음 사례에서 본 것처럼 배설물을 먹고, 소변을 마시며, 자신들의 살점을 먹는다.
이야기는 이렇게 시작된다.

한때 쉬라와스띠에 남편의 명성이 권력의 핵심에 있는 가족이 있었다. 이 가족에게는 아이가 태어난 적이 없었기 때문에 그들은 오랫동안 지역 신에게 공양을 드려왔다. 마침내 드로신 별의 시기에 그들에게 예쁜 아기가 태어났다. 새로 태어난 아기의 귀에는 백만 온스에 해당하는 금의 가치가 있는 귀중한 보석장식을 달았다. 그래서 아기는 '나와 체와리'라는 이름을 갖게 되었다.
성장한 나와 체와리가 지붕 위에 올라가 일을 하던 중, 뜨거운 날씨에 들에서 열심히 일하는 그의 아버지를 보았다. 아버지가 집으로 돌아왔을 때 나와 체와리는 물었다. "왜 그렇게 열심히 일을 하십니까?"
아버지는 그들이 누리는 이 부(재산)는 노력 없이 절로 생기는 것이 아니라고 대답했다. 그것은 더우나 추우나 많은 역경을 견디고 희생하며 쌓여진 것이라고 말했다. 그렇게 말하면서 아버지는 축적된 재물을 아들에게 보여주었다. 아들은 아버지가 자신에게 사업에 시작하라는 뜻을 비치는 것이라 생각하고는 말했다. "저는 사업을 시작하고 싶습니다." 당연히 아버지는 안 된다고 말렸으나 나와 체와리는 어떤 말도 듣지 않았다.

나와 체와리는 수컷 당나귀 두 마리와 두 명의 하인, 디엔부와 꽁와를 데리고 출발했다. 그들은 다른 많은 상인들과 함께 바다로 향했다. 그들은 성공적으로 바다를 건너 많은 보석을 가지고 돌아왔다. 해안가에 도착하자 그들은 한밤중까지 그들이 가져온 값진 보석에 대해 얘기했다. 자정이 되자 그들은 깊은 잠에 떨어졌다.

상인들이 출발을 준비하고 있을 때 하인인 꽁와는 이렇게 생각했다. '나의 주인 나와 체와리는 다른 하인인 디엔부를 택할 것이다. 그러니 나는 혼자서 떠나야겠다.' 하지만 디엔부도 똑같은 생각을 하고는 혼자서 떠나고 말았다. 그렇게 그들은 둘 다 떠나버렸다.

나와 체와리가 아침에 일어나보니 두 마리의 당나귀만이 남아 있을 뿐 아무도 없었다. 그는 서둘러 일어나 당나귀를 데리고 길에 난 발자국을 따라가며 두 하인의 뒤를 쫓았다. 그러나 얼마 후에 큰 폭풍이 불어와서 그들의 발자국이 모두 지워졌다. 두 마리의 당나귀는 완전히 헷갈리어 어디로 가야만 할지 몰랐다. 나와 체와리가 너무나 슬프게 울었기 때문에 당나귀들은 알아서 최선의 길을 선택하였다.

얼마 후에 그들은 쇠로 만든 쇠집 5채가 있는 음산한 곳에 도착했다. 첫 번째 집에서 그는 여러 명의 염라들(yamas)을 보았다. 허기와 갈증을 느낀 나와 체와리는 약간의 음식을 줄 수 있는지 물었다.

그들은 대답했다. "오랫동안 우리는 음식이라는 단어조차 들어 보질 못했습니다. 전생에 우리는 인도의 '도족'이라는 도시에서 살았는데 보시바라밀을 수행하지 않고 인색했기 때문에 여기에 굶주린 영혼으로 태어나 말할 수 없는 고통을 받고 있습니다. 당신은 인간세계로 돌아갈 행운아처럼 보입니다. 우리들의 이름은 이렇습니다.(그들은 그들의 이름을 되풀이했다.) 우리가 집 마당을 파고 금가루를 숨긴 것을 도족에 있는 친지들에게 말해 주십시오. 금을 꺼내서 까따야나(가전연) 존자에게 전하라고 말해 주십시오. 우리 이름으로 그것을 공양하면 우리는 굶주린 영혼세계의 고통에서 벗어날 수 있을 것입니다."

그 다음에 그는 두 번째 집으로 갔다. 전과 마찬가지로 그곳에도 굶주림에 허덕이는 많은 영혼들이 있었다.

세 번째 집에 도착했을 때는 거의 해질 무렵이었다. 그곳에서 그는 한 남자가 4명의 아름다운 여신들과 생을 즐기고 있는, 보석으로 장식된 궁전을 보았다. 그러나 날이 밝아올 때쯤 4명의 여신들은 쇠로 된 어금니를 가진 사나운 개로 변하여 그 남자의 살을 물어뜯고 있었다. 밤에는 생을 즐기고 낮이 되면 이렇게 고통받는 식으로 살고 있었다. 나와 체와리는 어떤 업보로 그렇게 된 건지 그 이유를 물었다.

그는 대답했다. "나는 전생에 도족이란 도시에 사는 백정이었습니다. 까따야나 존자는 이 일을 그만두라고 조언했지만 저는 말했습니다. '저는 낮에는 이 일을 포기할 수 없으니 밤에만 그만두겠습니다.' 이렇게 해서 저는 여기에 태어났습니다. 도시로 돌아가면 제발 친지들에게 전해 주십시오. 제 칼이 놓인 근처의 땅을 파면 금가루 단지가 있으니 그것을 꺼내어 까따야나 존자께 공양하라고 말입니다. 그것을 공양하고 이 고통을 끝낼 수 있도록 간청을 올려달라고 하십시오."

나와 체와리는 네 번째 집으로 갔다. 여기에는 한 남자가 있었는데, 낮 동안에는 천신들의 보살핌과 존경을 한 몸에 받고 있었다. 그러나 밤이 되면 천신들이 개로 변하여 그 남자의 살점을 먹고 있었다. 그 이유를 물었을 때 그 남자는 대답했다. "저는 낮에는 지계바라밀을 지켰지만 밤이 되면 부정한 성행위를 했기 때문에 이렇게 태어난 것입니다. 이러한 행동으로 인해 저는 이렇게 밤낮이 다른 과보를 받고 있습니다."

마침내 그는 다섯 번째 집에 도착했다. 거기에는 화려하고 아름다운 궁전에, 엄청난 재물을 가진 아름다운 여인이 있었다. 나와 체와리가 음식을 청하자, 그녀는 그를 안으로 인도하여 충분한 음식을 대접했다. 그녀는 보석 왕좌에 앉아 있었는데 왕좌의 네 방향에 남자가 한 명씩 밧줄로 묶여 있었다. 그녀는 그에게 경고했다. "나는 잠시 동안 외출할 것입니다. 그들이 무엇을 달라 하든지 주어선 안 됩니다. 그들에게 아무것도 주지 마십시오." 그녀가 떠나자, 네 남자는 손을 뻗으며 무엇이든 먹을 것을 달라고 애원했다. 나와 체와리는 대자비심을 느껴 음식을 조금씩 나눠주었다.

음식을 먹자마자 네 남자가 삼킨 음식은 각각 불타는 쇳덩이로, 먼지로, 돌로, 뜨거운 재로 변했다. 그 음식들이 입과 위에 다다르자 그들은 말할 수 없는 고통을 느꼈다. 그녀가 돌아왔을 때 그들의 고통을 보고 말했다. "내게 이 중생들을 먹일 만한 자비심이 없다고 생각하지 마십시오. 이렇게 고통받기 때문에 그들에게 음식을 주지 않는 것입니다."

나와 체와리는 어떤 부정적인 행위가 이런 고통을 가져왔는지 그 여인에게 물었다. 그녀는 설명했다.

"우리는 전생에서 나와 남편 그리고 세 아들로 구성된 5명이 한 가족을 이루고 살았습니다. 어느 날 내가 음식 준비를 하는 동안 아버지와 아들들은 산책을 하러 나갔습니다. 그들이 돌아오기 전에 덕망 있는 존자가 찾아와 점심을 부탁했고, 나는 이미 음식이 준비됐었기 때문에 그분에게 대접했습니다. 그가 떠난 후에 곧 남편과 아들들을 위해 다시 음식을 준비하기 시작했지만, 음식이 아직 조리되지 않았는데 그들이 도착해서는 배가 고프다며 음식을 요구했습니다. 내가 음식이 늦어진 이유를 설명하자 그들은 존자에게 화를 냈습니다. 한 명이 말했습니다. '우리의 맛있는 음식을 먹는 대신에 그는 불타는 쇳덩이리를 먹었어야 해.' 다른 한 명이 말했습니다. '그는 먼지를 먹었어야 해.' 또 한 명이 말했습니다. '그는 돌덩어리를 먹었어야 해.' 마지막 한 명이 말했습니다. '그는 뜨거운 재를 먹었어야 해.'

그들이 이렇게 말했을 때 마음속으로 나는 그들이 엄청난 고통을 겪게 되리라는 것을 알았습니다. 왜냐하면 그들은 고귀한 비구에게 공양한 것을 덕행으로써 즐기는 대신 그러한 거친 말을 했기 때문입니다. 나는 '그들이 고통당할 때, 내가 직접 내 눈으로 볼 수 있기를' 하고 빌었습니다. 그래서 그 발원의 힘으로 나는 그들을 이 상태로 보게 되었습니다. 만일 내가 그 발원을 하지 않았더라면 나는 천상에서 태어났었을 것입니다. 이것이 우리가 굶주린 영혼으로 여기 태어난 이유입니다."

이런 식으로 나와 체와리는 굶주린 영혼 세계에서 12년을 보냈다. 어느 날 밤, 한 여인이 그에게 고향으로 돌아가고 싶은지 물었다. 그는 그렇다고 대답했다.

"그렇다면 오늘밤 당신의 머리를 고향 쪽으로 두고 주무십시오. 그저 고향을 생각하십시오." 그는 그녀가 가르쳐준 대로 했고 다음날 고향에서 눈을 떴다.

도시에 도착한 나와 체와리는 굶주린 영혼들의 친지들에게 모든 이야기를 전했다. 당연히 처음에는 그의 말을 믿지 않았지만, 땅을 파서 금을 발견했을 때 그들은 그의 말을 믿지 않을 수 없었다. 그는 부모님에게 돌아갔고 그들은 재회를 매우 기뻐했다. 오래지 않아 그의 부모님은 돌아가시고 그 후에 나와 체와리는 까따야나 존자에게 비구가 되겠다고 요청했다. 그 청은 수락되었고, 그는 결국 진리를 직접 깨달았다.

늙어 태어난 사람 이야기

5장에서 아이는 보통 태내에서 38주 동안 머문다고 말했다. 어떤 경우는 8, 9 또는 10달을 머문다. 다른 경우는 무기한으로 머무르기도 하고, 심지어는 60년 동안 머무는 경우도 있다. '늙어 태어난 사람'은 어머니 자궁 안에서 60년을 머물렀다.
그의 이야기는 다음과 같다.

　부처님이 라즈기르에 있는 죽림정사에서 지내고 계실 때, 자기와 같은 카스트의 여인과 결혼한 부유한 상인이 있었다. 어느 날 그녀는 아이를 임신했는데, 그 첫 아이를 낳기도 전에 다른 아이를 하나 낳았다. 이후 그녀는 전부 열 명의 아이를 낳았으나 첫째 아이는 여전히 그녀의 자궁 안에 있었다. 몇 년이 지나고 그녀는 병이 들어 남편에게 말했다. "나는 분명 이 병으로 죽을 거예요. 내가 죽으면 수술을 하여 내 몸 오른쪽에 있는 아들을 꺼내주세요." 이렇게 말하고 그녀는 죽었다.
　남편은 훌륭한 의사를 불렀고 그들은 그녀를 백단향 묘지로 옮겼다. 6명의 띠띠까 종파 스승들을 포함하여 수천 명의 사람들이 무슨 일이 일어나는지 보기 위해 라즈기르로 갔다. 부처님은 아난와 많은 비구들에게 묘지에 가서 그것을 잘 보고 오자고 말씀했다. 그를 통해 부처님은 아이의 업보에 대해 설명할 생각이었다. 그들이 묘지에 도착했을 때 그 훌륭한 의사는 여인 몸의 오른쪽을 수술하여 아이를 꺼냈다.

2. 본문에 나온 사람들의 이야기 561

그 아이는 이미 늙어서 얼굴과 손에 주름이 가득했고 머리는 백발이었다. 그 아이는 모인 모든 사람들에게 말했다. "잘 보시오! 부모나 주지스님, 스승들에게 거친 말을 삼가시오. 이 업보로 나는 60년 동안 어머니의 자궁에서 고통받았소." 그러자 부처님은 그 아이에게 물었다. "그대는 늙었는가?" 그는 그렇다고 대답했다. 그래서 그는 '늙어 태어난 사람'이라는 이름을 얻었고, 부처님은 거기 모인 수천 명의 사람들에게 이 업보에 대한 심오하고 광대한 가르침을 주셨다. 많은 사람들이 혐오감을 느꼈고 윤회세상을 저버렸다.

늙어 태어난 사람은 10년 동안 재가자로서 살았고, 70세가 되었을 때 부처님 아래로 들어가 비구가 되었다. 3달의 여름 안거 동안 25명의 다른 비구들과 영축산에 머물렀는데, 그를 제외한 다른 모든 비구들은 아라한을 이루었다. 늙어 태어난 사람이 아직 범인凡人이었기에 자자의 식이 진행되는 동안 아라한들은 그를 내보냈다. 그는 너무 슬퍼서 말했다. "이제 이생은 의미도 복덕도 없으니 죽는 편이 낫겠다." 그가 칼 위로 뛰어내리는 순간 부처님은 그를 길들일 때가 왔음을 깨달았다. 부처님은 신통력으로 그의 죽음을 막았다. 부처님은 그의 근기에 맞게 가르치셨고 결국 그는 아라한과를 성취했다.

이 사건에 놀라고 감탄한 비구들은 부처님께 이 늙은 사람이 가졌던 업보가 무엇이었는지 말해 달라고 간청했다. 부처님은 모든 비구들에게 설명했다.

옛날 가섭불 시대에 한 상인의 아들이 비구가 되었고, 한 아라한에게 공부를 했다. 그 도시에 큰 축제가 열렸고, 이 신참 비구는 거기에 가보고 싶다고 스승께 허락을 구했다. 그러나 스승은 지금은 학업과 수행에 노력할 때라며 기다리라고 말했다. 그가 세 번이나 요청을 했지만 스승은 여전히 허락하지 않았다. 그는 화가 나서 스승에게 심한 말을 퍼부었다. "당신이나 암흑 속에서 60년 동안 지내시지요. 나는 축제에 가겠습니다." 그 젊은 승려가 바로 현재의 늙어 태어난 사람이다. 그는 그렇게 심한 말을 스승에게 했기 때문에 60년 동안 어머니의 뱃속에서 고통받았다. 지혜를 오용했기 때문에 그는 마음을 성숙시키는 데 오랜 시간이 걸렸다. 그러나 그는 공부를 계속하여 5온과 18계와 12연기에 대해 통달하게 되었다. 그러한 인연과 나의 가르침으로 인하여 그는 비구가 되었고 아라한과를 이루었다.

끄리까 왕의 딸들 이야기

6장에서 자신만의 평화에만 관심이 있는 평범한 사람들의 예로 끄리까 왕의 일곱 딸들을 이야기했다.
그들의 이야기는 다음과 같다.

가섭불의 시대에 천성적으로 온화한 끄리까 왕이 살았다. 그는 불교에 뛰어난 자질과 파괴할 수 없는 확신이 있었다. 그 왕에게는 천신의 자질을 가진 7명의 딸이 있었다. 전생에서 쌓은 복덕 덕택에 그들은 윤회 세상에서의 일시적인 부와 행복은 순간적이며 윤회를 벗어나지 못함을 알고 있었다. 그들은 부모에 대해 커다란 정성과 존경심을 가지고 있었다.

어느 날 그들은 부왕의 발아래 엎드려 간청했다. "크고 끝없는 윤회의 고통을 끊어버리고자 하오니, 독거의 장소로 가서 고난을 체험하도록 허락해 주십시오." 딸들에 대한 애정이 각별했던 부왕은 고난을 겪기 위해 무섭고 외로운 곳에 간다는 그들을 이해할 수 없어서 허락을 거부했다.

딸들은 말했다. "중생들의 안녕과 복덕에 대해 항상 마음에 자비심이 충만한 아버지시여! 왜 우리에게는 그런 자비심을 베풀지 않으십니까? 비록 우리가 한동안은 당신 곁에 머문다 해도, 어느 날 우리는 선택의 여지없이 헤어질 수밖에 없습니다. 그러므로 우리가 궁극의 평화를 깨달을 수 있도록 떠나라고 허락을 해주십시오." 딸들에 대한 사랑과 애정이 너무 컸기 때문에 아버지는 상심하여 그들을 보며 말했다. "왜 너희들은 왕국의 화려한 안락을 버리고 무시무시한 묘지에 가려고 하느냐? 왜 너희를 사랑하는 자비로운 부모를 버리고 고난을 마주하려고 하느냐?"

딸들은 말했다. "사랑하는 부모와 가족은 단지 상대적 세계에서 지속되는 것입니다. 그들은 윤회의 고통을 초월하지 못했습니다. 왜 우리가 가족, 친지와 친구들에게 집착해야 합니까? 윤회세계의 모든 부와 안락은 허상이고 꿈입니다. 저희는 그것들을 찬양하지도 따르지도 않습니다. 제발 궁극의 평화를 얻고자 하는 저희들의 의지를 꺾지 마십시오."

아버지는 말했다. "지금은 그런 곳으로 갈 때가 아니니, 먼저 왕국의 모든 부와 안락을 즐겨라. 그 후에 고행을 해도 늦지 않다." 그렇게 말하고 왕은 축복을 내렸다. 딸들은 낙심했다. 아버지는 그들에게 왕국의 부, 사치와 안락을 즐기라고 했지만 그들의 눈에는 그저 독으로 보일 뿐이었다. 그래서 그들은 불굴의 평화, 궁극의 평화를 얻을 수 있게 허락해 달라고 다시 애원했다.

그는 딸들의 주장에 동의할 수는 없었지만, 부처님 말씀에 대한 그들의 확신과 귀의심을 방해하는 것도 옳지 않다고 생각해서 마침내 허락해 주었고 딸들은 기뻐했다. 그들은 모든 보석 장신구, 화관과 향수, 사치스러운 의복 등을 버리고 단지 넝마만을 걸쳤다. 평화롭게 그들은 묘지로 향했다.

긴 여정 끝에 그들은 무섭고 으스스한 묘지에 도착했다. 시체들이 도처에 널려 있었는데, 어떤 것들은 바싹 말라 있었고 일부는 신선했다.

독수리와 까마귀들은 눈, 입, 내장들을 파먹고 있었고 몸에서 쏟아진 오물들에는 구더기가 우글거렸다. 짐승들은 여기저기서 창자를 빼내 먹고 있었다. 사방에서 피가 흘렀고 오물 냄새가 퍼져나갔다. 수백 수천의 시체들이 있었고, 부엉이 같은 짐승들은 음산한 소리를 냈으며, 뱀과 개구리와 늑대들은 주위를 어슬렁거렸다. 보통 사람들은 서 있지도 못할 만큼 무섭고 위험한 장소였지만 딸들은 그곳에 정착하게 되어 매우 만족스러웠다.

제석천은 그들이 명상하는 모습을 보고 기뻐하며 그들 앞에 나타나 말했다. "너희 자매들은 궁전을 초개처럼 내던지고 이전의 대 스승들을 따라 어려움 속에서 명상 수행을 하니, 이 얼마나 훌륭한 일인가! 만일 천계에서의 사치품이나 안락이 필요하면 무엇이든 내게 말하라."

딸들은 말했다. "우리는 윤회세계의 부를 흠모하지 않습니다. 이 모든 것들은 변화하고 해체되게 되어 있습니다. 우리는 탄생, 늙음, 죽음의 고통과 다른 모든 고통에서 자유로운 궁극의 평화를 얻고자 그것을 버렸습니다. 그러니 우리는 고난을 견디며 수행하는 수행자의 길을 따르겠습니다. 만일 제석천인 당신이 성취를 줄 수 있다면, 파괴되지 않는 최상의 성취를 내려주십시오."

제석천은 온몸의 털들이 곤두설 정도로 감명을 받으며 생각했다. '얼마나 놀랍고 훌륭한가! 그들은 그러한 부와 안락에 아무 집착도 없구나. 나는 그들에게 최상의 성취를 줄 능력은 없지만, 내가 줄 수 있는 것들을 너희들이 말한다면, 그것들은 절로 주어질 것이다.'

소녀들은 이 말을 듣고 전혀 기쁘지 않았다. "천 개의 눈을 가진 당신, 당신의 마음은 욕망에 사로잡혀 있습니다. 당신과 당신이 줄 수 있는 것은 같은 것이 아닙니다. 어떻게 당신이 성취를 준다고 말할 수 있습니까? 세찬 강물에 떠내려가는 사람이 어떻게 강에 휩쓸린 다른 사람들을 해방시킬 수 있습니까? 당신의 말은 단지 무지에서 나오는 것일 뿐입니다." 그들이 이렇게 말하자 제석천은 너무 놀란 나머지 천상으로 돌아갔다.

    이전처럼, 윤회의 세상 전체에 대한 집착을 포기함으로써 얻은 평화와 함께, 딸들은 고난 속에서 명상하였다. 그들의 고난, 확신과 무집착으로 인해 마침내 그들은 윤회의 고통이라는 바다로부터 자유로워졌다.

마하닷따 이야기

7장에서는 자애심을 닦은 예로써 브라만 마하닷따 이야기를 두 번 했다. 그의 이야기는 다음과 같다.

무한겁을 거슬러 올라가 84,000왕국을 통치했던 위대한 제왕이 있었다. 그의 대도시 '브룻따'에 브라만 냐그로다가 살고 있었다. 그의 부는 북방 다문천왕에 버금갔고, 그의 학식은 하도 완전해서 왕이 스승으로 모실 정도였다. 왕국의 모든 사람들은 냐그로다를 존경했고 그의 명령을 따랐다.

그러나 그 브라만은 아들이 없어서 너무 슬퍼했고, 그래서 12년 동안 범천과 제석천 등에게 기도하고 공양을 올렸다. 마침내 그의 아내가 아름다운 아들을 낳았고 브라만은 매우 기뻐했다. 그는 아들의 탄생을 축하하기 위해 큰 예식을 준비하였고 '마하닷따'라는 이름을 지어주었다. 그 아들은 자라면서 다양한 기술, 예술과 지식 면에서 뛰어난 재능을 보였다.

어느 날 부모의 허락을 받고 마하닷따는 수천 명을 동반하여 보석으로 장식된 코끼리를 타고 유람을 나갔다. 교외에 이르렀을 때 그는 옷도 음식도 없는 매우 가난한 사람들을 보았다. 거지들과 목자들을 보면서 그의 일행에게 이 사람들은 왜 이런 고통을 겪고 있는지 물었다. 그는 그들이 어떤 종류의 고통을 받고 있는지를 물었다. 그들은 그에게 어떤 고통은 부모, 친구, 친지들과 떨어졌기 때문이고, 어떤 고통은 오랫동안 병들었기 때문이고, 또 다른 고통은 다른 사람의 음식, 옷 등을 훔쳤기 때문에 받는다고 말해 주었다. 마하닷따는 낙담하였고 눈에서 눈물이 강물처럼 흘러내렸다. 그는 점점 더 멀리 여행했다. 거기에는 다른 나라가 있었고, 하루에도 수백 마리의 짐승들을 죽이고 잘게 자르고 있는 백정들을 보게 되었다. 다른 곳에서는 야생동물들과 새들을 죽이는 사냥꾼을 보았다. 이러한 것들을 보면서 그의 몸은 오싹해졌고 대자비심이 꿈틀거렸다.

그는 사람들에게 그들이 왜 이런 일들을 해야 하는지 물었고 그들은 대답했다. "우리의 부모가 이런 일을 했기 때문에 우리가 또 하는 것이고, 이것이 우리가 우리의 삶을 사는 방법입니다." 마하닷따는 그 말을 이해하기가 너무 어려웠기 때문에 고향으로 돌아가서는 아버지에게 물었다. "저는 다양한 도시와 마을들을 여행하면서 이 나라를 둘러보러 갔었습니다. 사람들은 여러 종류의 가난으로 고생하고 있었고, 미래에 더 큰 화를 초래할 악업을 저지르고 있었습니다. 저는 아버지가 쌓아놓은 재산으로 자선을 베풀고 싶습니다." 아들이 너무나 사랑스러웠기 때문에 아버지는 거절할 수 없었다.

마하닷따는 인색하지 않게 자선을 베풀겠다고 사방으로 발표했다. 그는 입고 먹을 것이 없는 모든 사람들을 초대했다. 수천 마일 떨어진 곳에서 온 사람들이 도시 주변에 구름떼처럼 몰려들었다. 오랫동안 그는 음식, 옷, 금, 은, 말, 코끼리와 그들이 원하는 모든 것들을 주었다. 모든 것은 완전히 만족스러웠다.

얼마 후 보물창고의 삼분의 일이 사용되었다. 창고지기가 냐그로다에게 이 사실을 알렸지만, 그는 아들에 대한 사랑과 존경심으로 마하닷따가 선행을 계속할 수 있게 내버려두라고 지시했다. 시간이 더 지나자 재산이 얼마 남지 않았다. 창고지기가 더 이상 견디지 못하고 냐그로다에게 가서 일어나고 있는 상황을 얘기했다. 아버지는 말했다. "나는 이미 아들에게 허락한 일이기 때문에 내 결정을 번복할 수는 없다. 하지만 너는 더 영리한 방법을 찾을 수 있을 것이다." 그래서 창고지기는 창고 문을 모두 잠그고 그것들이 다른 장소로 보낼 물건인 척 했다. 가난한 사람들에게 나눠줄 물건들을 더 이상 얻을 수 없게 되자 마하닷따는 생각했다. '이것은 분명 아버지의 속임수다. 그러나 내가 아버지의 재산을 모두 써버리는 것도 옳지는 않다. 이제 나 스스로 노력해서 불쌍한 사람들의 소원을 충족시킬 재산을 모아야겠다.'

그는 충분한 재산을 모을 좋은 방법을 조언해줄 여러 사람들을 찾아갔다. 어떤 사람은 사업을 해보라고 하고, 어떤 사람은 농사를 권하고, 또 다른 사람은 바다로 나가 원하는 보석을 구하라고 말했다. 마하닷따는 바다로 나가 보석을 구하는 것이 모든 불쌍한 사람들에게 줄 충분한 재산을 모으는데 가장 효과적이라고 생각했다. 그래서 허락을 구하러 부모에게 갔으나 그들은 심한 반대를 했다. "만일 너의 신변이나 생명이 위태롭게 되면 어찌할 것인가?" 마하닷따는 만약 허락하지 않는다면 입을 땅에 대고 굶으며 기다리겠다고 말했다. 그의 부모는 그를 단념시키려고 모든 방법을 동원하였으나 결국 실패로 돌아갔다. 그는 6일 동안 그렇게 꼼짝 않고 있었다. 결국 그의 부모는 차마 아들의 죽음을 두고 볼 수가 없어서 7일째 되는 날 허락을 하게 되었다.

마하닷따는 너무 기뻐서 식사를 마치고 밖으로 나가 그와 함께 바다로 나갈 사람은 누구라도 환영한다고 알렸다. 약 500여 명이 모였고, 그들은 준비를 마치고 바다로 떠났다. 며칠 후에 그들은 빈 움막에 도착했으나, 불행하게도 큰 원숭이 한 마리를 만나 가지고 간 물품을 모두 도난당했다. 그럼에도 불구하고 그들은 계속 나아갔다.

어느 날 그들은 엄청난 재력가인 브라만 까뻴리가 사는 도시를 지나게 되었고 거기서 며칠 동안 머물면서 까뻴리와 사정 이야기를 하게 되었다. 그는 마하닷따에게 자신의 아름다운 딸을 아내로 맞이할 것을 제의했고, 또한 3,000온스의 금을 포함하여 필요한 모든 물품과 재물을 제공할 의사를 밝혔다. 마하닷따는 이를 수락하였으나 여행의 위험과 고난 때문에 딸을 남겨두고 가야만 한다고 말했다. 그리하여 그들은 모든 공급품을 가지고 바다를 향해 계속해서 나갔다.

바닷가에 이르자 그들은 배에 올라서 돛을 달았다. 7일 후에 보석이 있는 섬에 도착하였고 훌륭한 보석들을 많이 수집할 수 있었다. 배를 보석으로 가득 채우고 고향으로 돌아갈 준비를 하고 있는데 마하닷따가 말했다. "친구들이여, 그대들은 이 보석들을 가지고 고향으로 돌아가시오. 나는 여의주를 얻기 위해 용들에게 가야만 합니다. 만일 내가 이 보석을 얻는다면 내 왕국의 불쌍한 사람들을 무한히 도울 수 있게 될 것이며, 그 공덕의 힘으로 나는 선정에 들 수 있을 것입니다. 그러니 돌아가시오. 나는 그대들이 고향에 도착할 때까지 어떤 장애나 위험에 들지 않도록 기도문을 암송할 것입니다."

이 말을 듣고 상인들은 매우 슬퍼서 눈물을 흘렸다. 그들은 여정을 포기하라고 갖은 방법으로 그를 설득하였지만 허사였다. 그는 한 달 동안은 걸어서 바다를 건넜고, 한 주 동안은 바다를 헤엄치며 전진했다. 그러던 중 산을 만나 오르는 데만 7일이 걸렸고 하산하는 데 7일이 더 걸렸다. 다시 계속해서 바다를 헤엄쳐 나갔다. 마침내 바다에서 떠오르는 연꽃을 마주하게 되었는데, 황금 장식이 화려했으나 독사들이 주위를 에워싸고 있었다. 그는 위대한 존재의 계시가 틀림없다고 생각했다.

마하닷따는 이 독사들은 전생의 증오와 질투의 업보 때문에 이렇게 태어났다고 생각하였다. 이런 생각을 하면서 그는 이 존재들에 대한 대자비심을 닦았고, 입정의 자세로 앉아서 일심으로 자애를 명상하면서, 이 독사들의 해로운 생각과 독을 진정시키고자 하였다. 그런 다음 그는 연꽃 위에 발을 디뎠고 7일 동안 모든 독사들을 통과하여 걸었다. 나찰들과 마주칠 때마다 그는 또한 자애를 명상하며 마음의 힘으로 그 존재들을 진정시켰다. 사실 그들은 마하닷따가 자신들을 해치러 온다면 그것은 옳지 못하다고 생각했지만, 그가 그렇게 하지 않았기 때문에 그를 하늘로 올려 400요자나나 옮겨주었다. 그는 계속하여 더 멀리 갔다.

그리 오래지 않아 그는 은으로 만들어진 용들의 궁전을 보았다. 가까이 다가갔을 때 마하닷따는 독사들이 궁전을 일곱 겹으로 둘러싸고 있는 것을 보았다. 그는 자신의 아들을 보듯이 다시 자애명상을 했고, 그 힘으로 그들의 증오는 완전히 가라앉았다. 그리하여 그는 뱀들을 지나서 궁전으로 들어갔다. 안에는 용왕이 칠보 왕좌에 앉아 있었다. 마하닷따를 본 순간 왕은 깜짝 놀랐다. 지금까지 뱀을 무사히 통과하여 그의 궁전에 들어온 사람이 있었던가? 이 사람은 능력이 뛰어난 게 틀림없다고 생각한 왕은 그를 환영하고 앉을 자리와 음식을 제공했다. 왕은 마하닷따에게 어떻게, 그리고 왜 거기에 오게 됐는지 물었다.

마하닷따는 대답했다. "세상에는 고통받는 사람들이 많이 있는데, 그들은 음식, 옷과 재산이 부족하여 고생하고, 그런 이유 때문에 3개의 낮은 영역에서 다시 태어납니다. 이 사람들의 상황을 보자 큰 자비심이 내 마음에서 일어났습니다. 이 중생들을 이롭게 하기 위하여, 생명의 위험을 감수하더라도 나는 소원을 들어주는 보석인 여의주를 얻어야만 한다고 생각했습니다. 이 중생들을 이롭게 함으로써 나는 무한한 공덕을 쌓고, 그로 인해 완전한 깨달음을 얻을 것입니다. 그런 까닭으로 당신의 여의주를 청합니다."

용왕은 말했다. "이 여의주는 얻기가 아주 어렵습니다. 하지만 당신이 한 달 동안 나의 공양을 받고 가르침을 준다면 당신에게 드리겠습니다." 그래서 마하닷따 보살은 한 달 동안 머물면서 최상의 음식과 대접을 받고 사념처에 대한 가르침을 주었다.

한 달이 지나자 용왕은 왕관에서 여의주를 떼어내서 마하닷따의 손에 놓으며 말했다. "당신이 완전한 깨달음을 이루면 제가 가장 가까운 상수제자 중 하나가 되기를 바랍니다." 마하닷따가 그 보석의 힘에 대해 물었을 때 용왕은 대답하기를, 그 보석은 주변 2,000요자나의 소원을 충족시키는 힘이 있다고 했다. 그러나 마하닷따는 이런 힘으로는 그의 소원을 모두 충족시킬 수 없다고 생각하고 바다로 더 멀리 전진했다.

그는 마침내 청금석으로 만들어진 궁전에 도착했으나, 전과 마찬가지로 독사들이 7겹으로 둘러싸고 있었다. 다시 그는 마음을 모으고 자애를 명상하면서 모든 두려움을 내려놓고 그 궁전으로 나아갔다. 거기서도 역시 용왕은 왕좌에서 일어나 환영하고 왕좌를 내어주며, 그가 어떻게 그 곳에 도착했는지, 그의 목적은 무엇인지 물었다. 마하닷따는 전처럼 대답했고 나가 왕은 그에게 두 달간 머물면서 공양을 받고 가르침을 달라고 요청했다. 그리하면 그가 원하는 여의주를 주겠다고 말했다.

마하닷따는 그를 수락했다. 두 달간 그는 공양을 받고 사여의족에 대한 가르침을 주었다. 결국 용왕은 왕관에서 여의주를 떼어주면서 말했다. "위대한 당신은 틀림없이 완전한 부처의 경지에 오를 것입니다.

그때에 제가 당신의 매우 가까운 제자들 중의 한 명이 되를 바랍니다." 그는 이렇게 기원하고 마하닷따가 보석의 힘에 대해 묻자 대답하기를, 주변 4,000요자나의 소원을 충족시킬 힘을 가지고 있다고 하였다. 마하닷따는 이렇게 위대한 힘일지라도 그의 소원을 모두 충족시킬 수 없다고 생각하여 또 다른 보석을 찾으러 더 멀리 갔다.

그는 점점 더 멀리 여행했고 찬란한 황금성에 도착했다. 여기서 다시 위험한 뱀들을 명상의 힘으로 제압하고 통과하여 귀중한 보석 궁전에 들어갔다. 이 용왕은 '어떤 위험도 피해가는 이 훌륭한 존재는 누구인가?'라고 생각했다. 놀라고 감탄하며 그는 왕좌에서 일어나 마하닷따 앞에 엎드려 말했다. "당신은 무슨 목적으로 어떤 위험과 장애도 굴하지 않고 여기 들어온 것입니까?" 마하닷따는 전처럼 모든 이유를 들어 대답했고, 이 용왕은 4달 동안 머물면서 공양을 받고 가르침을 주면 그 후에 여의주를 주겠다고 제안했다.

마하닷따는 네 달 동안 모든 공양을 받고 다양한 수준의 가르침을 주었다. 끝으로 용왕은 여의주를 주고 다른 왕들과 같은 기원을 하며 기도했다. 마하닷따가 보석의 힘에 대해 묻자, 인근 8,000요자나의 소원들을 충족시킬 수 있다고 대답했다.

이제 마하닷따는 매우 만족했다. "염부제는 7,000요자나 정도 되니, 이 여의주의 힘은 모든 중생들의 소원을 충족시키기에 필요한 것 이상이다. 이제 고향으로 돌아가서 나의 소원들을 이루리라. 용왕의 국민들은 모두 엎드려 경배했고, 마하닷따는 고향으로 떠났다.

얼마쯤 여행하다 마하닷따는 생각했다. '이것들이 정말로 소원을 들어주는 보석이라면 내가 하늘을 나는 능력을 가질 수도 있을 것이다.' 그가 이런 기원을 하자마자 아무 어려움 없이 바다를 날 수 있었다.

해안가에 이르러 잠시 쉬던 그는 깊은 잠에 빠졌다. 그가 잠을 자는 동안 일부 용들은 인간에게 뺏긴 이 보석들에 대해 생각했다. '이것이 우리를 가난하게 만들 거야. 우리는 반드시 보석들을 되찾아야 해.' 이렇게 결심하고 용들은 보석을 모두 훔쳤다.

잠에서 깨어난 마하닷따는 곧 무슨 일이 일어났는지를 깨달았고, 용들이 보석들을 가져갔다는 것을 알았다. 빈손으로 고향에 돌아갈 수는 없었기 때문에 그는 바닷물을 모두 빼내서 용의 땅에 물이 마르게 해야겠다고 결심했다. 이를 실행에 옮기려고 거대한 거북이의 등껍질을 이용하여 바다로부터 다른 쪽으로 물을 퍼내기 시작했다. 바다 신이 이 방법을 보고 말했다. "이 바다는 333요자나가 되는데 단지 한 사람의 힘으로 모든 물을 다른 쪽으로 옮길 수 없다. 설사 염부제의 사람들이 모두 온다 해도 이 물을 다 없앨 수는 없을 것이다."

그러나 마하닷따는 꺾이지 않았으며, 이렇게 생각했다. '인내심을 가지면 이루지 못할 것은 없다. 보석들을 얻으려는 목적이 무한한 중생들을 이롭게 하고 평안을 주려는 것이기 때문에 그 공덕의 힘으로 나는 부처의 경지에 이를 것이며, 나의 결심은 결코 약해지지 않을 것이다. 이 바다를 말라붙게 만들고야 말겠다.' 그는 그저 바다에서 물을 퍼내는 일을 계속했다.

비슈누와 다른 많은 신들이 그를 도와주러 와서는 자신들의 옷자락을 바다에 담그고 물을 빨아들여 다른 쪽으로 퍼냈다. 그들이 이렇게 세 번을 되풀이하자 각각 30요자나씩의 물이 줄어들었다. 그렇게 120요자나의 물이 마른 후에 용들은 바닷물이 다 마르게 되고 그들이 모두 죽게 될까봐 두려워하게 되었다. 그래서 그들은 마하닷따에게 보석들을 모두 돌려주고 사죄하였다. 바다신은 감탄하며 발원 기도를 올렸다.

"어느 날 이 보살은 반드시 완전한 깨달음을 얻을 것이다. 그때에 그의 내밀한 제자 들 중 한 명이 되기를 바라나이다." 마하닷따는 모든 보석들을 가지고 브라만 까뻴리의 궁전으로 날아갔다. 브라만은 깜짝 놀라서 그를 따뜻하게 환영했다. 브라만은 마하닷따가 자신의 딸을 아내로 맞게 하고 동시에 하녀 500명, 코끼리 500마리와 여러 종류의 보석 장신구들을 주었다. 그들은 며칠 동안 여행하여 드디어 고향에 도착했다.

아들이 틀림없이 죽었다고 생각한 부모는 극심한 고통과 비탄에 빠져 있었다. 실제로 그들은 너무나 운 나머지 둘 다 눈이 멀어 있었다. 그러나 마하닷따가 부모의 손을 잡으러 고향으로 돌아왔다. 그는 그동안의 모험과 소원을 들어주는 보석에 대해 말했고 그의 부모는 너무나 기뻐했다. 이 보석의 힘으로 부모의 눈은 전처럼 회복되었다. 그는 보석을 손에 놓고 염원의 기도를 올렸다. "보석 창고들이 보석으로 가득 차게 해주십시오." 곧 그런 일이 일어났고 그의 부모는 화려한 생활을 계속하게 되었다.

왕은 나라 안의 모든 사람들에게 마하닷따가 소원을 들어주는 보석을 가지고 바다에서 돌아왔다고 발표했다. 앞으로 7일 동안 옷, 금, 은 등 원하는 것은 무엇이든지 이 보석의 힘으로 비 오듯 쏟아질 거라고 또한 알렸다.

위대한 마하닷따는 의복을 갖추고 깃발들 위에 여의주들을 모두 올려놓고 기도했다. "이 보석들의 힘으로 염부제 안에 있는 모든 사람들의 소원이 이루어지길 기원합니다. 그들이 부족한 것은 무엇이든지 쏟아지길 원합니다." 그의 말이 끝나자마자 사방에서 바람이 불어와 모든 먼지를 깨끗이 치우더니, 이슬비가 내려 먼지가 없어진 깨끗한 땅을 매끄럽게 만들었다. 그 후 수천 가지의 음식들이 비 오듯 떨어졌고,

수없이 많은 곡식들과 옷, 보석, 금, 은이 이어서 떨어졌다. 이렇게 하여 땅은 온갖 재물로 뒤덮였다.

그 순간에 마하닷따는 모든 사람들에게 이렇게 공표했다. "염부제에 있는 사람들은 음식, 옷과 재물이 부족하여 서로 죽이고, 남의 것을 훔치고, 끊임없이 부정한 업보를 만들었다. 그 이유로 3개의 낮은 영역에서 다시 태어나 상상할 수 없는 무진장한 고통을 경험하게 되어 있었다. 이것을 보면서 나의 마음에 참을 수 없는 절대적인 자비심이 일어나서, 생명의 위험을 감수하고 중생들의 복덕을 위해 이 보석들을 모으게 되었다. 이제부터 원하는 것은 무엇이든지 가질 것이니 이 재물들을 마음껏 누리라. 어떤 부정한 행동도 하지 않도록 노력하고, 열 가지 미덕을 행하는 데 전념하라." 그는 이렇게 무한한 가르침의 문을 열었다.

부처님은 이렇게 말씀하셨다. "브라만 마하닷따는 바로 나 자신이다. 그 아버지 냐그로다는 내 아버지 위쇼다나고 그의 아내는 나의 어머니 마야데비다. 그 은 궁전의 용왕은 사리불이고, 청금석 궁전의 용왕은 목련이다. 금 궁전의 용왕은 아난이고 바다신은 만각파이다."

이 이야기는 여기서 완결된다.

발라 미륵 왕 이야기

7장에서 자애 수행의 힘이 다른 사람들을 보호하는 데 유익하다고 말했다. 발라 미륵 왕의 예가 그것을 잘 보여준다.
그의 이야기는 다음과 같다.

언젠가 부처님이 쉬라와스띠에 머물 때 아난은 까운디냐(Kaundinya, 교진여)를 비롯한 부처님의 최초 다섯 제자들이 어떤 근원복덕으로 부처님의 초전법륜 가르침을 받게 되었는지, 부처님의 가르침으로 충만하여 그로 인해 아라한과를 얻었는지 궁금해졌다. 아난은 어떻게 이런 일이 일어났는지 부처님께 설명을 해주십사 요청했다. 부처님은 말씀하셨다. "내가 이생에서 이 다섯 제자들을 도왔을 뿐만 아니라, 전생에서는 나의 피와 살을 먹여 그들의 굶주림과 갈증을 없애 주었다. 그러므로 이 일은 내가 당시 했던 강력한 발원의 힘으로 이루어진 것이다. 그것은 '내가 깨달음을 얻을 때 그들을 궁극의 평화 상태로 이끌게 하소서'라는 발원이다." 아난은 이 이야기를 좀 더 자세히 들려달라고 요청했고, 부처님은 다음의 이야기를 하셨다.

아주 오래전, 염부제에 84,000개의 왕국을 다스리는 발라 미륵 왕이 있었다. 그는 꾸준히 사무량심을 수행했기에 마음이 남을 사랑할 줄 알고 자비로웠다. 그는 국민 모두에게 십덕十德의 윤리를 잘 닦게 하여 '원수' 또는 '강도'라는 단어조차 그 나라에는 없었다. 사람들은 평화와 행복, 모든 종류의 명예로운 재산과 풍부한 수확을 누렸다. 그가 모든 사람들의 몸과 말과 마음을 덕 속에 머물게 했기 때문에 그 당시는 어떤 병도 고통도 없었다.

그때 다른 사람들의 피와 살을 먹고 사는 5명의 나찰이 있었다. 그들의 즐거움은 여러 가지 전염병들을 퍼뜨리는 것이었다. 그러나 이 나라에서는 그들이 원하는 어떤 것도 얻을 수가 없었기 때문에 그들은 굶주림과 갈증, 남을 해치지 못하는 데서 오는 고통을 느끼고 있었다. 그들은 발라 미륵 왕 앞에 나가서 설명했다. "우리는 인간의 살을 먹고 피를 마셔야 생명을 유지할 수 있으나, 모든 사람들이 당신이 만든 덕의 규칙을 지키기 때문에 우리는 그들의 생명도, 몸도 해칠 기회조차 없습니다. 그래서 이제 갈증과 굶주림에 시달리다 종말을 맞게 되었습니다. 우리를 위한 자비심이 당신에겐 없는 건가요?"

왕의 마음속에서 이 존재들에 대한 무한한 자비심이 솟아올랐고 그는 말했다. "내 몸에서 피를 마시게나." 왕은 두 팔, 두 다리와 목을 칼로 그어 다섯 나찰이 다섯 곳에서 피를 마시게 했다. 이들은 완전히 만족할 때까지 피를 마셨다. 그 후 왕은 말했다. "너희들 야차는 이제부터 오직 덕행만을 하라." 그리고 왕은 발원기도를 올렸다. "저는 이들의 갈증과 굶주림을 해소시키고자 제 몸에서 피를 빼주었나이다. 이 공덕의 힘으로 제가 깨달음을 얻을 때 그들이 지계바라밀, 선정바라밀, 지혜바라밀을 얻게 하소서. 그를 통해 이들의 고통이 끝나고 위없는 열반의 상태를 얻게 되어지이다."

부처님은 아난에게 말했다. "내가 바로 그 발라 미륵 왕이었고, 다섯 나찰이 바로 나의 최초 제자인 다섯 비구다. 그 발원기도의 힘으로 그들은 나로부터 최초의 가르침을 받았고, 단지 그 가르침을 받는 것만으로 궁극의 진리를 볼 수 있는 기회를 누렸던 것이다. 이것이 바로 인연법이다."

앙굴리말라 이야기

9장에서 참회의 힘으로 악업을 정화할 수 있다고 하였다. 옛날에 앙굴리말라는 999명을 죽인 악한이었지만, 진실한 참회로 모든 악업을 정화함으로써 아라한과를 이루었다. 나가르주나는 『친우서』에서 말했다.

> 자기를 이끄는 힘이 부족하다가
> 후에 정념을 갖게 되는 사람은
> 구름에서 벗어나 빛나는 달과 같다.
> 예를 들면 난다, 앙굴리말라, 아쟈따샤뜨루와 우다야나가 그러하다.

앙굴리말라의 이야기는 다음과 같이 쓰여 있다.

부처님이 쉬라와스띠에 계실 때 '세걀 왕'이라는 군주가 있었다. 그에게는 다방면의 예술과 지식에 전문성이 있으며, 매우 부유하고 권력 있는 특별한 대신이 있었다. 그의 아내는 호전적이어서 부드럽지도 친절하지도 않았다. 하지만 아이를 임신하자 그녀는 매우 온화하고 자비로운 사람이 되었다. 위대한 예언가는 이 변화가 뱃속에 있는 아이의 힘에 의한 것이라고 말했다. 그래서 아이가 태어나자 그는 '아힘싸(비폭력)'라는 이름을 지어주었다. 자라면서 아힘싸는 선천적으로 총명하고, 신체적으로 능력도 대단했고, 모든 기술에도 뛰어났다.

그는 천 명과 맞먹을 정도의 힘을 가졌고, 또한 하도 빨라서 하늘로 뛰어올라 날아가는 새를 잡을 정도였다.

당시 많은 분야를 깊이 공부하고 500명의 제자를 둔 브라만 스승이 있었다. 대신은 아들을 그 스승에게 데리고 가 공부를 하게 하였다. 아힘싸의 지능은 너무도 뛰어나서 남들이 일 년 동안 배울 분량을 하루 만에 공부하고 이해할 수 있었다. 그래서 높은 교육을 받는 데 그리 오랜 시간이 걸리지 않았다. 스승은 매우 만족해했고 아힘싸는 항상 스승 곁에 있었다. 불행히도 그 스승의 아내는 아힘싸의 용모와 신체적 재능에 매력을 느꼈지만 그와 얘기를 나누거나 교유할 기회를 얻지 못했다.

어느 날 스승은 한 후원자로부터 제자들과 함께 집으로 와서 3달 동안 묵어달라는 요청을 받았다. 스승은 아내에게 말했다. "우리 집에는 할 일이 많은데, 내가 없는 동안 누가 집에 머물면서 당신을 돕는 게 좋겠소?" 부인은 많은 분야에 지식과 기술을 가진 사람이어야 하므로 아힘싸가 가장 적격이라고 제안했다. 그래서 스승은 아힘싸에게 말했다. "네가 집에 머물면서 아내를 도와라. 그녀가 원하는 것은 무엇이든 하도록 해라." 그런 다음에 스승과 다른 제자들은 떠났다.

아내는 이제 욕망을 채울 수 있다고 생각하고 아힘싸에게 부적절한 관계를 제안했다. 그러나 아힘싸는 스승에 대한 존경심이 대단했기에 혼자 생각했다. '그녀는 스승의 아내다. 뿐만 아니라 이는 브라만 전통에도 반하는 일이다. 그녀와 관계를 갖느니 차라리 죽는 편이 낫다.' 그는 그녀의 요구를 거절했다.

그녀는 심히 수치스러웠고 화가 났다. 브라만 스승과 제자들이 돌아왔을 때, 그녀는 스스로 옷을 찢고 손톱으로 제 얼굴을 할퀸 채 바닥에 쓰러져 울고 있었다. 스승은 그런 아내를 보고 무슨 일이 있었는지 물었다. 그녀는 말했다. "당신이 떠난 후 아힘싸가 강한 욕망에 사로잡혀 찾아와서는 여기서 나와 관계를 갖자고 했습니다. 당연히 나는 그를 거부했지만 그는 강한 힘으로 나를 이렇게 만들었습니다."

그 순간 브라만 스승은 너무 화가 나서 생각했다. '지금 아힘싸는 아주 중요한 대신의 아들이라 교육도 많이 받았고 권력도 있다. 뿐만 아니라 그는 천 사람의 힘을 가지고 있어 나는 힘으로 그를 당할 수도 없다. 그를 제거할 아주 특별한 방법을 써야겠다.' 그는 아힘싸에게 가서 정중하고 좋은 말로 의논했다. "너는 나의 수제자들 중 한 명이다. 내 마음은 너에게 있으며 너는 내게 매우 친절하다. 그래서 어느 누구에게도 준 적이 없는 특별한 가르침을 네게 주고 싶다. 네가 이것을 잘 수행한다면 너는 분명 범천의 영역에서 천신으로 태어날 것이다."

아힘싸는 이 말을 듣고 너무 기뻐서 두 무릎을 땅에 꿇고 두 손을 가슴에 모은 채 그 특별한 가르침을 꼭 받고 싶다고 말했다.

스승은 말했다. "만일 네가 일주일 안에 천 명의 머리를 자르고 손가락을 하나씩 잘라서 그것들로 염주 목걸이를 만들어 네 목에 걸 수 있다면 이생에서 너는 범천의 얼굴을 직접 보게 될 것이다. 바로 그 후에 너는 범천계에 태어날 것이다."

이 지시를 듣고 아힘싸는 의혹이 생겨 스승에게 이렇게 대답했다. "사람들의 생명을 빼앗아서 범천계에 태어나는 건 옳지 않습니다."

스승은 대답했다. '너는 나의 제자이다. 만일 네가 내 명령을 수행하지 않는다면, 만일 네가 내 가르침을 믿지 않는다면 너는 합당한 제자가 아니다. 당장 여기에서 나가거라." 그 순간 스승은 땅에 검을 꽂았고 아힘싸의 마음은 분노에 압도되었다. 스승은 그 검에 흑마술의 주문을 걸어 그의 손에 쥐어 주었다. 아힘싸는 너무나 격분한 나머지 검을 휘둘러대며 길에서 만나는 사람은 누구든지 죽였다. 그리고는 각자로부터 손가락 하나씩을 잘라서 염주 목걸이를 만들었다. 그래서 그 이후로 그는 '앙굴리말라(손가락 염주)'라고 불리게 되었다.

그는 여기저기로 뛰어다니면서 일주일 안에 999명의 사람들을 죽였다. 이제 1,000명을 채울 마지막 한 명을 찾으면 되는데 사람들이 도망쳐서 그게 쉽지가 않았다.

이 7일 동안 앙굴리말라는 어떤 음식이나 음료도 취하지 않았다. 그의 어머니는 아들이 아무것도 먹지 않았다는 생각에 큰 연민으로 가득차서 먹을 것을 갖다 주러 길을 나섰다. 멀리서 어머니가 오는 것을 보고 그는 생각했다. '이제 주변에는 아무도 없다. 아마도 나의 어머니를 죽여야 할 것 같다.' 그래서 그는 어머니를 향해 달려갔다.

그녀는 말했다. "아들아, 너는 어머니를 섬기고 공경해야 한다. 어머니를 죽이는 것은 옳지 않다. 그것은 너를 지옥에 태어나게 할 극악한 범죄이다. 그렇지 않느냐?"

"그러나 저는 일주일 안에 천 명을 죽이라는 스승님의 명령을 받았습니다. 그러면 범천계에 다시 태어날 것입니다. 이제 나는 마지막 손가락 한 개를 찾고 있으니, 어머니를 죽여야만 합니다." 어머니는 이렇게 대답했다. "나를 죽이는 대신 내 손가락 중에서 한 개를 가져가라. 그리 하겠느냐?"

이렇게 협상을 하는 동안 자비의 화신이며 일체지를 지니고 편재하시는 부처님은 이 사람을 해탈시킬 때가 됐다고 느꼈다. 그 순간 부처님은 비구로 모습을 나타내어 앙굴리말라 근처로 걸어갔다.

앙굴리말라는 이 비구를 보자 곧 생각했다. '내 어머니를 죽이는 대신 그를 죽여야겠다.' 그래서 그는 조용하고 부드럽게 걷고 있는 비구의 뒤를 쫓아갔다. 그런데 앙굴리말라가 아무리 빨리 뛰어가도 그를 따라잡을 수가 없었다. 오히려 그 비구는 더 멀어져만 갔다. 그것을 알아차리자 앙굴리말라가 말했다. "비구여! 기다리시오."

멀리서 비구가 대답했다. "나는 당신을 기다리고 있었는데, 당신은 계속 뛰는군요."

앙굴리말라가 다시 소리쳤다. "당신은 기다리고 있었고 나는 계속 뛰었다니, 그게 무슨 말이오?"

비구는 이렇게 대답했다. "나의 모든 감각기관들은 다 선정에 들어 있소. 나는 항상 평화로운 상태에 있소. 당신 스승의 사악한 명령 때문에 당신의 마음은 완전히 혼동되고 현혹되어서 안정되어 있지 않아요. 당신은 생명을 빼앗기 위해 밤낮으로 뛰어다니면서 상상할 수없는 부덕을 저질렀군요." 이 말을 듣는 순간, 앙굴리말라는 그 의미를 깨달았다. 그는 검을 땅 바닥에 내던지고 멀리서 엎드려 절하며 말했다. "당신께 귀의합니다."

그 비구는 다가와서 찬란한 빛과 위엄 등의 상서로운 상호들을 나타내며 부처님의 모습으로 현신했다. 그리하여 앙굴리말라는 부처님을 직접 볼 기회를 가졌다. 그때 그는 가슴 깊은 곳에서 자신의 행동을 후회하는 그러한 믿음과 귀의심이 생겨났다. 그는 그동안 저지른 모든 부덕한 행동들을 자백했다. 부처님은 그를 사원으로 데려가 그의 근기에 맞는 광대하고 심오한 가르침을 주었다. 앙굴리말라는 가르침에 대한 확신을 얻자, 광대하고 심오한 가르침을 한 번에 간파해버렸다. 그는 비구가 되겠다고 간청했다. 부처님은 말했다. "물론 환영한다."

앙굴리말라는 머리카락을 자르고 비구가 되어서 쉬라와스띠로 가서 안거에 들었다. 그러한 가르침들을 받음으로써 참회의 마음과 부처님에 대한 확신 때문에, 그는 999명을 죽여서 만든 악업을 충분히 정화시킬 수 있었다. 결국 그는 아라한을 성취했다.

앙굴리말라의 이야기는 여기서 끝난다.

우다야나 이야기

9장에서는 해독제의 힘으로 악업을 정화하는 것을 설명하고 있다. 악업에 대한 완벽한 해독제인 선업은 번뇌를 소멸시킨다. 오래 전에 어머니를 죽이는 악업을 저지른 우다야나는 완전한 해독제의 힘을 사용하여 그의 악업을 정화시켜 천계에서 다시 태어나며 예류과를 얻었다.
그래서 이런 말이 있다.

> 자기를 이끄는 힘이 부족하다가
> 후에 정념을 갖게 되는 사람은
> 구름에서 벗어나 빛나는 달과 같다.
> 예를 들면 난다, 앙굴리말라, 아쟈따샤뜨루와 우다야나가 그러하다.

우다야나 이야기는 다음과 같다.

언젠가 쉬라와스띠에 결혼한 한 재가자가 살았는데, 그의 아내가 아들을 출산했다. 남편은 돈을 벌기 위해 다른 도시로 나갔고 아내는 혼자서 아들을 잘 키웠다. 한번은 그 아들과 아들의 친구가 지붕 위에 있는 한 젊은 여인을 우연히 만났다. 그런데 그녀는 그 아들의 관심을 끌기 위해 그에게 화환을 던졌다. 친구는 그들이 수화를 통해 부적절하게 서로 소통하고 있다는 것을 눈치 채고 재빨리 집으로 가서 아들의 어머니에게 말했다.

어머니와 친구는 그 상황을 의논했다. 친구가 말했다. "만일 그가 그 젊은 여인을 만나러 그 집으로 간다면 엄청난 고통을 맛보게 될 겁니다. 그런 이유로 우리는 그를 보호해야 합니다. 저는 낮 동안 그를 지킬 테니, 어머니는 밤에 그를 반드시 지켜야만 합니다." 어머니는 아들에게 편안한 침대와 화장실을 갖춘 방을 만들어 주었다. 그녀는 방문을 잠그고 문 옆에서 잠을 잤다.

그날 밤 아들이 잠이 깨서 말했다. "어머니, 화장실에 가야겠는데 밖으로 나가도 돼요?" 그녀는 대답했다. "아니다, 그럴 필요 없다. 네 방에 화장실이 있다." 그래서 그는 잠시 동안 조용해졌다. 얼마 후에 그는 애원했다. "어머니, 제발 문 좀 열어주세요. 밖으로 나가고 싶어요." 어머니는 대답했다. "밤에 밖에 나가는 것은 적절치 못하다. 네게 편안한 침대가 있으니 어서 자거라." 잠시 후에 그는 다시 애원했다. "어머니, 밖으로 나가도 돼요? 문 좀 열어주세요!" 어머니는 대답했다. "나는 네가 무엇을 하려는지 다 알고 있다. 나는 네가 나가는 것을 원치 않으니 네 방문 옆에서 잘 것이다."

순간 그는 화가 너무나 치밀어서 칼을 꺼내서는 어머니의 목을 베었다. 그는 그 여인의 집에 도착할 때까지 자기가 저지른 악업 때문에 공포로 덜덜 떨고 있었다. 그가 불안해하는 이유를 오해한 여인은 그를 안심시키며 말했다. "아무것도 두려워 할 필요 없어요. 이 방에는 우리 둘뿐이에요." 그 소년은 설명했다. "당신 때문에 나는 방금 내 어머니를 죽였습니다."

그 여인은 생각했다. '이 사람은 나쁜 사람이 틀림없다. 나중에도 화가 나면 같은 짓을 할지도 모른다.' 그래서 그녀는 말했다. "여기

잠시만 계세요. 지붕에 갔다 곧 돌아올께요." 그녀는 지붕으로 가서 소리쳤다. "도둑이야! 여기 도둑이 있어요!" 그래서 아들은 얼른 그의 집으로 달려갔다. 피 묻은 칼을 현관 계단 위에 놓고는 도둑이 어머니를 죽였다고 외치며 돌아다녔다.

아들은 후회와 양심의 가책으로 괴로워했다. 그는 악업을 정화시킬 방법을 찾아다녔다. 그는 스승들과 고행자를 찾아 여기저기, 이 나라에서 저 나라로, 숲에서 숲으로 돌아다니며 그런 정화의 방법을 알려줄 수 있는지 물었지만 그런 방법을 찾을 수가 없었다.

마침내 그는 제따와나에 도착했는데 거기서 이런 시를 염송하는 비구를 보았다.

악업을 저지르고
그것을 덕으로 정화시킨 사람은
구름을 벗어난 해와 달처럼
이 세상에서 밝게 빛난다.

이 내용을 듣자 그는 이 비구가 부정의 업보를 정화시킬 방법을 확실히 알고 있다는 믿음이 생겼다. 그는 그 비구 앞으로 가서 말했다. "내가 비구가 될 수 있습니까?" 그 비구는 입문식을 해주었고, 그렇게 해서 그 아들은 비구가 되었다.

비구가 된 후에 그는 정진을 계속하여 삼장의 경전과 기도문 염송에서 대가가 되었다. 그의 정진을 지켜보던 다른 비구들이 다가와서 왜 그렇게 집요한지 물었다. 그는 말했다. "나는 당신들과 다릅니다. 나는 내 어머니를 죽였습니다. 나는 악한입니다. 그 악업을 정화하기 위해 나는 이렇게 집요하게 수행하는 것입니다." 이 말이 부처님에게 전해졌다. 이 소식을 들은 부처님은 모든 비구들에게 어머니를 죽인 자들은 계율 안에서 수행의 과보를 얻을 기회가 없다고 말했다. 그리하여 부처님은 그에게 승단을 떠나라고 온화하게 요청했다.

그는 국경 근처로 갔다. 그곳에는 그의 후원자가 된 한 재가자가 살고 있었다. 그는 우다야나에 대한 헌심이 너무 커서 그에게 큰 사원을 지어 주었다. 여러 곳에서 비구들이 우다야나의 가르침을 받으러 그곳으로 모여들었다. 많은 비구들이 아라한이 되었다.

얼마 후 우다야나는 병이 들었고 자신의 죽음을 예견한 그는 비구들의 오두막을 자신을 기념하여 지어 달라고 부탁했다. 오두막이 완성되고 얼마 지나지 않아 그는 죽어서 지옥에서 다시 태어났다. 지옥에서 그는 말했다. "오, 이 오두막은 너무 덥구나." 지옥 관리인들이 말했다. "이 불운한 사람아, 여기는 비구의 오두막이 아니고 지옥이다!" 그 말과 함께 그들은 그의 머리를 망치로 쳤다. 그 순간 그는 죽었고, 이전에 오두막을 짓고 비구들에게 가르침을 주면서 쌓은 공덕으로 많은 악업을 씻고 사천왕의 영역인 천상에서 다시 태어났다.

그 후 천신들의 아들 하나가 부처님을 섬기고 가르침을 받으러 땅에 내려왔다. 그는 부처님에게 다가가서 천상의 꽃들로 된 공양을 올리고, 부처님을 예경하며 그의 발아래 엎드렸다. 부처님은 그에게 여러 단계의 가르침을 주었다. 그는 학업과 수행에 정진하여 예류과를 얻은 후 천상으로 돌아갔다.

이것이 어머니를 죽인 아들, 우다야나의 이야기이다.

난다 이야기

9장에서는 결의로써 악업을 정화하는 것을 설명하고 있다. 악업이 익어가는 미래에 대한 두려움 때문에 우리는 악업을 멈추게 된다. 옛날에 여자에 집착했던 악한 난다는 결의의 힘으로 악업을 정화하고 아라한의 결실을 얻었다. 그래서 이런 말이 있다.

*자기를 이끄는 힘이 부족하다가
후에 정념을 갖게 되는 사람은
구름에서 벗어나 빛나는 달과 같다.
예를 들면 난다, 앙굴리말라, 아쟈따샤뜨루와 우다야나가 그러하다.*

난다의 이야기는 다음과 같다.

부처님이 까삘라와스뚜에 계시는 동안 부처님의 조카인 난다는 아내 뿐다리까의 미모와 재능에 너무 집착한 나머지 잠시도 떨어져 있을 수가 없었다. 그렇게 그들의 생활은 오직 즐기는 일뿐이었다. 부처님은 크신 자각과 자비심, 그리고 일체지로 지금이 난다를 도울 때라는 것을 알게 되었다.

그래서 부처님은 아난과 함께 점심을 탁발하러 나갔다. 난다의 집 문 앞에 도착하자 부처님은 그 집안으로 밝은 빛을 발하여 집안으로 보냈고 사람들은 이것이 무슨 징후인지 궁금했다. 그들은 하인 하나를 보내어 무슨 일인지 알아보라고 했다. 부처님을 본 하인은 돌아가서 보고했다. 난다는 부처님을 맞이할 준비를 했다. 그때 그의 아내 뿐다리까는 남편이 비구가 되겠다고 할지 몰라 두려워졌다. 그런 일이 일어나는 것을 원치 않았던 그녀는 남편의 옷자락을 잡고 매달리며 가지 말라고 애원했다. 난다가 말했다. "나는 단지 부처님을 뵙고 엎드려 절하러 가는 것이니, 빨리 돌아오겠소." 그녀는 물 한 방울을 그의 머리에 떨어뜨리고는 그것이 마르기 전에 돌아오라고 간청했다. 그는 그렇게 하겠다고 약속했다.

그래서 난다는 부처님을 뵈러 가서 절을 올렸다. 그는 부처님의 발우를 집으로 가져가서 온갖 훌륭한 음식으로 채웠다. 그러나 공양을 올리려고 나와 보니 부처님은 천천히, 부드럽게 걸어가고 있었다. 그 능력과 위엄과 광채는 그가 감히 뒤에서 부를 수가 없을 정도였다. 그는 아난에게 부처님의 발우를 가져가라고 했으나, 아난이 거절했기 때문에 땅바닥에 발우를 놓고 돌아갈 수가 없었다. 그렇게 해서 그는 발우를 들고 부처님의 뒤를 따랐다.

모든 사람이 사원에 도착하자 부처님은 그 발우를 받고 난다에게 그와 함께 앉으라고 청했다. 부처님은 점심을 즐기시고 남은 밥을 난다에게 주며 먹으라고 말했다. 난다는 남은 밥을 모두 먹었다. 그러자 부처님이 말씀하셨다. "비구가 되는 데 관심이 있느냐?" 부처님의 기세와 위엄에 눌려 그는 거절할 수가 없어서 그렇다고 대답했다. 부처님은 아난에게 난다를 데려가 머리카락과 수염을 자르게 하라고 말씀하셨다.

그리하여 아난은 그를 이발사에게 데려갔다. 그런데 이발사가 그의 머리카락을 자르기 시작하자 난다가 말했다. "이발사여, 얼마 후에 나는 위대한 군주가 될 것이다. 만일 네가 내 머리카락을 자른다면, 나는 너의 두 손을 자르고야 말겠다." 그 이발사는 혼비백산하여 달아났다.

아난은 이 일을 즉시 부처님에게 보고했고, 부처님은 난다에게 걸어와서 부드럽게 물으셨다. "비구가 되고 싶지 않으냐?"

난다는 비구가 되겠다고 대답했다. 부처님은 그를 적당한 장소로 데려가서 아난에게 물을 가져오라고 시켰다. 부처님은 손수 난다의 머리를 씻기고 그의 머리카락과 수염을 잘랐다.

난다는 당분간 부처님을 섬기기로 했다. 비록 몸은 비구가 됐지만 밤낮으로 집으로 돌아가고 싶은 욕망에 사로잡혀 있었다. 어느 날 밤, 그가 집에 갈 준비를 하고 떠나려고 할 때, 부처님은 거대한 절벽을 만들어내어 갈 수 없도록 막았다. 난다는 내일 가야겠다고 생각했다. 그는 아내를 회상하는 것이 너무 괴로웠다. 그의 마음 상태를 안 부처님은 모든 비구들이 점심 때 까삘라와스뚜에 간 동안 난다에게 사원 청소를 시키라고 아난에게 지시했다. 그래서 그는 사원을 청소하려고 뒤에 남았다.

부처님과 모든 비구들이 떠나자, 난다는 사원 청소를 마치고 바로 집에 갈 생각에 신이 났다. 그런데 아무리 열심히 청소를 해도, 부처님의 신통력으로 모든 먼지가 다시 돌아오는 것이었다. 그는 점점 지쳐갔다. 그래서 청소를 다 마치지는 못했지만 어쨌든 문을 닫고 출발하려고 하는데, 닫혔던 문이 저절로 다시 열렸다. 그는 생각했다. '나는 이 문을 닫을 수가 없구나. 만일 사원이 파괴되거나 무너져도 훗날에 내가 왕이 됐을 때 다시 지으면 된다.' 그는 이렇게 생각하고 뛰기 시작했다.

그는 큰 길로 가면 부처님과 비구들을 만날 것 같아서 작은 오솔길로 들어섰다. 당연히 모든 것을 분명히 아시는 부처님은 그 오솔길로 오고 있었다. 부처님이 오시는 것을 보고 난다는 큰 나무의 나뭇가지 아래 숨었다. 하지만 부처님이 다가가니 나무가 나뭇가지를 들어 올려 난다의 모습이 드러났다. 난다는 수치스럽고 두려웠다. 부처님이 물었다. "너는 사원으로 돌아가고 싶으냐?" 난다는 그렇다고 대답했다.

부처님은 그가 아내 생각에 무척 괴롭다는 것을 알고 있었다. 그래서 하루는 부처님이 그에게 말했다. "향내 나는 산이라 불리는 곳에 가본 적이 있느냐?" 난다가 그 산을 본 적도, 가본 적도 없다고 대답했을 때 부처님은 그곳에 산책삼아 가보자고 제안했다. 난다가 동의하자 부처님은 말했다. "이제 내 법의를 잡아라!" 그리고 신통력으로 하늘을 날아서 숲으로 갔다. 부처님은 한편에 앉아서 한쪽 눈을 잃은 원숭이를 단지 지켜보기만 하라고 말씀하셨다. 그 다음에 그에게 물으셨다. "난다야, 네 아내 뿐다리까와 이 원숭이 중에 누가 더 아름다우냐?" 그는 대답했다. "제 아내인 뿐다리까가 백 배는 더 아름답습니다. 이 원숭이는 전혀 비교대상이 안 됩니다." 그리고 그들은 돌아왔다.

다음 날, 부처님은 난다에게 천상세계를 구경하고 싶은지 물으셨고, 난다는 가보고 싶다고 말했다.

"내 옷을 꼭 잡아라." 그가 옷을 잡은 순간 부처님은 그를 천상세계로 데려갔다. 부처님은 한편에 앉았고 난다에게 볼 수 있는 것을 보고 오라고 말했다. 그는 천신들의 궁전이 있는 도시로 갔다. 향락과 쾌락이 넘치는 궁전들이 많이 있었고 각 궁전마다 천신들과 여신들이 살고 있었다. 그는 하나씩 차례로 궁전에 가보았다.

한 곳은 왕좌가 비었고 천신도 없이 여신들만 있었다. 난다는 궁금하여 여신들에게 물었다. "내가 본 다른 궁전에는 천신과 여신들이 함께 있었는데 여기는 오로지 여신들만 있는 이유가 무엇입니까?" 그들은 대답했다. "최근에 지상에 있는 부처님의 조카인 난다가 비구가 되었답니다. 그가 죽은 후에 여기서 다시 태어날 것이기 때문에 그를 위해 이 궁전을 준비 중입니다." 그는 너무 신나고 기뻐서 당장 부처님에게 달려가 그가 본 모든 것을 설명했다.

부처님이 그에게 물으셨다. "네 아내 뿐다리까와 이 여신들 중 누가 더 예쁘냐?" 난다가 대답했다. "제 아내는 눈먼 원숭이와 같습니다. 비교가 안 됩니다. 여신들이 수백 수천 배 더 아름답습니다." 그 다음에 부처님이 말씀하셨다. "이제 돌아가 청정비구 생활을 하며 수행하면 너는 천상세계의 모든 즐거움을 누리게 될 것이다." 그리고 그들은 아나따삔다다쌰 아라마(급고독원)로 돌아갔다. 천상의 즐거움을 얻기 위해 난다는 그의 비구생활을 유지하려 노력했다.

난다의 마음상태를 알기 때문에, 부처님은 아난에게 비구들 중 누구도 난다에게 말하지도, 함께 있지도 말라고 지시했다. 왜냐면 그는 단지 천상에 이르기 위해 비구계를 지키고 있기 때문이었다. 이 지시대로 모든 비구들은 그를 내버려두고, 말도 걸지 않고 근처에 가지도 않았다. 난다는 조금 풀이 죽어서 아난에게 갔다. 아난은 난다의 조카였기 때문에 아마도 그와 이야기를 해줄지도 모른다고 생각했지만 아난 역시 그를 모른 척했다. 난다가 물었다. "왜 이러는 겁니까? 다른 비구들은 그럴 수 있다 해도 당신은 내 조카인데 어떻게 이럴 수 있습니까?" 아난은 그의 말이 사실이라고 인정했지만 그들의 갈 길은 다르다고 말했다. "당신은 천상의 즐거움을 위해 비구계를 지키려고 노력하고 있고, 우리는 열반에 들고자 정진하고 있습니다. 그 때문에 우리가 당신과 어울리는 것은 옳지 않습니다." 그 말을 들은 난다는 너무 혼란스럽고 더욱 우울해졌다.

그의 마음을 아시는 부처님이 그에게 다가가서 말씀하셨다. "난다야, 지옥계를 본 적이 있느냐?" 난다가 아니라고 대답하자 다시 말했다. "그곳을 보러 가겠느냐?" 난다가 좋다고 대답하자, 부처님은 법의를 꼭 잡으라고 말하고 순식간에 그를 지옥으로 데려갔다. 부처님은 한편에 앉아서 말씀하셨다. "이제 여러 궁전들을 모두 보러 가거라."

그는 걸어가면서 불타는 구리 솥 안에 쇳물이 끓는 것을 보았다. 지옥 관리인들이 솥단지 안에 사람들을 넣고 끓이고 있었고, 그들은 상상할 수 없이 괴로워하고 있었다. 그는 이곳저곳을 다니다가 한 군데서 다른 것들과 똑같이 생긴 구리 솥이 있었지만 안에는 아무것도 없이 비어 있는 것을 목격했다. 난다는 지옥 관리인들에게 물었다. "펄펄 끓는 다른 모든 항아리들 속에는 쇳물에 사람을 삶고 있었습니다. 그런데 이 항아리 안에는 왜 아무것도 없습니까?"

그 관리인들이 대답했다. "지금 지상에는 난다라는 부처님 조카가 있습니다. 그는 천상에서 다시 태어나려고 비구가 되어 법 수행을 하고 비구계를 지키고 있습니다. 이다음에 그는 이 항아리에서 다시 태어나 끓여질 겁니다." 그들이 자신을 알아볼까봐 겁이 나서 난다는 항아리 안으로 몸을 숨겼다가, 부처님에게 빨리 달려가서 그가 보고 들은 것들을 설명했다.

부처님이 말씀하셨다. "만일 네가 천계와 인간계의 복덕을 누리기 위한 발원으로 비구가 된다면 이러한 불이익 또한 감수해야 한다. 그렇기 때문에 너는 비구계를 지키되 열반에 들기 위한 목적으로 지켜야 한다." 부처님과 난다는 제따와나 숲으로 돌아갔다.

부처님은 모든 비구들과 난다에게 누구나 탐욕, 증오, 무지의 세 가지 잘못을 씻기 위해 노력해야 한다고 말씀하셨다. 그 이후로 난다는 일시적이고 황홀한 천상과 인간 세상의 향락과 평안에 조금도 미혹되지 않고 온 마음으로 노력했다. 부처님은 그의 근기에 따라 가르침을 주었고, 난다는 명상 수행을 완성하였다. 그 결과 짧은 시간 안에 아라한 과를 성취했다.

이것이 속죄의 힘으로 아라한에 도달한 난다의 이야기이다.

아쟈따샤뜨루 이야기

9장에서 귀의의 힘으로 악업을 정화하는 것은 삼보에 귀의하거나 최상의 깨달음을 향해 마음을 닦는 것으로 설명했다. 예전에 아버지를 죽이는 악업을 저지른 아쟈따샤뜨루는 귀의의 힘을 수행하여 보살이 되어 그의 죄를 씻었다. 그래서 이런 말이 있다.

자기를 이끄는 힘이 부족하다가
후에 정념을 갖게 되는 사람은
구름에서 벗어나 빛나는 달과 같다.
예를 들면 난다, 앙굴리말라, 아쟈따샤뜨루와 우다야나가 그러하다.

아쟈따샤뜨루의 이야기는 다음과 같다.

라즈기르에 빔비사라 왕이 있었는데 부처님과 제자들의 막강한 후원 자였다. 왕에게 아들이 태어나서 '보기에 의미 있는', 또는 '덕스러운 봄'이라는 뜻을 가진 '통덴'이라는 이름을 지어주었다. 그러나 그는 또한 '탄생 이전의 적'이라는 의미를 가진 '아쟈따샤뜨루'라고도 불렸다. 그 당시 부처님의 사촌 데와닷따는 부처님과 부단히 경쟁하면서 그를 해하려는 나쁜 의도를 갖고 있었다. 데와닷따는 명상 수행을 하고 부처님을 해치기 위해 5가지 천안통을 얻고자 노력했다. 그러한 능력을 얻게 되자 그는 아쟈따샤뜨루 왕자에게 가서 그의 신비한 능력을 과시했다. 아쟈따샤뜨루는 매우 감명을 받아 그에 대한 귀의심이 생겼다. 그는 여러 가지 공양과 즐거움을 데와닷따에게 올리며 만족을 주었다.

왕자는 데와닷따에게 말했다. "나는 만뜨라 꽃을 갖고 싶어요." 데와닷따는 그의 신통력으로 33개의 천상세계로 가서 천신들에게 꽃을 달라고 부탁했다. 그러나 그는 충분한 공덕을 쌓지 못했기 때문에 어떤 천신도 그에게 꽃을 주지 않았다. 그러자 그는 그것이 큰 죄라는 것을 깨닫지 못한 채, 천계의 외진 곳으로 가서 주인이 없는 것처럼 보이는 야생화를 꺾었다. 꽃을 꺾는 순간 그는 모든 신통력을 잃었다. 그는 전처럼 라즈기르에 사는 평범한 사람이 되어 있었다. 그의 능력을 잃어버린 것이 너무 수치스러워서 당분간 그는 아쟈따샤뜨루 왕자를 마주할 수 없었다.

데와닷따는 부처님에게 제자들을 달라고 부탁해서 그의 지위를 회복해야겠다고 생각했다. '만일 그가 나에게 그의 수행자들을 준다면, 그들을 가르쳐서 공덕을 쌓을 수 있을 것이다.' 그래서 그는 부처님에게 가서 요청했다. "나에게 당신의 모든 비구들과 수행자들을 주면 그들에게 가르침을 주고 그들의 마음을 길들이고 싶습니다."

부처님은 대답하셨다. "어리석은 자여! 사리불은 아주 명석하고 너무나 특별한 통찰력과 지혜를 가져서 많은 사람들이 그를 의지하고 존경하지만, 심지어 그에게도 내 수행자들을 내어준 적이 없다. 하물며 내가 어찌 너에게 그들을 주겠느냐?"

순식간에 데와닷따는 화가 치밀어 고따마 부처님에게 말했다. "지금 당장은 당신이 훌륭한 수행자들을 가졌지만 이들은 곧 자연히 사라질 것입니다." 그 순간 땅이 6번 진동했고 먼지 폭풍이 데와닷따에게 불어와 그의 전신이 먼지로 뒤덮였다. 이로 인해 그는 더욱 화가 났다. 이제 적을 제거해야겠다고 결심하고 데와닷따는 아쟈따샤뜨루 왕자를 직접 만나러 갔다.

먼지로 뒤덮인 데와닷따의 얼굴은 우울하고 슬퍼 보였다. 왕자는 물었다. "당신의 얼굴은 왜 그렇게 광채도 없이 추하게 되었습니까? 무슨 일이 있었습니까?"

데와닷따는 말했다. "나는 항상 우울했었는데 당신은 눈치 채지 못했습니까?" 아쟈따샤뜨루는 그러한 슬픔의 이유와 상황을 말해달라고 애원했다. 데와닷따는 이렇게 말했다. "나는 당신의 가장 가까운 친구들 중 한 명입니다. 온 나라 사람들이 당신에 대해 험담을 하고 있으니, 내 마음이 이렇게 괴롭습니다."

"나에 대해 어떤 험담을 하고 있습니까?" 아쟈따샤뜨루는 물었다.

데와닷따는 대답했다. "사람들은 당신을 '탄생 이전의 적'이라고 부릅니다. 불쾌한 말입니다."

아쟈따샤뜨루는 물었다. "나에게 '탄생 이전의 적'이라는 이름을 지어준 사람은 누굽니까?"

데와닷따는 대답했다. "당신이 태어나기 전, 아직 어머니 뱃속에 있을 때 예언가는 당신이 아버지를 죽일 거라고 말했습니다. 그래서 당신이 태어나기 전부터 사람들은 당신을 아버지의 적이라고 불렀습니다. 물론 궁전 안에서 측근들은 당신을 '공덕'이라고 불렀지만, 밖의 사람들은 이런 식으로 말했습니다. 예언가가 그렇게 말했기 때문에 당신의 어머니는 당신이 태어났을 때 당신을 죽이려고 지붕에서 땅바닥으로 던졌습니다. 당신은 죽진 않았지만 그때 손가락 하나를 잃은 것입니다. 사람들이 당신을 '탄생 이전의 적'이라고 부르는 것을 들을 때마다 나는 괴로웠지만 감히 당신에게 이것을 설명할 수 없었습니다. 이제 당신 아버지를 죽일 때가 된 것 같습니다. 당신이 부왕을 죽인다면 나는 고따마 부처님을 죽일 조치를 하겠습니다."

이 말을 듣고 나서 아쟈따샤뜨루는 가까운 두 대신을 불러 '아쟈따샤뜨루'라는 의미를 설명하도록 했다. 그들은 데와닷따가 미리 알려준 설명이 맞다고 왕자에게 확인시켜 주었다. 논의 끝에 왕자와 두 대신은 아버지 빔비사라 왕을 감옥에 가두고 군사들로 포위했다.

어머니는 왕을 보려고 감옥으로 달려갔으나 경비원들이 그녀를 제지했다. 경비원들은 아쟈따샤뜨루에게 왕비가 왕을 만나려 한다고 전하고 그가 그것을 허락할 건지 물었다. 이것은 그를 전보다 더 화나게 만들었고, 그래서 그는 검을 들고 어머니에게 달려갔다. 막 어머니의 머리를 베려는 순간 '대의大醫'가 도착하여 말했다. "아무리 중한 죄를 지었다 해도, 훌륭한 왕들은 대개 여인을 벌하지 않습니다. 하물며 어떻게 어머니를 죽일 수 있습니까?" 그래서 왕자는 어머니를 놓아주었다. 그리고 나서 그는 감금당한 아버지에게 공급되는 약, 음식과 옷 등의 모든 것을 중단시켰다. 7일 후에 그의 아버지 빔비사라 왕은 죽었다.

아버지가 죽은 후에 아쟈따샤뜨루는 그가 지은 악업에 대해 깊이 후회하기 시작했다. 대의가 그에게 와서 말했다. "위대한 왕이시여, 제발 이것을 이해하십시오. 하나의 악업으로 당신은 두 가지 악업을 저질렀습니다. 하나는 당신의 아버지를 죽인 것이고, 또 하나는 예류과에 든 수행자를 죽인 것입니다." 이 악업에 더하여 그와 데와닷따는 또한 부처님의 발에 돌을 던져 상처를 주었다. 이 모든 악업들의 업보는 아쟈따샤뜨루의 몸을 곪게 했고, 종기가 그의 온몸을 덮어버렸다. 종기에서는 고름이 나고 냄새가 왕국 전체로 퍼져나갔다.

하늘에서 목소리가 들렸는데, 그는 곧 죽어서 지옥에서 다시 태어날 것이라고 말했다. 그는 많은 의사들과 스승들을 찾아 조언을 구했으나 구원을 받지 못했다. 최고의 의사가 말했다. "당신이 저지른 이런 중죄는 부처님만이 도울 수 있습니다."

아쟈따샤뜨루는 울었다. "만일 내가 부처님에게 가면 나를 받아줄까? 나를 도와줄까?"

그 의사는 대답했다. "물론입니다, 부처님께는 아들이나 철천지원수나 차이가 없습니다. 부처님의 대자비심과 지혜, 무한하고 탁월한 능력은 모든 중생들과 당신에게도 고루 미칠 것입니다."

그리하여 의사와 아쟈따샤뜨루는 코끼리를 타고 부처님을 만나러 갔다. 부처님은 수많은 비구들, 대가들, 천신들과 사람들에 둘러싸여 높은 보좌에 앉아서 가르침을 펴고 계셨다. 부처님은 멀리서 아쟈따샤뜨루가 다가오는 것을 보고 말씀하셨다. "위대한 왕이여! 환영합니다."

아쟈따샤뜨루는 생각했다. '다른 왕이 있는 것이 틀림없다. 나에게 하는 말일 리가 없다.'

그가 더 가까이 앞으로 나아갔을 때, 부처님이 다시 말했다. "위대한 왕이여! 환영합니다."

아직까지도 아쟈따샤뜨루는 부처님이 다른 사람을 칭찬한다고 생각했다. 그 후에 세 번이나 더 환영한다고 부처님은 말씀하셨다. 그 순간 그는 기절했다. 그의 얼굴에 물을 끼얹어 의식을 회복했을 때 그는 기쁨에 넘쳤다. 존경과 믿음과 귀의심으로 마음이 벅차서 여러 번 엎드려 절했다. 부처님은 이제 그가 부정한 업보를 정화시켰다고 말씀하셨다.

아쟈따샤뜨루는 말했다. "나는 나의 모든 부정한 업과 모든 중생들의 업을 정화시켰다."

부처님은 말씀하셨다. "당신의 부정한 업뿐만 아니라 다른 모든 중생들의 악업도 정화시킨 것은 잘한 일입니다." 부처님은 그에게 많은 가르침을 주었는데, 특히 보리심을 가르치고 보살 서원을 하게 했다. 아쟈따샤뜨루는 아주 열심히 끈기 있게 수행하여 '무생의 인내바라밀의 증득'이라 불리는 것을 성취했다. 이런 이유 때문에 그는 불·법·승과 보리심에 의지하여 모든 부정한 업을 정화시켰다.

아쟈따샤뜨루의 이야기와 그가 악업을 정화한 방법에 대해서는 이렇게 끝을 맺는다.

참고
경전명의 한글, 영어, 중국어, 범어, 티벳어 표기 대조

* 아래 대조표는 본문의 우리말 번역대본인 Khenpo Konchog Gyaltsen Rinpoche 영역의 *THE JEWEL ORNAMENT OF LIBERATION* (Snow Lion Publications, 1998)과 張澄基 중역의 『解脫庄嚴宝-大乘菩提道次第論』(〈岡波巴大師全集選譯〉, 1999, 법보시판), 그리고 希惹群培 중역의 『妙法如意宝解脫庄嚴論-大乘道次第』(宗教文化出版社, 2009)에 의거하여 작성하였다.
* 기재 순서는 ① 본문에 나오는 경전명의 한글음과 한자음을 표제로 제시하고(해당 한자음이 없는 경우 한글음만 표기), ② 영문(이탤릭체), ③ 해당 중국어 이명異名 및 신수대장경 경전명(경전명이 있는 경우만 표기), 줄을 바꾸어 ④ 범어, ⑤ 티벳어 순으로 하였다. 범어가 빠진 경우는 해당 범어본이 없고 티벳어본만 있는 경우이다.
* 범어와 티벳어의 로마자 표기는 영역본의 표기에 따랐다.

『가섭청문경迦葉請問經』: *Kashyapa-Requested Sutra*, 『大寶積經』「普明菩薩會第十三」
　　Kasyapapanvartasutra, Öd-sung-kyi zhu-pai dō

『가야산정경伽耶山頂經』: *Mount Gaya Sutra*, 『加牙果日經』
　　Gayasirsasutra, Ga-ya go-ri dō

『감로왕딴뜨라』: *King of Secret Nectar Tantra*, 『密甘露王續』
　　Amrtaguhyatantraraja, San-wa du-tsi gyal-pö gyud

『개현진실성경開顯眞實性經』: *Teaching Suchness Sutra*, 『宣說眞實性經』
　　Tattvaprakasa, De-khon-na ten-pai dō

『결택계섭론抉擇戒攝論』: *Collection of Complete Establishment*, 『瑜伽師地論』「決擇攝分」
　　Nam-par tan-la pak-pa du-wa

『광대증각경廣大證覺經』: *Increase of Great Realization Sutra*
   Tok-pa chen-po gye-pai dö

『권발증상의락경勸發增上意樂經』: *Sutra Requested with Extreme Sincerity*, 『策勵增上心經』
   Adhyasayasamcodanasutra, Lhag-pai sam-pa kul wai dö

『구경일승보성론究竟一乘寶性論』: *Unsurpassed Tantra*,
   Uttaratantra, Gyud lama

『극무주속極無住續』: *Completely Non-Abiding Tantra*
   Rab-tu mi-nay-pai gyud

『금강정비밀요가딴뜨라』: *Great Secret Yogatantra Diamond Summit*, 『金剛遊戲續』
   Vajrasekhara-mahaguhyayagotantra, Dor-je tse-mo

『금강해모해오속金剛亥母解悟續』: *Expression of the Realization of Sukari*
   Sukankavadana, Phag-mö tok-pa jüd-pa

『나라연청문경那羅延請問經』: *Narayana-Requested Sutra*, 『無貪子請問經』
   Narayana-pariprcchasutra, Se-me kyi-bu zhu-pai dö

『대방광총지보광명경大方廣總持寶光明經』: *Dharani Called Triple Jewel*
   Ratnolka-nama-dharani, Kon-chog ta-lai zun

『대승사법경大乘四法經』: *Showing the Four Dharmas Sutra*, 『四力經』
   Caturdharmanirdesa, Chö zhi ten-pai dö

『대승아비달마집론大乘阿毘達磨集論』: *Collection of the Abhidharma*,
   Abhidharmasamuccaya, Chö nun-pa kun-lay tü-pa

『대승장엄경론大乘莊嚴經論』: *Ornament of Mahayana Sutra*
   Mahayanasutralankara, Dö-de gyen

『대승집보살학론大乘集菩薩學論』: *Collection of Transcendent Instructions*
   Siksasamuccaya, Lak-pa kun-ley dü-pa

『대정계경大頂髻經』: *Great Crown Protrusion Sutra*,
   Tsug-tor chen-pö dö

『대집경大集經』: *Sutra Pieces*
   Dö Sil-bu

『대해탈경大解脫經』: *Great Liberation Sutra*

경전명 표기 대조 605

Thar-pa chen-pö dö

『도간경稻竿經』: *Rice Seedling Sutra*
Salistambhasutra, Sa-lu jan-pai dö

『마하상바로다야딴뜨라』: *Arisal of the View of Supreme Happiness*, 『但卻頓蔣續』
Mahasamvarodayatantraraja, Dem-chog dom-pa jung-wa

『묘법연화경妙法蓮華經』: *White Lotus of Sublime Dharma Sutra*, 『妙法白蓮花經』
Saddharmapundarikasutra, Dam-pai chö pad-ma dar-pö dö

『무시윤회경無始輪廻經』: *Beginningless Samsara Sutra*
Khor-wa thog-ma me-pai dö

『무진혜청문경無盡慧請問經』: *Aksayamati-Requested Sutra*, 『聖無盡慧經』
Aksayamati-pariprcchasutra, Phag-pa lo-drö mi zhu-pai dö

『문수유희경文殊遊戱經』: *Representation of the Manifestation of Manjushri Sutra*, 『大莊嚴法門經』, 『文殊師利神通力經』
Manjusrivikriditasutra, Jam-pal nam-par rol-pai dö

『발대심경發大心經』: *Great Development of the Enlightened Mind Sutra*,
Sem-chyed chen-pö dö

『방광대장엄경方廣大莊嚴經』: *Noble Profound Representation Sutra*
Lalitavistarasutra, Phag-pa gya-che rol-pa dö

『백업경百業經』: *Sutra of a Hundred Karmas*
Karmasatakasutra, Dö-de ley gyu-pa

『범왕승심청문경梵王勝心請問經』: *Brahma Visesainti-Requested Sutra*,
Brahmavisesacinti-pariprcchasutra, Tram-ze kyab-par sem-kyi zhu-pai dö

『범천소문경梵天所問經』: *Noble Brahma-requested Sutra*
Brahma-pariprcchasutra, Phag-pa tram-ze zhu-pai dö

『법집요송경法集要頌經』: *The Verses Spoken Intentionally*
Udanavarga, Che-du Jud-pai tson

『보리도등론菩提道燈論』: *Lamp for the Path to Enlightenment*
Bodhipathapradipa, Jang-chub lam-gyi dron-ma

『보리자량론菩提資糧論』: *Speech to an Assembly*,
Sambharaparikatha, Tsok-kyi tam

『보만론寶鬘論』: *Precious Jewel Garland*, 『寶鬘論』, 『寶行王正論』
　　Ratnavali, Rin-chen treng-wa

『보살계이십송菩薩戒二十頌』: *Twenty Precepts*, 『律儀二十頌』
　　Samvaravimsakavrtti, Dom-pa nyi-su-pa

『보살장경菩薩藏經』: *Bodhisattva Basket*
　　Bodhisattvapitaka, Jang-chub sem-pai de-nö

『보살지지경菩薩地持經』: *Bodhisattva Bhumis*, 『瑜伽師地論』「菩薩地」
　　Bodhisattvabhumi, Jang-chub sem-pai sa(Jang sa)

『보수장엄경寶樹莊嚴經』: *Planting the Noble Stalk Sutra*
　　Gandavyuhasutra, Phag-pa dun-po köd-pai dö

『보정경寶頂經』: *Precious Pinnacle Collection*, 『聖寶陀羅尼』
　　Mahasannipataratnaketudharani, Du-pa rin-po-che tog

『보현보살행원찬普賢菩薩行願讚』: *Aspiration Prayer for Proper Conduct Sutra*, 『普賢行願品』
　　Bhadracaryapranidhanamaharaja-paribandha, Zang-pö chöd-pai mon-lam gyi dö

『부동법성경不動法性經』: *Unwavering Dharmadhatu Sutra*
　　Dharmatasvabhavasunyatacalapratisarvalokasutra, Chö-nyid mi-yo-wai dö

『부루나문경富樓那問經』: *Purna-Requested Sutra*
　　Purna-pariprcchasutra, Gang-pö zhu-pai dö

『부자상견경父子相見經』: *Meeting of Father and Son Sutra*, 『父子謁見經』
　　Pitaputrasamagamanasutra, Yab-se jal-wai dö

『불모반야경佛母般若經』: *Mother of the Victorious One Perfection of Wisdom*
　　Ekaksarimatanamasarvatathagata-prajnaparamita, Gyal-wai yum chen-mo she-rab kyi pha-rol chin-pa

『불설법집경佛說法集經』: *Accomplishment of Dharmadhatu Sutra*
　　Dharmasangitisutra, Chö ying dug-par du-pai dö

『불설수뢰경佛說須賴經』: *Surata-Requested Sutra*, 『大寶積經』「善順菩薩會第二十七」
　　Surata-pariprcchasutra, Ne-pay zhu-pai dö

『불위사가라용왕소설대승경佛爲娑伽羅龍王所說大乘經』: *Naga King Sagara-Requested Sutra*, 『海龍王請問經』

경전명 표기 대조 607

Sagaranagaraja-pariprcchasutra, Lu-ye gyal-pö gya-tso zhu-pai do

『비나야毗奈耶』: *Discourse on Discipline*
Vinayagamottaravisesagamaprasnavrtti, Dul-wa lung

『비화경悲華經』: *White Lotus of Great Compassion Sutra*, 『大悲白蓮花經』
Mahakarunapundarikasutra, Nying-je pad-ma kar-pö do

『사자후경師子吼經』: *Lion's Great Sound Sutra*
Singhanadika, Sen-ge dra-chen gyi do

『삼매야왕경三昧耶王經』: *Establishing the Three Primary Commitments*
Trisamayavyuharaja, Dam-tsig sum kod-pai gyal-pö

『삼매왕경三昧王經』: *King of Meditative Absorption Sutra*, 『월등경月燈經』
Samadhirajasutra, Ting-ne dzin-gyi gyal-pö do

『상결양경桑結襄經』: *Glorious Great Buddhas' Union with Perfected Dakinis Uttaratantra*
Srisarvabuddhasamayogadakinijalasamvaranamauttaratantra, Pal-chen sang-gye nyam-gyur gi nyal-jor-gi khan-dro-ma la-na me-pay gyud

『석제법불생경釋諸法不生經』: *Instructions on the Non-Production of All Phenomena Sutra*, 『佛說諸法本無經』
Sarvadharmapravrttinirdesasutra, Chö tam-che jung-wa me-par ten-pai do

『선군청문경善軍請問經』: *Subahu-Requested Sutra*, 『妙臂請問經』, 『善臂菩薩經』
Subahu-pariprccha, Lag-zang kyi zhu-pai do

『선로거사청문경善路居士請問經』: *Householder Drakshulchen-Requested Sutra*, 『鬱迦羅越請問經』
Grhapatiugra-panprcchasutra, Chim-dag drak-shul chen-gyi zhu-pai do

『선주의천자소문경善住意天子所問經』: *Son of the Gods, Susthitamati-Requested Sutra*
Susthitamatidevaputra-pariprcchasutra, Lha-ye-bu lo-drö rab-nay-kyi zhu-pai do

『설관세음증경說觀世音證境經』: *Expression of the Realization of Chenrezig*, 『觀世音菩薩演說解悟經』
Chen-re-zig-kyi tok-pa jod-pa

『설법계자성무분별경說法界自性無分別經』: *Sutra-chapter Showing the Indivisible Nature of the Dharmadhatu*,
Dharmadhatuprakrtiasambhedanirdesanamamahayanasutra, Chö-kyi yin-kyi

rang-zhin yer-me par ten-pai ley-wü

『성반야섭송聖般若攝頌』: Condensed Perfection of Wisdom Sutra
Prajnaparamita-samcayagatha, She-chen du-pe dō

『성보운경聖寶雲經』: Cloud of Noble Jewels Sutra, 『聖寶鬘經』
Ratnameghasutra, Phag-pa kon-chog ting dō

『성성취일체법문경聖成就一切法門經』: Vast Noble Door of Accomplishment Sutra,
Anantamukhasadhakanamadharani, Phag-pa go tha-ye drub-pai dō

『소반열반경小般涅槃經』: Small Parinirvana Sutra
Hinaparinirvanasutra, Nya-nyen de chung-gi dō

『습선성취론習禪成就論』: Accomplishing the Meaning of Meditation
Gom-dön dru-pa

『승도보만론勝道寶蔓論』: precious Jewel Rosary of the supreme Path,
Lam mchok rin phreṅ (Lam Chok rinchen threngwa)

『시덕장자청문경施德長者請問經』: Householder Palgyin-Requested Sutra,
Viradattagrhapati-panprcchasutra, Chin-dak pal-gym gyi zhu-pai dō

『신력입인법문경信力入印法門經』: Entrance to Faith Sutra, 『起信經』
Sraddhabaladhanavataramudrasutra, Dä-pa la juk-pai dō

『십륜경十輪經』: Ten Wheels Sutra, 『地藏十輪經』
Dasachakrasutra, Khor-lo chu-pai dō

『십만송반야』: 100,000 Stanza Perfection of Wisdom
Satasahasrika-prajnaparamita, Gyal-wai yum-gye-pa

『십법경十法經』: Ten Dharmas Sutra
•Dasadharmakasutra, Chö chu-pai dō

『십지경十地經』: Ten Noble Bhumis Sutra
Dasabhumikasutra, Phag-pa sa-chu dō

『아나바달다용왕청문경阿那婆達多龍王請問經』: Naga King Anavatapta-Requested Sutra, 『馬著巴請問經』, 『無熱惱龍王問經』
Anavataptanagaraja-pariprcchasutra, Ma-dru pai zhi-pai dō

『양평석量評釋』:Commentary on Valid Cognition, 『釋量論』
Pramanavarttika, Tse-ma nam-drel

『억념경소품憶念經小品』: *Smaller [Type of] Close Contemplation*, 『正念經小品』, 『小正法念住經』
  Dren-pa nyer-zhak chun-wa

『여래비밀경如來秘密經』: *Showing the Secrets of the Tathagata Sutra*, 『密跡經』
  Tathagatacintyaguhyanirdesa, De-zhin shek-pai sang-wai dō

「여래신상품如來身相品」: *Sutra-chapter on the Body of the Thus-gone One*
  De-zhin sheg-pai ku-zuk kyi ley-wü

『여래장경如來藏經』: *Treasury of the Thus-gone One*
  Sarvatathagataguhyamahaguhyakosaksayanidhadipamahapratapasadhanatantraj
  nanasryadyuticakra, De-zhin shig-pai dzō

『왕법경王法經』: *The King's Instructions Sutra*
  Rajavavadakasutra, Gyal-pö-la dam-pai dō

『월등경月燈經』: *Moon Lamp Sutra*
  Candrapradipasutra, Da-wa dron-mai dō

『입보리행론入菩提行論』: *Engaging in the Conduct of Bodhisattvas*, 『入菩薩行論』
  Bodhicaryavatara, Jang-chub sem-pai chöd-pai la juk-pa

『입중론入中論』: *Engaging in the Middle Way*
  Madyamakavatara, U-ma juk-pa

『입태경入胎經』: *Entering the Womb Sutra*
  Garbhavakrantisutra, Nyal-juk-gi dō

『정계묘보청문경頂髻妙寶請問經』: *Ratnacuda-Requested Sutra*, 『髻寶請問經』
  Ratnacuda-pariprcchasutra, Tsuk-na rin-chen-gyi zhu-pai dō

『제자서弟子書』: *Letter of Training*
  Sisyalekha, Lob-trmg

『조섭청문경調攝請問經』: *Suvikrantivikrama-requested Sutra*,
  Suvikrantivikrama-pariprcchasutra, Rab-tsal-gyi nam-par nün-pay zhu-pai dzō

『준제다라니경准提陀羅尼經』: *Invoking Dharani*, 『古寫陀羅尼經』
  Cundadharani, Kul ye kyi zang

『중관론中觀論』: *Fundamental Treatise of the Middle Way*
  Mulamadyamakakarika, U-ma tsa-wai tsik le-wör je-pa

『중관소진제론中觀小眞諦論』: *Small Truth of the Middle Way*, 『中觀攝義』
U-ma den-chun

『중관연기론中觀緣起論』: *Treatise on the Essence of Interdependence*, 『中道緣起頌』
Pratiyasamutpadahrdayakarika, Ten-drel nying-pö tsik le-wör je-pa(Uma ten-jung)

『지계경持戒經』: *Possessing Moral Ethics Sutra*, 『具戒經』
Silasamyuktasutra, Tsui-trim dang den-pai dö

『지라후라찬반야불모게持羅睺羅讚般若佛母偈』: *Praise to the Mother by Rahula*,
Prajanparamitatotra, Dra-chin dzin-gyi yum-la tö-pa

『지정법경持正法經』: *Fully Holding the Holy Dharma Sutra*,
Saddharmapangrhasutra, Dam-pai chö yon-su dzin-pai dö

『진실행경眞實行經』: *Practicing Suchness*, 『行眞實性經』
Chöd-pai de kho-na nyid

『집보정경集寶頂經』: *Noble Tree Sutra*
Phag-pa jang-shin gi dö

『청정업장경淸淨業障經』: *Completely Pure Karma Sutra*
Karmavaranavisuddhi, Ley nam-par dag-pai dö

『친우서親友書』: *Letter to a Friend*, 『龍樹菩薩勸誡王頌』
Suhrllekha, She-pay tring-yik

『칠백송반야경七百頌般若經』: *700 Stanza Perfection of Wisdom*
Saptasatika-prajnaparamita, She-rab-kyi pha-rol-du chin-pa dün-gya-pa

『팔천송반야』: *8,000 Stanza Perfection of Wisdom*
Astasahasrika-prajnaparamita, Phag-pa ged ton-pa

『피갑정진경披甲精進經』: *Explanation of the Establishment of Armor Sutra*,
Varmavyuhanirdesasutra, Go-cha kod-pa teng-pai dö

『해탈장엄론解脫莊嚴論』: *The jewel ornament of liberation: the wish-fulfilling gem of the noble teachings*, 『解脫莊嚴寶-大乘菩提道次第論』, 『妙法如意寶解脫莊嚴論』
Dam chos yid bzin gyi nor bu thar pa rin po che'i rgyan(Dakpo Thargyena)

『허공보경虛空寶經』: *Precious Sky Sutra*
Nam-kha rin-po-che dö

『허공장경虛空藏經』: *Essence of Space Sutra*
　　Akasagarbhasutra, Nam-kai nying-po dō

『헤바즈라딴뜨라』: *Hevajra Tantra*, 『喜金剛續』
　　Hevajratantra, Kye dor-je gyud

『현겁경賢劫經』: *Fortunate Eon Sutra*
　　Bhadrakalpika, Kal-pa zang-pö dō

『현관장엄론現觀莊嚴論』: *Ornament of Clear Realization*
　　Abhisamayalankara, Nun-tok gyan

『현지장엄경顯智莊嚴經』: *Ornament of the Arising Wisdom*
　　Ye-she nang-wa gyen-gi do

『혜해청문경如慧海請問經』: *Sagaramati-Requested Sutra*,
　　Sagaramati-pariprcchasutra, Lo-drö gya-tso zhu-pai dō

『화적다라니경花積陀羅尼經』: *Flower Heap Sutra*
　　Puspakutanamadharani, Me-tog tsek-pai zun

역자 후기 **해탈의 길을 이르다**

2009년 어느 날, 나와 아들에게 수 년 간 명상을 지도해 주시던 혜봉 선생님으로부터 감뽀빠의 『해탈장엄론』 영역본을 한글로 번역해 보지 않겠느냐는 제의를 받았을 때 나는 매우 기쁘면서도 한편 걱정이 앞섰다. 그동안 달라이 라마, 트룽파 린포체, 페마 최된 등의 티벳 불교 서적을 번역한 경험이 있긴 해도 그 책들은 모두 서양의 초심자나 수행자들을 위해 친절하게 풀어서 이야기한 책이었다. 이와 달리 『해탈장엄론』은 오래 전에 쓰여진 티벳불교의 고전인 동시에 수행서이기에 내가 잘 모르는 용어와 표현 등이 많을 것으로 예상되었기 때문이다. 그럼에도 불구하고 근래 티벳불교 수행자라면 필독서로 공부하는 『람림』보다도 더 기본적인 고전이며 티벳불교 수행자라면 종파에 관계없이 모두 공부한다는 논서이기에 용기와 환희심을 내어, 공부하며 번역을 해보겠노라고 수락을 하였다.

중생이 부처가 되기 위해 가야 할 길을 상세히 안내하는 이 책은 우선 깨달음의 길을 가기 위해 어떤 인연이 있어야 하는지에서 시작하여 보리심 수행, 바라밀 수행, 보살의 수행5위, 보살십지 등의 방법에 대한 논의를 거쳐 수행 결과인 붓다의 경지를 논하고, 다시 성불한 붓다가 회향의 의미로 세상에서 어떤 활동을 하는지까지를 논의한다. 한 마디로 중생이 부처가 되어 부처의 활동을 하기까지의 모든 경로와 수행을 안내한 책이다. 또한 부록에 나온 여러 수행자들의 이야기는 보통사람들과 같은 위치에서 출발하여 법에 대한 믿음, 스승에 대한 믿음으로 인해 어떤 놀라운 결과를 성취했는지를 알게 한다. 이들의 이야기를 통해 수행은 한 발 더 우리에게 친근한 것으로 다가온다.

이 책의 저자 감뽀빠(1079~1153)는 한국인에게도 많은 사랑을 받는 밀라래빠의 상수제자이다. 감뽀빠는 1125년에 『해탈장엄론』을 저술하는 동시에 닥뽀 까규파를 설립하였다. 감뽀빠는 까담빠 전통과 마하무드라 전통을 모두 모두 전수받았으며, 그중에서도 마하무드라 법맥은 우리에게 잘 알려진 티벳불교의 대스승 띨로빠(988~1069)에게서 시작하여 나로빠(1016~1100), 마르빠(1012~1097), 밀라래빠(1052~1135)를 거쳐 감뽀빠로 이어지는 법맥이다. 스승과 법맥의 차원에서 볼 때도 『해탈장엄론』의 위상은 매우 크다고 볼 수 있다.

예상했던 대로 번역을 시작하자마자 낯설고 이해할 수 없는 용어들이 튀어나왔고, 여러 수단들을 동원하고 수소문해 보아도 알 수 없는 용어와 문구들 때문에 용기가 사그라들었다. 게다가 경전이 많이 인용되는데, 그 경전명이 우리나라에서 흔히 거론되는 경전이 아니라 낯선 것들이 많았다. 책의 부피도 큰 부담으로 다가왔다. 무려 476쪽에 달하는 이 긴 책을 언제 번역한단 말인가? 많은 고민이 다가왔지만 마음을 더욱 다잡고 초심으로 돌아가기로 했다. 우선 아는 만큼만 번역을 계속하여 끝까지 마친 후에 여러 번 수정을 거듭하여 완벽을 기하기로 했다. 그러자 번역이 진행될수록 점점 내용을 더 많이 이해할 수 있게 되었다.

공부를 해가며 1차 번역을 마치는데 1년 반 정도의 시간이 걸린 것 같다. 그 다음에는 불교 전반에 대한 지식과 티벳불교 수행을 겸비하신 혜봉 선생님을 만나 약 3차에 걸쳐 번역문을 함께 읽어가며 용어와 표현을 다듬었다. 여기까지 2년이 걸렸다. 늘 귀한 시간 내어주시고 전문적 소견을 아낌없이 나누어주신 혜봉 선생님께 이 자리를 빌려 감사를 드린다. 그런 다음 티벳불교 수행자이며 샨띠데와의『입보리행론』을 번역하신 김영로 선생님께 전체적으로 한 번 읽고 검토해주실 것을 부탁드렸다. 선생님께선 너무나 기쁘게 수락을 하셨고, 당신 공부에도 도움이 된다며 미국에서 직접 원서까지 구입하셨다. 원고를 환희심으로 읽어가며 용어와 표현을 점검해주신 선생님께도 감사를 드리는 바이다.

또한 티벳불교 지명과 인명의 한글 표기에 조언을 해주신 소남 스님(한국티벳사원 광성사 주지)께도 심심한 감사를 드린다. 그 외에도 티벳어 발음에 조언을 해주신 양정연 박사님, 오기열 님께도 감사를 드리는 바이다. 마지막으로 이 책의 번역에서 가장 큰 애로사항이었던 수많은 경전명을 제대로 표기하는 데는 앞에서 언급한 전문가들이 모두 도움을 주셨고, 또한 운주사 편집부에서 중국어 번역본과 일일이 대조해가며 경전명을 수정하고 주석까지 달아주신 것에도 깊은 감사를 드리는 바이다.

총 3년에 걸친 번역과 감수작업을 뒤돌아볼 때 이 책의 번역은 역자 혼자서 한 것이 아니다. 오히려 수많은 사람들의 성원과 도움, 그리고 좋은 수행서가 나와야 한다는 열망이 뒷받침되어 세상에 빛을 보게 되었다. 하나의 존재가 모습을 갖추기 위해서는 수많은 원인과 조건이 함께 해야 한다는 불교의 원리를 다시 한번 실감하는 순간이다. 이 책을 번역하는 동안 공부를 할 수 있었음에 감사드리고, 이 책의 번역으로 인해 만나게 된 많은 인연들에게도 감사를 드린다.

연천然泉 진우기

추천사

고귀한 스승, 감뽀빠 존자님의 깨달음의 정수가 담긴 『해탈장엄론』이 한글로 번역되고 출간되어 참으로 기쁘기 그지없습니다. 이 고귀한 책이 출판되기까지 지난 과정을 돌아보면 많은 우여곡절이 있었습니다. 특히 부처를 이루게 하는 대승불교의 보리심에 관심이 많은 이들의 동참이 있었기에 가능한 일이었습니다. 제 자신의 삶을 돌아보니, 1982년 이후 수행에 관심을 가지고 여러 스승들의 도움을 받아가며 수행하면서 많은 이들과 공부 인연을 지었던 일들이 주마등처럼 지나갑니다. 이 가운데서도 서암 큰스님으로부터 가르침을 받은 간화선 수행은 크나큰 은혜였고, 이를 계기로 서울 방배동에서 명상아카데미라는 교육기관을 열어 많은 분들과 간화선 수행의 인연을 짓게 되었습니다. 그런 중에서도 『화엄경』「입법계품」에서 주인공인 선재동자가 53선지식을 찾아다니면서 수행하였던, 보살이 되는 핵심 수행인 보리심 수행에 대해서 늘 관심이 있었고, 이것이 계기가 되어 보리심을 중심으로 수행법을 가르치는 티벳불교 관련서적들에 관심을 가지고 읽게 되었습니다.

그러던 어느 날, 밀라래빠 존자의 『십만송』을 읽다가 밀라래빠 존자께서 감뽀빠 존자를 가르치는 대목에서 감뽀빠 존자의 이름을 접하는 순간, 알 수 없는 심연으로부터 사무치는 참회가 일어났습니다.

"아버지, 용서하소서. 보리심을 수행하여 고통 속에 있는 중생들을 돕겠다고 서원했던 제가 감각적 욕망의 수렁에 빠져 보리심을 성취하겠다는 약속을 저버리고 살아왔음을 참회하옵니다. 이 죄업을 부디 용서하소서!"

이와 같이 사무치는 통곡과 참회가 일어난 후 저는 모든 것을 정리하고 감뽀빠 존자의 환생자를 만나겠다는 일념으로 인도로 달려갔습니다. 티벳어도 모르고 영어도 모르면서 무작정 달려가서 만난 분이 다람살라 근처의 타시종에 계시던 '독땐이신 암틴 라마'이셨습니다. 그 당시 지덕 스님께서 암틴 라마님을 모시고 계셨는데, 스님의 통역으로 오게 된 목적을 말씀드렸더니 라마께서는 "감뽀빠 존자님은 계시지 않는 곳이 없다"라고 대답하셨습니다. 이것이 계기가 되어 감뽀빠 존자의 환생자를 만나겠다는 마음은 가라앉고, 대신 감뽀빠 존자의 고귀한 가르침을 배워야겠다는 마음으로 바뀌었습니다. 그 후 1년이 지난 어느 날, 감뽀빠 존자의 제자이며 16번째 환생자로 알려진 까르마빠 존자님을 뵙게 되었습니다.

이때도 역시 영어를 잘하는 지인의 통역으로 제가 인도에 온 목적을 말씀드리니 감뽀빠 존자의 가르침 중에서 보리심의 정수가 담긴 『해탈장엄론』을 읽으라고 하셨습니다. 그 자리에서 저는 그 책을 읽고 나중에 다시 찾아뵙겠노라 약속하고 헤어졌습니다. 그리고 이듬해 『해탈장엄론』 영어본을 구해서 한국으로 귀국했습니다. 애초에는 영어와 티벳어가 함께 있는 합본을 구하려 했으나 구하지 못하고 영어본만 구해왔는데, 제 자신이 영어를 모르는지라 번역을 하지 못하고 읽을 수도 없었습니다. 그러던 중에 티벳불교 수행에 신심이 깊고 함께 수행해왔던 조영옥 님께서 흔쾌하게 번역비를 보시해 주셨고, 영어 통·번역에 경험이 많으신 진우기 선생님이 번역을 해 주겠다고 하셔서 번역을 맡겼으며, 금강승 수행자이며 산티데와의 『입보리행론』 영문판을 한글로 번역하신 김영로 선생님께서 이 책을 환희심으로 읽어가며 전반적으로 용어와 표현을 점검해 주셨습니다. 또한 번역 과정에서 여러 분들이 도움을 주셨다고 진우기 선생님으로부터 전해 들었습니다. 이러한 분들의 귀한 마음들이 있었기에 이 책이 한글로 번역될 수 있었다고 생각합니다.

그리고 저는 이분들의 공덕에 힘입어 이 한글 번역본을 읽고 마음에 새기면서, 『금강경』에서 부처님께서 수보리에게 부처님과 같은 깨달음을 성취하려면 보리심을 일으키고 지녀야 한다고 하신, 보리심을 일으키고 지니고 성취하는 방법에 대한 구체적이고 실제적인 내용을 보면서 너무 기뻐서 읽고 또 읽었습니다. 그런 가운데 이 가르침의 고귀함에 고무되어 혼자 읽기에는 너무 귀해서, 보리심에 관심이 많고 이를 성취하고자 하는 이들을 위해 진우기 선생님과 의논하여 출판하기로 결정을 했습니다.

제가 이 책을 까르마빠 존자님을 통해서 알게 된 지도 벌써 7년이나 지났습니다. 이제 이 책이 출판되어 보다 많은 사람들이 부처님으로부터 감뽀빠 존자님으로 전승되어진 보리심을 성취하는 고귀한 가르침으로 법의 은혜를 입게 된다고 생각하니 참으로 그 기쁨이 크고도 감동스럽습니다. 부디 이 고귀한 가르침으로 보다 많은 사람들이 보리심이라는 고귀한 법을 만나 위없는 깨달음을 이루게 되기를 기원드립니다. 특히 보리심에 대한 지극한 신심을 일으키신 분들에게는 붓다와 법을 성취하신 고귀한 스승들의 한량없는 은혜가 있게 되기를 부처님께 청원드리며, 보리심을 성취하고자 하는 분들은 이 책을 거듭거듭 읽고 사유하고 명상하여 수행한다면 반드시 고귀한 깨달음을 이루게 될 것이라는,

의심이 없는 믿음이 생겨 간절한 마음으로 추천하는 바입니다.

2012년 5월 어느 봄 날, 혜봉 삼가 고하다

●

혜봉 오원칠 님은 동국대학교 불교학과를 졸업하였고, 『삶을 바꾸는 5가지 명상법』 등의 책을 냈다. 용타스님으로부터 동사섭 지도자 공부를, 서암스님으로부터 간화선 수행을 했다. 그리고 미얀마의 위빠사나 명상수행과 티베트의 로종 명상 수행법을 공부하였다. 정토회(법륜스님) 설립에 참여하여 명상지도를 했으며, 명상아카데미와 사단법인 〈밝은 세상〉을 설립하여 많은 사람들에게 명상지도를 했다. 지금은 "행복수업"이라는 명상공부모임을 통해서 여러 사람들에게 명상을 안내하고 있고, 최근에는 현대인들을 위한 간화선 수행학교와 청년·대학생들을 위한 명상수행학교를 운영하고 있다.

찾아보기

【ㄱ】

가르침의 실천과 정진 103
『가섭청문경迦葉請問經』 262, 282, 371
『가야산정경伽耶山頂經』 360
가행도加行道 213, 404
가행위加行位 401
『감로왕딴뜨라』 394, 396
감뽀빠 17, 471
『개현진실성경開顯眞實性經』 390
거짓말 158
거친 말 159
계쎄 447
견도 405
견도위見道位 401
『결택계섭론抉擇戒攝論』 255
계율 기반 208
계학戒學 265
고독지옥 140
고통의 고통(苦苦) 129
공덕의 축적(功德資糧) 260
공덕자량功德資糧 260, 270
공무변처空無邊處 168
공성空性 49, 321
『광대증각경廣大證覺經』 391

구경도 407
구경위究竟位 401
『구경일승보성론究竟一乘寶性論』 23, 64, 199, 201, 448
『구사론俱舍論』 113, 121, 133, 153, 341
『구사론석俱舍論釋』 130
구족계 199
궁극적 보리심 215
『권발증상의락경』 304, 339
귀의의 힘 237
귀중한 인간의 삶 77, 80
규환지옥 133
『극무주속極無住續』 397
근본원인 107
근본지 321
『금강경金剛經』 233
금강삼매 440
『금강삼매경』 394
『금강정비밀요가딴뜨라』 394
『금강해모해오속金剛亥母解悟續』 237
『금광명경金光明經』 235
기어綺語 159
기회(有暇) 77
까규 법맥 475, 485

까담빠 17, 477
까담빠의 입장 447
까따야나(가전연) 존자 556
까운디냐(Kaundinya, 교진여) 577
깨달음의 근본원인 63
끄리까 왕 172, 563

【ㄴ】
나가르주나 385
『나라연청문경那羅延請問經』 278, 306
나로6법 352
나로빠 102, 478
나로빠의 육법 505
나와 체와리 554
난다 590
난승지難勝地 422
네 가지 공성인空性印 287
뇌음왕불雷音王佛 241

【ㄷ】
다까 483
다끼니(空行母) 479, 483
단견斷見 377
단리單離 338
단절가족(斷滅種姓) 65
달모드가따 527
담무갈曇無竭 527
대규환지옥 133
『대반열반경大般涅槃經』 63, 197, 205, 227, 235, 237
『대방광총지보광명경』 89
대승가족(大乘種姓) 70
『대승사법경大乘四法經』 227
『대승아비달마집론大乘阿毘達磨集論』 154, 169, 217, 233, 325
『대승장엄경론大乘莊嚴經論』 64, 66, 72, 100, 103, 183, 205, 208, 218, 219, 223, 268, 269, 337, 355, 441
『대승장엄경론석』 210, 216
『대승집보살학론大乘集菩薩學論』 222
대원경지 441
『대정융기경大頂隆起經』 391
『대집경大集經』 364
대초열지옥 133
『대해탈경大解脫經』 201
데와닷따 597
『도간경稻竿經』 346
도둑질 156
동류상응同類相應 169
두 가지 자량 260
두 가지 장애 98
두 개의 자아 374
등류과等流果 156
등활지옥 133
디꿍 까규Drikung Kagyu 22
땐진 걜첸Tenzin Gyaltshen 19
또르마 관정 490
또르마torma 397

뙨빠 479
뚬모(내부열) 488
띨로빠 373

【ㄹ】
람림 363, 477, 505
레충빠 482
록 꺄 뙨빠 499

【ㅁ】
마르빠 352, 475
마명보살 118
마이뜨리빠 478
마하닷따 567
마하무드라 34, 505
마하무드라의 다섯 가지 길 19
마하무드라의 예비수행 384
마하발특마지옥 139
『마하상바로다야딴뜨라』 398
만달라 485
만법일여萬法一如 126
만연한 고통(行苦) 129
만주슈리끼르띠 177
망어妄語 158
메Me 왕 536
멘똑 다세 472
명상수행의 길(수도修道) 50
목련존자 540
묘관찰지 442

『묘법연화경』 68~70, 284, 381
무간無間 133
무간업 156
무상無常 111, 114
무색계천 166
무생법無生法 178
무생법인無生法忍 429
무소유처無所有處 168
『무시윤회경無始輪廻經』 182
무연無緣 178
무염족왕無厭足王 536
무외시無畏施 281
무운천無雲天 168
무주열반無住涅槃 287
무지 346
『무진혜청문경』 178, 287, 329, 359
무학위無學位 401
문수보살 217, 519
『문수유희경文殊遊戲經』 196
믿음 87
밀라래빠 17, 452, 475, 477~482
밀라래빠의 입장 447

【ㅂ】
바라밀 269
바라제목차 207, 209, 295
바즈라요기니(金剛瑜伽母) 475, 485
『반야심경』 48
발광지發光地 418

『발대심경發大心經』 393
발라 미륵 왕 577
발특마지옥 139
『방광대장엄경』 87, 115, 149
방편바라밀 213
『백업경百業經』 153, 172
번뇌의 장애(煩惱障) 71, 95, 417
『범왕승심청문경梵王勝心請問經』 394
『범천소문경梵天所問經』 381
법보法寶 198
법보시法布施 282
법신 450, 452
법아法我 364
법연法緣 178
법운지法雲地 433
법인法印 427
『법집요송경』 111, 118~120, 171
법칭(法稱, Dharmakirti) 217
법칭法稱의 전통 243
『변중변론辨中邊論』 414
변화의 고통(壞苦) 129
『보리도등론菩提道燈論』 83, 189, 208, 221, 259, 260, 262, 336, 358
보리심 38
보리심 수행 108, 211
보리심 수행의 기반 195
『보리자량론菩提資糧論』 261
『보만론寶鬘論』 88, 162, 166, 168, 184, 225, 226, 289, 365, 366

보살계 수계의식 222
『보살계이십송』 255, 256, 297
보살 스승 98
보살승菩薩乘 202
보살십력菩薩十力 98
보살십지 27, 51, 410
보살의 수행5위 27, 49, 108, 212, 401
『보살장경菩薩藏經』 80, 90, 273, 285
『보살지지경菩薩地持經』 100, 207, 218, 219, 221, 250, 252, 255, 276, 283, 294, 295, 299, 318, 353
『보수장엄경寶樹莊嚴經』 81, 97, 101, 108, 237, 252
보시바라밀 43, 213, 271
보신 451, 454
보신 스승 98
보안普眼장자 536
『보적경寶積經』 376, 378
『보정경寶頂經』 119
「보현보살행원찬」 183, 218
보현행원품 183
본존 198, 224
『부동법성경不動法性經』 372
부동지不動地 428
『부루나문경富樓那問經』 324
『부자상견경父子相見經』 152, 293, 304
분석명상(위빠싸나) 47
불·법·승 삼보 197
불명확가족(不定種姓) 67

찾아보기 625

『불모반야경佛母般若經』 102, 104
불보佛寶 198
불선업 87, 93, 155
불선업과 그 과보에 대한 정리 163
『불설법집경佛說法集經』 188, 337
『불설수뢰경佛說須賴經』 170
불성 21, 63, 107
불위佛位 439
『불위사가라용왕소설대승경』 360
불지佛地 435
붓다 449
붓다락쉬따라 548
붓다의 활동 53
『비나야毘奈耶』 234, 272
비상비비상처非想非非想處 168
『비화경悲華經』 66, 81, 131, 153, 474
빔비사라 왕 597
빠드메 다와(蓮月) 472
빨께 540
빨땐 다르마껩 467
뻬까르(호법 신장) 477
뿐다리까 590

【ㅅ】

사견邪見 161
사념처四念處 402
사리불 519
사마타 267, 355
4쌍四雙 199

사여의족四如意足 402
사음邪淫 157
『사자후경師子吼經』 225
사정근四正勤 402
『살담성법경薩曇聖法經』 372
살생의 세 가지 과보 156
살타파륜薩陀波崙 526
삼계 58
삼륜청정三輪清淨 204, 261
『삼매야왕경三昧耶王經』 234
『삼매왕경三昧王經』 63, 283, 389, 472
삼문三門 484
삼보 196
삼보귀의의 수행 205
삼보귀의의 의식 203
삼보에 귀의하는 방법 198
삼사도 477
3×3의 원리 117
삼선도의 고통 142
37가지 깨달음의 요소(37보리분법) 407
37조도품 251
삼악도의 고통 142
삼학三學 265
상견常見 377
『상결양경桑結襄經』 393
상근기 84
상대적 보리심 216
상월매향상常月賣香商 536
상제보살常啼菩薩 526

색계천色界天 166
샤와리 385
샨띠데바(Shantideva, 寂天) 217, 256, 296, 313, 379
샨띠데바의 전통 223
서언(誓言, 싸마야) 396, 486
『석제법불생경釋諸法不生經』 303, 391
『선군청문경善軍請問經』 234, 266
『선로거사청문경』 274, 343
선업과 그 과보 165
선재동자(Sudhana) 101, 520, 536
선정명상(사마타) 47
선정바라밀 47, 213, 335
『선주의천자소문경』 224, 396
선혜지善慧地 430
『설관세음증경경說觀世音證境經』 188
『설법계자성무분별경』 373
『성금강당경聖金剛幢經』 332
성문가족(聲聞種姓) 67
성문승聲聞乘 202
『성반야섭송聖般若攝頌』 271, 282, 336, 358, 389
『성보운경聖寶雲經』 274, 302
성불을 막는 네 가지 장애 107
『성성취일체법문경』 446
성소작지 442
성적 부정행위 157
세 가지 믿음 90
세속世俗보리심 216

『소반야바라밀다경』 94
『소반열반경小般涅槃經』 63
소승 177
소정천少淨天 167
소지장 414
수다나Sudhana 519
수도 406
수도위修道位 401
수습위修習位 401
수승한 기회 79, 81
수승한 여건 80
수행기반 77, 90
스승을 섬기는 방법 101
스승을 섬기는 혜택 104
습관적 성향 93
『습선성취론習禪成就論』 386
『승도보만론勝道寶鬘論』 18, 515
승보僧寶 199
승의勝義보리심 215
『시덕장자청문경』 114, 228, 251
식무변처識無邊處 168
『신력입인법문경信力入印法問經』 391
10가지 선업 165
10가지 악업 225
10가지 잘못된 인식 143
『십륜경十輪經』 392, 397
『십만송반야』 441
『십법경十法經』 86, 219
12두타행 501

12분교十二分教 198
십지十地 108
『십지경十地經』 72, 350, 413
싸다쁘라루디따(Sadaprarudita) 102, 526
싸라하 375, 386
쌍가락씨따 548
쐬남 린첸 467, 476

【ㅇ】
아귀 140
아귀계 140
『아나바달다용왕청문경』 204, 258, 392
아날라 왕 536
『아날라 왕의 전기』 103
아띠샤 363, 379, 386
『아비달마阿毘達磨』 88
아상가(無着) 65, 201
아수라의 고통 150
아쟈따샤뜨루 238, 597
악구惡口 159
알부타지옥 138, 139
알찰타지옥 139
앙굴리말라 233, 580
약사여래불 476
양설兩舌 158
『양평석량評釋』 364
『억념경소품憶念經小品』 170, 172
업의 귀속(業果) 169
업의 숙성(異熟果) 169

『여래비밀경如來秘密經』 189
「여래신상품如來身相品」 234
『여래장경如來藏經』 233
여여실상如實相의 근본지 442
역力바라밀 213
연각가족(緣覺種姓) 67
연각승緣覺乘 202
열반계 58
염마왕 140
염부제 133
염혜지焰慧地 420
예비수행 73
5가지 무간업 225
5가지 불선근不善根 296
5가지 악업 225
오근五根 404
오대보살도五大菩薩道 49
오력五力 404
올발라지옥 139
와기스와라 388
완성의 길(究竟道) 51
『왕법경王法經』 149
용수보살 152
『용수보살권계왕송』 122
우다야나 586
『우바이 아칼라의 삶 이야기』 96
원보리심 수행 244, 257
원願바라밀 213
원願보리심 40, 216

원행지遠行地 426
『월등경月燈經』 184, 293, 303, 339, 340
위빠사나 267, 355
『유가사지론瑜伽師地論』 256
『유덕有德의 전기』 95, 96, 102~104
『유마경』 359
『유식이십론唯識二十論』 368
유증지옥 136
유해한 생각 161
육대六大 349
육도 58
육바라밀 268
윤회계 58
윤회의 즐거움 129
윤회의 허물 129
율(Vinaya) 42
이간질하는 말 158
이구지離垢地 415
이라부타지옥 139
이숙과異熟果 156, 169
이아견二我見 320
인간계의 고통 143
인아人我 364
인욕바라밀 45, 213, 309
『일심금강게송一心金剛偈頌』 22
일체지一切智의 근본지 442
『입능가경』 369, 375
「입법계품入法界品」 519
『입보리행론入菩提行論』 78, 82, 85, 101, 116, 121, 123, 137, 171, 216, 226, 228, 231, 236, 240, 253, 301, 310, 320, 326, 337, 351, 373, 374
「입부사의해탈경계보현행원품」 183
『입중론入中論』 273, 293, 358
『입태경入胎經』 143, 151

【ㅈ】

자량도資糧道 212, 402
자량위資糧位 401
자비심 177
자비심 수행의 공덕 188
자비심 수행의 방법 187
자애심 177
자애심 수행의 방법 179
자애심의 명상 수행 178
자애심의 분류 178
자타치환自他置換 351
자타평등自他平等 351
잘못된 견해 161
재보시財布施 275
적용의 길(加行道) 50
『정계묘보청문경頂髻妙寶請問經』 287
정광명淨光明 495
『정법염처경正法念處經』 78
정진바라밀 46, 213, 323
정학定學 265
제사선정第四禪定 167
제삼선정第三禪定 167

제이선정第二禪定 167
제이선천第二禪天 167
『제자서弟子書』 134, 147, 230
『조섭청문경調攝請問經』 382
존경과 봉사 101
죽음의 무상 124
『준제다라니경准提陀羅尼經』 238
『중관론中觀論』 154, 376
『중관소진제론中觀小眞諦論』 389
『중관연기론中觀緣起論』 348
중근기 84
중생연衆生緣 178
중합지옥 133
중향성衆香城 527
증상과增上果 156
증오 345
『지계경持戒經』 292, 294
지계바라밀 44, 213, 291
지금강불(持金剛佛, Vajradhara) 477
『지라후라찬반야불모게持羅睺羅贊般
  若佛母偈』 383
지옥계 133
『지장경』 395
지혜바라밀 213
지혜바라밀 48, 213, 321, 357
지혜의 장애(所知障) 71, 95, 417
지혜의 축적(智慧資糧) 261
지혜자량智慧資糧 261, 270
직뗀 쑴괸Jigten Sumgön 22

『진실행경眞實行經』 390
진에瞋恚 161
진여眞如 199
『집보정경集寶頂經』 120
짠드라고민(月官) 84

【ㅊ】
챠끄라삼와라(勝樂金剛) 476, 503
찬드라쁘라바와꾸마라 474
천신계의 고통 151
『청정업장경淸淨業障經』 396
초선정初禪定 167
초선천初禪天 167
초열지옥 133
축생계 141
축적의 길(資糧道) 49
출리심 209
『친우서親友書』 122, 131, 182, 231, 233,
  273, 327
7가지 귀한 보석 488
칠각지 405
『칠백송반야경』 362, 384, 387

【ㅋ】
쿠누 라마 린뽀체 19

【ㅌ】
탐욕貪慾 160
탐착 345

통달위通達位 401
통찰의 길(見道) 50
투도偸盜 156

【ㅍ】
팍모 두빠 471, 508
8가지 고통 143
8배八輩 199
팔열지옥 133
팔정도八正道 407
『팔천송반야』 179
『팔천송반야바라밀』 94
팔풍八風 342
팔한지옥 133, 138
평등성지 442
평범한 스승 98, 100
『피갑정진경披甲精進經』 329

【ㅎ】
하근기 83
하사도, 중사도, 상사도 477
한담 159
『해심밀경解深密經』 215
행行보리심 41, 216
행보리심 계 수지 248
행보리심 수행 265
『허공보경虛空寶經』 382, 395
허공왕虛空王 241
『허공장경虛空藏經』 296

헌신과 숭배 102
헤르베르트 귀엔터 교수 18
『헤바즈라딴뜨라』 393
『현겁경賢劫經』 244
『현관장엄론現觀莊嚴論』 211, 380
현전지現前地 424
『현지장엄경顯智莊嚴經』 398
혜학慧學 265
『혜해청문경慧海請問經』 284, 285, 323
호호파지옥 139
호흡관 352
화신 451
화신 스승 98
『화엄경華嚴經』 87, 369, 519
『화적다라니경花積陀羅尼經』 234
확확파지옥 139
환희지歡喜地 410, 412
회향 321
후득지後得智 446
흑승지옥 133

● **감뽀빠**(Gampopa, 1074~1153)

티벳불교에서 가장 존경받는 스승 중 한 사람인 감뽀빠는 밀라래빠의 상수제자였다. 원래 닥뽀 지역에서 의사로 활동하던 그는 전염병으로 아들과 아내를 잃고 난 후, 세속의 삶을 정리하고 밀라래빠를 만나 스승으로 모셨다. 밀라래빠의 상수제자 중래충빠는 '달과 같은' 제자라 불렸고, 감뽀빠는 그 가르침이 태양처럼 명료하다 하여 '태양과 같은' 제자라 불렸다. 감뽀빠는 많은 문헌을 저술함으로써 띨로빠, 나로빠, 마르빠, 밀라래빠로 이어지는 까규빠의 전승을 완성했는데, 그의 저서 중에서도 『해탈장엄론』이 가장 중요한 역작으로 평가되고 있다.

● **영역_ 켄뽀 꼰촉 갤쩬** Khenpo Konchog Gyaltsen

티벳에서 태어난 켄뽀 꼰촉 갤쩬 스님은 인도 바라나시에 소재한 '고급 티벳학 중앙연구소(Central Institute of Higher Tibetan Studies)'에서 9년제 과정을 끝내고 법사法師 학위를 받은 후 티벳불교의 고승들에게 수년간 공부를 하였다. 티벳의 전통적인 3년 안거를 하는 동안에는 마하무드라, 나로육법 등을 공부하였다. 1982년 미국으로 이주하여 티벳명상센터(Tibetan Meditation Center)를 설립한 그는 이후 다수의 불교센터를 세우고 그곳에서 가르침을 펴는 동시에 저술과 번역 작업에 전념하고 있다.

● **우리말_ 진우기**

불교 및 명상 전문 번역-통역가이며 지엘통번역센터 원장. 서울대학교 사범대학을 졸업하고 미국 Texas A&M University에서 평생교육학으로 석사학위를 받았다. 우리나라 최초로 서양불교의 다양한 가르침과 수행 현장을 소개한 저서 『달마, 서양으로 가다』를 저술한 이후 서양불교와 수행-명상에 관한 글을 쓰고 있다. 『오늘도 두려움 없이』, 『화해』, 『고요함의 지혜』 등 30여 권의 번역서가 있고, 달라이 라마, 틱낫한, 텐진 팔모, 마티유 리카르, 아잔 브람 등의 법문을 통역했다.

해탈장엄론

초판 1쇄 발행 2012년 6월 13일 | **초판 3쇄 발행** 2018년 11월 2일
지은이 감뽀빠 | **영역** 켄뽀 꼰촉 걜쩬 | **우리말** 진우기 | **펴낸이** 김시열
펴낸곳 도서출판 운주사

(02832) 서울시 성북구 동소문로 67-1 성심빌딩 3층
전화 (02) 926-8361 | 팩스 0505-115-8361
ISBN 978-89-5746-312-3 03220   값 28,000원
http://cafe.daum.net/unjubooks 〈다음카페: 도서출판 운주사〉